新时代营销学系列新形态教材
中国高等院校市场学研究会推荐教材

营销渠道管理
全渠道视角
（第三版）

张　闯◎主　编
钱丽萍　高维和◎副主编

中国高等院校市场学研究会组织编写

清华大学出版社
北京

内 容 简 介

本书以全渠道管理为基本视角，按照营销渠道结构设计与选择和营销渠道关系管理两大传统研究领域组织全书架构。在保持上一版核心特色的基础上，本版教材重点突出与强化了全渠道管理的视角。除从全渠道视角建立全书的整体框架以外，在每一章的最后一节都增加了全渠道管理相关的内容，以回应营销渠道教学、科研和管理实践中对全渠道管理问题的关切。本书也更新了案例和拓展阅读的文献，以反映营销渠道研究与管理实践的最新动态。

本书可供市场营销及开设有关市场营销类课程的相关专业的本科生、硕士研究生使用，也可供对该领域感兴趣的教师和业界人士阅读。

本书封面贴有清华大学出版社防伪标签，无标签者不得销售。
版权所有，侵权必究。举报：010-62782989，beiqinquan@tup.tsinghua.edu.cn

图书在版编目（CIP）数据

营销渠道管理：全渠道视角/张闯主编. —3 版. —北京：清华大学出版社，2024.6
新时代营销学系列新形态教材
ISBN 978-7-302-66241-9

Ⅰ.①营… Ⅱ.①张… Ⅲ.①市场营销学－教材 Ⅳ.①F713.50

中国国家版本馆 CIP 数据核字(2024)第 096748 号

责任编辑：朱晓瑞
封面设计：汉风唐韵
责任校对：宋玉莲
责任印制：宋　林

出版发行：清华大学出版社
网　　址：https://www.tup.com.cn，https://www.wqxuetang.com
地　　址：北京清华大学学研大厦 A 座　　邮　编：100084
社 总 机：010-83470000　　邮　购：010-62786544
投稿与读者服务：010-62776969，c-service@tup.tsinghua.edu.cn
质 量 反 馈：010-62772015，zhiliang@tup.tsinghua.edu.cn
课 件 下 载：https://www.tup.com.cn，010-83470332

印 装 者：北京鑫海金澳胶印有限公司
经　　销：全国新华书店
开　　本：185mm×260mm　　印　张：16　　字　数：362 千字
版　　次：2014 年 1 月第 1 版　2024 年 7 月第 3 版　印　次：2024 年 7 月第 1 次印刷
定　　价：49.00 元

产品编号：099642-01

本书是国家社会科学基金重大项目"双循环"新格局下现代流通体系创新及高质量发展路径研究(项目编号:21&ZD120)的阶段性成果。

丛书编委会

主　任：符国群（北京大学）
副主任：景奉杰（华东理工大学）
　　　　龚艳萍（中南大学）
　　　　刘志彬（清华大学出版社）
委　员（按姓氏笔画排序）：

马宝龙（北京理工大学）	王　毅（中央财经大学）
王永贵（浙江工商大学）	王建明（浙江财经大学）
王海忠（中山大学）	牛全保（河南财经政法大学）
孔　锐［中国地质大学（北京）］	白长虹（南开大学）
吕　亮（北京邮电大学）	朱翊敏（中山大学）
孙国辉（中央财经大学）	李　季（中央财经大学）
李东进（南开大学）	李先国（中国人民大学）
连　漪（桂林理工大学）	肖　艳（宿迁学院）
肖淑红（北京体育大学）	何佳讯（华东师范大学）
汪　涛（武汉大学）	沈俏蔚（北京大学）
张　闯（大连理工大学）	金晓彤（吉林大学）
官翠玲（湖北中医药大学）	胡左浩（清华大学）
柯　丹（武汉大学）	侯丽敏（华东理工大学）
费显政（中南财经政法大学）	费鸿萍（华东理工大学）
姚　凯（中央财经大学）	贺和平（深圳大学）
袁胜军（桂林电子科技大学）	聂元昆（云南财经大学）
郭　锐［中国地质大学（武汉）］	黄　静（武汉大学）
彭泗清（北京大学）	蒋青云（复旦大学）
舒成利（西安交通大学）	曾伏娥（武汉大学）
滕乐法（江南大学）	戴　鑫（华中科技大学）

丛书编辑部

主　任：景奉杰（中国高等院校市场学研究会）
副主任：刘志彬（清华大学出版社）
成　员（按姓氏笔画排序）：
　　　　朱晓瑞（清华大学出版社）
　　　　严曼一（清华大学出版社）
　　　　张希贤（中国高等院校市场学研究会）
　　　　郑　敏（中国高等院校市场学研究会）
　　　　徐远洋（清华大学出版社）

丛 书 序

早在20世纪30年代，市场营销作为一门课程被引进我国，但受制于当时商品经济不发达，以及后来我国长期处于"短缺经济"状态，作为市场经济产物的市场营销并没有在中国"开枝散叶"。改革开放以后，伴随着我国社会主义市场经济的发展，经济学和管理学逐渐成为"显学"，作为管理学科重要组成部分的市场营销，不仅作为一门课程，还作为一个专业被众多大学开设。据不完全统计，目前我国有700余所高校开设了市场营销本科专业，每年招收的本科学生数以万计。不仅如此，作为商科知识的重要部分，几乎所有经济与管理类专业的学生都需要了解和学习市场营销知识，因此，社会对市场营销相关的教材和书籍有着巨大的需求。

有需求，就会有供给。早期的市场营销教材几乎是原封不动地对美国同类教材的翻译和"引进"，以至菲利普·科特勒的教材长时期成为我国学生接触、了解市场营销的启蒙读物。时至今日，我国绝大部分营销专业相关教材，都是以西方尤其是美国教材为基础加以改编或删减，真正立足于本土营销实践和具有中国理论特色的教材可谓凤毛麟角。这固然与中国营销学术总体上仍处于追赶阶段有关，也与我国一段时间营销学术界过于追求发表学术论文，对编写教材不甚重视有莫大关系。可喜的是，最近几年伴随国家对高校考核政策的调整，教材编写工作日益受到重视，一些优秀学者开始把更多的精力投入到教材建设中。

鉴于目前营销专业教材良莠不齐，众多高校教师在选用教材时面临难以抉择的窘境，中国高等院校市场学研究会（以下简称"学会"）决定组织全国营销领域知名学者编写一套具有本土特色、适应市场营销本科专业教学的高水平教材，以此推动营销学科建设和营销人才培养。本套教材力图博采众长，汇聚营销领域的最新研究成果及中国企业最新营销实践，以体现当前我国营销学术界在教材编写上的最高水准。为此，学会成立了专门的领导机构和编委会，负责每本教材主编、副主编遴选，同时要求主要撰稿者具有重要的学术影响和长期的一线教学经验。为确保教材内容的深度、广度和系统性，编委会还组织专家对教材编写大纲做了深入、细致的讨论与审核，并给出建设性修改意见。可以说，本套教材的编撰、出版，凝聚了我国市场营销学术界的集体智慧。

目前规划出版的教材共计33本，不仅涵盖营销专业核心课程教材，而且包括很多特色教材如《网络营销》《大数据营销》《营销工程》等，行业性教材如《旅游市场营销》《农产品市场营销》《医药市场营销学》《体育市场营销学》《珠宝营销管理》等。由于各高校在专业选修课甚至一些专业核心课程的开设上存在差异，本套教材为不同类型高校的教材选用提供了广泛的选择。随着社会、科技和教育的发展，学会还会对丛书书目进行动态更新和调整。

我们鼓励主编们在教材编写中博采众长，突出中国特色。本套教材在撰写之初，就提出尽量采用中国案例，尽可能多地选用本土材料和中国学者的研究成果。然而，我们也深知,市场营销这门学科毕竟发端于美国,总体上我国尚处于追赶者的地位。市场营销是一门实践性和情境性很强的学科,也是一门仍在不断发展、成长的学科,远未达到"成熟"的地步。更何况,发展中国本土营销学,既需要中国学者长期的研究积淀,也需要以开放的心态,吸收国外一切有益的优秀成果。在教材编写过程中,一味地排斥外来材料和成果,牵强附会地引用所谓"本土"材料,不仅是狭隘的,也是应当予以摒弃的。当然,在选用外来成果和材料时,需要有所甄别,有所批判和借鉴,而不是囫囵吞枣式地对所谓"权威材料"全盘接受。

本套教材的编写,在学会的发展史上也是一个里程碑式的事件。为了保证教材的编写质量,除了邀请在各领域的资深学者担任编委会成员和各教材的主编,还要求尽量吸收各领域的知名学者参与撰稿。此外,为方便教材的使用,每本教材配备了丰富的教辅材料,包括课程讲义、案例、题库和延伸阅读材料等。本套教材出版方清华大学出版社具有多年新形态教材建设经验,协助编者们制作了大量内容丰富的线上融媒体资源,包括文本、音视频、动漫、在线习题、实训平台等,使丛书更好地适应新时代线上线下结合的教学模式。

教材编写组织和出版过程中,众多学者做出了努力,由于篇幅所限,在此不一一致谢。特别要感谢学会副会长、华东理工大学景奉杰教授,从本套教材的策划、组织出版到后期推广规划,他尽心尽力,做出了非凡的贡献。清华大学出版社经管与人文社科分社社长刘志彬也是本套教材的主要策划者和推动者。从2019年9月清华大学出版社和学会达成初步合作意向,到2020年12月学会教学年会期间双方正式签署战略合作协议,再到2021年4月在北京召开第一次编委会,整个沟通过程愉快而顺畅,双方展现出充分的专业性和诚意,这是我们长期合作的坚实保障。在此,我代表学会,向所有参与本系列教材撰写、评审和出版的专家学者及编辑表示感谢!

教材建设是一项长期的工作,是一项需要付出智慧和汗水的工作,教材质量高低最终需要接受读者和市场的检验。虽然本套教材的撰写团队中名师云集,各位主编、副主编和编者在接受编写任务后,精心组织、竭忠尽智,但是由于营销专业各领域在研究积累上并不平衡,要使每本教材达到某种公认的"高水准"并非易事。好在教材编写是一个不断改进、不断完善的过程,相信在各位作者的共同努力下,经过精心打磨,本套教材一定会在众多同类教材中脱颖而出,成为公认的精品教材。

北京大学光华管理学院教授、博士生导师
中国高等院校市场学研究会前会长

第三版前言

本书是在《营销渠道管理》(第二版)的基础上全新改版而成。本版教材增加了两位合著者——重庆大学的钱丽萍教授和上海财经大学的高维和教授。两位合著者与我一样,在过去近20年的教学与科研工作中都把营销渠道管理作为主要的教学与研究领域,我们一起经历了过去近20年中营销渠道管理实践与学术研究的变迁。他们的加入为本次全新改版提供了更加坚实的力量。

本版教材在整体保持前两版特色的基础上,重点围绕全渠道这一营销渠道管理实践与学术研究演进的主要方向,从全渠道管理的视角对全书的结构和内容做了调整。我们主要对以下几个方面进行了修订。

(1)从全渠道管理的视角为全书提供整体框架。在保持渠道结构设计与渠道关系管理两大板块内容的基础上,我们首先在第1章"导论:全渠道视角下的营销渠道管理"中增加了全新第4节,阐述渠道管理实践的变化与挑战、对全渠道进行定义,并在全渠道生态框架的基础上提出全书的架构。其次,本书增加了全新的第10章"全渠道战略",提出一个完整的全渠道战略管理框架,对全书的内容进行总结。

(2)为重点突出全渠道视角下的新问题和新挑战,在每一章的最后都增加了一节新的内容,从全渠道的角度来阐述各章讨论的渠道管理问题以及面临的新挑战,并给出可能的解决方案。我们这种设计的主要用意是启发读者在学习传统渠道理论的基础上思考全渠道视角下可能出现的新问题和新挑战,以更好地把经典理论与新问题相结合。

(3)本版教材删除了第二版中第6章"网络营销渠道管理"的相关内容,因为全渠道视角已经完全涵盖了网络渠道的管理问题。各种网络渠道与线下实体渠道共同构成了全渠道生态系统的主体部分,线下渠道与线上渠道之间的整合与协同是全渠道管理的核心议题。当然,对网络营销渠道管理有兴趣的读者也可以参考我们第二版中的相关内容。

(4)与全新的全渠道视角以及修订内容相一致,更新了各章的案例。这些案例都尽可能地反映了不同行业中的企业在从多渠道系统向全渠道系统演化过程中或成功或失败的探索,从而为读者更好地理解相关的理论知识提供了鲜活的素材。

(5)更新了各章后面"拓展阅读"的内容,主要增加了与全渠道管理紧密相关的最新的中英文文献,为授课教师和学有余力的学生提供教学和学习参考。我们也全面更新了各章中所涉及的数据信息,以更好地体现各个相关领域的最新进展。

在本版教材修订的过程中,我与钱丽萍、高维和两位合著者共同设计了全书的架构和修订方案,而后由我们三人分工完成修订工作。部分高校的青年教师及我们指导的在读博士研究生参与了部分章节的修订工作,他们是浙江工商大学的张志坤副研究员,东北财经大学的鄂嫚迪副教授,东北财经大学的博士生刘孟潇、郭乐和王玉婷,重庆大学的研究生唐婧、吴湘宇和孔子瑄，以及上海财经大学的博士生王德勇和喻秋橦。最后，全书由我和钱丽萍、高维和两位教授共同审订、定稿。

在本版教材写作与修订过程中，我们参阅了大量国内外学者的著作、教材和论文，以及来自各种网络媒体的相关文献资料，我们对这些文献资料的著作者表示感谢。虽然我们在书中尽可能详尽地标注了文献和观点的出处，但难免挂一漏万。如果出现了此类遗漏或差错，敬请学界同人指出，我们将会及时进行调整和改正。

本版教材是作为中国高等院校市场学研究会组织编写的"新时代营销学系列新形态教材"之一出版的，我们感谢学会的信任和支持。我们感谢清华大学出版社经管与人文分社的刘志彬社长及本书的责任编辑朱晓瑞以极大的耐心鼓励和催促我们尽快完成本版教材的修订，并以极其专业细致的编辑工作保证此书快速地出版。我们也感谢采用本版及之前两个版本教材的各位学界同人，并恳请各位同人对本书中可能出现的各种差错与不足及时批评指正。当然我们也迫切地希望采用本教材的同行将意见和建议反馈给我们，以便于我们不断地完善这本教材。

张　闯

2023 年 4 月于大连

目 录

第1章 导论：全渠道视角下的营销渠道管理 1
  1.1 营销渠道与营销渠道管理 1
  1.2 营销渠道的功能及其流程 4
  1.3 营销渠道存在的原因 7
  1.4 向全渠道系统演进 9
  本章提要 15
  拓展阅读 16
  即测即练 16

第2章 营销渠道成员与参与者 17
  2.1 生产企业 17
  2.2 批发商 20
  2.3 零售商 26
  2.4 消费者 34
  2.5 渠道辅助成员 38
  本章提要 39
  拓展阅读 41
  即测即练 41

第3章 营销渠道纵向一体化决策 42
  3.1 渠道纵向一体化的理论框架 42
  3.2 渠道纵向一体化决策的影响因素 48
  3.3 营销渠道控制：渠道纵向一体化的另一个视角 54
  3.4 全渠道视角下的渠道一体化决策 57
  本章提要 62
  拓展阅读 63
  即测即练 63

第4章 营销渠道结构设计 64
  4.1 营销渠道结构设计的一般过程 64
  4.2 影响营销渠道结构的因素 71
  4.3 渠道成员的选择 76

4.4　全渠道视角下的渠道结构设计 ·· 84
本章提要 ·· 86
拓展阅读 ·· 87
即测即练 ·· 87

第 5 章　营销渠道系统 ·· 88

5.1　垂直渠道系统 ·· 88
5.2　水平渠道系统 ·· 92
5.3　多渠道系统 ·· 96
本章提要 ·· 102
拓展阅读 ·· 103
即测即练 ·· 103

第 6 章　营销渠道权力与依赖 ·· 104

6.1　渠道权力是渠道依赖的反映 ·· 104
6.2　渠道权力的来源与应用 ·· 110
6.3　渠道权力结构的平衡与演化机制 ·· 117
6.4　全渠道视角下的渠道权力与依赖 ·· 123
本章提要 ·· 126
拓展阅读 ·· 128
即测即练 ·· 128

第 7 章　营销渠道冲突、沟通与信任 ·· 129

7.1　渠道冲突 ·· 129
7.2　渠道沟通 ·· 138
7.3　渠道信任与渠道承诺 ·· 145
本章提要 ·· 152
拓展阅读 ·· 153
即测即练 ·· 153

第 8 章　营销渠道投机行为与渠道治理 ·· 154

8.1　渠道投机行为及其类型 ·· 154
8.2　渠道治理机制 ·· 161
8.3　关系治理机制：本土视角 ·· 167
8.4　全渠道治理 ·· 174
本章提要 ·· 176
拓展阅读 ·· 177
即测即练 ·· 177

第 9 章　营销渠道绩效评价与调整 ·············· 178

 9.1　渠道系统绩效评价 ······················· 178

 9.2　渠道成员绩效评价 ······················· 186

 9.3　渠道调整 ································· 194

 9.4　全渠道视角下的渠道绩效评价与调整 ······ 202

 本章提要 ····································· 207

 拓展阅读 ····································· 209

 即测即练 ····································· 209

第 10 章　全渠道战略 ····························· 210

 10.1　全渠道战略的实施者 ···················· 210

 10.2　全渠道战略的关键挑战 ·················· 212

 10.3　全渠道战略的四大支柱 ·················· 220

 10.4　全渠道战略的社会责任与伦理 ············ 234

 本章提要 ····································· 238

 拓展阅读 ····································· 239

 即测即练 ····································· 239

第1章

导论：全渠道视角下的营销渠道管理

学习目标

通过本章学习，了解营销渠道的定义与营销渠道管理的特点；营销渠道的功能与流程，从理论层面了解营销渠道存在的原因；了解全渠道系统的演进以及全渠道视角下的营销渠道管理。

对于消费者而言，营销渠道（marketing channel）不像他们所购买的产品、支付的价格、企业的促销活动那么显而易见，其所能够接触的主要是他们购买的地点，各种零售商店或者网上商城，因而绝大多数消费者对于营销渠道的运作及其功能都缺少了解，很多时候他们也没有了解的兴趣。对于生产制造商来说，营销渠道是其营销组合（4Ps）中的一个"P"，制造商通过营销渠道将产品从其工厂转移到消费者可以购买到产品的各种地点。如果没有营销渠道，哪怕企业的产品再好，恐怕也是藏在深闺无人知。在竞争越发激烈的买方市场上，营销渠道对于生产制造企业来说还具有非常强的战略意义，高效率营销渠道不仅可以帮助企业获得更高的销售额，还可以帮助企业塑造竞争对手难以模仿的竞争优势，这就是很多业内人士都认为"得渠道者得天下"的原因。

本章将主要介绍与营销渠道管理有关的一些基本概念和基本知识，包括营销渠道的概念与形态、营销渠道管理的含义与特点、营销渠道的功能与流程、营销渠道存在的理论原因，以及全渠道（omnichannel）视角下的营销渠道变革和管理，最后我们将展示本书的基本框架结构。

1.1 营销渠道与营销渠道管理

1.1.1 营销渠道的概念及基本形态

营销渠道有时也被称为"分销渠道"（distribution channel）、"营销通路"或"流通渠道"，指的是产品或服务从生产领域向消费领域转移所经过的路径，该路径由一系列在功能上相互依赖的组织构成。关于营销渠道的概念，有下述几方面的要点。

（1）营销渠道运行的是一个将产品或服务从生产者高效率地转移到消费者手中，促使消费者更快、更好地对产品或服务进行消费的过程，这一过程有赖于渠道参与者共同完成的一些渠道功能来实现。

（2）在企业没有将渠道完全内部化的情况下，营销渠道存在于企业的外部，它不是企业组织内部机构的一部分，而是由与企业关联的、帮助企业达到营销目的的经营组织构成。所以营销渠道的管理和控制要比一个企业内部的管理和控制困难、复杂得多。

（3）营销渠道是由一系列相互依存的组织按一定目标结合起来的。虽然生产者可以直接与消费者进行沟通，完成商品交易活动，实现直接渠道运作，但是对于大多数生产者而言，中间环节是产品分销成功不可或缺的。因此，一条营销渠道多由两个或更多个在产品分销过程中发挥必要功能的机构或个人组成，如批发商、代理商、零售商和辅助机构等。

（4）营销渠道中的成员之间存在竞争和合作的关系。虽然在有些情况下，它们的利益关注点不同，但每一个渠道成员都从渠道运行结果中获得收益，同时也相应承担着失败的风险，都希望通过专业化和合作提高自己的竞争实力。营销渠道存在的基础就是成员之间最低限度的合作，并且只有通过渠道范围内的合作，将渠道中的主要参与者联系在一起，才能高效、顺利地实现企业的分销目标。

图 1-1 和图 1-2 为营销渠道结构的简单示意图。营销渠道开始于产品或服务的生产者，以产品或服务的消费者为终点，所有参与渠道过程的组织和个人都被称为渠道成员，它们都或多或少地承担着一些必要的渠道功能。从图中可以看出，生产制造商的产品或服务可以通过多种渠道结构（channel structure）到达消费者或用户手中。有的渠道经过的环节比较多，涉及较多的中间组织；而有的渠道经过的中间环节较少，甚至为零，渠道结构相对简单。在消费品营销渠道中，中间商主要由批发商和零售商构成，而工业品营销渠道的中间商主要由经销商和代理商构成。在本书后面的章节中，如果没有特殊说明，我们将主要关注消费品渠道的管理问题，这也是与营销管理理论的传统相一致的。

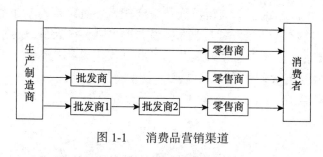

图 1-1　消费品营销渠道

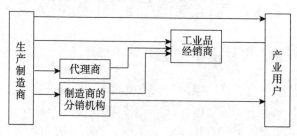

图 1-2　工业品营销渠道

1.1.2 营销渠道管理及其特点

营销渠道是企业营销组合的构成要素，因此营销渠道管理是企业营销管理的重要职能之一，是指通过计划、组织、激励、控制等来协调营销渠道参与者，从而有效、高效率地完成分销任务的活动。对这一定义可以从以下几个方面来理解。

（1）营销渠道管理的目的是使渠道运行过程更加富有效率（efficiency）和效果（effectiveness）。作为一个营销组合要素，营销渠道管理的最终目的是有助于企业营销战略目标的实现。从效率的角度来看，营销渠道管理的目标是以更低的投入获得更大的产出，因而渠道运行成本与效率是营销渠道管理关注的核心问题之一。如果渠道的运行成本过高、效率过低，势必影响企业产品在终端市场上的竞争力，从而阻碍企业营销战略目标的实现。从效果的角度来看，有效的渠道必须能够更好地服务于目标市场、占有更大的市场份额，以及保证产品有更高的销售额和利润。从这个角度来看，营销渠道管理并不能只关心成本、效率问题，而需要在效率与效果之间求得平衡。

（2）营销渠道管理的内容是渠道所执行的各种功能与流程。营销渠道所执行的各种功能和流程是渠道管理的具体内容，但这些功能和流程都是在既定渠道结构和渠道成员间关系下被执行的。从比较抽象的层面来看，营销渠道管理涉及三大块内容：对企业营销渠道的设计与规划，在既定的渠道结构下管理与协调渠道关系，对渠道绩效的评价与改进。其中，第一块涉及企业对营销渠道结构的设计、评价与选择，招募、遴选与培训渠道成员，在渠道成员间分配渠道功能与任务；第二块涉及协调渠道成员的行为，使渠道功能与流程能得到高效的执行；第三块则构成了一个封闭的循环，在对既定渠道绩效评价的基础上，寻求对渠道结构与行为管理的改进与提升，以提高渠道运行绩效。

（3）营销渠道管理的对象是参与渠道功能的成员，既包括企业部门、机构和员工，也包括独立的企业。从制造商的角度来看，不同的渠道结构涉及不同的管理对象。在一体化渠道结构中，由于制造商将分销功能完全内部化，此时的渠道管理等同于制造商管理自己的销售公司或销售部门。传统上，这一领域是销售管理主要关注的内容，尽管与营销渠道管理存在交叉，但却不是渠道管理关注的核心内容。营销渠道管理更为关注的是非一体化渠道结构下对那些独立的批发商、零售商和其他相关渠道参与者的管理。由于这些渠道成员往往与制造商并无产权上的关联，因而渠道管理的挑战很大。

（4）营销渠道管理的主体一般是生产制造企业的营销部门或市场部门。在非一体化渠道结构下，构成营销渠道的是一些相互独立的企业，理论上，渠道中的任何一个渠道成员都涉及对渠道上下游成员的管理。但根据营销管理理论的传统，我们一般是从生产制造商的角度来探讨渠道管理的问题，渠道管理的主体我们默认为生产制造企业。具体而言，在企业中执行渠道管理职能的部门一般是企业的营销部门，实际操作中，很多公司也称为市场部或销售部。

虽然营销渠道只是营销组合的一个要素，但相对于其他营销组合要素而言，营销渠道管理具有非常鲜明的特点，这些特点也决定了营销渠道管理对于企业的重要意义。

（1）营销渠道管理是营销组合要素管理中唯一一个涉及跨组织关系管理与协调的要素。相对于产品、价格和促销策略大多可以在企业内部完成的营销管理任务而言，营销渠道管理涉及跨组织关系的管理与协调。由于渠道成员往往是有着各自不同目标的独立企业，制造商对其的管理完全不同于企业内部基于制度和权威的管理，而只能依靠基于互赢互利的合同和大家共同遵守的行为规范，制造商更多时候只能依靠交换机制来协调渠道成员的目标和行为。从这一点来看，营销渠道管理的难度和挑战性都要远远超出基于内部管理机制的其他营销要素的管理。

（2）营销渠道管理更加具有战略性特征。这种战略性特征主要体现在以下两个方面：一方面，企业的营销渠道建设与管理往往需要持续地投入，并且很难转换。无论是直营渠道，还是间接的中间商渠道，渠道的规划建设与管理需要企业持续地投入，并且这种投入具有很强的路径依赖特征。企业往往很难在短期内转换渠道结构、渠道关系以及渠道成员，即使进行这种转换，很多时候也会引起企业产品市场销售的震动。基于这种特征，企业在设计与选择渠道方案，对渠道进行投入时是应当非常慎重的，因为很多决策一旦作出，调整的难度和成本都会很高。另一方面，营销渠道在塑造企业产品的市场竞争力方面扮演着非常重要的角色。在竞争越来越激烈的买方市场上，高效的营销渠道不仅可以为企业贡献更大的市场份额、更高的销售额和利润，还可以有效地促进企业品牌的建设。此外，营销渠道不像其他营销组合要素那样容易被竞争者模仿，基于营销渠道塑造的企业竞争力可能更为持久。综上所述，企业更应当将其渠道当作一项战略资产来经营，而不仅仅是从战术的层面来考虑渠道管理的问题。

案例 1-1　本土日化公司拉芳拟 IPO，7 成收入来自经销渠道

1.2　营销渠道的功能及其流程

1.2.1　营销渠道的功能

营销渠道的功能在于使产品从生产者转移到消费者的整个过程顺畅、高效，缩小或消除产品供应与消费需求之间在时间、地点、产品种类和数量上存在的差异。简而言之，营销渠道的基本功能就是将产品或服务顺利地送达消费者手中。在此过程中，渠道中的各个成员要相互合作、共同努力，以实现产品的形式效用、时间效用、地点效用和所有权效用。由此形成的营销渠道功能主要包括收集与传送信息、促销、洽谈、组配、物流、风险承担和融资。

（1）收集与传送信息。渠道成员收集和分析有关消费者、市场行情、销售环境以及竞争者的信息，然后将其传送给其他成员共享和交流。

（2）促销。促销是企业为了刺激消费而采取的一系列企划宣传活动，其实就是企业与顾客主动沟通的一种形式，这种沟通的效果取决于企业是否能以富有创意的方式，使顾客乐于接受其所传达的产品和服务信息。

（3）洽谈。供销双方为了各自所需，就产品或服务的价格、种类、数量以及规格等其他附加条件进行商议，以实现产品或服务的所有权转移。

（4）组配。组配是指制造商或分销商按买方要求，对商品在分类、分等、装配和包

装上进行组合、搭配的活动。消费者的需求呈现个性化和多样化,组配可减少买卖双方搜寻对方的成本,协调专业化厂商产品(服务)单一品类与消费者多样化需要之间的矛盾。

(5)物流。物流主要涉及商品的运输和存储活动。商品一旦进入销售领域,渠道成员就对其展开一系列的运输和存储活动。有时候这种功能由相关的辅助机构完成,如淘宝店大多数是通过支付费用给物流公司并由其将商品传递给消费者,而不是店主自己送达。

(6)风险承担。在商品流通的过程中,随着商品所有权的转移,市场风险的载体也在各渠道成员之间不断地转换。如在专业化产品市场中,渠道成员一方面共享专业化所带来的利益,另一方面也承担市场环境变化及其他不可控因素带来的风险。

(7)融资。商品的生产、制造和销售都需要资金的投入,充足的资金是渠道正常运转的保证。常见的融资行为有:制造商通过订金或保证金进行融资;分销商通过要求制造商压货或给予授信赊销额度来减少资金的占用;零售商通过延迟付款在短期内变相增加资金量,当下大型零售商已经普遍使用这种方式。

上述功能构成了营销渠道的功能集。研究与实践证明,顺利完成整个渠道流程,这些功能是不可或缺的,它们必须全部被执行。但这并不意味着渠道中的某一成员必须独立完成所有功能,渠道成员可以根据实际情况选择承担全部功能,也可以将其中一部分功能转移给其他成员来执行。渠道成员在执行各类功能时会有专长、成本、效率和效益的差异,因此,构建与管理良好渠道问题的焦点也就集中在选择谁来执行这些功能会实现效益最大化上。管理者在考虑渠道功能组合时应该注意一个要点,即某个渠道成员可以从渠道中消失,但是其承担的渠道功能不会随之消失,而是在渠道中向前或向后转移到其他成员身上,由其他渠道成员完成这些功能,以保障渠道正常运转。

1.2.2 营销渠道的流程

营销渠道的功能表现为各种流程,营销渠道流程是指渠道成员依次执行的一系列功能,是描述各成员的活动或业务的概念,包括实体流、所有权流、促销流、洽谈流、融资流、风险流、订货流、支付流以及信息流,这些流程将组成营销渠道的各类渠道成员贯穿起来。营销渠道流程如图1-3所示。

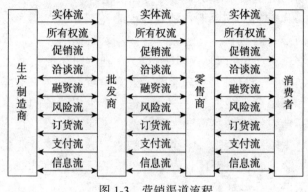

图1-3 营销渠道流程

（1）实体流。实体流也称物流，是产品实体在渠道中的运动，主要包括运输和存储活动。合理的物流配送是商品顺利走向消费者的基本保障。在竞争日益激烈的市场环境中，物流逐渐化身为商品的"附加产品"，成为影响消费者满意度的重要因素。

（2）所有权流。所有权流指商品所有权或持有权从制造商到批发商，批发商到零售商，零售商再到最终消费者的流转过程。一般情况下，随着商品的买卖活动，所有权是向前流转的。

（3）促销流。促销流是渠道成员的促销活动流程，分为两种：从制造商流向中间商，称为贸易促销；从制造商直接流向最终消费者，称为最终使用者促销。渠道成员既可以采用常规的媒体广告、冠名活动等大规模促销方式，也可以采用人员推销等针对性更强的促销方式。一般而言，快速消费品采用广告促销，工业品则常采用人员推销的方式来进行促销。

（4）洽谈流。该流程贯穿在整个渠道中，商品所有权每流转一次，成员就需要对商品种类、价格、数量及交易条件等方面进行洽谈。谈判内容越繁杂，谈判次数就会越多，谈判也会越激烈。

（5）融资流。该流程是渠道成员间资金融通的过程，该流程是双向的。融资流既可以是前向的，也可以是后向的。有一些服装公司会为新进的加盟店提供产品和财务上的帮助，这就是前向融资流；消费者为某种产品或服务支付订金购买预售，就构成了后向融资流。

（6）风险流。风险流是营销渠道成员之间分担或转移风险的流程。随着商品所有权的转移，风险主体也在转移。谁对商品具有所有权，谁就对其负责，承担其风险。造成风险的因素有很多，如交易过程中的产品报废、过时、丢失、返修、违约、保险和税金等，还有存货量过大影响资金周转，或处理存货造成的损失等。

（7）订货流。订货流是渠道成员定期或不定期向供货机构发出订货的流程。订货流通常是后向的，由消费者向零售商、零售商向批发商、批发商向制造商流动。

（8）支付流。支付流是指货款在渠道各成员间的流动，它和订货流一样，是后向流动的。一般来说，它是紧随在订货流之后发生的。

（9）信息流。信息流是各成员相互传递信息的流程，它是双向的，体现了渠道成员之间的相互沟通。从渠道上游制造商流出的信息是关于产品和促销等方面的信息；而从渠道下游向上游流动的则是关于市场需求等方面的信息。

从图 1-3 明显可以看出，在以上各种功能流中，实体流、所有权流、促销流都是前向的，从制造商流向最终消费者；支付流、订货流是后向的，从消费者流向制造商；而融资流、洽谈流、信息流和风险流则是双向的，在制造商和消费者之间互相流通。

在现代市场营销中，企业很少会选择独立去完成所有的渠道功能，一方面是很难具备如此强大的实力和高级管理能力，另一方面也会产生更沉重的成本负担，有时候企业承担某些渠道功能所造成的成本甚至会大于收益。术业有专攻，在此情形下，让其他合适的成员来承担这些渠道功能会是一个企业更加明智的选择。企业要将产品顺利传达至最终消费者，需要资金、物流以及广告媒体的推广等，而如何选择最佳的合作伙伴将是企业进行渠道管理活动的关键任务。

1.3　营销渠道存在的原因

所有的制造商都是通过营销渠道将自己的产品和服务传递到消费者手中的。这就带来一个问题，即为什么带有中间商的营销渠道会存在，而不是制造商通过直接的方式把产品传递给消费者呢？本节我们从理论角度对这一问题进行回答，在第 3 章中，将就渠道纵向一体化决策问题展开论述。

1.3.1　需求方面的因素

1. 简化搜寻

营销渠道存在中间商的部分原因是中间商可以简化搜寻工作。制造商和终端消费者各自都面对着不确定性——制造商不知道该如何寻找需要该种产品或服务的终端消费者，同样，终端消费者也不知道该通过何种方法寻找到自己想要的产品或服务，中间商的存在为两者搭起了一座桥梁。对于制造商而言，它们可以将所生产的产品直接销售给中间商，让消费者从中间商那里购买到它们的产品，从而减少它们寻找目标顾客的成本。而如果没有中间商的存在，制造商不能够确信通过它们的促销努力将产品送达到相应的消费者手里。同样对于消费者而言，他们可以在中间商那里找到所需要产品的所有品牌，从而挑选出最适合自己的一个产品。如果没有中间商的存在，消费者将花费大量的时间来寻找他们所需产品的所有品牌，再从中选出最佳的产品。因此，中间商的存在大大减少了消费者的搜寻成本。

中间商的存在减少了消费者和制造商的搜寻成本，从而提高了消费者的让渡价值。譬如相机的制造商在中国就是通过各种专营电子产品的零售商来销售产品，当终端用户在寻找购买相机时，就无须再搜寻所有的制造商，而可以相信在那些专营电子产品的零售商那里就能够购买到自己想要的产品，从而简化了终端用户的搜寻工作。相似地，如果不存在专营电子产品的中间商，一个相机生产商就将花费大量时间来寻找它的目标顾客群体以及发现正确的终端用户目标市场。但是通过专营电子产品的中间商来销售它们的产品，能够使很多潜在顾客更容易搜寻到它们的产品，从而减少了制造商的搜寻成本。

2. 调节品种与数量差异

由于制造商一般从事有限品种的大批量生产，而消费者通常需要有限数量的多种商品，因此，制造商所提供的商品和服务的类别与数量与消费者所需求的类别与数量之间存在着天然差异。营销渠道就是联结制造商与消费者的桥梁，为了解决这些差异，营销渠道就在制造商和消费者之间起着调节分类差异的作用，即对商品进行搭配、聚集、分类以及分配。

（1）搭配。将不同种类的供应物按等级进行分类，分成单独的、相同的商品，从而满足不同层次消费者的需求。批发商和零售商通过与不同的供应商交易，将许多不同类别的产品搭配到一起向消费者供应，可以大大减少消费者的搜寻成本，满足消费者多元化的商品需求。

（2）聚集。聚集指的是中间商可以将多个不同来源的相同货品放在一起，形成大量的相同产品的供应，满足消费者挑选的需要。在营销渠道中，批发商为零售商聚集各种商品，而零售商则为消费者聚集各种产品。

（3）分类。分类就是批发商将产品按照零售商的需要进行分拣，销售给零售商，零售商再按照顾客的需要进行分拣，从而满足顾客的需要。分类解决了由于生产专业化产生的生产与需求之间的矛盾。

（4）分配。为了满足不同顾客的需要，将相同的商品分解成一小份一小份的，从而使消费者有更大的选择余地。例如，批发商收到整车的茶叶后将这些茶叶分箱出售给零售商，零售商再将成箱商品以半公斤或更小的单位出售给消费者。

1.3.2 供给方面的因素

1. 减少交易次数

随着生产越来越专业化、产品越来越多样化，商品的交换变得越来越复杂和困难。如果没有中间商，那么，每一个制造商必须向它的每一个潜在顾客进行销售，从而保证它们的销售量。例如，如果在市场上存在 3 个制造商和 6 位顾客，由于制造商无法判断哪位顾客需要它们的产品，为了不遗漏任何潜在顾客，这 3 个制造商不得不与 6 位顾客接触 18 次（图 1-4）。如果在制造商和顾客之间存在 1 个中间商，制造商不再需要与每一位顾客接触而只需与 1 个中间商进行交易。同样，顾客也可以直接通过中间商购买到他们需要的商品，因此他们只需接触 9 次就能够完成所有的交易，从而使整个接触次数减少了一半（图 1-5）。在交易中，通过营销渠道的中间商实现集中采购与配送，能够减少市场中交易的次数，提高交易的效率，从而减少交易成本。在一个市场中制造商的数目越大，则使用营销渠道中间商的优势就越明显。

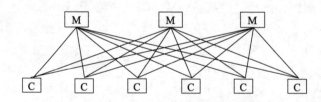

图 1-4　直接销售情况下的交易次数

注：交易接触次数：$M \times C = 3 \times 6 = 18$；其中，M=制造商，C=顾客。

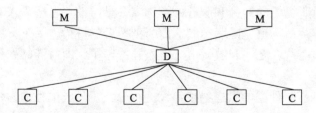

图 1-5　通过 1 个中间商销售的交易次数

注：交易接触次数：$M + C = 3 + 6 = 9$；其中，M=制造商，D=中间商，C=顾客。

必须注意的一点是，当制造商和消费者的数量不变，但参与交易的中间商数量增加时，交易次数可能反而会增加。在上面的例子中，当3个制造商使用1个中间商时，接触次数是9次。而当3个制造商使用2个中间商时，接触次数就从9次上升到18次，如图1-6所示。如果使用4个中间商，那么接触次数将达到36次。因此，由上面的例子我们可以得出，随着使用中间商数量的增加，制造商的接触成本也在不断上升，从而制造商从该渠道中得到的回报也相应地不断减少。因此，制造商应该明智地利用中间商，从而减少覆盖一个市场所必需的接触次数，降低成本。

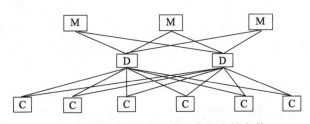

图1-6　通过2个中间商销售的交易次数

注：交易接触次数：$2\times(M+C)=2\times(3+6)=18$；其中，M＝制造商，D＝中间商，C＝顾客。

2. 交易规范化

专业化的营销渠道设置使分销成本最小化、交易规范化。由于每一次采购交易都会涉及订货数量、估计价格以及对产品和服务进行支付，制造商、中间商和消费者就必须对交易的数量、方式以及时间进行谈判并达成共识。若这些交易是常规化的，就会大大降低这些分销成本，从而提高分销效率。制造商和消费者通过与某个中间商的长期重复性交易，可以使交易变得规范化，从而降低交易成本。

1.3.3　创造价值

中间商还可以为消费者创造价值。这种价值的创造表现在三个方面：首先，中间商通过商品的储存、聚集、搭配等活动可以为消费者提供时间、地点等便利性，从而降低消费者购买的成本，为其增加让渡价值。其次，中间商在产品销售过程中可能还对产品进行相应的加工，如产品的重新包装、二次加工等，这些生产活动为消费者创造了产品价值。最后，中间商为消费者提供的各种服务，如送货等售后服务也为消费者创造了价值。

1.4　向全渠道系统演进

1.4.1　渠道管理实践的变化与挑战

随着互联网的普及和信息技术的发展，"多渠道"（multichannel）战略，即通过两种以上渠道为下游渠道成员提供服务与商品，满足渠道成员需求，成为企业的普遍选择。多渠道战略下，虽然下游渠道成员可能会通过多个渠道与企业进行互动，但企业的重点仍是对每个渠道进行单独管理和优化，下游渠道成员一般要在一条渠道完成全部的购买过程或活动①，并且企业也面临着多渠道之间的协调管理问题。伴随着信息技术的持续发展，信息传播路径急速增加，企业收集、接收、分析、比较和反馈信息的需求越来越大，如今的渠道成员和消费者可以通过线上和线下等多种方式进行互动，他们可以在不同渠道之间进行无缝切换，从而迎来了由"多渠道"向"全渠道"的转变。当前市场的四大趋势推动了这一转变。②

第一，互联网使渠道成员与消费者间建立了广泛的连接，高水平的互联意味着消费者可以根据自己的喜好自由地跨越不同的渠道购买产品。第二，消费者的购物模式发生了改变。传统实体店对消费者的吸引力下降，而线上购物日益受到消费者的青睐。同时，社交媒体网站的激增也促使口碑（word-of-mouth）和评论的力量、覆盖面和频率都成倍增长。消费者不仅可以分享信息、提供建议，也可以从别人那里获取信息和建议，从而制定自己的购买决策，甚至还可以与品牌进行接触，成为品牌的倡导者。全渠道战略下，传播渠道已经成为渠道系统的关键组成部分。第三，企业对服务的重视加速了去中间化的过程，更有助于企业提供优质的客户服务。如特斯拉汽车的直销模式取代了传统的经销商，因为该公司试图创造一种独特的客户体验。第四，企业更加注重有针对性的促销和客户洞察。企业可以使用电子邮件、线上优惠券、价格匹配和社交媒体广告等新大众传播推广渠道的工具，进行有针对性的促销，从而有效地利用客户关系营销和社会媒体的好处来促进全渠道战略的实施。

从根本上说，驱动企业营销渠道向"全渠道"转变的原因在于，移动网络和大数据技术的发展使企业具备了实施全渠道战略的必要性和可能性。③一方面，企业采取全渠道战略的必要性在于，数字经济时代下，企业营销渠道必须对来自供给侧和需求侧的双重挑战作出回应。在供给侧，传统渠道面对着来自新兴渠道的竞争压力。以阿里巴巴、京东和拼多多为代表的电商平台凭借运营的效率优势、管理的成本优势、模式的生态优势等，对传统渠道构成了巨大的挑战。在需求侧，传统渠道难以很好地适应新兴市场的需求变化。需求的多元化、要求的个性化、兴趣驱动购买、社交引领消费、过分依赖网购、高度注重体验等，成为新兴市场需求变化的趋势。但是，传统渠道对于消费人群代际更替、消费能力不断提升、消费意愿不断增强、消费类型不断丰富、消费结构加快调整等国内市场的新变化缺乏敏锐的洞察和快速的适应，无法满足市场的需求。无论是零售终端的消费者，还是与企业进行合作的渠道成员，都倾向于利用包括线下实体店铺、线上网站、移动终端、产品名录、呼叫中心等在内的所有渠道对产品进行浏览、购买和接收，对能够无缝衔接所有渠道交易体验的需求越来越多。事实上，消费者不仅进行全渠道购买、全渠道参与设计和生产、全渠道收货，还进行全渠道评价、反馈与传播。④这使企业

---

① CUI T H, GHOSE A, HALABURDA H, et al. Informational challenges in omnichannel marketing: remedies and future research[J]. Journal of marketing, 2021, 85(1): 103-120.
② PALMATIER R W, SIVADAS E, STERN L W, et al. Marketing channel strategy: an omni-channel approach[M]. 9th ed. New York: Routledge, 2020: 14-216.
③ 李飞，李达军，孙亚程. 全渠道零售理论研究的发展进程[J]. 北京工商大学学报（社会科学版），2018(5): 33-40.
④ 李飞. 全渠道零售的含义、成因及对策[J]. 北京工商大学学报（社会科学版），2013(2): 1-11.

必须重视不同渠道间的整合，建立全渠道体系，实现传统渠道和新兴渠道的有机融合，为消费者或渠道成员提供多个渠道间无缝衔接的购物体验。另一方面，移动互联网和数据分析技术的迅猛发展使企业实施全渠道战略成为可能。目前，大数据、云计算、物联网以及智能终端等信息基础设施不断完善，在这些前沿信息技术发展的带动下，消费者特征及行为数字化、营销数字化、产品与服务数字化、渠道数字化、消费环境数字化、物流数字化以及线上线下零售终端数字化的体系得以构建并持续迭代升级，从而为企业的数字化渠道运营赋能。随着互联网、物联网、大数据等新技术的应用，企业所需的消费者需求信息（信息流）、营销推广信息（促销流）、线上线下支付信息（支付流）、物流运营信息（实体流）以及个性化服务信息（服务流）的深度融合得以实现，为全渠道战略的实施提供了强大的技术支撑。[①]

可见，全渠道战略正在成为众多企业的必然选择，接下来，我们将对其定义以及对全渠道视角下的营销渠道管理进行进一步的认识和了解。

1.4.2 定义全渠道

全渠道从多渠道、跨渠道演化而来。多渠道在渠道之间设置了明确的界限，其目标是优化每个单独渠道的绩效并在它们之间进行协调。跨渠道是指消费者能够在一次购物交易中，在线上、移动设备和实体店之间进行切换。但在许多组织中，线上和实体店可能由不同的部门管理，企业对这两部分的关注程度也不同。因此对消费者来说，多渠道和跨渠道的购物体验并不是真正无缝衔接的。

全渠道与多渠道、跨渠道的显著区别在于，一方面，全渠道系统和谐地整合了各种功能，允许顾客通过线上、移动、社交和线下实体渠道进行无缝衔接的品牌搜索、购买、沟通、参与和消费。也就是说，多渠道战略下的企业通过多种渠道进入市场，但在全渠道战略中，企业必须进一步发展一个全面系统的框架，形成跨渠道的实物、信息、所有权、融资、促销和支持服务流动的综合性视野。另一方面，全渠道战略的核心在于"消费者参与"（consumer engagement），即企业努力通过社交媒体、电子邮件、网络链接、移动平台、商店访问、促销活动等寻求顾客体验和参与。从这个意义上说，全渠道战略除了包括实体商品转移的渠道外，还包括各种沟通渠道（communication channel）。[②]

目前，学界对全渠道定义尚未达成统一。首先，全渠道不仅包括全部商品所有权转移的渠道，也包括全部的信息渠道、生产渠道、资金（支付）渠道、物流渠道，甚至还包括全部的顾客移动渠道等。[③]更进一步，全渠道营销则是指个人或组织为了实现相关利益者利益，在全部渠道范围内实施渠道选择的决策，然后根据细分目标顾客对渠道类型的不同偏好，实行不同或相同的营销定位，以及匹配的产品、价格、渠道和信息等营销要素的组合策略。[④]其次，全渠道强调企业对众多可用渠道和客户接触点（touchpoint）

[①] 张建军，赵启兰. 新零售驱动下流通供应链商业模式转型升级研究[J]. 商业经济与管理，2018(11): 5-15.
[②] PALMATIER R W, SIVADAS E, STERN L W, et al. Marketing channel strategy: an omni-channel approach[M]. 9th ed. New York: Routledge, 2020: 13.
[③] 李飞. 全渠道营销：一种新战略[J]. 清华管理评论，2015(1-2)：32-39.
[④] 李飞. 全渠道营销理论——三论迎接中国多渠道零售革命风暴[J]. 北京工商大学学报（社会科学版），2014(3): 1-12.

进行协同管理，以优化客户跨渠道体验和跨渠道性能。①在理想的情况下，渠道成员或消费者通过企业内部和外部的渠道与企业进行无缝互动，企业则拥有所有渠道成员或消费者接触点的完整信息，从而提供跨渠道的统一体验。最后，全渠道的概念也在不断得到拓展，它正逐渐演变为对企业内部和外部的所有客户接触点和渠道的协同管理，从而确保跨渠道的客户体验以及企业方面的营销活动（包括营销组合和营销沟通）对企业和客户都是优化的。②

总而言之，全渠道强调企业在各渠道间提供无缝隙、连贯性、线上和线下一致的产品和服务，是信息技术发展催生的重要营销渠道管理变革之一。

1.4.3　全渠道视角下的营销渠道管理

数字经济推动了营销渠道的转型与重塑，进而改变了生产者与消费者之间的关系，传统的"以产定销"模式正在逐步被"以销定产"模式所取代，营销渠道的变化发展正在对生产、消费等多个环节产生深刻的影响。随着平台电商、社区电商、社交电商、直播电商等新业态不断涌现，智慧物流、智能文旅、智慧农业等新模式层出不穷，企业营销渠道的创新呈现如火如荼的发展态势。为推动传统渠道和新兴渠道的协同，向消费者传递更为丰富、多元的价值，亟须构建全渠道视角下的营销渠道管理体系。

企业的全渠道战略是将自身的生态系统（ecosystem）加以整合的过程（图1-7）③，这一生态系统是由企业渠道中承担不同功能的渠道成员和终端消费者构成的。全渠道视角下的营销渠道管理需要能够协调该生态系统中全部成员的系统性视野。这要求企业注重建立制造商、中间商和终端消费者之间的紧密连接，采用线上渠道和线下渠道相结合的方式销售商品或服务，为消费者创造透明、无缝、统一的购物体验。在这一过程中，企业的营销渠道需要在采购、生产、仓储、配送、销售等各环节高度协同、共融互通，实现传统渠道和新兴渠道的整合性发展。而传统渠道与新兴渠道的协同和整合，必然伴随新兴流通渠道的线下扩张和传统流通渠道的线上延伸，这给渠道系统运行带来了诸多挑战。例如，多个渠道同时触达消费者很可能带来渠道冲突（channel conflict）与渠道侵

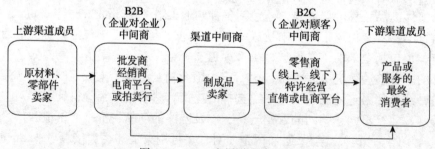

图1-7　B2B全渠道生态系统

---

① VERHOEF P C, KANNAN P K, INMAN J J. From multi-channel retailing to omnichannel retailing: introduction to the special issue on multi-channel retailing[J]. Journal of retailing, 2015, 91(2): 174-181.
② CUI T H, GHOSE A, HALABURDA H, et al. Informational challenges in omnichannel marketing: remedies and future research[J]. Journal of marketing, 2021, 85(1): 103-120.
③ PALMATIER R W, SIVADAS E, STERN L W, et al. Marketing channel strategy: an omni-channel approach[M]. 9th ed. New York: Routledge, 2020: 19.

蚀等问题；同时，不同渠道在产品、定价、库存和配送等方面的资源配置和协同运作，也对企业的渠道管理提出了更高要求。

因此，实施全渠道战略，企业营销渠道管理实践在以下方面进行革新已成为必需。

（1）企业内部管理应满足全渠道战略实施的需要。企业应加强全渠道战略的顶层设计，如建立扁平化的组织架构，推进部门间的信息共享和协同配合，从而为消费者在不同渠道购物、获得统一的购物体验提供支持。企业需要加强数字化建设，以大数据、云计算、物联网以及智能终端等信息基础设施为依托，立足渠道运营全过程，逐步构造立体、完整、精准、高效、动态和安全的大数据库系统，为实现不同渠道间的协同配合提供技术支持。

案例 1-2　永辉超市的全渠道转型

（2）企业应注重传统渠道的转型升级。一方面，企业要注意最大化地发挥传统渠道优势，如线下零售终端的体验式优势。企业应注重吸收新技术、建设新组织、打造新模式，不断提高流通效率，持续降低流通成本，从而保持传统渠道相对新兴渠道的竞争力。另一方面，企业也应建立传统渠道的新型竞争力，变革传统渠道的同时，使其能够更好地与新兴渠道建立连接。这要求企业根据市场需求变化调整传统渠道的业务组合、改进业务供给，更好地满足消费者需求，更快地适应市场的变化。

（3）企业应保证新兴渠道的健康、有序发展。以电商平台为主导的新兴渠道的发展仍面临一些挑战，如假冒伪劣商品、"刷单炒信"行为、不正当竞争等，这些问题不仅严重影响了正常的市场交易秩序，也在很大程度上降低了市场交易效率，造成社会资本的大规模浪费，损害社会福利。企业应采取有效措施，在确保新兴渠道快速发展的同时，对其进行有效的规制和监管，构建和谐高效的新兴渠道网络。

（4）企业应推动传统渠道和新兴渠道的有效结合与系统协调。从供给侧来看，传统渠道存在效率低、成本高等劣势，具有体验感强、安全性好等优势，而新兴渠道存在效率高、成本低等优势，具有体验感差、风险较高等劣势，因此，传统渠道和新兴渠道存在优势互补。从需求侧来看，数字经济时代消费者需求呈现多样化、个性化、无线化、高频率、变动快等特征，单一的渠道很难满足消费者的需求。因此，推动传统渠道和新兴渠道的协同，向消费者传递更为丰富、更加多元的价值，成为未来营销渠道管理实践发展的趋势。

综上，构建全渠道视角下的营销渠道管理体系，需要重点考虑两方面的问题，一是全渠道生态系统下渠道的结构设计及其成本与效率问题；二是全渠道生态系统内渠道成员之间关系的建立、维持与终止过程，以及渠道关系内的互动行为。本书将从全渠道视角对以上内容进行探讨，围绕营销渠道结构和营销渠道行为两方面内容，共包括10章（图1-8）。

第1章为本书的导论，对营销渠道与营销渠道管理的基本概念进行概括性介绍，说明营销渠道研究的基本视角与内容，并重点对企业的全渠道战略变革进行介绍，论述全渠道出现的原因，对其进行概念上的界定，为后续章节的展开奠定基础。

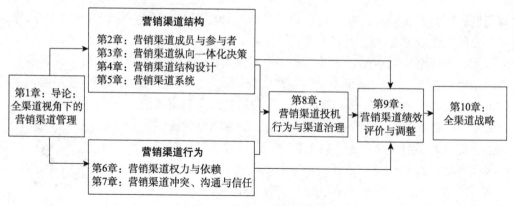

图 1-8　本书框架结构示意

第 2～5 章围绕营销渠道结构理论展开。其中，第 2 章主要对传统和全渠道时代营销渠道的成员和参与者及其各自的特点进行介绍。第 3 章围绕营销渠道设计和选择的一个基本决策——渠道一体化展开，说明营销渠道一体化的影响因素、渠道一体化对企业而言的成本与收益，以及在完全一体化和完全外包之间的可能组织形态；同时，介绍全渠道视角下的渠道一体化决策。这一章的内容主要以交易成本经济学（transaction cost economics）为基础，体现了经济学导向的成本与效率原则。第 4 章的主要内容是营销渠道结构设计的一般过程、营销渠道结构设计的基本因素和营销渠道成员的选择，并对全渠道视角下的渠道结构设计进行介绍。在既定的渠道结构下，企业与其渠道成员之间的联结方式是多样化的，并且现实中很多企业的渠道都不是单一的结构，因而第 5 章的学习目的是认识营销渠道系统的基本类型，包括垂直渠道系统（vertical marketing system, VMS）和水平渠道系统（horizontal marketing system，HMS）。除此之外，在全渠道视角下，本章重点介绍从多渠道系统到全渠道系统的演变。

第 6～7 章围绕传统的渠道行为（channel behavior）理论展开，同时加入对全渠道时代中企业渠道行为的探讨。其中，第 6 章的主要内容是营销渠道权力与依赖，这个部分实际上构成了渠道行为理论研究的基础，主要涉及渠道成员权力的来源、渠道成员使用权力的方式及其结果、渠道关系中权力与依赖关系的结构及其演化的动力机制等内容。第 7 章的主要内容是渠道冲突、沟通与信任。这一章的内容主要包括三个部分——渠道冲突理论、渠道信任与承诺理论，以及渠道沟通理论。

第 8 章是在渠道结构与行为理论的基础上体现渠道管理理论研究前沿领域的一章，并且在内容上不同程度地涉及渠道结构与行为理论。这一章的主要内容是渠道成员的投机行为与营销渠道关系的治理机制，并对企业的全渠道治理展开讨论。这一章的内容体现了 20 世纪 90 年代以来营销渠道学者在此领域的研究积累和基本动向。本章内容主要以新制度经济学为基础，并兼顾了社会学和社会心理学的相关理论，阐述渠道治理的主要目的、机制与策略。我们将单独用一节的内容关注中国本土背景下的渠道治理机制，以体现对中西文化差异的关注。

第 9 章从渠道管理理论的基本着眼点出发，在前述渠道结构与行为理论学习的基础上，主要关注渠道绩效的评价和在此基础上的渠道调整与改进，并特别关注全渠道视角下的渠道绩效评价与调整。

第 10 章对全渠道战略进行了系统性介绍和总结，重点关注了全渠道战略面临的主要挑战、影响全渠道战略实施的四个关键因素，以及全渠道战略的社会责任与伦理问题。

本章提要

营销渠道有时也被称为"分销渠道""营销通路"或"流通渠道"，指的是产品或服务从生产领域向消费领域转移所经过的路径，该路径由一系列在功能上相互依赖的组织构成。关于营销渠道的概念，有下述几方面的要点：第一，营销渠道运行的是一个将产品或服务从生产者高效率地转移到消费者手中，促使消费者更快、更好地对产品或服务进行消费的过程，这一过程有赖于渠道参与者共同完成的一些渠道功能来实现。第二，在企业没有将渠道完全内部化的情况下，营销渠道存在于企业的外部，它不是企业组织内部机构的一部分，而是由与外部关联的、达到企业营销目的的经营组织构成。第三，营销渠道是由一系列相互依存的组织按一定目标结合起来的，一条营销渠道多由两个或更多个在产品分销过程中发挥必要功能的机构或个人组成，如批发商、代理商、零售商和辅助机构等。第四，营销渠道中的成员之间存在竞争和合作的关系。营销渠道存在的基础就是成员之间最低限度的合作，并且只有通过渠道范围内的合作，将渠道中的主要参与者联系在一起，才能高效、顺利地实现企业的分销目标。

营销渠道是指通过计划、组织、激励、控制等来协调营销渠道参与者，从而有效、高效率地完成分销任务的活动。对这一定义可以从以下几个方面来理解：首先，营销渠道管理的目的是使渠道运行过程更加富有效率和效果；其次，营销渠道管理的内容是渠道所执行的各种功能与流程；再次，营销渠道管理的对象是参与渠道功能的成员，既包括企业部门、机构和员工，也包括独立的企业；最后，营销渠道管理的主体一般是生产制造企业的营销部门或市场部门。

虽然营销渠道只是营销组合的一个要素，但相对于其他营销组合要素而言，营销渠道管理具有非常鲜明的特点，这些特点也决定了营销渠道管理对于企业的重要意义。首先，营销渠道管理是营销组合要素管理中唯一一个涉及跨组织关系管理与协调的要素。其次，营销渠道管理更加具有战略性特征。

营销渠道的功能在于使产品从生产者转移到消费者的整个过程顺畅、高效，缩小或消除产品供应与消费需求之间在时间、地点、产品种类和数量上存在的差异。营销渠道功能主要包括：收集与传送信息、促销、洽谈、组配、物流、风险承担和融资。

营销渠道的功能表现为各种流程，营销渠道流程是指渠道成员依次执行的一系列功能，是描述各成员的活动或业务的概念，包括实体流、所有权流、促销流、洽谈流、融资流、风险流、订货流、支付流以及信息流，这些流程将组成营销渠道的各类渠道成员贯穿起来。

营销渠道存在中间商的原因包括需求方面的因素和供给方面的因素，以及创造价值。其中，需求方面的因素包括简化搜寻、调节品种与数量差异；供给方面的因素包括减少交易次数、交易规范化。

全渠道强调企业在各渠道间提供无缝隙、连贯性、线上和线下一致的产品和服务。企业营销渠道向"全渠道"转变的原因在于，数字经济时代下，企业营销渠道必须通过全渠道战略对来自供给侧和需求侧的双重挑战作出回应，而移动网络和大数据技术的发展为企业实施全渠道战略提供了技术支撑。

全渠道视角下的营销渠道管理应在以下方面进行革新：第一，企业内部管理应满足全渠道战略实施的需要。第二，企业应注重传统渠道的转型升级。第三，企业应保证新兴渠道的健康、有序发展。第四，企业应推动传统渠道和新兴渠道的有效结合与系统协调。

拓展阅读

1. CUI T H, GHOSE A, HALABURDA H, et al. Informational challenges in omnichannel marketing: remedies and future research[J]. Journal of marketing, 2021, 85(1): 103-120.
2. KRAFFT M, GOETZ O, MANTRALA M, et al. The evolution of marketing channel research domains and methodologies: an integrative review and future directions[J]. Journal of retailing, 2015, 91(4): 569-585.
3. PALMATIER R W, SIVADAS E, STERN L W, et al. Marketing channel strategy: an omni-channel approach[M]. 9th ed. New York: Routledge, 2020.
4. WATSON IV G F, WORM S, PALMATIER R W, et al. The evolution of marketing channels: trends and research directions[J]. Journal of retailing, 2015, 91(4): 546-568.

即测即练

第 2 章

营销渠道成员与参与者

学习目标

通过本章学习，了解营销渠道成员与参与者的分类，尤其注重了解批发商和零售商的分类及其不同的经营特点；了解消费者在营销渠道中的角色与地位，以及消费者组织化的方式；了解营销渠道辅助成员的基本类别及其执行的渠道功能；熟悉各类渠道成员在全渠道时代发生的变化。

营销渠道参与者是指与生产企业产品分销有关的所有组织和机构。按照不同的分类方法，营销渠道参与者可以分成不同的类型。按照是否参与商品所有权转移的谈判以及所有权是否发生实际转移，可以将渠道成员分为两类：一类是成员性参与者，一般包括生产企业、批发商、零售商和其他形式的分销商；另一类为非成员性参与者，即辅助代理机构，一般包括储运机构、市场调研机构、广告代理商、银行、保险机构等。

营销渠道成员由三个基本部分组成：生产企业、中间商和最终用户。其中，中间商由批发商和零售商构成，最终用户分为一般顾客（消费者）和企业用户。非成员性参与者是辅助性质的组织和机构，从营销渠道的建设和发展来看，这些组织和机构虽然也是必不可少的，有时甚至会直接影响营销渠道的效率，但是一般来讲，营销渠道管理主要考虑的是对成员性参与者的管理。本章将系统、详细地介绍渠道成员和辅助性参与者的类别、特点及其对营销渠道管理的意义。

2.1 生产企业

一般意义上，生产企业是指那些直接从事提取、种植以及制造产品的组织。生产企业可以涵盖许多行业、领域。作为商品的生产者，其所覆盖的行业范围是极为宽泛的，从农业、渔业、林业到工业的各个行业，都是其生产活动的范围。生产者所覆盖的行业范围的宽泛直接表现为其所生产的产品的多样性，这显然是由消费者的消费需求所决定的。除此之外，生产者之间的差异还体现在组织形式与规模的差异上，从从事农业生产的农民与农户家庭到从事大规模工业生产的各种公司和企业集团，其在组织形态和规模上的差异是巨大的。虽然生产者之间存在着上述差异，但其生产经营活动却都有着一个相同的目的，即满足市场的需求。为了更好地满足市场需求，生产者不仅需要按照市场需求来组织生产活动，还需要通过组织有效的营销活动让消费者能够在合适的时间与地点买到其所需要的商品。

生产企业作为营销渠道的首个环节，在营销渠道的建设和拓展中占有非常重要的地位。一般来讲，生产企业既是营销渠道建设者，也是营销渠道的维护者和使用者。生产企业不仅需要为整个渠道的建设制订计划，还需要为营销渠道的畅通建立组织机构，配置相应的人员，并对整个渠道的管理工作进行指挥、协调和控制。但是，生产企业居于营销渠道主导地位的这种情况也不是绝对的，渠道的主导者会依渠道成员之间实力的对比而有所不同，如随着零售企业规模的扩大和实力的增加，零售企业正在越来越多的渠道中获得主导权，这在某种程度上对制造商对渠道进行管理构成了一大挑战。

表 2-1 显示了中国内地工业经济部门的行业结构及其基本情况。从表中可以看出，中国内地在经济统计上将整个工业经济部门分为 41 个行业，包括 7 个对自然资源的采选行业、31 个加工制造行业和 3 个属于公共事业的生产制造业。这些行业之间并不完全是并列关系，许多行业在产业上是存在上下游关联的，并且不同行业在生产技术、规模、流程等方面存在着巨大的差异。

表 2-1 中国内地工业经济部门的行业结构及其基本情况（2021 年）　　　　　单位：个

项目	企业单位数	项目	企业单位数
全国总计	441 517	农副食品加工业	23 128
煤炭开采和洗选业	4 558	食品制造业	8 874
石油和天然气开采业	144	酒、饮料和精制茶制造业	5 665
黑色金属矿采选业	1 473	烟草制品业	122
有色金属矿采选业	1 171	纺织业	19 774
非金属矿采选业	3 707	纺织服装、服饰业	13 168
开采专业及辅助活动	319	皮革、毛皮、羽毛及其制品业和制鞋业	8 308
其他采矿业	5	木材加工及木、竹、藤、棕、草制品业	11 205
家具制造业	7 149	通用设备制造业	30 511
造纸及纸制品业	7 189	专用设备制造业	23 812
印刷业和记录媒介的复制业	6 579	汽车制造业	17 254
文教、工美、体育和娱乐用品制造业	9 989	铁路、船舶、航空航天和其他运输设备制造业	5 646
石油加工、炼焦和核燃料加工业	2 229	电气机械及器材制造业	30 305
化学原料及化学制品制造业	23 146	计算机、通信和其他电子设备制造业	24 160
医药制造业	8 629	仪器仪表制造业	6 032
化学纤维制造业	2 084	其他制造业	1 956

续表

项目	企业单位数	项目	企业单位数
橡胶和塑料制品业	23 278	废弃资源综合利用业	2 657
非金属矿物制品业	44 086	金属制品、机械和设备修理业	639
黑色金属冶炼及压延加工业	5 640	电力、热力的生产和供应业	11 049
有色金属冶炼及压延加工业	8 395	燃气生产和供应业	3 029
金属制品业	31 287	水的生产和供应业	3 166

资料来源：国泰安数据库。

表2-2显示了2022年中国内地制造业规模最大的50家企业的基本情况，其是按照2021年企业营业收入来排列的。

表2-2　2022年中国内地制造业50强基本情况一览　　　　单位：万元

排　名	企业名称	营业收入
1	中国石油化工集团有限公司	258 860 343
2	中国宝武钢铁集团有限公司	97 225 779
3	中国五矿集团有限公司	85 015 599
4	上海汽车集团股份有限公司	77 984 579
5	恒力集团有限公司	73 234 451
6	正威国际集团有限公司	72 275 382
7	中国第一汽车集团有限公司	70 569 611
8	华为投资控股有限公司	63 069 840
9	东风汽车集团有限公司	55 551 521
10	中国兵器工业集团有限公司	52 754 166
11	中国航空工业集团有限公司	51 903 589
12	中国铝业集团有限公司	51 864 838
13	北京汽车集团有限公司	48 175 754
14	江西铜业集团有限公司	45 741 836
15	浙江荣盛控股集团有限公司	44 831 822
16	广州汽车工业集团有限公司	43 188 274
17	河钢集团有限公司	42 668 707
18	中国建材集团有限公司	41 550 846
19	山东魏桥创业集团有限公司	41 113 475
20	鞍钢集团有限公司	38 345 695
21	中国机械工业集团有限公司	37 054 529
22	浙江吉利控股集团有限公司	36 031 587
23	中国电子科技集团有限公司	35 771 735

续表

排　名	企业名称	营业收入
24	青山控股集团有限公司	35 201 779
25	中国船舶集团有限公司	34 902 186
26	盛虹控股集团有限公司	34 797 926
27	美的集团股份有限公司	34 123 321
28	海尔集团公司	33 273 670
29	浙江恒逸集团有限公司	32 879 978
30	小米集团	32 830 915
31	潍柴控股集团有限公司	30 559 777
32	江苏沙钢集团有限公司	30 363 121
33	中国兵器装备集团有限公司	28 622 955
34	中国航天科技集团有限公司	28 007 020
35	中国电子信息产业集团有限公司	27 812 805
36	首钢集团有限公司	27 149 655
37	山东钢铁集团有限公司	26 651 911
38	杭州钢铁集团有限公司	26 538 950
39	金川集团股份有限公司	26 419 154
40	中国航天科工集团有限公司	26 353 542
41	安徽海螺集团有限责任公司	25 607 469
42	新希望控股集团有限公司	25 265 247
43	TCL 实业控股股份有限公司	25 235 035
44	北京建龙重工集团有限公司	24 741 240
45	中国中车集团有限公司	23 842 915
46	敬业集团有限公司	23 790 148
47	铜陵有色金属集团控股有限公司	22 905 863
48	紫金矿业集团股份有限公司	22 510 249
49	湖南钢铁集团有限公司	21 970 605
50	潞安化工集团有限公司	21 959 023

资料来源：中国企业联合会，中国企业家协会. 2022 中国制造业企业 500 强[R]. 2022.

2.2　批　发　商

2.2.1　传统批发商

批发商是指从生产者或其他经营者那里购进商品，然后转售给其他批发商、零售商、产业用户和事业用户的商业企业。批发商是商品分销过程的中间环节，其上游联结商品的生产者,而下游则与商品的再销售者(下游批发商和零售商)、各种产业用户和事业用户相联系,批发活动完成后,商品一般不进入最终消费领域。

一般而言,批发商包括独立批发商和由制造商所有的批发商两大类(图2-1)。其中,独立批发商主要由三种主要类型的批发商组成,即商业批发商、代理商和经纪人。商业批发商是一种独立的批发机构,专业从事批发业务,并且在经营业务时获得商品的所有权。商业批发商的目的是通过发挥各种各样的批发功能,提高营销渠道的运行效率,并因此而获得合理的利润。按经营商品的范围,商业批发商可分为综合批发商、单一种类批发商和专业批发商,其中,综合批发商是经营多种产品类别的批发商,单一种类批发商是只经营某一类商品的批发商,而专业批发商则是指专门经营某类产品中某种产品的批发商。按照提供功能服务的范围,商业批发商可分为完全功能批发商和有限功能批发商。其中,完全功能批发商具有广泛的批发职能,包括提供购销、产品储存、运输、融资、信息和咨询等服务。有限功能批发商是指只承担部分批发职能的商业批发商。作为批发商的主要类型,商业批发商在市场营销中发挥着重要的作用。

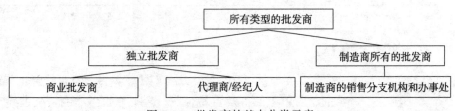

图2-1　批发商的基本分类示意

商业批发商的功能体现在两个方面,对于上游(生产企业)的作用和对于下游(最终用户)的作用。商业批发商对于上游(生产企业)的作用包括占领一定的市场份额、充当销售联系纽带、保持合理库存数量、处理客户的订单、收集产品市场的信息,以及向顾客提供支持。商业批发商对于下游(最终用户)的作用包括确保所售产品的有效性、向顾客提供服务、向顾客提供信贷支持、对所售产品进行分类、整批分零,以及向顾客提供消费建议和技术支持。[①]

代理商和经纪人也是独立的批发机构,一般只帮助沟通产销,在交易当事人之间起媒介作用,在商品交易中,一般不获得商品的所有权。代理商是指受生产制造商的委托,代理销售生产制造商某些特定商品或全部商品的中间商。经纪人又称掮客,一般既没有资金,也没有商品所有权,只是受委托人委托进行购销谈判。代理商和经纪人的作用是为买卖双方提供市场信息、作为销售纽带联系买卖双方以及提供服务支持和买卖建议等,他们的收入主要来自销售佣金。

制造商所有的批发商是由生产制造商自己开办并进行经营的批发组织,是生产制造商的下属批发机构,通常包括制造商设立的销售分支机构或办事处。

表2-3显示了我国批发业2010—2020年的法人企业数量和从业人数的基本统计情况。从表2-3中可以看出,2020年我国限额以上法人批发企业数量超过16万个,从

---

① 罗森布罗姆. 营销渠道管理[M]. 李乃和,奚俊芳,等译. 6版. 北京:机械工业出版社,2003:38,40.

业人数接近 600 万人。

表 2-3 批发业 2010—2020 年的法人企业数量及从业人数

年 份	法人企业数量/个	从业人数/人
2010	59 464	3 509 000
2011	66 752	3 735 000
2012	72 944	4 104 000
2013	91 607	4 842 384
2014	93 960	5 000 515
2015	91 819	4 907 387
2016	95 066	4 959 341
2017	100 988	5 063 213
2018	113 696	5 268 895
2019	140 075	5 685 374
2020	168 738	5 957 306

注：表中统计数据的统计对象是限额以上的批发企业。其中，限额是指批发企业年末从业人员 20 人及以上，年销售额 2 000 万元以上。

资料来源：中经网产业数据库。

案例 2-1 网易严选打造的重模式是负担还是革新

表 2-4 显示了 2022 年美国《财富》杂志公布的全世界前 500 家企业名单中的批发贸易企业，这些企业当然也是全世界规模靠前的批发企业。从企业总部所在的国家来看，这 31 家企业分别来自中国、美国、日本、德国、新加坡、韩国和印度 7 个国家，其中，来自中国的企业数量为 9 家，美国企业有 8 家，有 7 家企业来自日本，形成了"三强鼎立"的格局。从这些企业经营的主要业务来看，经营进出口贸易的企业占了一半以上，其他企业中则是经营保健品和食品批发的居多。从这些企业的营业收入来看，排在最后一名的 Medipal 控股公司（位列 500 强第 489 位）的营业收入也约 293 亿美元，而全世界最大的批发商——美国麦克森公司（位列 500 强第 16 位）的营业收入更是约 2 640 亿美元。应该指出的是，这 31 家企业并不是 500 强企业中的全部批发企业，而只是 500 强中的独立批发企业而已。按照我们对批发商的分类，许多大型生产企业实际上拥有庞大的销售分支机构，也在从事着商品批发业务，这些依附于生产企业的非独立批发商的规模并没有得到反映。

随着生产制造企业和零售企业的大型化，越来越多的生产企业都越过了批发商直接与零售商建立联系，而越来越多的大型零售商也要求制造商越过批发商直接向其供货。受到来自渠道上下游成员的挤压，批发商的活动空间似乎受到了压缩，甚至一度出现了"批发无用论"的观点。批发商不仅拥有专业化的员工队伍和健全的经营管理组织，并且拥有便捷的信息网络和丰富的客户资源，能够比制造商和零售商更高效率地完成很多渠道功能，因而批发商在当代市场中仍发挥着重要的作用，只不过随着制造商和零售商执行了更多的渠道功能，批发商的产权结构正在日益呈现出多元化的特征。

表 2-4　2022 年世界 500 强中的批发企业　　　　　　　　　　单位：百万美元

批发贸易企业排名	500强排名	中文名称	总部所在地	营业收入	主要业务
1	16	麦克森公司	美国	263 966	批发：保健
2	19	托克集团	新加坡	231 308.1	贸易
3	21	美源伯根公司	美国	213 988.8	批发：保健
4	36	嘉德诺	美国	162 467	批发：保健
5	41	三菱商事株式会社	日本	153 690	贸易
6	77	厦门建发集团有限公司	中国	111 556.5	贸易
7	78	日本伊藤忠商事株式会社	日本	109 434.3	贸易
8	88	三井物产株式会社	日本	104 664.8	贸易
9	91	中粮集团有限公司	中国	103 087.3	贸易
10	106	厦门国贸控股集团有限公司	中国	93 791.3	贸易
11	120	物产中大集团股份有限公司	中国	87 210.7	贸易
12	157	丸红株式会社	日本	75 742.7	贸易
13	160	厦门象屿集团有限公司	中国	75 094.3	贸易
14	172	丰田通商公司	日本	71 464.6	贸易
15	256	德国艾德卡公司	德国	51 949.9	批发：食品
16	261	西斯科公司	美国	51 297.8	批发：食品
17	279	住友商事	日本	48 916.2	贸易
18	394	菲尼克斯医药公司	德国	36 106.6	批发：保健
19	406	新加坡奥兰集团	新加坡	34 987.1	食品
20	414	中国航空油料集团有限公司	中国	34 519.2	贸易
21	415	艾睿电子	美国	34 477	批发：电子、办公设备
22	430	上海医药集团股份有限公司	中国	33 459.4	批发：保健
23	437	Rajesh Exports 公司	印度	32 649.5	贸易
24	451	TD SYNNEX 公司	美国	31 614.2	批发：电子、办公设备
25	453	新疆广汇实业投资（集团）有限责任公司	中国	31 505.9	贸易
26	459	海亮集团有限公司	中国	31 048.6	贸易
27	468	Performance Food Group 公司	美国	30 398.9	批发：食品
28	474	三星 C&T 公司	韩国	30 108.9	贸易
29	482	麦德龙	德国	29 594.2	批发：食品
30	485	US Foods Holding 公司	美国	29 487	批发：食品
31	489	Medipal 控股公司	日本	29 295.5	批发：保健

资料来源：《财富》杂志公布的"2022 世界 500 强企业名单"。

2.2.2　全渠道时代的批发商

1. 全渠道时代对传统批发商的冲击

随着互联网，特别是移动互联网和社交媒体技术的发展，终端消费者越来越多地通过在线渠道购买产品；而批发商面对的是零售商和其他分销商，属于组织市场的范畴。因此，全渠道分销模式在批发业中出现的时间要比在零售业晚。但这并不意味着全渠道分销模式给批发业带来的冲击更小。全渠道分销的批发商通过线上线下等多种方式触及其他渠道成员，这些方式既包括传统的企业销售人员、电话、传真、邮件和展厅（showroom）等方式，也包括B2B电商平台等新型的交易方式。通过多种销售渠道整合的全渠道分销模式对传统批发商的冲击主要来自以下三个方面。

（1）全渠道时代，终端消费者可以直接向生产者订货，削弱了批发商的重要性。在移动互联网普及的今天，一种流行的观点是：企业将产品交付给消费者的中介机构将会消失，会完全被更直接的分销方式所替代。由于互联网可以快捷检索商品信息，这一技术特征极大地弱化了批发商等中介机构存在的价值。全渠道时代的批发商需要关注如何在电子商务中发挥自身的优势，提升自身在整个价值链中的地位。

（2）全渠道时代，零售商可供选择的产品供给方成倍增加，增加了批发商的潜在竞争者。通过在线渠道，零售商可以寻找数千公里外的上游批发企业，甚至可以便捷地进行跨国交易。这增加了批发商的直接竞争对手。批发企业需要在更广的地域范围内谋求竞争优势，更好地吸引下游分销商。

（3）全渠道时代，批发商需要在多种渠道间配置资源，增加了批发商的资金和管理压力。以往，批发商往往只通过人员销售等传统渠道进行销售，这样企业便可以在这些渠道中投入更多的资源。但是，随着电子商务的发展，企业需要在线上线下多个渠道间进行资金和人员的分配，并且这些渠道的管理模式也大相径庭。因此，全渠道时代给批发商带来了前所未有的资金和管理压力。

2. 批发商全渠道选择的依据

随着移动互联网的进一步发展，传统的批发商往往会拓展互联网分销渠道。但是，这种简单增加在线分销渠道的做法也引来巨大的争议：批发商进行全渠道运营能否带来企业绩效的显著增长呢？

对于这一问题，可以从影响渠道绩效的两方面因素考虑：渠道可及性（渠道的数量）和渠道可用性（为每个渠道投入的资源）。这两方面因素是矛盾统一的，由于批发企业的总体资源是有限的，如果企业采取较多的渠道，势必摊薄每个渠道投入的资源，因此也达不到较高的渠道绩效；但如果企业采用较少的分销渠道，不仅难以触达更广泛的目标零售商，也会提升企业的经营风险。表2-5展示了在不同渠道形式下这两个方面的具体表现。

表2-5　不同渠道的利用程度

分销渠道	渠道可及性	渠道可用性
企业销售力量	销售代表数量、销售地点数量	培训资源投入
电话	销售代表数量	通过电话直接接触销售代表
传真/邮件	销售代表数量	通过传真/邮件直接接触销售代表
展厅	展厅数量	可供选择的产品的比重
贸易展销会	销售代表数量、展销会数量	可供选择的产品的比重、展销会的触达范围

续表

分销渠道	渠道可及性	渠道可用性
电子商务	渠道可用程度	可供选择的产品的比重
间接销售	销售伙伴数量	可供选择的产品的比重
外包销售	销售代表数量	培训资源投入
外部门户网站	门户网站数量	可供选择的产品的比重

资料来源：KÄUFERLE M, REINARTZ W. Distributing through multiple channels in industrial wholesaling: how many and how much?[J]. Journal of the academy of marketing science, 2015, 43(6): 746-767.

1）渠道可及性

渠道可及性是指批发商设置的渠道数量。在绝大部分情况下，是指企业分布在不同渠道中的销售人员的数量，如人员销售、电话、传真和邮件等。另外，在一些特殊的情境中，渠道数量也会有其他呈现方式。例如，在贸易展销会和展厅等现场展示类的渠道中，渠道数量可以指这些展销会或展厅的多寡；在外部门户网站渠道中，登载企业商品信息的门户网站的数量是反映渠道可及性的重要指标。

2）渠道可用性

渠道可用性是指批发商对每条分销渠道进行的资源投入，如在企业销售队伍这一基本的渠道中，企业可以通过对销售人员进行培训来提升销售人员的能力，通过电话/传真/邮件等电子方式的分销渠道可以增加拨打电话/发送传真或邮件的人员的数量。一些进行商品展示的销售渠道（展厅、贸易展销会和外部门户网站）可以通过增加可供选择的产品数量来提升渠道的可用性。

渠道可及性定义了渠道的数量，渠道可用性定义了分销的强度。面对渠道可及性和渠道可用性两种特征，全渠道时代的批发商需要根据自身资源情况和下游分销商的需求对资源进行合理配置。

3. 全渠道时代批发商的电子商务拓展

全渠道的批发商相对于传统批发商的一个重要特征是增加了电子商务等在线渠道。一些比较极端的观点认为像批发商这样的中介机构将会被高效率的在线搜索引擎所替代。但是，批发商所代表的渠道职能不会消失，如近年来兴起的垂直 B2B 平台等在线交易方式也是传统批发商的集聚和分销职能在线上的拓展。面向下游分销商的电子商务模式不仅不会取代批发商，反而会进一步促进其发展。批发商作为联系生产者和下游分销商的媒介，事实上也发挥了上下游信息和知识传递的作用，以此将下游零售商和用户的需求与生产者的生产投资计划联系起来，并有效地处理上下游之间存在的问题。

以电子商务为代表的互联网渠道也产生了新的问题。例如，由于远程在线沟通，会出现残次品的风险增加；由于在线沟通的匿名性，会出现较高的卖方欺诈风险；资金的安全性受到挑战；会存在个人隐私泄露的风险。这些问题可以通过加强监管、完善平台机制、供需双方协作等方式解决。对于批发商而言，可以将电子商务用于获取新业务、优化工作流程。另外，随着人工智能的发展，批发商也可以通过人工智能优化对上游生产企业和下游分销商的服务流程。最后，在线渠道也对批发商的人员招聘和配备产生了重大影响，电子商务的发展不仅大幅度减少了销售人员的数量，而且对现有的销售人员提出了更高的要求，需要他们熟练运用在线沟通媒介，并远程为消费者提供高水平的服务。

因此，批发商进行全渠道拓展应当注意以下几个方面。

（1）确保在线渠道与其他已有的渠道高度融合，为客户创造优质的全渠道体验。全渠道的核心不在于"全"，而在于不同渠道间的有机整合。电子商务渠道的劣势是无法像人员销售那样为零售商提供面对面、易接触的服务。企业需要优化电子商务渠道的服务质量，在产品质量相当的情况下，企业采用在线渠道可以极大降低人力投入、提高订单准确性，从而为批发商节省大量成本。

（2）注重与零售商的全渠道举措的配合。传统的零售商需要承担一定的库存职能，但是零售商新建仓储中心需要大量的资金投入。在全渠道时代，下游的零售商希望批发商直接向最终消费者发送货物，零售商只希望保留信息流和资金流。因此，批发商需要优化企业的物流过程，从中央配送中心发货到区域配送中心再到商店的模式，转化为采用区域和当地配送中心结构，以便更低成本地完成交易，提升批发商的经营绩效。

（3）充分将信息和技术优势转化为经营优势。全渠道时代的一个重要特征是互联网技术的飞速发展。近年来，人工智能、区块链和元宇宙等新技术飞速发展，批发商需要充分利用这些新技术，努力开拓这些技术在物流行业的应用场景，如优化订单的分配和管理等，以使企业顺应全渠道时代的发展，不断获得成长。

2.3 零售商

2.3.1 传统零售商

零售是将商品销售给最终消费者，以供个人或家庭消费的商业活动。零售商是指以零售为其主营业务的机构或个人。零售的概念具有以下要点：第一，零售活动是将商品提供给消费者用于直接消费，而不是用于生产消费或者转售；第二，最终消费者主要是个人或者家庭；第三，零售活动不只涉及有形商品的销售，也包括服务性劳动的销售；第四，零售活动不局限在固定的营业场所进行的销售活动，很多无店铺的销售活动也是零售，如自动售货机、网络商店等。[①]

零售商的分类标准一般有两种：一是按照零售商的经营方式进行分类，即按照零售商的业态进行分类；二是按照零售商所经营的商品种类进行分类，即按照零售商的业种进行分类。在理论研究和实践中，常用的分类方法是按照零售商的业态进行分类。零售业态是指零售企业为满足不同的消费需求进行相应的要素组合而形成的不同经营形态。

根据商务部发布的中国零售业态分类标准《零售业态分类》（GB/T 18106-2021），目前我国市场上共有 17 种业态（图 2-2）。从图 2-2 中可以看出，根据零售商的经营活动是否有固定的营业场所，首先将其分为有店铺零售商和无店铺零售商。其中，有店铺零售商的业态包括便利店、超市、折扣店、仓储会员店、百货店、购物中心、专业店、品牌

---

① 庄贵军，周筱莲，王桂林. 营销渠道管理[M]. 北京：北京大学出版社，2004：140.

专卖店、集合店、无人值守商店 10 种,而其中的便利店包括社区型便利店、客流配套型便利店、商务便利店以及加油站型便利店 4 种;超市则可按照营业面积分为大型超市、中型超市以及小型超市 3 种,或按照生鲜食品营业面积比例分为生鲜食品超市和综合超市两种;购物中心包括都市型购物中心、区域型购物中心、社区型购物中心以及奥特莱斯型购物中心 4 种。无店铺零售商则包括网络零售、电视/广播零售、邮寄零售、无人售货设备零售、直销、电话零售、流动货摊零售 7 种业态。可见,目前在我国零售市场上存在的零售业态有 17 种之多,这些零售业态在选址标准、商圈与目标顾客、规模、商品(经营)结构、商品销售方式、服务功能以及管理信息系统的要求与建设等方面都存在着较大的差异。

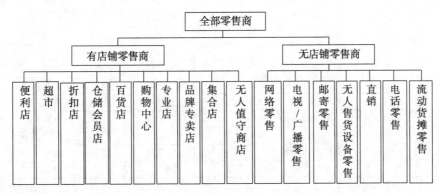

图 2-2　零售业态的分类示意

表 2-6 显示了我国限额以上零售业法人企业数量和从业人数的基本情况。从表 2-6 中可以看出,2021 年我国年末从业人员在 60 人以上,并且年销售额在 500 万元以上的零售法人企业数量为 11 万多个,这些企业的从业人员数量为 650 余万人。

表 2-6　中国零售业的法人企业数量及从业人数

年　份	法人企业数量/个	从业人数/人
2010	52 306	5 013 000
2011	58 471	5 276 000
2012	65 921	5 752 000
2013	80 366	6 553 444
2014	87 652	6 818 878
2015	91 258	6 828 374
2016	98 305	6 976 786
2017	99 182	6 774 776
2018	97 819	6 576 341
2019	102 469	6 453 554
2020	107 761	6 392 395
2021	117 997	6 512 804

注:表中统计数据的统计对象是限额以上的零售企业。其中,限额是指零售企业年末从业人员 60 人及以上,年销售额 500 万元以上。

资料来源:中经网产业数据库。

表 2-7 显示的是 2022 年世界 500 强企业中的零售企业的基本信息。在 2022 年世界 500 强企业中，共有 37 家零售企业，这些企业主要来自美国（15 家）、中国（4 家）、荷兰（3 家）等 10 个国家，其中美国的沃尔玛以 5 727.54 亿美元的营业收入高居世界 500 强零售企业之首。值得一提的是，中国有 4 家零售企业入围，这从侧面反映了互联网零售行业在中国的高速发展。

表 2-7　2022 年世界 500 强企业中的零售企业　　　　　　　　单位：百万美元

零售企业排名	500 强排名	中文名称	营业收入	国家	主要业务
1	1	沃尔玛	572 754	美国	综合商业
2	2	亚马逊	469 822	美国	互联网服务和零售
3	17	Alphabet 公司	257 637	美国	互联网服务和零售
4	26	开市客	195 929	美国	综合商业
5	43	家得宝	151 157	美国	专业零售
6	45	沃博联	148 579	美国	食品店和杂货店
7	46	京东集团股份有限公司	147 526.2	中国	互联网服务和零售
8	51	克罗格	137 888	美国	食品店和杂货店
9	55	阿里巴巴集团控股有限公司	132 935.7	中国	互联网服务和零售
10	71	Meta Platforms 公司	117 929	美国	互联网服务和零售
11	87	塔吉特公司	106 005	美国	综合商业
12	101	美国劳氏公司	96 250	美国	专业零售
13	115	皇家阿霍德德尔海兹集团	89 385.6	荷兰	食品店和杂货店
14	119	家乐福	87 830.8	法国	食品店和杂货店
15	121	腾讯控股有限公司	86 835.6	中国	互联网服务和零售
16	126	乐购	84 192.2	英国	食品店和杂货店
17	147	Seven & i 控股公司	78 458.3	日本	专业零售
18	148	日本永旺集团	78 155.3	日本	食品店和杂货店
19	170	艾伯森公司	71 887	美国	食品店和杂货店
20	258	百思买	51 761	美国	专业零售
21	272	伍尔沃斯集团	50 210.5	澳大利亚	食品店和杂货店
22	280	TJX 公司	48 550	美国	专业零售
23	283	大众超级市场公司	48 393.9	美国	食品店和杂货店
24	287	英格卡集团	47 545.8	荷兰	专业零售
25	308	Alimentation Couche-Tard 公司	45 760.1	加拿大	专业零售
26	319	乔治威斯顿公司	43 924.7	加拿大	食品店和杂货店
27	342	森宝利公司	40 831.7	英国	食品店和杂货店
28	371	ELO 集团	37 677.4	法国	食品店和杂货店
29	380	Finatis 公司	37 457.5	法国	食品店和杂货店
30	393	长江和记实业有限公司	36 133.9	中国	专业零售
31	419	Dollar General 公司	34 220.4	美国	专业零售
32	428	Coop 集团	33 649.2	瑞士	食品店和杂货店
33	438	Inditex 公司	32 572.2	西班牙	专业零售
34	450	Migros 集团	31 657.8	瑞士	食品店和杂货店
35	471	Mercadona 公司	30 169.5	西班牙	食品店和杂货店
36	477	X5 零售集团	29 921.7	荷兰	食品店和杂货店
37	493	Coles 集团	29 055.5	澳大利亚	食品店和杂货店

资料来源：《财富》杂志公布的"2022 世界 500 强企业名单"。

零售商在分销渠道中处于连接制造商、批发商和消费者的最终业务环节上，在营销渠道中发挥着重要的作用，其具体作用主要有以下几点：第一，提供商品组合，降低了消费者购买过程中的时间、体力和精力成本。第二，分装货物，为消费者提供了形式效用。第三，保有存货，降低了消费者储存产品的成本，创造时间效用。第四，提供服务，为消费者购买和使用产品创造了便利条件，创造空间效用。

随着零售企业的快速发展，全国规模的连锁零售企业日益在营销渠道中扮演着举足轻重的角色。作为消费者终端市场的守门人，大型零售商对渠道的控制权正在增强，这对制造商渠道管理构成了重大挑战。随着零售商对渠道控制权的要求日益强烈，制造商与零售商之间围绕着控制权的争夺而产生的各种冲突屡见不鲜，这极大地降低了制造商的渠道绩效。另外，那些已经取得控制地位的零售商则正在利用手中的控制权采用向供应商收取高额进场费、联营扣点、返点、促销费、赞助费等方式挤压供应商的利润，从而迫使那些中小型制造商寻求多元化的渠道（如借助网络渠道）进入市场。在电子商务和移动支付的促进下，网上零售在日常生活中的渗透率越来越高，占比也明显攀升。图2-3显示的是2014—2022年全国社会消费品零售总额增速和网上零售额增速的对比情况。从图2-3中可以看出，全国社会消费品零售总额的增速在逐渐放缓，究其原因，一方面是本身的基数在变大；另一方面也与2020年来新型冠状病毒感染疫情导致的出行不畅等因素高度相关。但是，网上零售额的增速却与社会消费品零售总额的增速不同，2014—2018年，我国网上零售额的增速均高于20%，但同期社会消费品零售总额的增速仅有10%左右，说明网上零售在零售行业中的重要性越来越大。这种趋势在新型冠状病毒感染疫情发生以来变得更加突出，尽管社会消费品零售总额的增速有所下降，但是网上零售额依然保持了较高速度的增长。事实上，近年来由于疫情导致的消费者在线购物行为培养了其新的消费习惯，营销人员和渠道管理人员需要特别关注这种消费者渠道偏好的新动向。

图2-3　2014—2022年全国社会消费品零售总额增速和网上零售额增速对比

资料来源：国家统计局。

新型冠状病毒感染疫情给传统零售行业带来了巨大的冲击，商超、便利店等线下零售业态也面临着巨大的冲击。表2-8是由中国连锁经营协会发布的2021年中国连锁企业50强。从榜单中我们可以看出，行业头部的连锁企业既有苏宁易购等综合零售商，也有红星美凯龙、居然之家、屈臣氏等垂直类零售商,还有全家、罗森等连锁便利店。面对新型冠状病毒感染疫情带来的线下需求萎缩,许多零售业态选择在线上、线下同时发力,从更广泛的渠道中触达消费者。例如,苏宁易购不仅在线下有1万多家门店,也与阿里巴巴达成战略合作,通过天猫等电商渠道进行产品销售,这在新型冠状病毒感染疫情影响消费者出行的情况下具有重要意义。

表2-8 2021年中国连锁企业50强

序号	企业名称	2021年销售额/万元	2021年门店数/个
1	苏宁易购集团股份有限公司	19 719 900	11 281
2	国美零售控股有限公司	14 687 000	4 195
3	红星美凯龙家居集团股份有限公司	13 737 931	485
4	居然之家新零售集团股份有限公司	10 475 878	566
5	沃尔玛(中国)投资有限公司	9 903 600	396
6	永辉超市股份有限公司	9 896 898	1 090
7	高鑫零售有限公司	9 800 501	602
8	华润万家(控股)有限公司	7 816 771	3 245
9	物美科技集团有限公司	6 988 570	1 174
10	联华超市股份有限公司	5 571 381	3 254
11	王府井集团股份有限公司	5 430 670	91
12	长春欧亚集团股份有限公司	4 274 470	148
13	步步高投资集团股份有限公司	4 086 796	748
14	中石化易捷销售有限公司	3 540 000	27 950
15	天虹数科商业股份有限公司	3 475 278	434
16	武商集团股份有限公司	3 472 661	84
17	美宜佳控股有限公司	3 407 533	26 168
18	重庆百货大楼股份有限公司	3 405 587	304
19	银泰商业(集团)有限公司	3 377 012	61
20	家家悦控股集团股份有限公司	3 272 508	1 025
21	银座集团股份有限公司	3 100 331	380
22	利群集团股份有限公司	2 875 030	540
23	永旺(中国)投资有限公司	2 839 011	97
24	中百控股集团股份有限公司	2 649 863	1 539
25	郑州丹尼斯百货有限公司	2 620 000	562
26	世纪华联超市连锁(江苏)有限公司	2 568 232	5 668
27	石家庄北国人百集团有限责任公司	2 480 519	75
28	烟台振华商业集团有限公司	2 445 726	156
29	金鹰国际商贸集团(中国)有限公司	2 397 690	31
30	江苏华地国际控股集团有限公司	2 325 686	92
31	中石油昆仑好客有限公司	2 210 000	20 150
32	屈臣氏中国	2 157 500	4 179
33	信誉楼百货集团有限公司	2 026 422	40

续表

序号	企业名称	2021年销售额/万元	2021年门店数/个
34	山东潍坊百货集团股份有限公司	2 021 800	757
35	大参林医药集团股份有限公司	1 861 313	8 193
36	广州市钱大妈农产品有限公司	1 839 000	3 460
37	文峰大世界连锁发展股份有限公司	1 775 975	577
38	成都红旗连锁股份有限公司	1 620 211	3 602
39	孩子王儿童用品股份有限公司	1 528 145	495
40	北京迪信通商贸股份有限公司	1 260 764	1 052
41	北京京客隆商业集团股份有限公司	1 230 123	161
42	百盛商业集团有限公司	1 191 680	46
43	茂业国际控股有限公司	1 154 724	48
44	广州市广百股份有限公司	1 095 154	26
45	罗森（中国）投资有限公司	1 047 648	4 466
46	广州易初莲花连锁超市有限公司	1 027 440	152
47	合肥百货大楼集团股份有限公司	1 022 708	272
48	中国大陆全家	955 015	2 902
49	山西美特好连锁超市股份有限公司	942 761	129
50	唐山百货大楼集团有限责任公司	908 669	28

资料来源：中国连锁经营协会。

2.3.2 全渠道时代的零售商

1. 全渠道时代对传统零售商的冲击

过去十几年以来，全球零售行业发生了巨大的变化：在线电商平台、新零售等一大批新的零售业态不断涌现。传统的线下零售企业纷纷布局线上渠道，而互联网巨头也在试水实体零售。此外，2020年初发生的新型冠状病毒感染疫情也给零售行业带来了巨大的冲击，疫情限制了人员往来和沟通，也使得线上交易更加普及。全渠道时代对传统零售商的冲击主要来源于以下四个方面。

案例2-2 OPPO和vivo、华为、小米的渠道策略比较

（1）在线渠道的低成本给线下零售商带来巨大的客户流失，需要零售商对供应链精益运营，实现降本增效。最近几年，零售业的整体市场增速在放缓。根据国家统计局的数据，2019年至2021年，社会消费品零售总额的平均增速仅为3.9%，这其中固然有新型冠状病毒感染疫情带来的影响，但是全渠道的变革给零售业带来的影响也不容忽视。另外，传统的线下零售商的利润下降更加明显，零售商需要在疫情面前改变渠道运营方式，通过精益管理的全渠道触达消费者，实现降本增效。

（2)"流量红利"越来越少，零售商需要寻找新的利润增长点。近年来，随着移动互联网用户和购物平台用户趋于饱和，企业已经越来越难以通过用户的快速增长来提升经

营绩效。全渠道的零售转入新的模式。零售商需要注重对不同渠道进行精细化管理，发掘现有用户的新的需求增长点。

（3）全渠道时代的消费者获取信息更加方便、更加理性化。在线搜索引擎的迅速普及使消费者可以超越空间的限制进行产品信息查询和价格比较，消费者也可以更精确地收集商品信息。即使在一些专业化程度比较高的产品领域，如电子产品，消费者也可以高效地学习相关的产品知识，消费者在购买的过程中也更加理性化，这给零售商带来了巨大的压力。

（4）全渠道时代的消费者更加个性化，更重视消费体验。新情境下，消费者可以快速地挑选自己满意的商品。特别是95后、00后消费者，他们是互联网时代的原住民，更富有个性。此外，在在线零售迅速发展的当下，消费者更加注重线下零售店的消费体验。因为消费者可以便捷地在在线购物平台购买廉价的产品，而线下零售商由于租金、人力成本高企，其产品不具备价格优势。因此，线下零售商需要更加注重顾客的消费体验。

2. 全渠道时代下的典型零售商的变革

1）百货超市

百货超市行业是线下零售商的重要代表。根据Euromonitor的一份统计数据，中国商超市场的总体规模已经超过了3万亿元，展示了其在零售行业中的重要性。但是，尽管规模巨大，近年来商超行业的市场增长却十分乏力，2018—2021年的复合年均增长率仅为2.6%。这主要是由于在线渠道对线下商超行业的巨大冲击，并叠加新型冠状病毒感染疫情的影响。根据麦肯锡公司和中国连锁经营协会联合发布的《2022年中国零售数字化白皮书》，商超行业主要面临三大挑战：商超价值定位不突出，到店客流持续被新型业态瓜分；全渠道布局加速，但到家业务盈利能力堪忧；门店运营成本持续攀升。

对于商超行业面临的挑战，可以从两个方面来进行全渠道运营：一是线上线下渠道形成互补格局，共同促进企业经营绩效的提升。线上线下两种零售渠道可以侧重不同的渠道功能，线下的商超可以通过优化布局和陈列，提升消费者购物的体验感；而线上渠道可以支持线下的消费者完成最终的购买，如下单、付款、交易凭证的传送等。二是通过增加新的消费点留住顾客，并带动其他商品的消费。传统的零售商会采用一些招徕品吸引顾客，并带动其他商品的消费；全渠道情境下的百货超市可以通过开发在线应用、小程序等方式让顾客参与店铺活动，通过一些游戏化的方式吸引终端消费者，增强现有顾客的客单价和复购率，建立起全链路的用户运营能力。

2）便利店

便利店是传统小型零售店铺的"升级版"，近年来，在一、二线城市迅速扩张，由于其24小时经营的特征，其常被称作都市生活的"长明灯"。根据麦肯锡公司的报告，便利店市场整体向好，近年来年均市场增长率均超过10%。便利店主要存在于15分钟居民生活圈。

面对全渠道零售的新趋势，便利店也成为这一趋势的重要组成部分，它通过开设多种新型渠道来吸引消费者，以提升经营绩效。根据中国连锁经营协会的报告，在2020年，有超过七成的便利店企业开通了线上业务。但是，这些便利店的线上业务的经营状况并不及预期，并且这些线上业务主要依托第三方O2O（线上到线下）平台。便利店的全渠道运营存在的困境是因为便利店相对于商超等其他零售模式的特征：一方面，便利店的客单价相对较小，如果采用线上模式，便利店需要承担巨大的配送成本，这无疑极大增加了销售费用。此外，便利店销售的产品大部分是标准化的工业制成品，消费者对其价格有明确的心理预期，如果在线渠道导致价格大幅超过消费者的预期，则客户会大量流失。另一方面，便利店零售的优势在于能够给消费者提供快捷的消费体验，但是这与需要较长时间进行配送的线上业务存在冲突。因此，面对运营中存在的这些问题，便利店零售商可以通过采取建设自有平台和开展社区团购两种形式来优化全渠道管理。

（1）建设自有平台。便利店可以通过小程序等形式建设自有平台。自有平台具有两大优势：一是可以提供个性化的商品和服务，便利店自有平台可以由零售商完全控制，可以开发符合企业和当地消费者需求的产品；二是可以整合到家、到店、商城、积分、社区管理等多种功能，实现顾客忠诚计划、促销和客户关系管理等多种模式的优化。另外，自有平台也可以作为线下零售的辅助，消费者可以通过自有平台获取产品的促销信息，查询产品价格、查找新品情况等，助力线下渠道的绩效提升。

（2）开展社区团购。社区团购模式是有效解决便利店用户客单价低和配送成本高的矛盾，通过发起社区团购，便利店可以实现批量销售、批量配送，减少销售费用和运输费用，同时给消费者提供价格更低廉的产品。

3. 全渠道时代零售业的发展策略

（1）全渠道零售不代表每种渠道投入等量的资源、均匀发力。全渠道零售的根本目的是实现企业经营绩效的最大化，"全"并不是全渠道运营的呈现方式，也不是目的。因此，零售商可以对线上、线下两种渠道有所侧重。例如，以成本优势为主的零售商可以以线上渠道为主，用以产品配发和资金流通，而将线下渠道用以产品展示，并供消费者体验产品功能。以线下便利交易为主的零售商可以以线下渠道为主，线上可以用以团购发起和商品展示，并向消费者传递相关的促销信息。

（2）全渠道零售依然需要围绕顾客需求和让渡价值来管理。无论在怎样的渠道模式下，零售商都应当围绕消费者需求，消费者需要质优价廉的产品，因此零售商可以利用在线渠道减少中间环节和店铺租金成本，从而降低产品价格；团购模式也在一定程度上满足了消费者追求同等质量下更低产品价格的需要。顾客让渡价值是指顾客在购物旅程中产生的总价值减去总成本。例如，便利店模式减少了消费者的时间成本，零售商需要充分利用好这一成本优势，而不应该仅仅着眼于传统的顾客财务价值。

（3）全渠道零售充分运用人工智能等新技术。新技术的发展给零售行业提供了许多新的机会。一方面，人工智能模式可以更加精确地预测消费者的需求，为零售商产品布局、店铺布局提供参考。另一方面，一些过去必须用人工完成的工作可以部分地由人工智能设备代替，减少了零售商的人力成本。人工智能也使企业形成敏捷工作模式，更加及时地洞见消费者需求，并改善现有的工作模式。

2.4 消 费 者

2.4.1 营销渠道中消费者的角色

消费者是企业营销活动所指向的对象，消费者需求的满足是营销活动最终要达成的目标。在渠道中，消费者拥有双重角色——承担一定功能的渠道成员和渠道环境中一个最为关键的主体。根据现代营销理论的观点，消费者需求的满足是一切营销活动的出发点和归宿点，因而消费者的需求实际上是整个渠道运转方式与方向的牵引，从这个角度来看，消费者是渠道诸多环境要素中最为关键的行为主体。另外，根据现代渠道理论的观点，任何主体只要在渠道系统中执行了某些特定的功能，该主体就实质性地参与了商品从生产领域向消费领域的转移活动，因而该主体也一定是渠道成员之一。由于消费者在商品的购买与消费过程中也承担了一些诸如运输与储存等物流功能、风险分担与融资等渠道功能，消费者也是渠道成员之一。

案例 2-3 丝芙兰的全渠道零售案例分析

在营销管理理论中，几乎所有的学者都认为消费者是营销渠道的成员之一，因为消费者承担着一定的渠道功能。但作为渠道成员的消费者，其承担渠道功能的目的却不同于其他渠道成员：功能专业化的渠道成员通过执行特定的渠道功能而获取利益，他们所执行的渠道功能不仅是专业分工的结果，并且这些渠道功能本身就是该成员在渠道中存在的原因与目的；与之相反，消费者是为了更好地满足其需求而承担部分渠道功能，因而消费者所承担的渠道功能是其消费活动的一些附带工作，而非专业化与分工的结果。大量关于消费者行为的研究表明，消费者的行为是理性的，作为一个拥有有限资源的行动者，消费者也像其他渠道成员一样会考虑其行为的成本与收益，尽量提升行为的效果（获得期望的收益——需求被更好地满足）和效率（以最小的成本获取上述收益）。从这个角度来看，消费者参与渠道活动，承担一定的渠道功能是一种理性行为，他们所承担的渠道功能的多少完全取决于其对成本与收益的衡量，在承担既定的渠道功能能够增加其净收益时，消费者将会承担该功能；反之，消费者将不会承担此功能。如仓储式商店通过限定消费者购买最小批量的方式让消费者承担了更多的商品储存、运输以及这些流程中可能发生的风险等功能，消费者之所以愿意承担这些功能，是由于渠道为消费者提供了更低的销售价格，从而大大降低了消费者的购买成本（货币成本），那些认为节省掉的货币成本能够弥补承担上述功能所发生的成本的顾客将会愿意到仓储式商店购物，并承担这些渠道功能。如果从渠道管理者的角度来看待这一问题，企业如果想让消费者承担更多的渠道功能，只有在渠道能够为消费者提供的价值超过承担此功能的成本时才能够实现。

作为营销组合的构成要素之一，营销渠道的管理也遵循着顾客需求导向的影响观念，即企业营销活动的出发点和归宿点都是顾客需求的满足。从这一点来看，虽然消费者承担着或多或少的渠道功能，但在营销渠道管理活动中，人们更多时候是把消费者作为渠道服务的对象，认为消费者需求的满足既是渠道系统运行的出发点也是其运行的基本目的，消费者对渠道产出的需求是对渠道结构进行设计及对渠道运行方式进行调整的根本依据。可见，营销管理理论中关于消费者角色的观点实际上是自相矛盾的，一方面把消费者看作承担一定渠道功能的渠道成员，另一方面则把消费者看作一个环境要素，忽视了消费者在营销活动中的积极性和主动性。这一点反映在营销渠道管理理论中就表现为很少有研究关注消费者在渠道管理中的作用，当然这与个体消费者的行为特点和影响力有关。

2.4.2　消费者的行为特征

个体消费者的行为一般具有以下特征。

（1）消费者的需求多样性。由于在年龄、性别、职业、收入、教育程度、居住区域、民族与宗教等方面存在差异，不同消费者具有各自的需要、欲望、兴趣、爱好及行为习惯，这会导致其对不同商品和同种商品的不同规格、质量、外观、式样、服务以及价格等商品要素的需求产生巨大的差异性。另外，随着社会经济的发展和居民收入水平的提高，以及生活与消费观念的改变，消费者的需求在总量、结构和层次上也会相应变化，呈现出消费需求升级的态势。这实际上要求制造商和分销商只有深刻了解与洞察消费者的需求及其变化，才能向其提供合适的商品，满足消费者的各种需求。

（2）消费者人数众多，并且地理位置分散。个人消费者的消费单位是自然人或家庭，因而个人消费者的数量是非常多的，并且每个人或家庭的消费需求都是千差万别的。与此同时，由于消费者的人数众多，他们往往分布在广阔的地理空间内，从而呈现出一种相对分散的分布状态，这实际上对制造商通过什么有效的途径才能把商品转移给这些在地理位置上分散的消费者提出了挑战。因此，制造商为了更好地满足消费者的需求，不仅需要深入了解不同消费者的不同需求，更需要选择合适的渠道将商品高效率地向消费者转移，从而使广大消费者在有需求的时候可以随时买到他们所需要的商品。

（3）消费者每次购买的批量小。对于不同类型的商品，消费者的消费行为存在较大的差别。对于绝大多数日用消费品而言，消费者每次购买的批量是很小的，但由于这类商品的快速消费，消费者需要频繁地购买此类商品。而对于一些耐用品而言，消费者每次购买的批量仍然很小，而由于这类商品的耐用性特征，消费者的购买频次也是很低的。可见，无论何种商品，消费者的小批量购买是其共同的特征。这种购买行为特征一方面与消费者的消费能力有关，另一方面则和消费者为了降低商品的储存成本与风险有关。如果消费者采取大批量购买的行为方式，那些没有及时消费的商品则要被储存起来，这无疑增加了消费者的风险和成本。因而，针对消费者的上述消费行为特征，零售商需要备有充足的商品库存，代替消费者承担储存商品的成本与风险，让消费者在有需求的时候，可以随时购买他们所需数量的商品。

（4）非专家型购买。消费者市场的购买行为多是掺杂情感和冲动的购买。由于消费品品种与花色众多，质量与性能各异，消费者很难完全掌握有关各种商品的知识与信息，因而属于非专家型购买者。由于个人消费者是为数众多而又分散的消费者，并且每个消费者的消费能力也是有限的，因而在获取完全的市场信息以及交易中的讨价还价能力等方面都较弱，更多的时候属于信息和交易条件的被动接受者。虽然随着现代信息传播技术的发展，消费者获取商品信息的能力有所提高，但其仍需要为获取商品信息付出一定的搜寻成本和包括时间、机会成本在内的其他成本。

（5）不同商品的需求弹性存在较大差异。对于那些消费者的生活必需品而言，其需求弹性是比较小的，消费者对于这类商品的需求不会因为价格的上涨而迅速减少。与之相反，对于那些非必需品而言，尤其是其中价值较高的耐用性商品，其需求弹性则是较高的，其价格水平的变化，对消费者购买量的影响是比较大的。因此，无论是制造商还是中间商，在组织分销过程中，都要针对不同商品类型合理定价，以更好地满足消费者的不同需求。

2.4.3 消费者合作组织

如前所述，消费者也是参与分销活动的主体之一，但作为个体的消费者所参与的分销活动，其所承担的功能是有限的。他们只是在为了满足自身的消费需求从商品供应者（生产者或中间商）那里购买商品，然后承担部分物流（运输和储存）等渠道功能，并把商品消费掉，以满足生活所需。由于消费者为数众多，并且在空间上的分散和规模的弱小，消费者在渠道中所发挥的影响力也是非常小的。他们由于缺乏组织，在与商品供应者交易时，往往处于不利地位。但当分散的个人消费者通过某种形式组织起来，并为了满足其自身的生活消费需求而参与交易活动时，其所承担的渠道功能，以及他们在参与交易时的影响力都会得到提升，这种组织就是消费者合作组织。

由于消费者为数众多且非常分散，因而要将消费者组织起来需要一定的组织机制并要付出相应的动员与组织成本。从个体消费者角度来看，每个消费者都很难具有充足的动机来充当组织者，因为这意味着要花费巨大的动员、组织与协调成本，一旦组织起来，所有加入的消费者都可以获得联合的好处。因此，从理性的角度出发，每个消费者都有充足的"搭便车"的动机，而不愿意付出组织的成本。这意味着，组织消费者合作组织的主体需要从这种消费者联合组织中获取相应的收益，这是动员与组织消费者的基本前提。

近年来，在互联网发展的推动下，团购作为一种新型的消费者合作组织持续快速发展。团购是企业或个人自发或者通过组织自愿参加而形成的采购团体，它与供货方共同谈判议价并且享有集体优惠采购价。随着信息技术和互联网的发展完善，网络购物由此产生，网络团购是团体购买的典型形式。国内网络团购起源于美国的 Groupon 团购模式，从需求方角度看，团购通过各种渠道聚集起来，集中与供应商议价交易，以达到获得价格优势的目的；从供应商角度来看，它是一种新型的营销方式，只有采购量达到一定数量的情况下才能优惠供应或销售，获得规模效益，同时借助平台，宣传和推广产品，降低了供应商产品的广告投资风险。[①]

自 2010 年起步以来，中国的团购网站经历了井喷式的快速增长，团购网站一度有数千家。在经历了井喷式增长之后，团购网站由于资金、运营模式、竞争等多方面的原因

---

① 骆建文. 采购与供应管理[M]. 北京：机械工业出版社，2016：32.

迅速洗牌，但却极大地改变了消费者的购买方式，也极大地提升了消费者的谈判地位。目前国内主要的团购网站有美团（国内成立较早/综合实力强的团购网站，大型 O2O 生活服务商，2015 年与大众点评宣布合并）和聚划算[以 C2B（消费者到企业）驱动的营销平台，阿里巴巴集团依托淘宝网巨大的消费群体打造的高品质团购网站]等。

除了专业的团购网站之外，其他一些公司出于市场竞争、维护客户关系以及给客户带来更多增值的需要也通过某种方式将消费者组织起来。比较典型的是银行，围绕着银行信用卡用户，很多银行都推出了信用卡增值计划。如消费者持有某一银行的信用卡到某一与银行有合作关系的商户（如零售店、酒店等）持卡消费就可以获得相应折扣或其他服务。虽然银行这样做是为了保持其持卡消费者群体的稳定，即建立稳定的客户关系，但客观上也极大地提升了个体消费者在渠道中的地位。

案例 2-4 电商"黑马"拼多多的苦恼：低价与质量、平台与卖家的"两难"从何而来？

2.4.4 全渠道时代消费者角色的变化

全渠道零售是指消费者同时采用多条渠道进行跨渠道购物，并且满足其购物、娱乐和社交的无缝购物体验需求的购物行为。事实上，不同于电商时代，我们一般所理解的可以在多个渠道中选择进行购物并不是真正意义上的全渠道，全渠道强调的是无缝式的跨渠道购物体验，即消费者尽管在某次购买流程中切换购买渠道，依然能够自然衔接进行购买流程的下一步。

那么，对消费者而言，这种新型零售模式的优势是什么？全渠道零售解决了购物过程经历不一致性的痛点和满足其全渠道购物的需求。随着互联网的发展、移动终端的崛起以及元宇宙的兴起，消费者获得了多样化的渠道选择，消费者在关注产品功能及质量的同时，也越来越重视精神与价值追求。如果企业仍然固守传统的销售模式，则难以应对外部市场环境的变化，也无法与消费者需求相对接，企业则无法在激烈的市场竞争中维持自身的生存与发展。处于新时代下的企业需要跟随时代发展的脚步，突破传统思维模式，对原有销售模式进行改革。

近年来，全渠道的消费群体迅速成为不可忽视的力量，也成为企业发展过程中强大的驱动力。现如今，全渠道中的消费群体已然成为重要组成部分。从市场本身的角度来分析，消费群体在很大程度上决定着市场的走向，而企业在选择渠道销售时，也应该要以消费者需求为核心。全渠道时代的消费者行为变革主要体现在以下几个方面。

1. 消费者获取商品信息方式多元化

在全渠道时代，消费者不仅能够通过在实体店进行亲身体验来了解商品的功能、质量等信息，还可通过电视渠道、网络渠道、移动终端等多种渠道方式接触商品信息，并且通过不同渠道对不同商品进行比对分析，然后作出最终的消费决策。

2. 消费者的需求更加多元化

在全渠道时代，越来越多的消费者注重自身个性化需求。如今，各产业蓬勃发展，技术水平和信息获取能力达到一定的高度，随之而来的，是不断地满足消费者需求提升的要求,许多定制化平台纷纷涌现,能够对消费者进行产品定制,还可以让消费者参与产品的设计与生产环节。消费者需求的多元化,让传统企业在运营及发展过程中面临更多挑战。为了促成与消费者之间的交易,扩大自身的产品销售,经营者需要在营销环节进行创新,为消费者提供详尽的商品信息。

3. 消费者的购买选择更加多元化

在全渠道时代,不同于在传统模式下消费者的选择空间是有限的,消费者如今既可以到线下实体店进行现场体验,也可以通过网络渠道进行搜索,可以现金支付,也可以电子支付,甚至在未来可能在虚拟世界中进行虚拟购物,无不体现出消费者选择的多样化特点。在这样的消费环境下,企业要获得消费者的认可,就要改革传统销售模式,通过实施全渠道零售模式来服务于全渠道消费群体。

2.5 渠道辅助成员

2.5.1 传统渠道辅助成员

案例 2-5 新零售模式下京东和阿里巴巴的线下布局

渠道辅助成员是非成员性参与者,它们一般不直接参与商品或服务的所有权转移,但却为渠道成员提供了一些专业化的服务。换言之,渠道辅助机构专业化地承担了一些渠道功能,而渠道成员将这些渠道功能外包给辅助机构的主要原因是后者能够以更高的效率执行相应的渠道功能。因此,从这个角度来看,渠道辅助机构在渠道运行过程中并不是可有可无的,它们的存在提高了渠道整体的运行绩效。一般而言,渠道辅助机构包括物流公司、市场调研公司、广告公司、银行、保险公司等。

市场调研公司或市场研究公司是专门进行市场信息收集、处理与分析的机构。随着人们对市场调研重要性的认识的逐渐增强,在过去的几十年中,市场调研机构得到了很大的发展。目前,大多数的大中城市都有许多市场调研机构来提供专业的市场研究服务。当渠道成员自己的公司缺少获得相关市场信息的必要技能时,他们就会使用这些市场调研机构来提供必要的信息。

广告公司是专门向渠道成员提供广告与营销传播方案咨询的机构。广告行业涉及比较宽泛的业务范围,它可以帮助客户制订其要求的广告与营销传播方案,小到制作一个广告、为渠道成员提供广告媒体方案,大到设计和执行整个整合营销传播方案。

银行和保险公司是专业化的金融机构。其中银行作为金融机构能够为渠道成员提供资金保证以及各种形式的金融服务,而保险公司具有转移渠道成员业务风险的功能。

从渠道管理者的角度看,辅助代理机构可能被看作专业服务供应商,渠道成员可以把许多不同的渠道功能外包给它们。对于渠道管理者来说,其主要的管理任务就是选择适合自己的辅助代理机构,并且对其进行有效的监督控制,因为渠道中的任一环节都是至关重要的。通过准确地界定辅助代理商所承担的任务,渠道管理者将能够更好地选择与确定符合公司要求的辅助机构。

2.5.2 全渠道时代的渠道辅助成员

一般情况下，传统渠道里的辅助成员（如保险、融资、广告代理、物流等）并不会深度参与交易的核心，仅仅作为交易完成中的配角来发挥特定的功能。然而，在全渠道时代，一些辅助成员的作用并不仅是"辅助"，而是会深度参与交易完成的全过程。

1. 传统渠道辅助成员的职能变化

在全渠道时代，制造商需要通过多种渠道触达消费者。在传统渠道管理中，即使制造商采用多条渠道进行分销，需要涉及的运输、广告、保险等辅助服务在不同渠道之间依然较为相似。但是，随着全渠道的推广，制造商需要在线上、线下多种截然不同的渠道中推广产品，一些适用于线下的辅助功能在线上则会发生巨大的变化。例如，产品的运输在线下渠道往往经历从制造商到分销商再到消费者的整个流程，但是在现在购物中，产品可以直接从制造商到消费者手中。运输方式的变化给整个物流行业的转型带来了巨大的挑战和机遇。再如分销过程中的保险服务，传统渠道中保险服务是针对物流公司或制造商企业的，但在线上渠道中，保险往往涉及具体的买家（如在线购物的"运费险"等），这给服务于营销渠道的保险企业带来了新的业务增长点。

2. 在线交易平台

传统的营销渠道中，生产者将产品交付给批发商，再由批发商转交给零售商，最终到达消费者手中，这一过程中的每个成员在不同的场景中完成交易，彼此相互独立。但是，全渠道中纳入了在线交易，使得不同的渠道角色均集中于在线交易平台中，消费者的商品搜索、选购、支付、物流、保险等功能均集中于在线交易平台中。此外，在线交易平台也提供了资金担保服务，消费者在购买产品的过程中将资金提供给第三方平台，在消费者确认商品满意后，第三方平台再将资金转付给卖方。因此，全渠道情境赋予了在线交易平台巨大的权力，使得第三方平台成为在线渠道中至关重要的环节。

3. 全渠道的监管者

全渠道的监管不仅仅是政府相关部门的职能，促使交易实现的在线交易平台也是监管过程中的重要力量。在线交易平台通过监控商家资质、商家发布的产品信息等内容、交易行为等，为消费者和平台的健康生态提供重要的保证。通过在线交易平台进行监管是一种更加市场化的监管方式。全渠道中，难以仅仅依靠传统的政府市场监管部门进行监管，因此，全渠道的监管需要在政府监管部门的指导下，采用以平台方监管为主、政府部门监管为辅的监管模式。

本章提要

营销渠道参与者是指与生产企业产品分销有关的所有组织和机构。按照是否参与商品所有权转移的谈判以及所有权是否发生实际转移，可以将渠道成员分为两类：一类是成员性参与者，一般包括生产企业、批发商、零售商；另一类为非成员性参与者，即辅助代理机构，一般包括物流机构、市场调研机构、广告代理商、银行、保险机构等。

批发商是指从生产者或其他经营者那里购进商品，然后转售给其他批发商、零售商、产业用户和事业用户的商业企业。批发商是商品分销过程的中间环节，其上游联结商品的生产者，而下游则与商品的再销售者（下游批发商和零售商）、各种产业用户和事业用户相联系，批发活动完成后，商品一般不进入最终消费领域。一般而言，批发商包括独立的批发商和由制造商所有的批发商两大类。

其中，独立批发商主要由三种主要类型的批发商组成，即商业批发商、代理商和经纪人。

商业批发商是一种独立的批发机构，专业从事批发业务，并且在经营业务时获得商品的所有权。商业批发商的目的是通过发挥各种各样的批发功能，提高营销渠道的运行效率，并因此而获得合理的利润。

代理商和经纪人也是独立的批发机构，一般只帮助沟通产销，在交易当事人之间起媒介作用，在商品交易中，一般不获得商品的所有权。代理商是指受生产制造商的委托，代理销售生产制造商某些特定商品或全部商品的中间商。经纪人又称掮客，一般既没有资金，也没有商品所有权，只是受委托人委托进行购销谈判。代理商和经纪人的作用是为买卖双方提供市场信息、作为销售纽带联系买卖双方以及提供服务支持和买卖建议等，他们的收入主要来自销售佣金。

制造商所有的批发商是由生产制造商自己开办并进行经营的批发组织，是生产制造商的下属批发机构，通常包括制造商设立的销售公司或销售办事处。

零售是将商品销售给最终消费者，以供个人或家庭消费的商业活动。零售商是指以零售为其主营业务的机构或个人。零售的概念具有以下要点：第一，零售活动是将商品提供给消费者用于直接消费，而不是用于生产消费或者转售；第二，最终消费者主要是个人或者家庭；第三，零售活动不只涉及有形商品的销售，也包括服务性劳动的销售；第四，零售活动不局限于在固定的营业场所进行的销售活动，很多无店铺的销售活动也是零售，如自动售货机、网络商店等。

零售商的分类标准一般有两种：一是按照零售商的经营方式进行分类，即按照零售商的业态进行分类；二是按照零售商所经营的商品种类进行分类，即按照零售商的业种进行分类。在理论研究和实践中，常用的分类方法是按照零售商的业态进行分类。零售业态是指零售企业为满足不同的消费需求进行相应的要素组合而形成的不同经营形态。根据商务部发布的中国零售业态分类标准《零售业态分类》（GB/T 18106—2021），目前我国市场上共有17种业态，包括便利店、超市、折扣店、仓储会员店、百货店、购物中心、专业店、品牌专卖店、集合店、无人值守商店10种有店铺零售业态和网络零售、电视/广播零售、邮寄零售、无人售货设备零售、直销、电话零售、流动货摊零售7种无店铺零售业态。这些零售业态在选址标准、商圈与目标顾客、规模、商品（经营）结构、商品销售方式、服务功能以及管理信息系统的要求与建设等方面都存在着较大的差异。

消费者是企业营销活动所指向的对象，消费者需求的满足是营销活动最终要达成的目标。在渠道中，消费者拥有双重角色——承担一定功能的渠道成员和渠道环境中一个最为关键的主体。个人消费者的行为一般具有以下特征：消费者的需求具有多样性特征；

消费者人数众多，并且地理位置分散；消费者每次购买的批量小；非专家型购买；不同商品的需求弹性存在较大差异。

由于消费者为数众多，并且在空间上的分散和规模的弱小，消费者在渠道中所发挥的影响力也是非常小的。他们由于缺乏组织，在与商品供应者交易时，往往处于不利地位。但当分散的个人消费者通过某种形式组织起来，并为了满足其自身的生活消费需求而参与交易活动时，其所承担的渠道功能，以及他们在参与交易时的影响力都会得到提升，这种组织就是消费者合作组织。团购网站、银行的信用卡增值计划等都在当代市场中扮演了组织消费者的角色。

渠道辅助成员是非成员性参与者，它们一般不直接参与商品或服务的所有权转移，但却为渠道成员提供了一些专业化的服务。一般而言，渠道辅助机构包括物流公司、市场调研公司、广告公司、银行、保险公司等。在全渠道时代，渠道辅助成员的功能产生了巨大的变化：传统辅助成员职能变化、在线交易平台的崛起和监管力量的变化。

拓展阅读

1. 李飞. 全渠道营销：一种新战略[J]. 清华管理评论，2015（1）：30-39.
2. 张闯，庄贵军，杨志林，等. 零供关系中的依赖结构：消费者真的可以被忽略吗？[J]. 管理评论，2016（9）：134-147.
3. 臧树伟，潘璇，胡左浩，等. 双元能力如何促进企业全渠道转型[J]. 南开管理评论，2021（4）：62-73.
4. BECK N, RYGL D. Categorization of multiple channel retailing in multi-, cross-, and omni-channel retailing for retailers and retailing[J]. Journal of retailing and consumer services, 2015, 27: 170-178.

即测即练

自学自测 扫描此码

第 3 章

营销渠道纵向一体化决策

学习目标

通过本章学习,了解交易成本经济学理论范式下的营销渠道纵向一体化决策基本框架,掌握影响营销渠道纵向一体化的主要因素,了解营销渠道纵向一体化决策中,营销渠道控制和营销渠道成本之间平衡的问题。

对于将要进入市场的企业而言,在设计营销渠道结构时,企业面临的一个基本决策就是由自己完成分销活动,还是将分销活动外包给市场上独立的中间商完成。这个问题的本质是企业是否将分销活动完全内部化,即纳入企业的职能范围内来完成。显然,这是个战略问题。本章将就此问题展开讨论,我们先就渠道纵向一体化决策的理论基础展开阐述,而后论述纵向一体化决策的一些关键影响因素,以及在完全内部化与完全外包之间的一些折中方案,最后探讨在全渠道视角下渠道一体化的新趋势、新挑战以及新解决方案。

3.1 渠道纵向一体化的理论框架

3.1.1 渠道纵向一体化的理论基础

渠道纵向一体化问题所涉及的理论基础主要是交易成本经济学。相对于新古典经济学将企业看作一个抽象的生产函数而忽视了企业的内部运作,交易成本经济学将企业看作一种组织交易的治理结构(governance structure)。在交易成本经济学家罗纳德·科斯(Ronald Coase)最初的观点中,市场和企业是两种可以相互替代的组织交易的治理结构,其区别在于组织交易的成本——交易成本的大小。在科斯看来,利用市场机制组织交易是会发生成本的,这些成本既包括交易前谈判和签订合同的成本,也包括合同的监督与执行这些事后交易成本。当利用市场机制交易的成本超过在企业内组织交易的成本时,企业就会将市场交易内部化,即利用企业机制替代市场机制。科斯的交易成本理论构成了交易成本经济学,以及企业一体化与否的一个基本分析框架。

科斯之后,奥利弗·威廉姆森(Oliver Williamson)以两组前提假设丰富、完善了交易成本经济学的理论框架。威廉姆森的两组前提假设包括对人类行为的假设［有限理性（bounded rationality）和投机行为（opportunism）］和对交易特性的假设［专用资产（specific assets）和不确定性（uncertainty）］，两组假设相互作用为企业的纵向一体化决策提供了更为完备的分析框架。①其中，有限理性假设指的是决策者的决策总是受制于其有限的认知能力和理性，如决策者获取和处理相关信息，以及进行沟通的有限能力。投机行为假设是指只要存在机会，决策者总是会不惜以损害他人利益的方式追求其自身利益，这包括欺骗、隐瞒事实以及故意违约等行为。专用资产指的是仅能适用于特定交易关系的资产，而在此交易关系以外，这些资产则毫无用途。如批发商在制造商工厂附近专门为其建设的仓库等物流设施就仅适用于与该制造商的交易关系而很难用于其他交易关系。不确定性包括环境不确定性（environmental uncertainty）和行为不确定性（behavioral uncertainty），前者指特定交易的环境特征无法在事前确定，即无法准确预测将来可能发生的情况；后者指无法在事后准确地评估交易绩效，如制造商可能很难对某一零售商是否对其顾客提供了充分的售前服务进行评价。

案例 3-1　百丽：全渠道 DTC 深度服务消费者

　　根据交易成本经济学的观点，由于决策者是有限理性的，这种有限理性在面对不确定的环境与行为时就会产生一系列问题。当环境不确定时，由于无法在事先对环境的变化进行预测，就会产生适应性问题（adaptation problem），即很难根据环境的变化而对交易合同进行修订。当行为不确定性出现时，由于无法在交易完成之后准确地评价交易伙伴的行为是否达到了交易合同规定的标准，而会产生绩效评价问题（performance evaluation problem）。另外，由于专用资产是仅适用于当前交易的资产，而交易者都具有投机行为的动机与倾向，因而一旦向交易关系中投入了专用资产就会面临被对方"敲竹杠"的风险，从而带来了对专用资产进行保护的问题（safeguarding problem）。如前文提到的专门为制造商建设仓库等物流设施的批发商可能就会受到该制造商的要挟，一旦制造商了解到该仓库除了服务于它自己以外，批发商很难将该仓库用作他途，该制造商就会以终止交易关系等手段要挟该批发商以获取更好的交易条件。而对于该批发商来说，就必须采取相应的手段来保护自己的专用资产。因此，交易成本经济学的基本观点就是，当适应性问题、绩效评估问题和保护专用资产的成本不存在或很少时，企业会选择利用市场机制进行交易；相反，当上述问题和成本存在并且超出了利用市场交易所能够带来的收益时，企业就会选择内部化，将经济交易纳入企业组织内部完成。

　　对于制造商而言，其渠道纵向一体化决策所涉及的基本问题是将分销活动外包给独立的中间商（批发和零售企业）来完成，还是由企业自己来完成（自营），前者是市场交易，后者则是内部化，从战略管理的角度来看，后者也就是前向一体化问题。根据交易成本经济学的基本观点，企业是否实施纵向一体化将取决于交易的性质，即企业市场环境的特征与对中间商绩效评价的可能性与准确性。除此之外，渠道纵向一体化对于企业而言还是一个非常重要的战略问题，因为这不仅涉及渠道建设与维护的成本与收益问题，

---

① RINDFLEISCH A, HEIDE J B. Transaction cost analysis: past, present, and future applications[J]. Journal of marketing, 1997, 61: 30-54.

还涉及渠道结构的调整与路径依赖，以及企业资金使用的机会成本问题。

3.1.2 渠道纵向一体化的程度、主体与方向

1. 渠道纵向一体化是个"度"的问题

在交易成本经济学最初的分析框架中，纵向一体化是一个自营或外包的非此即彼的决策（图 3-1），当制造商将分销活动完全外包给独立的中间商完成时，双方使用传统的市场机制来组织交易，所有分销活动由分销商独立完成，分销活动所发生的成本、收益与损失也都由分销商独立承担。而当制造商将分销活动完全内部化，即由制造商自营分销活动时，所有分销活动由制造商独立完成，分销活动所发生的成本、收益与损失则全部由制造商来承担。

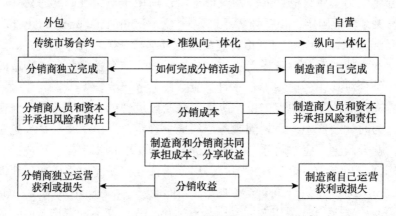

图 3-1　渠道纵向一体化程度的连续统一体[①]

显然，现实世界中制造商的分销决策远非外包或自营这样非此即彼的选择这样简单，在完全市场化与完全内部化之间存在着各种各样的中间形态，即渠道纵向一体化是个程度的问题，而外包或自营不过是这个连续过程的两个极端。在威廉姆森的理论中，他将市场化与内部化之间的各种组织交易的结构称为中间组织，包括交易双方的合资企业、相互持股、长期协议以及战略联盟等各种形态。单从产权的角度来看，完全市场化的一端代表了渠道关系双方彼此独立，没有任何的产权联系，而完全一体化的一端则代表了渠道关系双方在产权关系上成为一个整体。而在两个端点之间，渠道关系双方的产权关系可能处于各种连续状态，单从制造商角度来看可能存在以下产权关系：制造商少量持有分销商的股份（参股）、制造商持有分销商相对大量的股份（相对控股）、制造商持有分销商绝对多数的股份（绝对控股），直到制造商完全持有分销商的股份（一体化）。因而，渠道一体化是个"度"的问题，而不是简单的非此即彼的问题。

2. 渠道纵向一体化还是个方向的问题

如果我们不单从制造商的角度来考虑问题，渠道纵向一体化还是个方向的问题，当然当我们考虑一体化的方向时，可能会涉及不同的渠道主体。营销渠道是由制造商、批

---

① 科兰，安德森，斯特恩，等. 营销渠道[M]. 蒋青云，等译. 7 版. 北京：中国人民大学出版社，2008：283.

发商和零售商纵向排列构成的一个系统，因而这个链条上的任何一个主体在理论上都具有实施渠道一体化的可能。制造商可以采用前向一体化进入批发和零售环节，批发商也可以通过前向一体化进入零售环节，以及通过后向一体化进入生产制造环节；零售商也可以通过后向一体化进入批发或生产制造环节。

如果同时考虑渠道纵向一体化的程度和方向问题，问题会变得更为复杂一些。当仅站在渠道成员一方考虑问题时，除了产权联系所体现的一体化程度以外，实施一体化的渠道成员的一体化实施到哪个渠道环节？如制造商向下游实施一体化，是对批发商一体化，还是对包括批发商和零售商在内的全部渠道环节实施了一体化？如果考虑渠道关系双方，则产权联系还可能出现各种交叉情况，如制造商和批发商建立合资企业，或者制造商与批发商相互持股等。

除了上述产权联系以外，在市场化与内部化之间的准纵向一体化还可能涉及一些非股权联系的情况，关于这一点，我们将在本书渠道治理内容中予以展开论述。

3.1.3 渠道纵向一体化的成本与收益

1. 渠道纵向一体化的成本

正如我们在生活中所观察到的，在消费品市场中实施渠道纵向一体化的制造商为数并不多，渠道一体化令人生畏之处主要在于企业可能要为之投入巨大的成本，并且有些成本的投入并非一次性，而需要企业持续不断地进行。一般而言，渠道纵向一体化所涉及的成本主要包括以下方面。

（1）建立分销机构的成本。对于专注于生产活动的制造商而言，进入分销领域的前提是必须建立其自己的批发、零售等分销机构。虽然建立这些分销机构所需要的成本投入量取决于企业所服务的市场范围、建立分销机构的数量，但建立这些机构无疑需要企业大量地投入资本。2020年7月7日，京东家电专卖店数量已突破1.5万家，进一步实现对全国2.5万个乡镇和60万个行政村的全面覆盖。[①]可以想象，这样的分销系统建立所投入的成本无疑是非常巨大的。

（2）维护分销机构的成本。分销机构被建立起来以后，维护与运营分销机构的运转则是另一项需要企业持续投入的成本。这些成本除了包括分销机构的人员、办公等运营成本以外，还包括分销系统的维护与升级成本。如随着AI（人工智能）技术逐渐走向成熟，优衣库于2018年3月对其深圳万象天地线下门店引入了新的营销工具——导购机器人，其在线下门店中扮演智能导购员的角色。优衣库及其研发者对这一AI产品的研发成本已达300万元。[②]

（3）雇用与培训分销机构员工的成本。企业自建分销机构的运转还需要企业雇用大量的专业管理和从业人员，并且需要对这些人员进行相应的培训以提高分销机构的运转效率，这些显然都需要企业进行持续的投入。如亚马逊2016年开始通过在线集市进军家

---

① 徐晓风. 京东家电专卖店突破 1.5 万家 覆盖 60 万村镇[EB/OL]. (2020-07-08). https://www.yangtse.com/zncontent/661207.html.

② 戴丽芬. 把 AI 导购放进优衣库门店 这位澳籍算法专家让你花式剁手 转化率 10%[EB/OL]. (2018-04-17). http://www.sohu.com/a/228505992_649045.

政市场，为了给客户提供更加统一的服务，该公司推出了自营服务，希望通过自聘员工的方式更好地控制人员和服务品质。所有技术人员都在亚马逊接受专业培训才可上岗。[①]这些人员的雇用与培训成本无疑也是十分巨大的。

（4）了解市场及分销知识的学习成本。为了更好地对企业的分销活动实施管理，企业的管理人员将必须对其了解不多的市场及分销知识进行相应的学习，这也构成了实施一体化企业各个管理层级上需要支出的成本。

（5）资本投入的机会成本。对于生产制造企业来说，建设企业自营的渠道需要投入的巨额支出是存在机会成本的。这是由于投入分销系统中的很多成本会以各种形式沉淀在分销系统内，若企业将这些投入应用于其他方面，则可能会产生更大的收益。

（6）管理者精力与时间的机会成本。除了企业资金投入的机会成本以外，企业各个层级相关管理人员的精力与时间也会发生机会成本。如果企业没有实施渠道纵向一体化，这些管理人员的精力与时间就会集中在原有的职能与工作上，而企业进入分销领域以后，这些管理人员就必须将一些精力与时间分配到对分销活动的管理上，这会产生相应的机会成本。

（7）渠道冲突的协调成本。如果制造商在实施渠道纵向一体化的同时还采用部分外包的渠道来服务于同一个市场，即企业在某一市场上采用多渠道策略，自营渠道与外包渠道之间就可能产生各种渠道冲突，显然企业对这些冲突进行协调和管理是需要成本的，并且一旦冲突处理不当还会给企业产品的总体市场绩效带来不利影响。

2. 渠道纵向一体化的收益

虽然渠道纵向一体化的投入令人生畏，但一体化能够带给企业的收益仍然令其具有吸引力。一般而言，纵向一体化能够给企业带来的收益包括以下几个方面。

（1）自营渠道获取的分销收益。在将分销活动完全外包给独立的分销企业时，由于分销商为完成分销活动投入了相应的成本，制造商必须将部分分销收益让渡给分销商。而在制造商实施一体化渠道的情况下，制造商就可以将这些分销收益完全占据。显然，这些分销收益的来源与形式是高度多元化的，既可能直接来自分销环节的收益，也可能来自自营渠道降低了商品的零售价格从而提升了制造商产品竞争力的间接收益。

（2）对分销过程进行控制带来的收益。对于很多制造商而言，对分销过程进行强有力的控制对在市场上塑造品牌形象、建立产品竞争力都是非常关键的。在将分销活动外包的渠道中，当制造商面对的是实力比较强的分销商时，制造商往往无力对分销过程实施相应的控制，在很多情况下，这是制造商所不愿意接受的。另外，拥有渠道的控制权可以更好地贯彻和执行企业的营销战略与策略，更为直接地对分销活动的各个环节实施管理与控制，这会带给生产企业很多间接的收益。

（3）为其他企业提供分销服务获取的收益。虽然一体化的渠道是为某个生产企业所拥有，但生产企业仍然可以为其他企业提供分销服务，这可以为制造商带来额外的收益。制造商的一体化渠道就好比制造商自己投资建设的一条"高速公路"，而制造商分销的商

---

① 书聿. 深入挖掘家政市场 亚马逊自聘员工保证服务品质[EB/OL]. (2018-03-29). https://tech.sina.com.cn/it/2018-03-29/doc-ifyssmmc0740882.shtml.

品就好比在高速公路上跑的"汽车",制造商在"公路"上跑自家的"车"固然是其建设"公路"的目的,但该"公路"也可以向其他企业的"汽车"开放,生产企业可以收取"过路费"来平摊"高速公路"的建设与运营成本。如 TCL 公司曾先后与松下、飞利浦、摩托罗拉等跨国企业签订合作协议,在 TCL 的渠道网络内销售合作者的产品。[①]

（4）对顾客与市场的直接了解带来的间接收益。在采用外包渠道的情况下,制造商由于远离终端市场,其对目标顾客及市场信息的获取,要么通过市场调研,要么就只能通过分销商的传递。无论哪种情况,都无法使制造商获得实时、准确的市场信息,这对于制造商的研发、生产及市场营销活动都是不利的。但当制造商采用一体化渠道时,由于是企业的销售与服务人员直接服务于目标顾客,直接参与终端市场的运营,这会令制造商获得更为实时、准确的市场信息。这些信息对于制造商的研发、生产与营销活动的意义是不言而喻的。

3.1.4 渠道外包为什么具有吸引力

正如前文所述,虽然渠道一体化能够给企业带来各种直接、间接的收益,但在消费品市场上多数公司仍然倾向于采用外包渠道。一般而言,外包渠道除了可以为制造商节约大量的渠道建设与维护成本以外,还具有以下吸引力。

（1）分销商具有专业化的业务和知识。无论是批发商还是零售商,分销商是专业化的商业机构,它们不仅专注于商品分销活动,还具有完成相应分销活动的专业知识和技能。这都使得专业的分销机构相对于既从事生产又从事分销活动的采用渠道一体化策略的制造商而言可能在完成分销活动方面更有效率。

（2）分销商具有分销活动的规模经济性。分销商往往专注于分销活动的某个环节（如批发或零售）或某几项功能（如物流）,这使得它们将其所有的资源集中于这些分销活动;另外,与只专注于本公司产品分销的制造商所有的分销机构不同,专业化的分销商同时为很多制造商完成很多产品的分销活动,这会使分销商在完成分销活动方面获得更大规模的经济效益。

（3）分销商拥有分销活动的协同效应。专业化的分销机构往往可以将来自不同制造商的相关或不相关的商品组合到一起,形成一个可以互补的产品组合,这可以为顾客提供更加多样化的产品选择空间;另外,分销商也可以通过完成多种分销活动,为顾客提供多样化的服务。这两个方面都可以使分销商在分销活动中比制造商的分销机构获得更大的协同效应。

（4）独立的分销商可以更好地了解和服务市场。独立的分销商长期专注于商品的分销,更加直接地服务于消费者,也更加直接地了解市场的动态,这会令这些专业分销商积累丰富的关于市场的信息和知识,从而增强了它们应对市场变化、更好地服务于市场的能力。这一点在一体化的制造商那里是需要慢慢学习和积累的。

（5）分销商具有努力工作的动机。一方面,分销商都是追求利润的独立商业企业,它们为了完成分销活动要垫付相应的成本、承担相应的风险,因而它们必然有更加努力

---

① 王实. TCL 的营销渠道策略[EB/OL]. (2010-12-16). http://wenku.baidu.com/view/170338781711cc7931b71613.html.

地进行工作的动机。另一方面，相对于许多生产制造行业相对较高的进入壁垒，批发或零售行业的进入壁垒是相对较低的，这也导致了分销商比制造商面临更大的市场竞争和生存压力，构成了分销商更加努力工作的驱动力。

3.2 渠道纵向一体化决策的影响因素

本节我们将要讨论的问题是，尽管渠道纵向一体化与外包各有吸引力，那么在什么样的情况下企业应该决定实施渠道一体化呢？我们仍然以交易成本经济学为基本的理论基础，仍然从制造商的角度来考虑问题。

3.2.1 渠道纵向一体化决策：传统经济学标准

如前文所述，渠道纵向一体化决策是一个涉及公司大量、长期投入的战略决策，因而我们必须将其纳入公司长期战略的范畴来考虑。一般而言，公司的目标是实现长期总体投资回报的最大化，因而企业在决定是否要对渠道进行一体化时就必须考虑投入渠道一体化中的投资是否提高了公司的投资回报，以及这些投资回报的水平是否超过了将这些资源用于其他用途所产生的回报水平，即企业投资的机会成本问题。

我们在这里提供一个基本的决策框架，用以帮助决策者对渠道纵向一体化的投资回报进行估计。[①]这个分析框架涉及收入、直接成本、管理费用及效率等几个概念。其中，效率反映了一体化结果（净效益）与投入资源（管理费用，反映了固定资产的摊销）的比率，而净效益则是实施纵向一体化后产生的收入与一体化导致的直接（变动）成本的差额。显然，实施纵向一体化应该满足的一个基本标准是效率的提升。虽然这个决策分析框架显得非常简单，但它至少提供了一个决策思考的逻辑起点。

$$\frac{收入-直接成本}{管理费用} = \frac{净效益}{管理费用} = 效率$$

但是，在一些情况下，即使渠道纵向一体化能够提高效率，但企业可能并不能有效地进行一体化。一种情况是企业不具备或者无法获得进行一体化的资源；另一种情况则是企业虽然具有相应的资源，但将这些资源用于渠道一体化的机会成本过高，即将这些资源用于其他用途可以更大幅度地提高效率。

3.2.2 竞争不足时的纵向一体化

在经济学的视野中，如果市场是充分竞争的，那么市场的运行就是有效的。而如果制造商所面对的分销商市场不是充分竞争的，那么利用市场机制进行分销可能就不是一种有效的方式，企业用自营来取代外包也许就是更为有效的替代方案。

1. 针对特定公司的能力与纵向一体化

最为经常出现的分销商竞争不足的情况就是针对特定公司能力（company-specific

---

① 科兰，安德森，斯特恩，等. 营销渠道[M]. 蒋青云，等译. 7版. 北京：中国人民大学出版社，2008：288.

capabilities)带来的小数谈判地位(small-numbers bargaining)。为了更好地理解这种情况，我们先来看下面的一个例子[1]：经销商 A 是一个电子元件批发商，它同时经营多家公司的产品，拥有专业化的销售队伍。制造商 B 是一家电子元件生产企业，但其产品相对于行业内的其他公司产品而言非常独特，这种独特性往往需要销售人员掌握一些特殊的知识和技能才能有效完成销售。这些特殊的知识和技能，即使是那些拥有丰富行业和相关产品知识、经验的销售人员也至少需要两年的时间在销售活动和制造商提供的培训过程中慢慢学习与积累。经销商 A 经营制造商 B 的产品已经有一些年了，并且该经销商的一些销售人员已经掌握了销售该制造商产品的独特知识与技能，从而很好地完成该制造商产品的销售。

在这个例子中，经销商的销售人员掌握了针对制造商 B 的独特产品进行销售的独特知识与技能，这种知识与技能只是针对制造商 B 的，并且在销售其产品时具有非常大的价值。我们把经销商 A 的这种知识与技能称为针对制造商 B 的特有能力，本质上这种能力是该经销商掌握的一项关键的专用资产。对于制造商而言，由于其产品的独特性，它所面对的分销商市场就是一个竞争不足的市场，因为除了经销商 A 以外，在市场上制造商 B 一时很难找到像经销商 A 一样能够有效完成其产品销售的替代者，即使能够找到替代的经销商，这些新的经销商也需要至少两年的时间才能掌握销售制造商 B 的独特产品所需要的知识和技能。制造商面对的这种竞争不充分的经销商市场使得前者陷入与后者的小数谈判地位。这种小数谈判地位破坏了竞争性市场的基本前提，由于只有极少数经销商具备这种独特的能力，制造商即使对现有经销商的服务不满，也很难进行转换。相反，如果经销商了解到制造商所面临的这种小数谈判地位，那么前者就很有可能采用各种投机行为来要挟制造商从而谋取更多的私利。显然，制造商为了避免这种不利的情形，采用前向一体化战略收购该经销商，或者自己在目标市场中建立销售机构可能就是有效的方案。经销商所持有的这些专用资产对于制造商的价值越大，进行前向一体化的意义也就越大。

2. 渠道中专用资产的形式

在交易成本经济学中，企业专用资产的积累形成了纵向一体化的经济一个重要基础。在分销领域，专用资产存在的形态是多样化的，既包括各种有形的资产，也包括各种无形的知识、技能与资产。但这些资产都具备一个基本特征，即针对特定公司的专用性、定制化的，并且难以用于其他交易关系，即使可以用于其他交易关系，这些资产的价值也会大打折扣。一般而言，营销渠道中所涉及的专用资产包括以下六种形式，其中前三种是无形的，后三种则是有形的。[2]

（1）专用知识(idiosyncratic knowledge)。如同我们在前文所举的例子中所展现的情形那样，分销商掌握了针对特定制造商产品、销售、顾客服务等相关的专用知识，这些知识对于销售该制造商的产品而言意义重大，但却难以用于其他制造商产品。

---

[1] 科兰, 安德森, 斯特恩, 等.营销渠道[M]. 蒋青云, 等译. 7 版. 北京：中国人民大学出版社, 2008: 294.
[2] COUGHLAN A N, ADERSON E, STERN L W, et al. Marketing channels[M]. 6th ed. 影印版. 北京：清华大学出版社, 2001: 176-181.

（2）关系（relationship）。这是指分销商的员工与制造商的员工或制造商顾客之间的联系，这种关系的存在可以更高效率地完成分销及服务顾客的工作，并且让关系双方更加容易进行沟通。

（3）品牌资产（brand equity）。这是指对制造商品牌的专用投资。如果制造商品牌的塑造以及品牌战略的执行与分销商的活动没有关系，那么制造商就不必考虑前向一体化的问题，可以根据自己的资源安排和战略来经营自己的品牌，并且可以通过品牌来影响消费者的行为，进而增强对分销商的影响力。但在一些情况下，如果制造商品牌战略的实施需要分销商活动的支持与协助，那么分销商就投入针对制造商品牌的专用投资，这使得制造商会考虑采用前向一体化战略来增加对其品牌运营的控制。如制造商需要销售人员向其顾客解释与阐释其品牌、制造商品牌战略的实施需要独特的品牌陈列、存放与解释说明、制造商品牌战略的实施需要为顾客提供各种售前和售后服务，这些情况下分销商的活动对于制造商品牌资产的获得都非常必要，从而引发制造商对分销渠道一体化的考虑。

（4）专用分销能力（dedicated capacity）。这种专用分销能力（如仓储、运输、销售等）是为某个特定的制造商建立的，并且对于该分销商来说，这种能力是一种过剩的能力。一旦制造商终止合作关系，这些过剩的分销能力将很难用于其他制造商。显然，具有远见的分销商是很不愿意投入成本建立这种专用的分销能力的，因为一旦这种能力建立，就会将自己置于制造商投机行为的危险之下。如果这种专用的分销能力对于制造商而言是意义重大的，制造商就有必要通过前向一体化来获得这些能力。

（5）地点的专用性（site specificity）。这种专用性指的是制造商需要分销商在特定的地点来完成某些渠道功能（如仓储）。如果分销商在邻近该制造商的地点建设了一个专用的仓库，而该仓库都远离其他制造商，那么该分销商投资建设的这个仓库就具有非常强的地点专用性。与专用的分销能力一样，分销商往往不愿意将自己置于不利的地位，如果这种地点专用性对于制造商意义重大，那么通过前向一体化来获得相应的分销功能就成为必要。

（6）定制化的物质资产（customized physical facilities）。这是指分销商专门为某个制造商定制的一些设施和设备。如某个分销商为储存和搬运某一制造商的独特产品而设计了专门的货架、专用的叉车，这些物质资产就具备很强的定制化特征，该分销商难以将这些资产用于其他制造商产品。

可见，无形的专用资产和有形的专用资产在促使制造商前向一体化方面的作用机制存在着一些差异。对于无形的专用资产而言，由于这些资产往往表现为分销商某些独特的知识与能力，制造商为了加强对分销商的控制，避免自己陷入分销商的投机行为陷阱中，往往需要通过纵向一体化来解决问题。而对于有形的专用资产而言，由于这些资产往往需要分销商很多实质性的投入，而一旦投入，这些资产往往表现出很强的锁定效应，即分销商会由于这些专用资产的存在而陷入制造商的投机行为陷阱。因而有远见的分销商往往并不愿意对这些专用资产进行单方面的投入，而在这些专用资产对于制造商意义重大时，制造商将不得不前向一体化自己投资来获取相应的分销能力。

3. 专用资产转化为通用资产的可能性

虽然各种形式的专用资产使得制造商面对一个竞争不充分的分销商市场，从而使得渠道纵向一体化成为一种必要的战略，但制造商在实施纵向一体化战略时除了要考虑专用能力的价值这一关键因素以外，还必须考虑的一个因素就是专用资产转化为通用资产的可能。与专用资产相对应，通用资产是可以用于很多交易关系的一般性资产，如果专用资产会在未来的某个时间转化为通用资产，那么制造商的前向一体化就可能会妨碍其分销效率的提升。如我们前面举的那个电子元件市场的例子，我们假设制造商 B 的产品之所以独特是由于它拥有一种独特的技术，而这种技术产业内其他制造商都没有。然而，随着时间的推移，独特的技术可能会在产业内慢慢扩散，这使得其他制造商也会拥有这种独特的技术。如果制造商 B 在只有其拥有这种独特技术时采用了前向一体化战略，直接控制那些具有独特销售知识与技能的销售人员来完成销售，那么随着这种技术在产业内的扩散，越来越多的分销商及其销售人员都会掌握以往独特的销售知识与技能。在这种情况下，制造商所面临的竞争不足的分销商市场现在变得充分竞争了，制造商可以通过市场机制获得更有效率的分销活动，一体化战略在这样的市场中可能效率并不高。我们这里提出的问题是制造商的前向一体化战略不仅需要考虑到某些专用资产转化为通用资产的可能，还需要考虑从一体化渠道模式转向市场化渠道模式的转换成本。很多时候，这种转换成本是非常高的，因为这不仅涉及许多有形资产的重整问题，也涉及公司员工的转岗、重置，甚至解雇的问题。从某种程度上说，这些成本构成了企业从一体化渠道模式向市场化渠道模式转换的重要壁垒。

3.2.3 应对环境不确定性时的纵向一体化

推动企业进行渠道纵向一体化的第二种情形是环境的不确定性。不确定的环境就是由于环境要素非常复杂并且快速变化，这使得企业往往难以有效地对环境进行预测。复杂多变的环境构成了企业经营的一个巨大挑战，这种环境要求企业能够快速对环境的变化作出反应，即要求企业保持高度的灵活性与弹性。

在这样的环境中，市场化的渠道模式使得企业远离终端市场，市场环境的变化等信息往往有赖于中间商来进行传递，而企业作出的一些策略上的调整信息，也有赖于这些独立的中间商一级一级地向市场传递。因而市场化的渠道模式可能带来的问题有两个方面：一方面，由于信息的传递环节多，并且信息的传递有赖于独立的分销企业，制造商可能很难及时、准确地获得市场环境变化的信息，这种信息传递的滞后性和失真使得制造商难以有效地应对复杂多变的市场环境。另一方面，即使制造商获得了相对准确、及时的市场信息，其作出的策略调整的执行还有赖于那些独立的分销商的配合，这些拥有各自目标的独立中间商往往使得制造商无法对其策略的执行实施有效的控制，这也会极大地削弱企业应对环境变化的能力。上述问题的存在使得面对高度不确定性环境的企业会考虑实施渠道一体化，以加强对环境信息的获取，以及战略与策略调整执行过程的控制。

在这个问题上，往往有很多学者持有不同的意见。这些不同意见主要是对纵向一体化能否提高企业应对不确定性环境的能力的质疑。在一体化的渠道模式下，制造商为了直接服务终端市场往往需要建立比较庞大的组织体系以在企业内部完成将商品从生产企业向消费者转移的功能。显然，对于绝大多数消费品而言，制造商为了完成分销活动而建立的这个组织体系是很难做到简洁、扁平的。在企业内部往往会形成一个多层级的组织结构，从市场一线获得的信息需要一级一级地通过这个组织结构向决策者传递，虽然这个传递的过程是在企业内部，但也一样会出现信息传递的滞后性与失真。与之类似，企业的战略与策略的执行也需要一级一级地向下传递，虽然执行过程更加可控，但并不能保证执行效率的提高。这种情况往往与一些管理学者提到的"大企业病"类似，即企业的组织体系过于庞大而导致企业的反应僵化，从而失去灵活性。

显然，上述两种观点都有其各自的道理，但能否将其整合到一个对企业的决策有参考与借鉴意义的框架中呢？营销学者科兰等提供了一个决策框架（图3-2），该框架将3.2.2节提到的资产专用性整合进来，从而提供了一个更加综合的框架。①

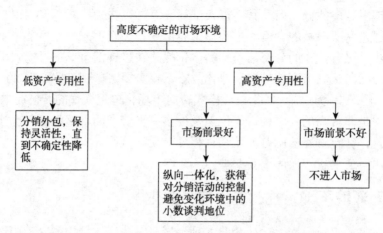

图 3-2　环境不确定性对渠道纵向一体化影响决策框架

在企业面临的市场环境高度不确定时，企业是否实施纵向一体化战略，还应当考虑渠道中资产专用性水平的高低。当渠道中的资产专用性水平比较低时，企业可以通过市场机制提高分销效率，因而此时企业应当对一体化战略比较谨慎，有效地利用市场机制可以保持企业面对市场的灵活性。而当渠道中的资产专用性水平比较高时，由于这种情况下市场机制可能会导致渠道效率的降低，因而一体化战略可能是比较合适的战略。但即使如此，由于一体化可能存在的问题，企业此时需要考虑的第二个因素是市场的前景如何。好的市场前景意味着在未来一段时间企业面对的市场规模与成长性都比较好，这会为企业绩效的提升提供基础条件。因此，企业可以通过纵向一体化加强对分销过程的控制，从而可以最大限度地避免企业在一个不确定性的环境中陷入小数谈判地位。而当市场前景堪忧时，企业采用一体化战略会令其在不远的将来即面对一体化渠道的调整与退出问题，因为低速成长或者萎缩的市场无疑会增大企业纵向一体化渠道的成本压力。因此，在这种情况下企业的战略可能面对第三种选择，即延缓进入市场，等待环境不确定性降低再做决策。

---

① 科兰，安德森，斯特恩，等.营销渠道[M]. 蒋青云，等译. 7版. 北京：中国人民大学出版社，2008: 306.

3.2.4 绩效模糊时的纵向一体化

前文我们已经提到分销商市场的竞争不足和市场环境的不确定性构成了制造商采取渠道纵向一体化战略的重要驱动力，但在分销商市场竞争比较充分，并且市场环境的不确定性水平也比较低的情况下，制造商是否就可以放心地将分销活动外包呢？答案是否定的，根据交易成本经济学的分析框架，不确定性除了环境的不确定性以外，还包括行为的不确定性，即制造商可能无法准确地判断分销商的工作绩效，这也是理论上所称的绩效模糊问题。当存在较高水平的绩效模糊时，制造商也具有进行渠道一体化的动机，这种动机不是来自合格分销商的缺乏，而是来自信息的缺乏。

一般而言，当制造商缺乏有效的标准来评价分销商的工作绩效，或者存在评价的标准，但该标准不准确时，绩效模糊问题就出现了。当制造商将销售工作外包给独立的分销商以后，一般情况下，制造商根据该分销商完成的销售额来评价其绩效水平的高低，而分销商及其销售人员一般也是根据销售额来获取报酬的。但如果制造商委托分销商销售的是一种全新的产品，分销商为了完成该产品的销售将不得不花费大量的时间来教育和说服其目标顾客，在这样的情况下，虽然分销商工作很努力，但由于市场的启动往往比较缓慢，其完成的销售额可能处于较低的水平。在这样的情况下，制造商能否使用销售额来评价分销商的工作绩效呢？显然，销售额在这样的情况下不是一个准确的评价指标。那么，制造商也就无从准确地判断到底是市场启动缓慢造成了销售额水平很低，还是分销商工作不努力造成了这样的结果。如果没有更好的标准来准确评价分销商的工作绩效，制造商采用纵向一体化战略，用其自己的销售队伍来替代分销商的销售队伍，而后采用企业内部的管理制度来监督和考核销售人员的工作绩效似乎就是更为可行的办法。在企业内部，制造商可以采用投入指标（如销售人员拜访潜在顾客的数量）来代替诸如销售额这样的产出指标更好地评价其销售人员的绩效。

相对于不准确的评价指标而言，另一种情况是制造商很难找到合适的指标来评价分销商的工作绩效。如一些服饰制造商会在将其商品直接通过网络销售渠道出售给消费者的同时，也和一些代理商签约，委托代理商在不同的城市开设实体的专卖店或入驻购物中心。这些代理商会在负责区域内进行选址和店铺的经营，聘用专业的销售人员对进入门店的消费者进行商品的介绍、推荐、服务以及促销，吸引消费者对商品产生购买欲望并推动购买行为的发生。而有些消费者在线下门店产生了购买欲望之后，却会选择到网络销售渠道进行购买。这样由代理商的销售人员带来的销售额最终发生在制造商的网络销售渠道。此时，制造商能用什么标准来评价代理商的工作绩效呢？如何将网络销售额中由代理商的销售人员带来的那部分分离出来呢？显然这是一项比较困难的任务。而绩效模糊问题同样会发生在网店身上，如果制造商用销售额来评价网络销售渠道的绩效，那么在其实现的销售额中有多少是网络销售渠道自己的销售工作带来的？又有多少是由代理商在实体店铺内进行商品展示，而由代理商销售人员的销售促进和服务带来的呢？如果服饰制造很难准确地对这些分销商的绩效进行评价，用纵向一体化的方式，将代理商的销售人员内部化，采用统一的库存管理系统或使用投入指标来监督和评价销售人员的工作就成为可行的选择。现实中，另一种解决此类问题的办法就是，制造商将网络销售和实体销售两个渠道区隔开，即代理商在实体店铺展示的商品无法在网络销售渠道买到，只能在实体店铺购买，这样用销售额来评价网络和实体两个渠道的绩效就成为更有效的评价标准。

3.3 营销渠道控制：渠道纵向一体化的另一个视角

前面两节我们主要从经济学的角度审视了渠道纵向一体化问题，除了企业面对的分销商市场竞争不足、市场环境不确定性以及绩效模糊等因素以外，制造商进行渠道纵向一体化还有一个很强的驱动力，这就是获得渠道的控制权。本节我们将从这一视角来透视渠道纵向一体化的决策问题，希望能够和经济学视角的观点相互补充，深化读者对渠道纵向一体化问题的理解。

3.3.1 在渠道控制与成本之间平衡

在竞争激烈的市场上，拥有渠道的控制权对于制造商来说具有非常重要的意义。一方面，拥有渠道控制权可以令制造商的营销战略与战术方案得到更好的执行，这对于在终端市场上塑造制造商的品牌以及获取市场竞争力都非常关键。另一方面，拥有渠道控制权赋予了制造商制定"游戏规则"的权力，制造商可以制定对其更为有利的渠道政策，从而可以在渠道剩余的分配中获得更多的份额。当制造商的分销商规模与实力越来越强大、制造商市场的竞争越来越激烈时，协调那些独立的分销商的行为的难度越来越大，这将给制造商的市场地位带来非常大的影响。最为不利的情况是，制造商的营销渠道完全被分销商控制，这相当于制造商将自己的命运交给了分销商，这将是所有制造商所不愿意面对的。

虽然获得渠道的控制权对于制造商意义非凡，但渠道控制权的获得显然不是免费的午餐，制造商需要对这种控制权支付相应的成本。我们已经在 3.1 节中说明，营销渠道的纵向一体化不是一个非此即彼的问题，而是个程度的问题。与之相应的是，越是趋向完全内部化的一端，制造商对渠道的控制权也就越大。渠道控制水平最高的情况出现在完全一体化时，企业将所有的分销活动纳入企业组织体系内部。与之相反，越是靠近完全市场化的一端，制造商对渠道的控制水平也就越低，在渠道完全外包的情况下，由于制造商面对的是各自独立的分销商，其对渠道的控制也可能处于非常低的水平。如同我们在探讨一体化的成本与收益时所讲到的那样，渠道一体化往往伴随着巨大的渠道建设与维护成本，因而渠道控制权的增加往往伴随着渠道成本的增加。在控制程度最高的完全一体化情况下，企业将为建设和维护一体化的渠道支付巨额的成本。而在另一个极端，企业将分销活动完全外包给那些独立的分销商时，企业建设和维护渠道的成本极大地降低了，但此时企业却失去了对渠道高水平的控制。如图 3-3 所示，渠道纵向一体化的另一个侧面实际上是制造商在渠道控制权与渠道成本之间进行平衡的一个战略决策。在其他情况不变的情况下，制造商应该寻找这样一个理想的平衡点：用比较低的渠道建设与维护成本获得比较高水平的渠道控制。

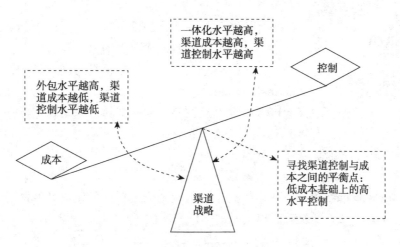

图 3-3　渠道成本与渠道控制的平衡关系示意

3.3.2　市场化与一体化之间组织形态的基本分类框架

如前文所述，在完全一体化与完全外包之间，存在着一个广阔的连续分布带，这些不同类型的中间组织形态为企业寻找渠道成本与渠道控制之间的平衡点提供了多样化的选择空间。营销学者们的相关研究为我们了解和分析这个连续分布带的构成提供了较为清晰的框架。

营销学者韦伯斯特（Webster）在一篇题为《公司中市场营销作用的变化》的经典论文中将市场营销的交易关系分为从纯市场交易到垂直整合的连续分布的七种典型形态（图 3-4）[①]，在这个连续分布的交易关系图谱中，越靠近纯市场交易关系的一端，交易关系越依赖市场价格机制；越靠近垂直整合的一端，交易关系就越依赖产权机制。显然，这一交易关系的图谱是完全适用于制造商与分销商的交易关系分析的。以纯粹的市场机制为基础的市场交易遵循着新古典经济学关于理性经济人和完全市场竞争的假设，在这样的渠道关系中，制造商的渠道运营成本是很低的，但也很难对渠道成员的行为施加控制。在追求每次交易利润最大化的纯粹市场交易关系逐渐发展为重复性交易关系、长期关系、伙伴关系、战略联盟、网络组织，直到垂直整合的过程中，渠道关系会变得越来越紧密，从单一地依靠市场机制到渠道关系中涉及不同的产权安排，制造商运营渠道的成本在逐渐增加，而与之相应的是，渠道控制水平也会逐渐提高。

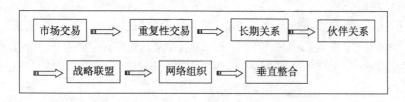

图 3-4　市场化与一体化之间的中间组织形态

---

① WEBSTER F E Jr. The changing role of marketing in the corporation[J]. Journal of marketing, 1992, 29: 1-17.

案例 3-2 雅戈尔，服装界的"异类行星"

但是在市场化与一体化的垂直整合之间的中间组织形态可能要比韦伯斯特模型所展示的情况更为多样化，一些关系营销学者将市场化与一体化之间的各种中间组织形态统称为关系交换（relational exchange）。显然关系交换的连续分布带中既包括没有产权安排的各种重复性或长期的交易关系，也包括涉及各种产品安排的交易关系（图 3-5）。在各种不同类型的渠道组织形态中，除了市场机制和产权机制以外，营销学者们还提出了另外两种可以用来控制渠道关系的机制，即契约机制（contractual control）和规范机制（normative control），关于这两种控制机制（control mechanism），我们将在本书营销渠道治理部分予以详细阐述，下面我们重点展开对涉及产权安排的渠道控制机制的说明。

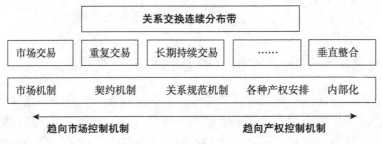

图 3-5　各种交易组织形态与渠道控制机制示意[①]

3.3.3　通过准纵向一体化实现渠道控制

在非纵向一体化渠道模式中，制造商之所以很难对分销商的行为施加控制，主要是因为分销商都是各自独立、拥有各自目标的企业，并且在制造商与分销商的交易关系中，二者的目标在很多时候是难以统一的。如制造商可能为了获得市场份额和长期收益而愿意放弃短期的收益，但分销商可能更为关注短期的收益，对利润的追逐使得分销商很难与制造商站在同一个阵营中。虽然纵向一体化可以完全解决这一问题，但我们现在所要寻找的方案恰恰在于通过非完全内部化的方式来实现对分销商行为的控制。

下面我们来看一个空调行业的案例。[②]格力空调目前是中国空调市场的领导者，从 20 世纪 80 年代末、90 年代初开始，格力空调就在不断探索与优化其渠道组织模式。20 世纪 90 年代前半期，格力空调的渠道模式经历一次从主要依靠专卖店的一体化模式向主要依靠经销商的外包模式的转换，这主要是出于公司业务迅速增长的需要。格力以各个省级行政区为单位，在每个省（区、市）与少数规模较大、实力较强的经销商建立合作关系，主要依靠省级市场的经销商来完成市场覆盖。在这一阶段，格力可以充分利用经销商之间的竞争来提高渠道绩效，公司业务也迅速增长。随着市场竞争的加剧，1996

[①] 张闯，夏春玉，梁守砚. 关系交换、治理机制与交易绩效：基于蔬菜流通渠道的比较案例研究[J]. 管理世界，2009(8): 124-140, 156.

[②] 庞亚辉. 在坚持与博弈中探索——解析格力渠道策略的前世与今生 [EB/OL]. (2006-03-13). http://www.chinavalue.net/ Article/Archive/2006/3/13/23144.html.

年空调市场爆发了价格大战，在空调生产企业的价格大战中，格力发现原来的经销商渠道几乎处于失控状态。如格力原来在湖北有4个经销商，业绩都很好。但在价格大战中，这4个经销商为提升销售额，开始竞相降价、窜货，经销商之间的恶性竞争使得格力空调的市场价格体系和渠道秩序被冲乱了，格力和经销商的利益都受到了严重损害。针对这种情况，格力空调总经理董明珠设想能否通过产权纽带将制造商的利益与经销商利益绑在一起。这一设想与湖北经销商的自觉要求不谋而合，1997年底，格力与湖北的4个经销商共同出资成立了一家合资企业——湖北格力空调销售公司，这家合资企业取代原来的4个经销商成为格力在湖北市场上的唯一省级经销商。在这家合资企业中，4个经销商是大股东，格力空调仅以少量股份参股，并向合资公司输出品牌和管理，但这种产权纽带却很好地将制造商与经销商的利益绑在了一起。在湖北市场试点成功以后，格力迅速将这种模式推广到全国所有省级市场，并在每个省级市场内的地级城市市场上，也推行由省级合资公司和市级经销商合资组建销售公司的模式，但在这一层次的合资公司中，格力不占有股份。格力空调与省级大经销商的这种合资模式很好地统一了制造商和经销商的利益，成为20世纪90年代后期格力空调高速增长的重要引擎。

在格力的股份制合资企业渠道模式中，格力用少量的资本撬动了经销商渠道的控制权。但就如同理论观点所强调的那样，用产权来控制渠道，产权比例越大，控制力度越大，少量的参股虽然可以在相当大程度上统一格力与经销商的关系，但格力的控制力度还是比较弱的。2000年末，在作为示范的湖北市场上，格力与4个大经销商的合资企业运转率先出现了问题。格力认为，湖北合资公司的一些大股东想采用"移花接木"和"偷梁换柱"的手法，借格力品牌搞"体外循环"，将格力的资源转移到合资公司以外其个人注册的小公司中去，从中谋取暴利，从而损害了二、三级经销商的利益。湖北格力空调销售公司却认为，格力由于迅速发展，"帝王意识"日渐增强，不把各地的销售公司放在眼里。2001年初，格力在湖北成立了一家"新欣格力公司"取代湖北格力空调销售公司，随后，年销售额逾5亿元的湖北格力空调销售公司停止运营。类似的事件还在安徽、重庆及东北等地上演，格力空调由此开始了渠道组织模式的调整。这次调整的主要方式有两种：一是加大了对合资公司的股份持有，由原来的少量参股变为相对控股；二是吸纳了更多的经销商加入合资销售公司，进一步稀释原来大经销商的股份。经过这轮调整，格力空调加大了对股份制合资销售公司的控制力度。

从格力的渠道模式演化过程我们可以看出，用产权来控制渠道，其控制水平往往与渠道运行成本正相关，一体化的程度越高，渠道控制权越大，渠道运行成本也就越高。但格力的案例给出的一个重要启示是在从市场化走向一体化的过程中，企业可以通过少量投入产权的准一体化方式加大对渠道的控制权。而要增加产权投入，获得更大渠道控制权时，企业需要权衡的一个重要问题就是，增加的股份所带来的渠道成本能否通过获得更大的渠道控制权而得到补偿，这也就是成本与控制权所带来的收益之间平衡的问题。

3.4　全渠道视角下的渠道一体化决策

前面三节我们主要从经济学和渠道控制视角审视了传统渠道中制造商纵向一体化决

策。随着全渠道时代引发的电子商务销售额强劲增长，制造商期望重新设计分销渠道，如建立直接渠道，以降低管理费用和运营成本，降低进入新细分市场的成本或壁垒，以及获取全球共享信息。本节主要从制造商视角来阐述全渠道情境下其纵向一体化面临的新趋势、新挑战以及相应的解决机制，希望能够深化读者对渠道纵向一体化决策的全面理解。

3.4.1　全渠道视角下的渠道一体化新趋势

1. 基于消费者偏好建立网络直接渠道

随着移动支付和电子商务的发展，消费者获取信息的渠道越来越丰富，同时也更加关注渠道的便利性、产品可用性和交付时间周期等因素。资料显示，截至 2021 年 12 月，我国手机网民规模达 10.29 亿，占整体网民的 99.7%，移动支付业务量达 1 512.28 亿笔，占电子支付业务量比重达 55%，移动支付业务金额达 526.98 万亿元。[1]互联网的高普及率极大地影响了消费者的购物行为，这使得满足客户偏好成为制造商实施纵向一体化战略的重要原因之一。制造商网络直销渠道是一种直接零售的形式，消费者使用联网设备通过互联网订购产品或服务，企业通过数字或实体方式在规定的交付周期内将客户指定产品或服务送到规定地点。

相比于传统的营销渠道，网络直接渠道具有如下特点。

（1）能够使生产制造商与消费者或用户直接接触。企业可以从消费者或用户那里得到第一手信息，如消费者或用户的意见、要求和建议，从而生产制造商可以对产品作出改进，提高产品质量，合理安排生产，以使生产和销售得到最大限度的匹配，更好地为消费者或用户服务。同时制造商可以直接获取消费者的行为数据，有效分析消费者对价格、库存、质量、产品多样性和关联性等的敏感度，从而精准了解和掌握消费者的真实需求、偏好变化规律，科学制定营销与运营策略。

（2）通过一对一的营销模式，企业可以同消费者或用户建立起良好的互动关系，由过去单向的信息沟通转变成双向的信息沟通。生产制造商的销售人员能利用互联网提供的各种便捷工具，如电子邮件、电子公告等，随时根据顾客需求及市场变化开展促销活动，提高产品销售量。同样，消费者或用户也可以通过电子邮件、网上论坛等形式将自己的建议、意见等信息反馈给生产制造商。

（3）网上直接渠道可以提供更加便捷的相关服务，如网上支付服务、网上售后服务和技术支持等，既可以方便消费者或用户，也可以使生产企业以最低的成本为消费者或用户服务。

（4）网上直接渠道可以大大减少过去传统渠道的中间环节，有效降低渠道成本，如库存成本、促销成本等，使企业能以较低价格销售产品，顾客也能从中获得价格的优惠。

2. 基于消费者需求实现快速响应

全渠道模式强调以消费者为中心，这使得制造商必须全程、全面、全线保持与消费

---

[1] 2021 年中国移动支付行业竞争格局、重点企业经营情况及发展趋势[EB/OL]. (2022-08-17). https://baijiahao.baidu.com/s?id=1741384921041112112&wfr=spider&for=pc.

者的接触，同时更要适应消费者多频次、少批量、定制化以及快速精准的需求，不断为消费者创造超预期的价值。这就要求制造商主动消除或打破传统渠道"中心化"结构并转变为"去中心化"结构，即消除传统零售的中间环节或在原有传统零售渠道的基础上开辟直接渠道，使制造商的产品或服务直接触达消费者，这也解决了以往传统渠道中制造商获取消费数据精度低的问题。通过搭建消费者与制造商直接接触的网络渠道，让消费者与制造商直接交流，充分重视消费者需求并围绕消费者期望设计产品和柔性生产。当然，也应充分发挥制造商实体自营店的展厅效应，围绕消费者价值和期望设计服务水平，满足消费者高品质、异质化和体验式消费需求。如快时尚跨境电商 SHEIN 开设的线下实体店并不直接销售商品，而是借助线下空间为顾客提供试穿和查看商品服务。[①]与此同时，制造商还需要关注消费者关于运输、配送、客服和售后服务等方面诉求的传递、接收和反馈通道，为其提供快速订货交货、较低商品缺损率、多样化的配送服务以及优质便捷的售后服务等一体化解决方案，将产品或服务高效送达消费者。

3. 基于消费者体验形成全渠道服务生态系统

随着云计算、大数据和人工智能等新一代信息技术的广泛应用以及抖音、快手和小红书等新社交媒体的不断涌现，消费者的消费模式、观念和结构发生了巨大的改变。这驱使制造商结合自身特点进一步调整与优化直接渠道，渠道产出内容经历了由单纯提供功能性产品转变为提供"产品+服务"，最后构成全渠道服务生态系统的演化过程。[②]在制造商直接渠道（包括网络直接渠道和实体自营店）的初始阶段以提供产品为主、提供服务为辅，此时的辅助服务主要包括辅助售后和产品延保服务等。

案例 3-3　独角兽希音的全渠道生态系统构建

随着市场竞争越发激烈以及服务差异化优势日益凸显，制造商为了提升自身竞争优势和构建市场壁垒，在原来产品和辅助服务的渠道产出基础上提供更多的增值服务，融合发展为"产品+服务"的综合产出。在全渠道背景下，制造商直接渠道不仅是消费者了解商品、体验商品和购买商品的场所，还承担着商品送达以及满足消费者多渠道、多场景、多方式和综合一体化购物体验的功能。这使得制造商聚合相关渠道成员并发展成为互生和共生的利益共同体，构建注重消费体验和提高运营效率的服务生态系统，从而输出消费者满意的需求服务。生态系统成员包括制造商、批发商、零售商、顾客以及提供物流和其他服务流的第三方等，此时的制造商渠道一体化的最终目标不再是实现自身利益最大化，而是共同提高整个服务生态系统的适应性和可持续性。

3.4.2　全渠道视角下的渠道一体化新挑战

1. 制造商侵占与竞争问题

随着互联网的快速发展、电子商务和移动技术的广泛应用，制造商基于消费者偏好

---

① SHEIN 将在日本东京开设首个线下实体店[EB/OL]. (2022-11-02). https://baijiahao.baidu.com/s?id=1748368308648579950&wfr=spider&for=pc.
② 张建军，赵启兰. 面向新零售的全渠道供应链整合与优化——基于服务主导逻辑视角[J]. 当代经济管理，2019(4): 23-29.

变化建立网络直接渠道以满足差异化和个性化的消费需求,更好地与消费者建立联系以及扩大产品覆盖范围的同时,也面临着如何有效进行渠道管理的挑战。传统渠道中制造商实施渠道一体化战略,与其他分销渠道向同一市场销售其产品产生多渠道冲突,制造商网络直接渠道也会与传统零售商渠道时常发生蚕食(cannibalization)或侵占(encroachment),导致跨渠道冲突频繁发生。不同渠道之间的目标、领域和认知等方面的差异,致使传统零售商将制造商网络直接渠道视为对其销售的一种威胁。[①]具体来讲,首先,制造商网络直接渠道和传统零售渠道的目标往往不兼容。网络直接渠道往往为了实现自身的利润目标会依靠自身的成本优势大幅压低商品价格,对传统渠道的利益造成损害,阻碍传统渠道的目标实现。其次,制造商利用网络直接渠道销售产品或服务时,会与传统渠道中的零售商在较大的范围内争夺客户,引发有关经营范围和权限的领域冲突。最后,制造商通常认为采用网络直接渠道只是为了扩大市场、增加销售,使那些不愿意或不能够从其他渠道购买商品的消费者买到产品并不会损害传统零售商的利益,但传统零售商却认为这侵占了它们原有的市场份额。当然,也要考虑到零售商为了提升市场竞争力和扩大市场份额,在传统零售渠道的基础上开通网络直接渠道销售产品或提供服务,此时制造商建立网络直接渠道无疑会加剧二者之间的竞争和冲突。

2. 信息获取与整合问题

全渠道营销要求制造商全面了解、充分掌握消费者的真实需求信息,这使得如何有效获取和整合消费者信息成为全渠道管理的重要问题。在全渠道模式下,制造商与消费者可以在多个场景或接触点进行互动,而这些场景或接触点可以存在于制造商直接渠道中,也可以存在于制造商间接渠道中。对于直接渠道而言,间接渠道情况相对复杂。例如,某一汽车品牌消费者在抖音或小红书等社交媒体处获取产品信息并访问当地零售商,而制造商无法完整了解消费者与零售商在随后试驾和价格谈判中的互动,甚至不清楚该互动是否发生。即使制造商能够在直接渠道和间接渠道处有效获取消费者信息,但依然可能面临如何有效整合信息的问题。[②]一方面,不同接触点或场景中销售人员将信息存储在不同的数据库,使得数据格式和报告标准存在差异,导致匹配不同接触点的同一客户数据可能极具挑战性。另一方面,不同来源的数据在可靠性方面存在差异。例如,不同的零售商在编码数据时使用不同的规则和定义,造成交互数据中丢失一些关键信息,无法准确判断数据的有效性和真实性,致使制造商无法有效整合不同渠道中信息。

3. 渠道成员协作问题

全渠道模式要求所有渠道成员共同参与,围绕消费者需求、数据信息和物流配送等方面进行资源有效配置和整合,实现跨越线上和线下渠道的商品或服务无缝衔接到消费者手中,满足消费者任何时间、任何地点和任何方式了解商品、体验商品、购买商品到商品送达的全过程需求,这也对渠道成员间的协作提出了更高的要求。一方面,在全渠道背景下制造商通常会通过传统实体零售渠道、网络零售渠道、实体直接渠道或网络直

---

① 科兰,安德森,斯特恩,等. 营销渠道[M]. 蒋青云,等译. 6版. 北京:电子工业出版社,2003.
② CUI T H, GHOSE A, HALABURDA H, et al. Informational challenges in omnichannel marketing: remedies and future research[J]. Journal of marketing, 2021, 85(1): 103-120.

接渠道等多种渠道将产品运输到终端消费者处。这些渠道在长期的互动过程中形成了一种竞合关系，使得渠道成员容易出现关系松散和协作不畅等问题。另一方面，消费者对体验、便捷和时效等需求不断提高，对缺货容忍度逐步下降以及市场竞争不断加剧的现实，使此时的渠道成员以争夺更大的市场份额、实现自身利益最大化为目标，而较少关注渠道成员间的协作。

3.4.3 全渠道视角下的渠道一体化新解决机制

1. 渠道冲突协调机制

解决渠道冲突主要采用多重渠道区隔策略和多重渠道整合策略。[①]其中多重渠道区隔策略的主要措施是进行品牌差异化营销，即分别为直接渠道和传统间接渠道的产品设计不同的营销组合。品牌差异化可以为不同类型的渠道成员提供一定水平的专营权，使多重渠道接触多样化的市场，避免在多个渠道中销售同样的商品。具体来说，渠道区隔的品牌差异化措施包括在不同渠道中使用差异化产品组合、差异化定价策略和差异化品牌名称。尽管可以采用上述措施对渠道进行区隔，然而现在的消费者更加倾向于全渠道购买，完全把渠道区隔开是不可能的。此时，应采取多重渠道整合策略，其关键在于直接渠道的数量和功能定位。全渠道可分为沟通渠道和分销渠道，可同时涉及沟通功能和分销功能。当制造商建立网络直接渠道时，其渠道功能定位是与独立渠道合作伙伴直接竞争还是进行双向信息沟通并将订单派发给合作伙伴，以及直接渠道的数量，这会影响渠道合作伙伴的反应以及品牌整体业绩。[②]制造商建立网络直接渠道主要基于消费者偏好这一外部环境因素，因此网络直接渠道的功能以沟通为主、分销为辅。当制造商向其他渠道伙伴明确其网络直接渠道的功能时，可以有效管理制造商侵占或竞争而引发的渠道冲突。

2. 信息获取与整合机制

全渠道策略的执行效果取决于跨渠道和客户旅程各个阶段信息的可用性，因此，必须建立健全信息获取与整合机制，推进全渠道全过程的信息共享，降低信息不对称的风险。制造商在间接渠道获取信息时，可以借助第三方平台识别已知客户。如借助京东营销云平台将公域、私域用户进行连接，并结合京东系其他营销服务、产品进行市场洞察，深化对消费者特性、兴趣和社会属性等方面的认知。[③]当然，企业也可以通过设置开放网络跟踪和获取已知或潜在客户信息。在整合不同渠道数据来源时，现代信息技术如区块链技术，可将输入的数据放置在一个受保护的区域并强制执行某一标准以进行数据整合，同时记录在区块链中的数据很容易被参与者访问，具有不可篡改、去中心化和信息真实可靠等特点。综上，新一代信息技术能够打通制造商直接渠道、间接渠道和其他渠道之

[①] 王国才，赵彦辉. 多重渠道冲突管理的渠道区隔与整合策略——基于电子商务的研究框架[J]. 经济管理，2009(8): 106-122.

[②] AILAWADI K L. Commentary: omnichannel from a manufacturer's perspective[J]. Journal of marketing, 2021, 85(1): 121-125.

[③] 京东营销云发布: 不局限站内，瞄准全域[EB/OL]. (2022-01-05). https://ishare.ifeng.com/c/s/v002HUt4P2x89bAARAvMVNL5nCBvkhMuQm6xbawdv--XwOng__.

间的壁垒，提升不同渠道间的信息透明化程度，促进成员间信息获取，同时能够有效解决不同渠道间信息无法互联互通的难题，助力实现数据存储和共享等过程融会贯通。如2018年小米与安佳开启区块链广告"桥计划"，运用区块链技术完成链上数据交换、进行区块链数据驱动的品牌广告投放与广告数据的链上追踪，帮助安佳依托既有用户实时更新客群动态，发现虚拟数字身份的隐性特征关系网络，匹配、挖掘新的潜在客群，实现更贴近真实的广告投放预测。[①]

3. 利益协调与分配机制

在全渠道模式下，渠道成员间的利益关系错综复杂，为保证全渠道服务生态系统的稳定运行，建立以合作共赢为目标的利益协调与分配机制显得尤为重要。[②]具体来讲，首先，制造商可以与其他渠道成员共同投资建立战略联盟，并以正式契约形式规范化和制度化利益分配方案。其次，制造商应坚持公平公正的利益分配原则，确保渠道成员间的平等、互利互惠关系并保证各渠道成员享有投入与产出、风险与收益之间的对等关系，维持全渠道成员的平衡与稳定。最后，制造商建立网络直接渠道在一定程度上会损害零售商的利益，因此，制造商要强化零售商利益保障机制建设和完善零售商与制造商的利益分配机制，促进渠道成员协同发展、合作共赢。

本章提要

对于将要进入市场的企业而言，在设计营销渠道结构时，企业面临的一个基本决策就是由自己完成分销活动，还是将分销活动外包给市场上独立的中间商完成。这个问题的本质是企业是否将分销活动完全内部化，即纳入企业的职能范围内来完成。渠道纵向一体化问题所涉及的理论基础主要是交易成本经济学。

在交易成本经济学最初的分析框架中，纵向一体化是一个自营或外包的非此即彼的决策，当制造商将分销活动完全外包给独立的中间商完成时，双方使用传统的市场机制来组织交易，所有分销活动由分销商独立完成，分销活动所发生的成本、收益与损失也都由分销商独立承担。而当制造商将分销活动完全内部化，即由制造商自营分销活动时，所有分销活动由制造商独立完成，分销活动所发生的成本、收益与损失则全部由制造商来承担。在完全市场化与完全内部化之间存在着各种各样的中间形态，即渠道纵向一体化是个程度的问题，而外包或自营不过是这个连续过程的两个极端。

渠道纵向一体化还是个方向的问题，营销渠道是由制造商、批发商和零售商纵向排列构成的一个系统，因而这个链条上的任何一个主体在理论上都具有实施渠道一体化的可能。制造商可以采用前向一体化进入批发和零售环节，批发商也可以通过前向一体化进入零售环节，以及通过后向一体化进入生产制造环节；零售商也可以通过后向一体化进入批发或生产制造环节。

一般而言，渠道纵向一体化所涉及的成本主要包括以下方面：建立分销机构的成本、

[①] 先行一步|小米携安佳开启全球首个全链路区块链广告的投放应用[EB/OL]. (2018-09-17). https://www.sohu.com/a/25 4367123_117194.

[②] 赵晓飞. 全渠道模式下农产品供应链整合的理论框架与保障机制[J]. 商业经济与管理, 2022(7): 5-17.

维护分销机构的成本、雇用与培训分销机构员工的成本、了解市场及分销知识的学习成本、资本投入的机会成本、管理者精力与时间的机会成本、渠道冲突的协调成本。

一般而言，纵向一体化能够给企业带来的收益包括以下几个方面：自营渠道获取的分销收益、对分销过程进行控制带来的收益、为其他企业提供分销服务获取的收益、对顾客与市场的直接了解带来的间接收益。

一般而言，外包渠道除了可以为制造商节约大量的渠道建设与维护成本以外，还具有以下吸引力：分销商具有专业化的业务和知识、分销商具有分销活动的规模经济性、分销商拥有分销活动的协同效应、独立的分销商可以更好地了解和服务市场、分销商具有努力工作的动机。

一般而言，公司的目标是实现长期总体投资回报的最大化，因而企业在决定是否要对渠道进行一体化时就必须考虑投入渠道一体化中的投资是否提高了公司的投资回报，以及这些投资回报的水平是否超过了将这些资源用于其他用途所产生的回报水平，即企业投资的机会成本问题。渠道纵向一体化决策的影响因素包括：竞争不足、应对环境不确定性、绩效模糊。制造商进行渠道纵向一体化还有一个很强的驱动力，就是获得渠道的控制权。

在全渠道背景下制造商渠道纵向一体化面临着新趋势，包括基于消费者偏好建立网络直接渠道、基于消费者需求实现快速响应以及基于消费者体验形成全渠道服务生态系统。同时，其也面临着新的挑战，包括制造商侵占与竞争问题、信息获取与整合问题以及渠道成员协作问题。最后，结合传统渠道一体化理论提出新的解决机制，以协调渠道冲突、实现信息有效获取与整合以及渠道成员的协同发展。

拓展阅读

1. RINDFLEISCH A, HEIDE J B. Transaction cost analysis: past, present, and future applications[J]. Journal of marketing, 1997, 61: 30-54.
2. GEYSKENS I, STEENKAMP J B E M, KUMAR N. Make, buy, or ally: a transaction cost theory meta-analysis[J]. Academy of management journal, 2006, 49(3): 519-543.
3. POPPO L, ZENGER T. Testing alternative theories of the firm: transaction cost, knowledge-based, and measurement explanations for make-or-buy decisions in information services[J]. Strategic management journal, 2015, 19(9): 853-877.
4. AILAWADI K L, FARRIS P W. Managing multi-and omni-channel distribution: metrics and research directions[J]. Journal of retailing, 2017, 93(1): 120-135.

即测即练

第 4 章

营销渠道结构设计

◆ **学习目标**

通过本章学习，了解营销渠道结构设计的一般过程、营销渠道结构设计的基本维度；掌握影响营销渠道结构的主要因素；了解营销渠道成员选择的重要性、选择原则、选择方法与评价标准，以及在营销渠道成员之间分配渠道任务的基本内容；了解全渠道视角下营销渠道结构设计面临的影响因素和渠道成员选择标准及任务分配比重的变化。

4.1 营销渠道结构设计的一般过程

营销渠道结构设计的一般过程如图 4-1 所示：确认渠道设计的需要、确定渠道目标、明确渠道任务、设计可行的渠道结构、评估影响渠道结构的因素、选择渠道结构。①

4.1.1 确认渠道设计的需要

营销渠道设计的第一步是识别企业进行渠道设计的需要，即考察企业是否需要进行渠道设计。营销渠道设计对企业的成功与否具有全局性和长远性的意义，同时，也承担了巨大的成本与风险。我们不可能列出需要进行渠道设计的所有情况，一般出现以下情况时，企业要考虑进行渠道设计。

（1）建立一个新企业。新企业在产品、价格、渠道和促销方面都没有现成的渠道可用，必须进行渠道设计。

（2）产品与市场的变化。这既包括将现有产品投入新的目标市场，也包括在现有市场中

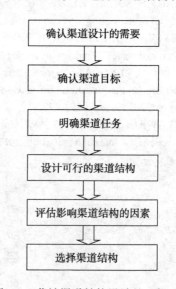

图 4-1 营销渠道结构设计的一般过程

---

① 庄贵军，周筱莲，王桂林. 营销渠道管理[M]. 北京：北京大学出版社，2004：57-58.

开发一种新产品或一条产品线，如果现有的营销渠道不适用于新的目标市场或新产品，则需要建立新的渠道，或对现有渠道进行调整。

（3）产品生命周期的变化。在不同的生命周期阶段，产品往往需要不同的营销策略来更好地完成营销目标，因而产品生命周期的变化也可能产生设计或调整营销渠道的需要。

（4）营销组合的其他组成部分发生巨大的变化。如企业产品组合的调整、定价策略和促销策略的调整都可能要求企业的营销渠道进行相应的调整，以增加整个营销组合的异质性。

（5）企业渠道政策的变化。企业新的营销目标可能需要新的渠道政策，因而提出渠道设计问题。

（6）现有渠道成员有碍于企业实现目标。有时企业在面临严重渠道冲突的情况下，不得不考虑更换中间商。比如，如果分销商开始强调自己的品牌，那么制造商可以寻找新的分销商，以更好地分销产品。

（7）整个商业格局的变化。如家用电器行业中，原来的主要销售渠道是百货商店和以国美、苏宁为代表的电器专业连锁商店，而在近些年网络渠道的重要性日益突出。所以，家用电器制造商在设计营销渠道时，必须注意这种变化。

（8）竞争的需要。企业设计渠道结构时，还需要考虑竞争者的渠道结构。如果竞争者的渠道明显优于本企业，可以考虑重新设计本企业的渠道。

（9）宏观营销环境的变化。经济、社会文化、法律及技术的变化，也可能迫使企业考虑变更渠道结构。

4.1.2　确认渠道目标

1. 渠道服务需求分析

设计营销渠道首先要考虑的是最终顾客的需求。最终顾客的需求表现在产品、价格、信息沟通等方面。对营销渠道来说，顾客的需求表现为对购买方式的要求，也就是服务需求。服务需求是指顾客在购买产品或服务时所期望得到的服务类型及其水平，主要内容有购买批量、等候时间、空间便利、选择范围和服务支持。

（1）购买批量。购买批量是指营销渠道允许顾客购买的最小单位。顾客小批量购买商品，则要求企业提供更多的服务，企业所需承担的成本更高。影响顾客购买批量的因素很多。对工业品来说，企业的性质及规模、产品性质等会影响到用户购买的批量要求。对消费品而言，产品性质、家庭规模、居住条件、收入甚至意外情况都可能影响购买批量。

（2）等候时间。等候时间是指顾客从订货或决定购买到拿到商品的平均等待时间。相比之下，顾客更愿意选择等候时间较短的营销渠道，但是，要缩短顾客的等待时间，企业就需要更多的营业员以及设备为顾客服务。因此，等候时间越短，企业所承担的成本越大。

（3）空间便利。空间便利是指顾客购买产品的容易程度。首先，在其他条件不变的情况下，空间便利与出行距离成正比。出行距离是指顾客到达商店的距离，出行距离越短，空间便利程度越高。其次，除了出行距离之外，交通状况也是决定空间便利的因素。如果出行距离短，但交通不便利，那么空间便利程度也会降低。渠道为顾客提供的空间便利程度越高，服务输出也越大，企业渠道成本越高。最后，顾客对空间便利的要求因产品而异。比如，顾客购买日用品要求有很高的便利性，而购买高价值的产品（如汽车、房子等）对便利性的要求很低。不同的营销渠道类型与空间便利性也有关联，比如，随着电子商务的迅速发展，网络渠道购物的便利程度在不断提高，但是等候时间可能会比线下渠道直接消费长一些。

（4）选择范围。选择范围是指营销渠道提供给顾客的产品的品种和数量。一般来讲，顾客喜欢有较多的品种和数量供其选择，因为这样更容易挑选到满意的产品。营销渠道提供的商品的品种和数量越多，表明其服务水平越高。

（5）服务支持。服务支持是指渠道为顾客提供的各种附加服务，包括信贷、送货、安装、维修、稳定供货、信息提供等内容。服务支持的范围和力度越大，服务需求输出也越大，进而企业所负担的成本越高。顾客对服务支持范围和程度的要求取决于不同的产品。例如，顾客购买电脑、数码相机等技术含量高的产品或耐用品时，对送货、安装、维修等方面的要求较高；而购买食品等一般消费品时，对服务支持的范围及程度要求则很低。

2. 制订渠道目标

营销渠道目标所描述的是营销渠道在实现企业的整体营销目标过程中所起的作用。营销渠道目标要与整体营销目标以及企业的整体战略目标保持一致。首先，营销渠道目标是企业整体营销目标的重要组成部分，必须服从并服务于整体营销目标。企业的整体营销目标是企业整体战略目标的重要组成部分，整体营销目标要服从并服务于企业的整体战略目标。其次，营销渠道目标要与营销组合的其他方面（价格、产品和促销）保持一致，否则将会降低营销渠道的效率，影响整体目标的实现，甚至破坏企业的整体战略目标。图4-2给出了企业的目标层次及其关系。

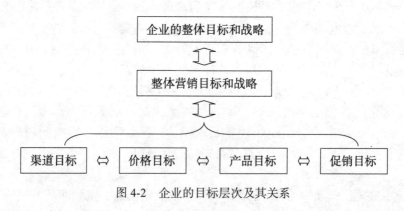

图4-2 企业的目标层次及其关系

4.1.3 明确渠道任务

要实现既定的渠道目标，必须将渠道目标分解为各种具体的渠道任务，即渠道需要履行的具体渠道功能。所有渠道功能流程都可以产生特定的渠道产出，因而渠道设计的本质就是将这些功能在渠道成员之间进行分配。渠道任务必须明确、具体而全面,以便满足渠道目标的基本要求。营销渠道的主要任务包括推销、渠道支持、物流、产品修正、售后服务以及风险承担等,如表4-1所示。①

表4-1 主要渠道任务

推销: 　　新产品市场推广 　　现有产品的推广 　　向最终消费者促销 　　建立零售展厅 　　价格谈判与销售形式的确定	产品修正与售后服务: 　　提供技术服务 　　调整产品以满足顾客需求 　　产品维护与修理 　　处理退货 　　处理取消订单
渠道支持: 　　市场调研 　　地区市场信息共享 　　向顾客提供市场信息 　　与最终消费者洽谈 　　选择经销商 　　培训经销商的员工	风险承担: 　　存货融资 　　向最终消费者提供信用 　　存货的所有权 　　产品义务 　　仓储设施投资
物流: 　　存货 　　订单处理 　　产品运输 　　与最终消费者的信用交易 　　向顾客报单 　　单据处理	其他任务

4.1.4 设计可行的渠道结构

营销渠道的结构维度包括三个方面:渠道的长度、渠道的宽度和渠道的中间商类型。

1. 渠道的长度

营销渠道的长度,也称营销渠道的级数,指营销渠道中处于生产制造商和消费者或最终用户之间的中间商的层次数。据此,营销渠道可以分为两大类:一是直销渠道,这是最短的营销渠道,也称零级渠道,是指生产制造商使用自己的销售队伍直接把产品销售给顾客或用户;二是中间商渠道,也称间接渠道,是指生产制造商通过中间商(如批发商、代理商和零售商)销售自己的产品。由于影响企业渠道长度决策的因素多而且复杂,同时这些因素之间有时相互冲突,因此,决策者很难作出有关确定渠道长度的决策。渠道长度决策需考虑的因素主要有市场、产品(行业)、中间商、企业自身条件等几类。这些因素以及渠道结构的其他影响因素,将在4.2节中说明。

2. 渠道的宽度

渠道的宽度也称渠道的密度,指各级渠道中间商的数量,如批发商、零售商或工业

---

① 庄贵军,周筱莲,王桂林. 营销渠道管理[M]. 北京:北京大学出版社,2004:60.

品终端经销商的数量。因为渠道的密度反映了企业渠道战略的主要方面，而且密度决策与企业渠道中实施关系营销密切相关——有些企业遵循少而精的原则，注重与其他渠道成员建立长久的合作伙伴关系，所以渠道密度决策是渠道结构设计的重点。

一般来说，企业设计渠道结构时，有三种渠道密度方案可供选择：密集分销、独家分销和选择性分销（表4-2）。①

表 4-2 渠道覆盖的密度决策

特征	密集分销	选择性分销	独家分销
目标	大幅市场覆盖 渠道接受 薄利多销	中等市场覆盖 较好的形象 适度渠道控制 适度销量与毛利率	声望及形象 渠道控制及忠诚 价格稳定 较高的毛利率
中间商	数量众多 所有零售类型	数量中等 效率高的零售类型	一家或者数家 声誉高的零售店
顾客	最终顾客： 人数众多 注重便利 组织顾客： 关注所有顾客 期望中间商提供服务	最终顾客： 数量中等 品牌意识 组织顾客： 关注所有顾客 期望生产制造商或中间商提供服务	最终顾客： 数量少 品牌忠诚 组织顾客： 关注主要客户 期望生产制造商提供服务
渠道重点	最终顾客： 大众广告 就近销售 备有存货 组织用户： 可得性 定期沟通 优良服务	最终顾客： 促销组合 愉悦购物环境 良好服务 组织用户： 可得性 定期沟通 优良服务	最终顾客： 人员推销 愉悦购物条件 良好服务 组织用户： 可得性 定期沟通 优质服务
关键缺点	渠道控制差	市场准确定位难	销售潜力小
举例	家用杂货 办公用品 常用服务	家具 服装 机电工具 工业服务	汽车 设计的服装 资本设备 复杂的服务

（1）密集分销。密集分销是指企业尽可能多地使用中间商销售产品，以达到最大的市场覆盖率。企业通常采用这种渠道策略用于消费者倾向于经常购买而且购买地点多样化的产品，如零食、饮料、日用品等。消费者对此类产品最大的要求是便利性。只要市场上有货，消费者就会按照习惯购买。由于市场覆盖面大，可以充分发挥企业的销售潜力。

密集分销策略不仅取决于企业自身的能力与愿望，还受到中间商的制约。如果中间商不愿经销企业产品，或者提出过高的进入门槛，企业就难以实行密集分销。此外，密集分销策略还需企业有较大的促销力度，以便一方面通过广告刺激需求，另一方面通过各种贸易促进方式促使中间商接纳产品。

---

① 庄贵军，周筱莲，王桂林. 营销渠道管理[M]. 北京：北京大学出版社，2004: 76.

（2）独家分销。与密集分销相反，独家分销是指企业在一定的地理范围内只利用一家中间商销售其产品。消费品中的特殊品尤其是奢侈品，常常使用独家分销策略。独家分销对生产制造商来说，企业只与一家中间商建立合作关系，容易进行渠道控制，也易于与中间商建立长期稳定的合作关系，提高渠道运行效率，同时有助于提升企业及其产品的声望。对中间商来说，在本地没有其他中间商参与该品牌的竞争，因而可以独家享受生产制造商促销行为带来的销售量；如果品牌销售情况好，企业利润就有保障。

然而，独家分销也有其局限性：首先，消费品中的便利品和选购品以及许多工业品都不适合采用独家分销策略。其次，对生产制造商来说，如果唯一的中间商出现问题，就会失去对于某一区域市场的覆盖。对中间商来说同样也存在风险，生产制造商可能出于某种原因而更换中间商。

（3）选择性分销。选择性分销是指企业在一定市场范围内选择一家以上而又不是全部的某个层次中间商经销其产品。需要采用选择性分销策略的产品包括消费品中的选购品和特殊品、需要经销商大力推销的工业品等。选择性分销介于密集分销和独家分销之间。由于企业只与几家中间商进行合作，所以选择性分销一方面有助于企业与中间商建立良好的合作关系；另一方面也有助于企业更好地控制渠道。

在利用选择性分销策略时，企业要注意以下两点：首先，企业所选择的中间商要和产品的形象相吻合；其次，当企业的多数销售额是由少数顾客产生的时候，选择性分销就是很好的渠道密度选择。

3. 渠道的中间商类型

营销渠道结构采取哪种中间商，在不同的行业中有着较大的差异。企业可以根据不同类型的零售商在经营方式、品种、与生产制造商的关系等方面的不同进行选择。

确定渠道结构的长度、密度和中间商类型这三个方面，应该以渠道目标为导向。除此之外，后面要讲的其他各种因素也会影响企业在这三个问题上的决策。

案例 4-1 亿滋、农夫等推行的大客户制,悬在厂商头上的一把刀!

4.1.5 评估影响渠道结构的因素

营销渠道结构的各种情况及基本方案确定之后，需要对渠道结构进行评估。评估渠道结构有两个重要的问题：一是评估渠道结构的标准；二是评估影响渠道结构的因素。

1. 评估渠道结构的标准[①]

评估渠道结构的主要标准有三种：经济性标准、控制性标准和适应性标准。

（1）经济性标准。经济性标准是在对不同渠道方案进行评估时应该首先考虑的。经济性标准是以渠道成本、销售量和利润来衡量渠道方案的价值。进行经济性评估有以下三步。

①企业要选择是利用直接渠道还是利用间接渠道销售产品。对这个问题的回答，取

---

① 庄贵军，周筱莲，王桂林. 营销渠道管理[M]. 北京：北京大学出版社，2004：78.

决于企业的营销渠道所处的条件与背景。

②评估不同渠道结构在不同销量下的成本。一般来说，当销售量较小时，企业利用直接渠道的成本较高。而随着销售量的增加，直接渠道的成本增加率要小于间接渠道的成本增加率。因此，当销售量增加到一定限度时，直接渠道的成本就会低于间接渠道的成本。

③比较不同渠道结构下的成本与销售量。由上一步可知，直接渠道与间接渠道下不同的销售量存在不同的销售成本，而渠道的设计又不能经常进行变动，所以企业应该预测产品的销售潜力，然后根据销售潜力的大小确定直接渠道与间接渠道的成本，进而在销售量（潜力）确定的情况下，选择成本最小的渠道结构。

（2）控制性标准。在评估渠道结构时，企业要考虑渠道控制问题。如果企业倾向于控制营销渠道，评估渠道的标准可以多考虑控制因素。直接的营销渠道最容易控制，长而密的营销渠道很难控制，而长度适中、密度适中（选择性分销）的营销渠道在控制性上则处于二者中间。

（3）适应性标准。在评估渠道结构时，企业需要考虑渠道环境所引起的渠道成员之间的适应性问题。如果渠道环境相对比较稳定，渠道成员之间就会针对彼此投入较大的交易专有资产，提高相互依赖、信任和承诺的水平。相反，在快速变化的渠道环境下，渠道成员之间就会减少针对彼此的交易专有资产投入，以规避可能发生的风险，降低相互承诺水平。

2. 评估影响渠道结构的具体因素

影响渠道结构的因素包括市场因素、产品因素、厂商因素、中间商因素、环境因素和行为因素，这些因素的具体内容将在4.2节详细阐述。

4.1.6 选择渠道结构[①]

在评估渠道结构之后，我们要对采用何种渠道结构作出选择，也就是选择"最佳"的渠道结构，即在成本最低的情况下能有效地完成渠道目标及各项渠道任务的渠道结构。选择渠道结构的主要方法有财务方法、交易成本分析法、直接定性判断法和重要因素评价法。

1. 财务方法

财务方法认为，营销渠道结构的决策过程就是比较不同渠道结构下的投资成本，以此得出不同渠道结构下的投资收益率。除此之外，还需要比较渠道投资的机会成本。如果在一项渠道功能中的投资收益率较大，大于资本用于生产制造功能或其他功能的投资收益率，那么企业就应该保留该渠道功能；否则就应该利用中间商来履行该渠道功能，而把企业的资金投到收益率更大的方面。

这种方法突出了财务变量对营销渠道结构选择的作用，使决策标准客观而严格。但其缺点是可操作性差。不管使用的投资方法如何，要获得准确的未来收入预期和估计机

---

① 庄贵军，周筱莲，王桂林.营销渠道管理[M]. 北京：北京大学出版社，2004: 82-84.

会成本，是非常困难的。

2. 交易成本分析法

交易成本分析法，就是通过分析交易成本，来确定生产制造商是应该采用垂直一体化渠道完成所有的渠道任务，还是应该采用独立中间商来完成部分渠道任务。交易成本分析法关注的是管理交易的成本，这是企业完成分销任务所必需的。在营销渠道中，渠道成员之间为了达成交易，需要针对彼此进行交易专有资产的投入，包括有形资产与无形资产。如果交易专有资产投入很大，为了防止渠道投机行为的伤害，企业就应该选择垂直一体化的渠道结构。相反，如果交易专有资产的投入不大，制造商面临的资产风险就比较小，因而有较大的选择余地，可以通过中间商来承担渠道功能。

交易成本分析法的主要缺陷是对营销渠道的选择范围局限在一体化与独立中间商二者之内，而不能对其他渠道结构问题进行解决。此外，这种方法所用的渠道投机行为假设与现实中大量的渠道合作和信任现象并不完全吻合。

3. 直接定性判断法

直接定性判断法是简单而且最常用的选择渠道结构的方法。使用这种方法时，企业的渠道管理人员往往根据他们认为比较重要的决策因素对不同的渠道结构进行定性的评估、比较。企业短期或长期的成本以及利润、渠道控制的愿望、渠道灵活度、企业发展总体规划等，都是渠道管理人员需要考虑的重要因素。至于什么是重要因素、什么不是重要因素，主要由渠道管理人员的认识而定，并没有一个统一的标准。

4. 重要因素评价法

重要因素评价法是一种比直接定性判断法更为精确的定性判断方法。这种方法包括以下五个步骤。

（1）明确列出渠道选择的决策因素。

（2）以百分比形式标出每个决策因素的权重，以反映它们的相对重要性。

案例 4-2 新零售业态下的快消品线下渠道变革

（3）每种渠道选择以每个决策因素按 1~10 的顺序打分。

（4）将权重与因素分数相乘，计算出每种渠道方案的加权总分。

（5）将备选的渠道结构加权总分排序，一般获得最高分的渠道方案即为最合适的选择。

4.2 影响营销渠道结构的因素

4.2.1 市场因素

1. 目标市场的规模及分布

如果目标市场的潜在消费者和现实消费者数量较多、空间分布较为分散或者目标市场离制造商的距离较远，则应选择较长、较宽的营销渠道，因为此种情况下采用短渠道往往很难将产品分销给目标顾客，而间接的渠道或较多的中间商，可以降低企业的分销成本,将产品有效送达目标市场。

2. 消费者购买行为

(1)购买批量与频率。顾客单次购买批量较大而购买频率较低时,企业可以考虑短而窄的渠道来分销,因为较大的购买批量可以平摊购买成本,较低的购买频率也会降低顾客对购买便利性的要求。与之相反,如果对某种产品顾客的购买频率很高,而每次的购买批量很小,企业就需要考虑使用长而宽的渠道来服务顾客。

(2)购买的季节性。当某些购买行为具有高度季节性特点的时候,企业很难在较短时间内达到较高的铺货率,同时在淡季会造成渠道闲置浪费,因此企业应该在渠道中增加中间商的数量,使用较长的分销渠道,使其履行相应的仓储职能,进而减少生产、库存中的波动。

(3)购买的地点。随着市场环境和人们生活方式的变化,越来越多的消费者选择网络购物,不出门即可买到所需产品。企业则采用网络销售的渠道,减少中间商环节,以适应这种变化。当然消费者对便利性的要求也越来越高,对于日常消费品,消费者更加看重购买的便利性,这就要求生产此类商品的厂商选择长而宽的销售渠道。相反地,对于购买高档商品,消费者则需要对其精挑细选,所以厂商最好选择少数但信誉高且服务质量好的中间商来销售其产品。

(4)消费者购买时的介入程度。在考虑消费者购买的介入程度时,有两个问题需要注意:由谁实施购买和有哪些人参与购买决策。在消费者市场中,消费者的购买行为可能受到家庭其他成员决策的影响。对于产业市场,购买者本身可能就是决策者,但更多的情况是购买者仅负责执行决定,而购买决策是其他职能部门的人员参与的情况下作出的。所以当企业想要对购买者和购买决策参与者具有较强的控制力和影响力时,就应采取较短、较窄的渠道。

4.2.2 产品因素

1. 体积和重量

对于体积庞大和笨重的产品,其储藏、搬运和运输成本通常会占其产品价值的较高比例,对于这类产品,制造商为了将其储运成本降到最低,则应尽量通过大批量运输将其送货次数降至最少,因此最好采用较短的分销渠道。

2. 易腐性

像蔬菜、水产品等保质期较短、容易腐烂变质的新鲜食品,在进行渠道结构设计时,厂商应该考虑尽快将产品运送到最终用户手中,以减小腐烂变质的风险和损失,因而应当采用较短的渠道。比如,大闸蟹、猕猴桃等生鲜厂商选择顺丰大当家作为销售平台直接面向消费者,所有产品都采用顺丰速运,使得消费者能够获得高质量的配送服务和生鲜产品。

3. 单位价值

通常情况下,产品的单位价值越低,就越宜采用较长、较宽的渠道结构,因为单位价值较低的产品,如消费品市场的便利品和产业市场的办公用品,其留给分销商的毛利润空间很小，销售这类产品的渠道中间商必须经营多种其他产品，产生规模经济或区域经济来分担分销成本以确保收益。比如，农夫山泉销售饮料主要是通过数量众多的大卖场和便利店。另外，当产品的单位价值较高时，宜采用较短、较窄的分销渠道，甚至远距离的直销方式也是可行的，因为订货处理和运送成本相对于产品的价值就很低了。比如，日本化妆品品牌 DHC 主要采用网络销售和电话销售的模式，在中国只要单张订单金额超过 250 元，就无须支付运费。

4. 标准化程度

产品越是非标准化，其定制化程度越高，采用的渠道结构就应越短、越窄。这是因为对于接近完全定制化的产品，制造商通常要直接出售给最终用户，其对双方的沟通程度、制造商提供的针对性服务要求也就相对较高。另外，对于已经实现了规格化和标准化的产品，由于其通用性较强，则可考虑选择较长、较宽的营销渠道结构。

5. 技术特点

对于高技术产品或者技术含量较高的产品，无论是在消费者市场还是在产业市场，由于制造商需要派销售和服务人员开发市场，提供售前和售后服务，需要技术人员提供专业的技术支持和建议，所以应该通过直接渠道或者较短的渠道进行分销。而对于技术含量较低的产品，由于中间商就可以提供销售和售后服务，所以厂商可以利用较多的中间商进行分销。

6. 新颖性

无论在消费者市场还是在产业市场，在新产品投入初期，都需要投入大量的促销费用来迅速铺满市场，如果使用长渠道，那么要取得所有渠道成员的协同促销努力就很困难，因此在新产品投入初期，短渠道的采用通常被认为是获得产品认可的一种优势。如果厂商能够筛选出少数能够积极提供市场开发初期所需促销努力的中间商，那么将会大大缩短开发周期。对于老产品则考虑使用中间商来维持较为稳定的销量即可。

此外，产品的耐用性和生命周期也会影响营销渠道结构的选择，产品的耐用性越强，越适合选择较短的营销渠道，因为耐用产品通常具有价值高、体积大、分量重的特征。产品生命周期短，则比较适合选择较短的窄渠道。

4.2.3　厂商因素

在设计营销渠道时，由于厂商自身一些条件的制约会影响渠道结构的选择，所以考虑企业自身的因素非常重要，主要有以下几个方面。

1. 企业规模

一般情况下，不同渠道结构的选择与公司的规模成正相关。规模较大的厂商在渠道选择时拥有更多的权力基础，因而具有更大的自由度和灵活性，进而可以选择、开发适合于分销任务的最佳渠道，甚至可以建立自己的销售网点。相比之下，规模较小的厂商，由于受到条件和能力的限制，可供其选择的渠道结构方案则是非常有限的，只能选择较长的销售渠道以借助中间商的力量销售产品。

2. 资金实力

对于资金实力较强的厂商，其对其他渠道成员的依赖性一般较低。在采用直接渠道的情况下，厂商通常需要配备自己的销售人员和服务支持人员，有时需要提供零售服务，同时要拥有较强的仓储和订单处理能力，而资金实力较强的厂商一般能够承受直接渠道所需的高成本。然而对于无力承担这些费用的资金实力相对薄弱的厂商，就需要依赖其他渠道成员来分担成本。当然，随着互联网的发展，拥有有限资金的小公司利用电子渠道将产品直接销售给最终用户也是可行的。

3. 管理专长

大多数时候，很多厂商往往缺少履行分销任务所必需的相关管理技能，因此在这种情况下，在选择渠道结构时，厂商应该考虑借助其他中间商来提供所需的服务，待厂商取得渠道管理技能和经验后，可以考虑改变渠道结构以减少对过多中间商的依赖。

4. 目标和战略

厂商的某些目标和战略往往会对渠道结构的设计具有限制与约束的作用，如果厂商的营销目标是采取保护市场份额的垄断竞争策略，那么其对营销渠道就需要进行高强度的控制，进而采取较窄的渠道结构来限制中间商的数量，直接控制产品营销的全过程，关注产品营销的实时变化，以便作出及时的调整。因此对于采用积极进取的促销战略的厂商来说，其渠道结构的设计是不可能选择过长或密集型的分销渠道策略的。

4.2.4 中间商因素

在考虑中间商因素对渠道结构设计的影响时，应着重考虑以下几个方面。

1. 可获得性

当现有渠道成员中不存在可以经营本企业产品的中间商，或者即使存在但却不能有效地经营本企业产品时，企业就需要考虑动手组建自己的直接渠道。例如，电动汽车生产企业特斯拉销售的是纯电动汽车，在进入传统经销商渠道时，经销商的销售人员甚至不愿意花更多的时间去了解它，向顾客推荐。因此特斯拉坚持在自有品牌门店销售自家车型，采用直接渠道。

2. 使用成本

渠道成员的使用成本也会直接影响渠道结构的选择，如果采用某类中间商的成本对完成服务来说过高，企业则要考虑尽量少使用这类中间商。但是要注意不能把成本因素看得过重而忽略了渠道目标，如果过分强调低成本，则可能选择到不合适的中间商而导致产品不能有效覆盖市场和提供满意的服务，所以企业应该以渠道效率为标准来权衡成本和渠道目标的关系。

3. 服务

渠道成员所提供的服务与厂商渠道结构的选择有密切的关系，厂商在渠道设计时应该通过评价中间商提供的服务，比较中间商提供的服务与顾客对中间商服务要求之间的关系，选择那些可以以最低成本最有效地完成任务的渠道成员来作为自己的中间商。

4.2.5 环境因素

环境中包含营销渠道所赖以存在的所有外部非可控的因素,这些因素会影响渠道结构设计、开发和管理,通过对影响渠道结构的外部环境进行扫描,可以将环境因素划分为五个方面:竞争环境、经济环境、社会文化环境、技术环境、法律环境。

1. 竞争环境

企业对渠道结构的选择必然受到竞争对手所使用的渠道的影响和制约,因此分析竞争者的渠道状况非常重要。一般来说,存在四种竞争性的市场环境:水平竞争、业内竞争、垂直竞争、渠道系统竞争。[①]水平竞争是指相同渠道层次、相同类型的企业之间的竞争;业内竞争是指相同渠道层次、不同类型企业之间的竞争,如折扣店与百货店之间的竞争;垂直竞争是指不同渠道层次成员之间的竞争;渠道系统竞争是指完整渠道系统之间的竞争。企业应该通过对各种渠道竞争类型的理解,分析主要竞争者如何维持自己的市场份额,运用何种营销手段刺激需求,如何对自己的渠道成员进行服务支持等,分析本企业在现有竞争对手中的市场地位以及市场上的竞争激烈程度,制定渠道结构战略。通常企业可以采用三种渠道设计竞争战略:对抗型渠道战略、共生型渠道战略以及规避型渠道战略。[②]

2. 经济环境

经济可能是影响渠道结构环境变量中最显著、最普遍的因素,厂商必须对经济变量对分销渠道产生的影响非常敏感。一般来说,可以将经济环境中的各种指标划分为四个总体经济要素:经济基础设施、消费者购买力、通货稳定性、国家贸易政策。[③]渠道成员需要认真关注经济因素对渠道结构与管理的影响,综合评价,进而选取最优的渠道结构。

3. 社会文化环境

社会文化环境作为渠道成员、社会和文化的连接点,是社会上的每个人对信仰、价值观、风俗和生活方式的共同看法,是个人与社会系统之间的相互作用和相互影响而形成的,事实上它涉及社会的所有方面,企业的营销渠道结构固然也受其所处的社会文化环境的影响。例如人口年龄结构、家庭结构、受教育程度以及女性的社会地位等都要求渠道成员细致地考察不断变化的社会文化模式并对此作出反应,进而对现有渠道结构进行相应调整。

4. 技术环境

技术是最具持续性且变化最为迅速的环境要素,我们每一个人都可以找到过去十多年来发生并改变我们生活的技术进步的例子,如平板电脑、智能手机、虚拟现实技术、人工智能、大数据平台等。技术使营销渠道的世界变得更小,不断地影响着渠道参与者,许多渠道系统的力量平衡也由此从制造商转移到了零售商,零售商现在能够迅速地获得

---

① 罗森布罗姆. 营销渠道:管理的视野[M]. 宋华,等译. 7版. 北京:中国人民大学出版社,2004: 77.
② 常永胜. 营销渠道:理论与实务[M]. 北京:电子工业出版社,2009: 95.
③ 佩尔顿,斯特拉顿,伦普金. 营销渠道:一种关系管理方法[M]. 张永强,彭敬巧,译. 2版. 北京:机械工业出版社,2004: 129.

与顾客需要有关的精确信息。面对变化迅速和不断发展的技术，厂商要明确那些能够对自己的营销渠道战略产生影响的技术，有针对性地进行调整和选择与之相适应的渠道结构。

5. 法律环境

法律环境是指对营销渠道产生影响的各种法律，它是由一系列原则和条例构成的管理条款，用来解决不同的问题或争端。相对于经济环境，法律环境对厂商来说要更清晰一些，它能对渠道成员的行为起到约束、指导和控制的作用。法律的某些条款的制定和取消都会给渠道成员和整个渠道分销系统带来挑战与机会。厂商应该熟知一些与渠道管理有关的法律知识，提高对渠道管理法律方面的敏感性，这有利于渠道结构的管理，还有助于避免营销渠道管理中潜在的、严重的、成本高昂的法律纠纷。

4.2.6 行为因素

越来越多的学者开始关注营销渠道的一些行为变量对渠道结构的影响。比如厂商若想使渠道成员之间形成一种更和谐的关系，最大限度地减少渠道冲突，那么在建立渠道结构时，就要考虑能够引起渠道冲突的因素，进而会更倾向于建立一个更有效沟通的渠道结构以减少冲突的发生。如果厂商能够明确自己所拥有的可利用的权力，那么它就可能选择一种使其能够更容易对渠道成员施加影响的渠道结构。例如一家小型、专业化的制造商，如果拥有的更多的是专家权而不是强制性权力的话，那么它选择使

案例 4-3 酒企涨价利润低，近三成经销商转型退出

用大型连锁零售店的渠道结构是较为合适的，因为强制性权力不大可能对这些零售商施加影响和控制，而专家权却能取得预期的效果。所以，某些行为变量在特定场合下，可能与渠道结构的选择有关。

4.3 渠道成员的选择

4.3.1 渠道成员选择的重要性与原则

1. 渠道成员选择的重要性

生产企业在确定渠道结构之后的首要任务就是选择渠道成员。其实企业在面临以下几种情况时，同样需要选择渠道成员：现有渠道成员流失，需要选择新的渠道成员填补空缺；企业在经过周期性评估时，发现现有某些渠道成员无法胜任分销任务，需要选择新的渠道成员替代现有成员；企业需要扩大现有的市场区域范围或者提高现有的市场覆盖率，即使渠道长度和中间商的类型不变，也有可能考虑物色更多合格的中间商来承担分销任务。

渠道成员的选择，并不是为了单纯一笔生意或者一桩买卖，而是为了长期较好地合作并与之共事。现在越来越多的公司重视与渠道成员的关系，有的甚至结成战略合作伙

伴关系，这就要求其在选择渠道成员时非常慎重。渠道成员选择得合适与否关系消费者需要的产品能否及时准确地转移至消费者手中、企业的渠道目标最终能否顺利实现，甚至关系到整个渠道绩效。

渠道成员选择的重要性与公司的分销密度一般呈负相关，即生产企业的渠道密度越低，其渠道成员选择的重要性越大；反之，则渠道成员选择的重要性越小。因为，当生产企业的渠道分销密度比较低时，某个成员被选就意味着其他成员落选，而生产企业的渠道任务就完全落在这个被选定的渠道成员身上。此时，公司的分销任务是否能有效实施，完全取决于这一分销成员的表现，这样生产企业承担的风险就非常大，所以分销密度比较低的生产企业在选择渠道成员时要持非常谨慎的态度。当生产企业的分销密度较高时，企业会将产品投放到几乎每一个可能的渠道当中去，这样可以获得较高的市场占有率，确保消费者在任何地方都可以购买到他们的产品，因此在选择渠道成员时只要信用度相对较高，对渠道成员的其他方面要求可以不必太苛刻。总之，如果渠道结构是强调密集型分销，渠道成员的选择标准可以不需很严格，在某种程度上说，考虑选择那些实际上具有合理盈利能力、能够及时支付货款、具有必要的信用度的中间商即可。如果渠道结构强调选择型分销，那么对未来的渠道成员的选择，就应该对潜在分销成员进行更加详细的审查，包括经商的时间、信誉和合作态度、偿付能力、其经营的其他产品等，然后再作出选择，可见此时的选择决策变得至关重要。

2. 渠道成员选择的原则

不同的生产企业有不同的渠道目标和策略，因此选择渠道成员的原则也不尽相同，企业应该根据自己的实际情况，确立一些选择渠道成员的更具体的原则。为了保证渠道最终能够完成分销目标，以下是选择渠道成员应遵循的一般原则。

（1）目标市场原则。企业的目标市场是企业设计渠道目标和制定渠道策略的基础，因此生产企业要根据目标市场的需求购买行为和消费习惯来选择渠道成员，以确保这些渠道成员把自己的产品或服务顺利地送达目标市场，方便目标消费群体购买和消费。所以企业在选择渠道成员时，应依据这一原则，充分考虑渠道成员的影响范围（比如该渠道成员是否拥有自己的分销渠道、分店、子公司、会员单位等）、渠道成员的顾客类型以及这些顾客类型与本企业目标市场的吻合程度等方面。

（2）分工合作原则。分工合作原则，是指企业在选择渠道成员时，应该选择那些在经营方向和专业能力等方面能够发挥企业所希望的渠道功能作用的中间商。很多情况下，某些渠道功能是企业自身无法实现的，所以企业要对具有渠道经营特点并能够承担渠道功能的渠道成员进行甄别。比如，大型百货零售企业一般具有较强的分销能力，比较适宜销售价值高、技术性强、品牌吸引力大、要求较多售后服务的商品；小百货商店、杂货店则更适合经营便利品、中低档产品，它们通常不愿为有关商品做广告，也很难保障售后服务。所以企业应该根据自己的渠道目标和需求选择那些能够履行所期望的渠道功能的渠道成员。

（3）形象匹配原则。企业选择的分销渠道的作用并非只是解决将商品卖出去的问题，同时，渠道成员还能起到树立企业形象、品牌形象的作用。在消费者眼中，分销渠道成员的形象也代表了生产企业的形象，甚至能够让消费者愿意出较高的价格持续购买企业的产品。例如企业选择在大百货商店和在杂货店销售其产品，其留给消费者的企业形象和品牌形象肯定是完全不同的。所以，厂商在选择渠道成员时必须保证所选的渠道成员的形象符合企业本身形象塑造的要求，如果所选的渠道成员形象与企业想要塑造的形象完全不符，即使短期内可能产生一定的销售量，长期看来，也有可能产生极大的负面影响。

（4）效率提升原则。所谓渠道效率，是指营销渠道运行的投入产出比。一家生产企业的整体渠道效率来自每个渠道成员的高效率，效率最低的渠道成员往往对整个渠道的效率影响非常大。对于间接分销渠道，其运行效率在很大程度上取决于其他渠道成员的经营管理水平。例如，进货管理不善的中间商，可能常常出现脱销或库存积压的现象，这就会使厂商产生错觉，误以为产品供不应求或者供过于求，从而进行错误的产能调整，最终导致产销的脱节。所以企业在选择渠道成员时，要选择有利于提升整个渠道效率的渠道成员，一方面要能够以最快的速度将产品送达消费者手中，另一方面还要确保渠道运行能够以最小的投入换取最大的产出。

（5）互惠互利原则。同一条渠道上的成员实际上组成了一个利益共同体。渠道成员之间只有互惠互利、密切合作、同舟共济才有可能建立一个高效运转的营销渠道，才能保证渠道的稳定和发展。如果某些分销渠道成员只注重自身利益、过分计较眼前小利，可能转而经销竞争对手的产品或发生窜货、乱价等行为，使得渠道运行充满矛盾和冲突，甚至最终导致渠道关系的终结。所以企业在选择渠道成员时，要更加注重分析渠道成员的价值观、运营理念以及合作精神等，因为这些标准的契合，可以使渠道运行达到最佳的经营效果。

4.3.2 渠道成员的选择过程

渠道成员的选择过程一般包括以下几个步骤：考虑企业目前的渠道目标和渠道策略、确定选择标准来衡量潜在渠道成员是否合适、分析寻找渠道成员的主要途径有哪些、评估渠道成员、对评估后的渠道成员进行筛选确定。

1. 企业的渠道目标和渠道策略

企业进行渠道成员选择的第一步就是要回顾分析企业的渠道目标和渠道策略，必须弄清楚四个问题：企业真的需要中间商吗？如果真的需要中间商，那么需要何种类型的中间商呢？企业需要多少不同类型的中间商和相同类型的中间商？是否清楚渠道成员选择需要遵循的原则？其中，不同类型中间商的数目涉及渠道的长度，企业要明确渠道的长短本身并无绝对的好坏之分，关键是与企业的渠道目标和实行的渠道策略相符合。相同类型中间商的数量则涉及渠道的宽度问题，同样也需要与企业的营销战略和企业营销渠道的整体布局相协调。

2. 渠道成员选择的标准

在企业确定了产品的销售策略，选择以间接渠道进入市场后，下一步就要考虑怎样选择合适的中间商，中间商选择得是否得当，关系着生产企业的渠道目标能否实现。然而大部分企业在实际选择渠道成员时，往往缺乏具体的选择标准，凭借感觉行事，因此为了减少盲目性，降低选择失误而造成的渠道成本偏高甚至被迫调整所带来的风险，生产企业要在渠道成员选择的原则指导下，确定相应的选择标准是非常必要的，以下是选择渠道成员一些通用的标准。当然，企业还要根据自己的实际情况灵活掌握。

（1）中间商综合实力的大小。这涉及对以下几个方面进行评估。

①中间商开业时间的长短。一般来说，长期从事某种商品经营的中间商，其通常会积累较丰富的专业知识和销售经验，并且拥有较多的忠实顾客，这就会帮助生产企业将其产品迅速销售到市场，同时也可以减少生产企业在培训方面的成本。

②中间商的发展历程和经营表现。如果中间商以往的经营业绩不佳，很可能是其管理不善或其他方面的内部原因所致，所以企业若将其纳入营销渠道中，风险将会很大。而那些经营业绩一贯较好的中间商，可以认为其在经营同类产品的时候，没有出现较大的失误，并且其还积累了一定的成功经验，所以其能顺利销售生产企业产品的可能性较大，当然中间商的业绩也有可能与其销售竞争对手品牌有关，所以企业还需进一步考察该中间商与竞争对手的交往合作历史。

③中间商的资金实力和财务状况。通常情况下，生产企业都倾向于选择资金雄厚、财务状况良好的中间商，因为这样的中间商具备提前预付货款、按时结算的能力。如果中间商资金非常充足，必要时还可能在财务上给生产企业提供一些帮助，比如分担部分销售费用、向顾客提供分期付款等资金融通服务，进而有利于生产企业扩大产品销路；相反，如果中间商的财务状况不佳，那么其拖欠货款的可能性会很大，严重时甚至可能破产而使生产企业蒙受损失。

④中间商的综合服务能力。选择中间商还要考察其综合服务能力，因为生产企业在通过中间商将不同的商品销售给顾客的过程中，需要很多种类的服务，比如向顾客提供技术指导、售后服务、上门安装调试服务以及向顾客提供分期付款服务，这些都要求中间商具备较强的综合服务能力。所以企业在选择中间商时要选择那些综合服务能力和所提供的综合服务项目与企业要求相匹配的中间商。

⑤中间商的产品销售能力。随着卖方市场向买方市场的转变，企业仅靠产品的质量和价格优势是不足以在竞争日益激烈的市场上立足的，良好的产品还必须配有出色的市场推广手段、商品配送水平、销售团队的规模与素质以及技术支持等。生产企业选择具备这些能力的中间商来销售其产品是非常有利的。

⑥中间商的组织管理能力。对制造商来说，如果渠道成员的管理人员素质很差，那么该渠道成员就不值得考虑。当然管理人员素质的评判是非常困难的，所以决定管理能力的一个主要标准是销售队伍的素质和水平，即高素质的销售人员是优秀管理人员的象征。另外，管理层的连续性对于生产企业来说是至关重要的，管理的连续性是衡量中间商管理层稳定性的指标，如果管理层的人员不断更换，那么管理的连续性就难以保证，这对于生产企业来说是非常不利的。

⑦中间商的产品知识。许多中间商之所以被一些规模较大并且具有较高知名度的名牌产品的生产企业选中，往往是因为他们有销售同种产品的专门经验，这可以使中间商运用已有的行业市场经验对产品进行有针对性、较为专业的推广，进而使得产品更为顺利地进入目标市场。

（2）中间商的预期合作程度。在合作过程中，中间商必须认同生产企业的渠道目标、经营理念以及产品品牌，中间商只有拥有和生产企业相同的价值观以及认同生产企业的企业文化，保持战略目标及经营理念的一致性，才会更积极主动地为企业推销产品，并且在遇到问题时也会共同寻求解决办法，相互理解，从而成为企业长期忠诚的合作伙伴。

（3）中间商的市场及产品覆盖面。

①中间商的地理区位优势。生产企业应该根据其选择的不同类型中间商来考虑中间商的区位特点，对于零售中间商来说，最理想的区位应该是顾客流量比较大的地点；而对于批发中间商来说，则要考虑其地理位置是否有利于产品的批量储存、分销和运输，因此周边的交通状况与基础配套设施就显得非常重要，通常以交通枢纽为佳。

②中间商的市场范围。选择中间商最关键的因素在于市场，因此考虑中间商的市场范围就尤为重要，首先要分析拟选择的目标中间商经营范围所包括的地区与生产企业销售计划中的地区是否一致。其次要考虑企业所希望的潜在顾客是否包含在中间商的销售范围内。最后要考虑未来的渠道成员是否占据太多的市场区域，如果是有可能导致与现有渠道成员覆盖面的重叠，一般来说，生产企业要力图以最少的重叠获取最大的市场覆盖面。

③中间商经营的产品结构。生产企业在选择中间商时，要考虑其承销的产品种类和组合情况，通常从以下四个方面考虑：竞争性产品、相容性产品、补充性产品和产品质量。一般来说，最好避免选择那些经销竞争产品的中间商，否则会使顾客直接作出比较和选择。同时，生产企业应考虑那些与本企业产品有较好相容性的产品，因为这些产品不直接与本企业产品竞争。此外，渠道成员经营的互补性产品能增加消费者对本企业产品的购买数量。最后，生产企业还可以考虑寻找那些产品的质量等同或优于本企业的渠道成员，因为任何企业都不希望自己的产品同劣质的产品放在一起经营。

（4）中间商的信誉。渠道成员的诚实守信是整个渠道健康运行的前提条件，任何一个成员的背信弃义、追逐一己之利的行为都可能使之前的一切努力毁于一旦。因此对中间商信誉的考察是维持渠道稳定和长期发展的重要标准。

①中间商的资金信用度。考察中间商的资金信用度，必须对中间商的注册时间、注册资本、历史上有无资本运作的不良记录以及与其他生产企业合作期间有无不良付款、私吞货物等行为进行考察，这是避免合作过程中资金风险的有效途径。

②中间商的业界美誉度。声誉对于任何组织来说都是极其重要的无形资产，生产企业也总是期望与那些拥有良好口碑的企业合作，这是因为具有良好声誉的中间商是值得信赖的，并且这些中间商不会因为眼前小利而破坏渠道规则进而破坏多年积累的声誉。与此同时，生产企业还可以利用中间商的良好口碑和形象赢得顾客的信任，从而增加产品的销售。

3. 渠道成员的寻找途径

前面介绍了渠道成员选择的标准，那么接下来生产企业要通过哪些途径才能找到符合标准的中间商呢？备选的中间商名单越长，挑选渠道成员的余地就越大，因此企业应开辟多种途径，拓宽搜索范围，以下是寻找渠道成员的主要途径。

（1）实地销售组织。对于拥有独立销售队伍的企业来讲，足不出户就可以获得较多的潜在渠道成员的名单的最直接的办法就是利用企业的现场销售团队,因为他们经常活跃于批发商与零售商之间,与他们有较多的业务往来和接触,掌握较多的中间商信息,所以是生产企业搜索潜在渠道成员的一条重要途径。

(2)行业与商业渠道。行业协会、行业展销会、行业出版物和行业内企业名录等都是与某个具体行业有关的潜在渠道成员信息的重要来源。商业渠道则主要包括各种贸易组织、贸易展览、各类公开的和内部的出版物、电话簿、工具书、工商企业名录、专业杂志以及咨询机构的调研报告等。这些都是获得中间商信息的有价值的途径。

(3)中间商咨询。很多生产企业对未来潜在渠道成员的寻找,是通过直接咨询对经营其产品感兴趣的渠道成员来实现的,正如所说的这样,往往获得较多潜在渠道成员名单的企业,正是在各自行业中声誉较好、受中间商青睐的生产企业。

(4)顾客。企业营销活动围绕的中心是顾客需求,顾客是中间商服务的最终体验者,所以顾客会很愿意并开诚布公地就中间商的各方面与生产企业进行沟通,企业可以通过正式或非正式的调查,来获取目标顾客对各类中间商的看法,因此从顾客那里获得未来渠道成员信息是一条很好的途径。

(5)广告。生产企业可以通过在商业出版物、广播媒体、电视媒体、网络媒体等媒介上刊登广告来寻找潜在中间商,因为在信息时代,媒体的受众数目较大,企业可以通过此种途径来发布信息寻求潜在渠道成员。与此同时,生产企业通过利用以上广告媒介来搜索渠道成员的信息也是可行的。

当然,企业还可以通过互联网、朋友、直接邮购请求、企业黄页、从先前的申请者中获取联系等途径来发掘未来的渠道成员。

4. 渠道成员的评估与确定

在依据渠道成员选择标准,通过各种途径收集到候选渠道成员后,企业就要对这些中间商进行评估,进而从中挑选出一组符合企业需要的渠道成员。评估渠道成员的方法主要有以下几种。

(1)销售量评估法。销售量评估法是指生产企业通过对候选中间商的顾客流量、销售情况等指标进行实地考察,并分析其近年来销售额水平及其变化趋势,在此基础上,对候选中间商实际能够承担的分销能力尤其是其可能达到的销售量水平进行估计和判断,进而选择最佳的中间商。该方法是挑选中间商最主要的方法。

(2)评分法。评分法也被称作加权平均法,是指对拟选择的中间商,分别对他们所具备的分销商品的各项能力和条件进行评分,即生产企业需要列出营销渠道成员选择中所需考虑的因素,再根据不同因素对渠道功能影响的重要程度分别赋予一定的权重,然后计算每个中间商的总加权得分,最后根据总得分的高低进行排序,从中选择得分较高者。

(3)销售成本评估法。渠道的日常管理和运作都需要付出一定的成本与费用,主要包括分担市场开拓费用、让利促销的费用、货款延迟支付而带来的收益损失、谈判和监督履约的费用等[①],这些费用形成了企业的流通费用,必然减少生产企业的净收益。因此企业可以通过控制流通费用来提高渠道效益、增加企业净收益。很多企业也通常将销售

[①] 吕一林. 营销渠道决策与管理[M]. 北京:中国人民大学出版社,2005: 177.

费用看作选择中间商的一种标准。

①总销售费用比较法。在分析候选中间商的可控性、营销战略、市场声誉、顾客流量、销售记录的基础上，预估各个中间商若作为分销渠道成员在执行分销功能过程中的总费用，最后选择费用最低的中间商作为渠道成员。[①]

②单位商品销售费用比较法。当销售费用一定时，产品的销售量越大，单位产品的销售成本越低，渠道成员的效率也就越高，所以在评估候选中间商时，要综合考虑销售量和销售成本两个因素，选择单位销售成本较低者作为分销渠道成员。

③费用效率分析法。费用效率分析法是以销售费用与销售业绩的比值为评价依据。与单位商品销售费用比较法不同的是，该方法的比值是用某分销商能够实现的销售业绩（销售量或销售额）除以该分销商总销售费用，称为费用效率。[②]可以看出费用效率是单位商品销售费用的倒数。

案例4-4 影视产品"走出去"的渠道建设策略

在对渠道成员进行评估之后，企业就要确定最终的渠道成员，一般有定量和定性两种方法，前者是基于前面对于渠道成员的量化评估，经过排序得出。渠道成员的定性确定方法则比较简单，主要由相关人员根据主观感觉作出选择。二者各有利弊，可以综合使用，比如先用定性方法进行初选，经过一段时间的运作以后，再用定量方法终选。这样做，两种方法可以优势互补，最有可能得到合适的渠道成员。[③]

4.3.3 渠道成员吸引与赢得

渠道成员的选择过程是一个双向的过程，不仅生产企业需要选择中间商，中间商也会对生产企业进行评估和选择，所以生产企业所选定的潜在渠道成员最终也许并不会真正进入渠道。对于规模较大、产品具有高知名度的生产企业，比较容易获得所选择对象的认可。而没有特别声誉和知名度的中小生产企业就很难被其看中的优秀中间商所接受。因此，生产企业挑选渠道成员是一回事，能否真正获得又是另一回事。所以要想赢得中间商，生产企业可以提供以下具有诱惑力的优厚条件。

1. 有获利潜力的产品线

生产企业如果能够提供销售和利润潜力较好的产品线，对于中间商来说，这无疑是最具诱惑力的条件。实际上，若制造商能够保证这一点，则无须再提供其他条件就能赢得他们想要的渠道成员。然而，很多生产企业在与渠道成员沟通时，过分强调产品的高质量却忽视了强调这些高质量产品如何能够保证渠道成员的利润和成功。

2. 广告和促销的支持

潜在的渠道成员在未来发展中需要依赖生产企业的支持，若生产企业能够提供一个强有力的全国性广告促销的支持，这将是获得渠道成员非常有效的方法。提供这一计划

[①] 苗月新，王俊杰，李凡. 营销渠道概论[M]. 北京：清华大学出版社，2007: 150.
[②] 王国才，王希凤. 营销渠道[M]. 北京：清华大学出版社，2007: 118.
[③] 庄贵军. 企业营销策划[M]. 北京：清华大学出版社，2004: 230.

的生产企业可以非常容易地获得潜在渠道成员对产品销售潜力的信任并促使其进入生产企业的渠道中来。

3. 管理上的支持

潜在渠道成员同样也非常看重生产企业是否能够提供他们管理上的支持，包括培训计划、财务分析和计划、市场分析、存货控制程序、促销方法以及其他方面。[①] 不过这些支持要根据渠道关系类型的不同而发生变化。比如对于达成特许协议的契约式渠道关系，生产企业通常能够提供比传统、结合松散的渠道关系更全面的管理支持计划。

4. 公平交易和友好关系

渠道关系并不是排除了人的因素的单纯的机械或纯经济的关系。它不仅是一种业务关系，同时也是一种人际关系。在渠道成员之间复杂或正式的协议甚至是法律合同的背后，都隐藏着人与人的因素。[②] 渠道成员之间的喜欢或厌恶、尊重或鄙夷、信任或怀疑等都会影响渠道成员之间的合作或敌视、忠诚或背叛。渠道成员之间的公平交易和友好关系可以弥补渠道关系中潜在的经济损失，所以在争取渠道成员时，生产企业传达真诚希望同他们建立公平和友好关系的信号是非常重要的。

4.3.4　渠道成员间任务分配

一般而言，渠道任务在渠道成员间的分配，可以通过价格政策、交易条件和地区划分等渠道功能来明确界定。

1. 价格政策

价格政策是指一个渠道成员针对另一个或一些渠道成员所制定的价格方面的规定，它体现出一个渠道成员对另一个或一些渠道成员在产品销售价格方面的要求，如果渠道成员之间能够在产品销售价格方面达成共识，将有利于防止价格混乱导致的渠道冲突，比如中间商之间的价格战和窜货行为。

2. 交易条件

交易条件首先包括付款条件，如中间商支付货款的结算方法、支付时间以及当不能及时支付货款时，与供货方的协商途径和程序。此外，交易条件还可以是生产企业向中间商作出的商品质量保证、按时供货保证、次品或者积压品处理保证、价格调整保证以及退换货保证等，这样可以解决中间商的后顾之忧以鼓励中间商放手进货。

3. 地区划分

地区划分可以用来规定中间商的地区权利，通过明确说明各个中间商的顾客服务范围，可以避免渠道内成员之间发生内耗。中间商通常希望自己在某个地区实行独家专营，把自己销售地区的所有交易都归为己有，并希望生产企业肯定其在专属区域内的销售业绩，所以生产企

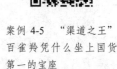

案例 4-5　"渠道之王"百雀羚凭什么坐上国货第一的宝座

---

① 罗森布罗姆. 营销渠道——管理的视野[M]. 宋华, 等译. 7 版. 北京: 中国人民大学出版社, 2004: 226.
② 胡介埙. 分销渠道管理[M]. 大连: 东北财经大学出版社, 2009: 121.

业是否满足中间商的这些要求,可以在合同中作出明确规定来进行渠道任务的分配。[①]当涉及独家代理、总代理以及特约经营关系时,生产企业更应该就有关中间商的分销地区范围、市场渗透水平和是否发展新渠道成员等问题进行认真考量,并在合同中作出明确规定。

除了以上所讲的责任和规定的义务外,生产企业还要在一些特定内容上,比如促销、人员培训、商品陈列等方面明确划分责任界限,要注意权、责、利相适应的原则。当中间商承担了有关的分销任务时,要给予相应的报酬和奖励。

4.4 全渠道视角下的渠道结构设计

4.4.1 全渠道视角下影响渠道结构的因素变化

全渠道的出现使得影响企业渠道结构的因素发生了变化,主要体现在市场因素、环境因素和中间商因素三方面。

1. 市场因素

上文提到市场因素包括目标市场的规模及分布和消费者购买行为两方面,全渠道的出现对以上两方面都有影响。

首先,在目标市场的规模及分布方面,全渠道的出现使得目标市场规模扩大、分布更广。在传统环境下,受制于地理区域,企业通常将目标市场放在某一个地区,但在全渠道视角下,由于信息技术和数字营销的发展,企业能够突破这一限制,扩展多种路径,更加广泛地接触消费者,在整体上扩大了目标市场的规模及分布范围。

其次,全渠道视角下消费者购买行为也发生了重要变化,主要体现在购买地点和介入程度两方面。

在购买地点方面,消费者购买行为发生的地点更加不固定。此前消费者的购买行为多发生在线下店铺,随着互联网的发展、智能手机的普及和信息技术的逐渐成熟,消费者的购买地点逐渐从线下向线上转移,并呈现多样性和不确定性的特点,展厅和反展厅现象日益普遍。展厅现象是指消费者在线下渠道比较、体验、选择产品,但最终选择线上渠道购买产品。反展厅现象则是指在线上搜索比较产品,但是在线下完成购买。如今更为普遍的现象是,消费者购买旅程的各个环节会发生在不同渠道,如在手机端搜索产品,在线下实体店体验产品,最终在厂商 App 上完成购买。以上现象的出现意味着企业需要根据消费者对各渠道新的需求调整渠道目标,并进行渠道结构的再设计。

在介入程度方面,消费者更加重视消费体验。研究表明消费者的体验需求可按层次高低逐级分为感官体验、情感体验、认知体验和行动体验。其中,行动体验是消费者通过亲历践行,在与组织的互动过程中感受到的体验形式。在全渠道视角下,消费者对体验的需求逐级攀升并不断趋向行动体验。在这一转变中,消费者在线下渠道购物时不仅看重商品、购物环境等因素,也会注重购物体验、交互等因素。因此,企业不仅需要注

---

① 王国才,王希凤. 营销渠道[M]. 北京:清华大学出版社,2007: 123.

重线下渠道中购物环境的打造,更需要注重服务与交互,持续拓展和丰富售前、售中和售后服务,注重和消费者交流与互动。线上渠道虽然并不是行动体验的第一平台,但可以为消费者提供认知体验等其他体验,并具备与消费者实时互动的优势,因而更容易与消费者展开多层次的互动,以提升消费者的沉浸感和参与感,最终提升体验价值。

2. 环境因素

全渠道对环境因素的影响主要表现在竞争环境变化和技术环境变化两方面。

1) 竞争环境变化

厂商面临的竞争环境更加复杂,主要表现在如下两个方面:一是竞争对手来源更加广泛。传统环境下由于地理因素的限制,厂商主要面对的是本地竞争对手,但在全渠道背景下,信息技术的发展削弱了距离等地理因素对企业市场拓展的影响,外来竞争者更容易进入市场。由此市场上的竞争对手来源更加多样化。二是竞争程度更加激烈。外来竞争者的进入给原有市场带来了更加多样的市场竞争策略,扰动了原有的市场竞争态势,市场环境变得更加复杂。与此同时,面对错综复杂的环境,各家企业也在不断提升自身应变能力,在识别竞争对手策略和布局的基础上,快速采取反制措施,市场竞争的激烈程度也随之加深。整体来看,全渠道变化带来了更严峻、更不友好的行业环境,行业内优胜劣汰加剧,这需要企业不断优化自身的渠道结构以期适应行业的变化,在全渠道变化带来的挑战中寻找机遇。

2) 技术环境变化

技术环境发展速度变快,各种新兴数字技术层出不穷,这给企业带来了机遇的同时也带来了挑战。数字技术主要包括物联网、云计算、大数据、人工智能和区块链等,其特点主要体现在三个方面:一是数字技术更加便捷高效,精准度高。这一特点可以帮助企业更高效地完成业务优化和技术革新,减少不必要的成本消耗,为终端用户提供便利且优质的服务。二是数字技术能够带来全新的体验。数字技术为企业提供了包括数字VR(虚拟现实)、XR(扩展现实)、AR(增强现实)等众多衍生技术,为满足消费者对视觉、听觉、触觉三部分感官的体验需求提供可能。三是数字技术涉及的信息范围广。数字技术,尤其是大数据技术,涉及的数据信息范围广,这一特点虽然帮助企业进行产品精准开发并助力相关渠道融合,但随之而来的是严峻的信息隐私安全和企业信誉问题。总的来说,在数字技术环境下,企业需要适应技术的更新换代,充分利用技术优化渠道结构,最大限度地规避危害。

3. 中间商因素

随着全渠道的推进,越来越多的上游厂商开始使用各类线上渠道,然而线上渠道与线下渠道有着显著差异,运营线上渠道需要独特的资源和能力。传统厂商通常缺乏线上渠道运营经验,由此专门帮助厂商运营线上渠道的代运营公司应运而生。代运营公司不仅可以帮助厂商实施线上渠道的推广和运营,也可以为厂商提供全程服务,涵盖线上店铺推广运营、客户服务、仓储物流等多方面。代运营公司的出现弥补了传统厂商在线上运营方面的短板,降低了厂商开拓线上渠道的风险,更好地帮助企业完成全渠道布局。

4.4.2 全渠道视角下的渠道成员选择

全渠道视角下，受到市场因素和环境因素变化的影响，为了满足终端顾客的需求，渠道结构也朝着扁平化方向发展，这导致了企业对渠道成员评估和任务分配的变化。

1. 渠道成员选择标准变化

中间商的综合实力、市场覆盖以及声誉等已然是企业在选择渠道成员时的重要标准。但在全渠道视角下，企业会更加注重中间商的服务能力和运营能力。

案例4-6 "亿农批"——国内首个全渠道农产品批发交易平台

服务能力体现了中间商满足不同顾客服务需求的能力。在全渠道情境下，顾客需要定制化、全面化、一体化的服务，同时顾客也更加注重消费体验。因此企业会将重点放在提升渠道服务质量上，通过一切途径来为顾客提供满意的服务。线下渠道是企业提供服务支持的重点渠道，而对于顾客线下渠道服务需求的满足，企业需要借助渠道的中间商来实地完成。因此，在企业进行渠道成员的选择时，能够帮助企业为顾客提供更全面、更优质的服务的中间商就会有更大的竞争力。

运营能力体现了中间商的综合运作与协调能力。在全渠道情境下，顾客的购买地点不固定，交易发生的时期也不集中，整体的消费行为呈现出不稳定的特点。上述特点给企业带来了资源利用和产品生产方面的挑战，因此企业会更加注重中间商的运营能力。能够有效进行品类和库存管理的中间商往往拥有更好的市场表现。顾客购买行为的不确定性也对渠道成员之间的协调提出了更大的挑战，需要不同渠道成员之间的高频沟通与协调。因此，注重沟通、具备良好协调能力的中间商更适合全渠道情境。

2. 渠道任务分配

在全渠道背景下，价格政策的重要性有所降低。全渠道强调不同渠道间的一致性，即相同产品相同价格，因此中间商较难自行确定终端产品价格。但全渠道并非意味着所有渠道都销售相同产品，因此对某一渠道专供产品，上下游企业之间依然需要确定价格政策。

在地区划分方面，由于全渠道涉及线上渠道，但线上渠道的一大特点是突破地理限制，因此全渠道情境下上下游企业之间需要就销售范围进行更为细致的协商，尤其是需要慎重对待独家代理、总代理和特许经营关系。

本章提要

营销渠道结构设计的一般过程包括六个步骤：确认渠道设计的需要、确定渠道目标、明确渠道任务、设计可行的渠道结构、评估影响渠道结构的因素、选择渠道结构。

一般出现以下情况时，企业要考虑进行渠道设计：建立一个新企业、产品与市场的变化、产品生命周期的变化、营销组合的其他组成部分发生巨大的变化、企业渠道政策的变化、现有渠道成员有碍于企业实现目标、整个商业格局的变化、竞争的需要、宏观营销环境的变化。

渠道目标的设定要重点考虑顾客对渠道的服务需求，这些需求主要包括购买批量、等候时间、空间便利、选择范围和服务支持。营销渠道目标要与整体营销目标以及企业的整体战略目标保持一致。

要实现既定的渠道目标，必须将渠道目标分解为各种具体的渠道任务，即渠道需要履行的具体渠道功能。所有渠道功能流程都可以特定的渠道产出，因而渠道设计的本质就是将这些功能在渠道成员之间进行分配。

营销渠道的结构维度包括三个方面：渠道的长度、渠道的宽度和渠道的中间商类型。营销渠道的长度，也称营销渠道的级数，指营销渠道中处于生产制造商和消费者或最终用户之间的中间商的层次数。渠道的宽度也称渠道的密度，指各级渠道中间商的数量，如批发商、零售商或工业品终端经销商的数量。一般来说，企业设计渠道结构时，有三种渠道密度方案可供选择：密集分销、独家分销和选择性分销。

营销渠道结构的各种情况及基本方案确定之后，需要对渠道结构进行评估。评估渠道结构有两个重要的问题：一是评估渠道结构的标准；二是评估影响渠道结构的因素。评估渠道结构的标准包括经济性标准、控制性标准和适应性标准。影响渠道结构的因素包括市场因素、产品因素、厂商因素、中间商因素、环境因素和行为因素。

选择渠道结构的主要方法有财务方法、交易成本分析法、直接定性判断法和重要因素评价法。渠道成员的选择原则包括目标市场原则、分工合作原则、形象匹配原则、效率提升原则、互惠互利原则。渠道成员的选择过程一般包括以下几个步骤：考虑企业目前的渠道目标和渠道策略、确定选择标准来衡量潜在渠道成员是否合适、分析寻找渠道成员的主要途径有哪些、评估渠道成员、对评估后的渠道成员进行筛选确定。渠道任务在渠道成员间的分配，可以通过价格政策、交易条件和地区划分等渠道功能来明确界定。

全渠道视角下，营销渠道结构设计过程在考虑影响因素和选择渠道成员两方面发生变化。影响渠道结构的因素变化主要包括市场因素、环境因素和中间商因素三方面因素的变化。渠道成员选择的变化主要表现为选择标准更注重服务能力和运营能力以及任务分配中价格政策重要性降低、地区划分更细致。

拓展阅读

1. 钱丽萍，杨翩翩，任星耀. 互联网渠道类型与管理机制研究[J]. 商业经济与管理，2012(1): 51-57.
2. 赵晓飞，李崇光. 农产品流通渠道变革：演进规律、动力机制与发展趋势[J]. 管理世界，2012(3): 81-95.
3. 张闯，斯浩伦，田敏. B2B 电商平台：研究进展与未来方向[J]. 北京工商大学学报（社会科学版），2022(1): 28-37.

即测即练

第 5 章

营销渠道系统

◆ **学习目标**

通过本章学习，了解营销渠道系统的基本类型，重点掌握垂直渠道系统的类型，以及每种垂直渠道系统中渠道协调的机制；了解水平渠道系统的基本形态及其构建方式；了解多渠道系统的优缺点，以及多渠道系统中渠道整合的要点。

5.1 垂直渠道系统

5.1.1 垂直渠道系统的概念与类型

垂直渠道系统是由生产商、批发商和零售商纵向整合组成的统一的联合体，它与传统营销渠道不同，在此渠道系统中，每个渠道成员都把自己看作渠道系统中的一部分，密切关注着整个渠道系统的成功。其通常表现为某个渠道成员对其他成员拥有产权，或者是一种特许经营关系，又或者是这个渠道成员拥有相当实力，其他成员愿意与之合作。我们把在渠道系统中处于支配地位的渠道成员，称之为渠道领袖。渠道领袖可能是生产商，也可能是批发商或者是零售商。渠道领袖通过产权关系、契约或管理能力，在垂直渠道系统中发挥协调功能，更好地对渠道进行组织、领导、管理和控制，在一定程度上限制了渠道成员在追求各自利益时产生的冲突，保证渠道系统有序、高效地运行。传统营销渠道与垂直渠道系统的比较见表 5-1。

表 5-1 传统营销渠道与垂直渠道系统的比较[①]

传统营销渠道	垂直渠道系统
渠道成员相互独立	渠道成员是相互联合的
单独的自由成员	作为一个竞争单位连接在一起
对立性谈判	根据法律或合同协议明确的领导
冲突无法控制	冲突可控制，拥有稳定的结构和成员关系
缺乏共同的目标与愿景	拥有整个渠道的愿景

---

① 佩尔顿，斯特拉顿，伦普金. 营销渠道：一种关系管理方法[M]. 张永强，彭敬巧，译. 2版. 北京：机械工业出版社，2004：267.

垂直渠道系统根据渠道成员间关系从松散到紧密的不同程度，可以分为三种形式：管理式、合同式和公司式。其中，管理式垂直渠道系统以渠道领袖的管理能力为联结纽带，合同式垂直渠道系统以渠道成员之间正式签订的合作协议为联结纽带，公司式垂直渠道系统则以产权为联结纽带。通过不同的联结纽带，垂直渠道系统的共同特征是使原本松散、独立的渠道成员之间的协作水平得到了极大提升。

5.1.2 管理式垂直渠道系统

管理式垂直渠道系统是指通过渠道中某个有实力的成员（即渠道领袖）来协调整个产销过程的渠道系统。这种渠道模式最接近传统渠道，是垂直渠道系统中最松散的一种结构形式。渠道领袖作为系统核心，凭借其规模、权力和技术专长等优势，吸引众多渠道成员参与合作，并对整个系统实行管理和协调，包括促销、库存管理、定价和商品陈列等方面；而其他渠道成员围绕着这个核心企业从事各种各样的渠道活动，自然而然地构成一个运行良好的渠道系统。通常情况下，名牌产品生产企业有能力而且会很容易从其他渠道成员那里得到强有力的渠道合作和支持，如吉列、宝洁等制造商凭借其品牌、规模、技术和管理经验等优势会经常出面协调批发商、零售商的经营业务和政策，采取一致行动。

管理式垂直渠道系统有其自身的优点，具体表现在以下两个方面：第一，稳定但不失灵活。渠道领袖往往在整个行业中具有一定的影响力和号召力，能够聚集一批渠道成员参与合作，而这些渠道成员出于自身利益的考虑，如资源共享和品牌效应等，通常会乐于依附于实力强大的渠道领袖。渠道领袖在渠道系统中的核心地位和它所发挥的协调和管理职能，使得渠道领袖与其他渠道成员之间的关系具有相对稳定性。与此同时，渠道成员产权的独立性使得这种渠道体系的调整和变革更加容易，因而不失灵活性。第二，独立但不失整体有效。渠道成员的实力虽然有大有小，但都作为一个独立的企业实体，有自己的经营目标和经营原则，这就给渠道成员提供了谋求自身利益的机会和积极性。而渠道领袖在渠道系统中的核心作用又确保了渠道整体效率的有效性。

管理式垂直渠道系统同样存在不足，那就是过分依赖渠道领袖的核心作用。管理式垂直渠道系统是围绕着渠道领袖来构建的，渠道领袖的稳定性是垂直渠道系统稳定的前提条件。当市场环境发生变化时，渠道领袖的地位可能受到威胁，这一方面会破坏现任渠道领袖的权力实施的权威性，影响协调管理的有效性；另一方面也可能会引发渠道成员对渠道领袖的争夺，从而造成冲突甚至导致渠道关系的结束。如随着零售企业规模的扩大与实力的增加，在过去十几年中已经发生了很多围绕着渠道控制权争夺而产生的零供冲突。即使渠道领袖的地位没有受到威胁，渠道系统的有效性也要看其具体指挥协调能力，当渠道领袖这种能力不足时，就会影响渠道整体效率，最终不利于渠道关系的稳定发展。

5.1.3 合同式垂直渠道系统

合同式垂直渠道系统又称契约式垂直渠道系统，是指处于渠道体系中不同层次的独立的制造商和经销商，通过法律合同确定他们之间的分销权利和义务，从而形成的一个联合渠道系统。合同式垂直渠道系统能够实现某个渠道成员单独经营所难以达到的经营效果，这是因为它将力量相对弱小、独立的渠道成员组织起来，统一行动，能够实现规模经济和协同效应。约翰斯顿（Johnston）和劳伦斯（Lawrence）称这种渠道体系中渠道成员是"增加价值的合伙人"。[1]在当前竞争日益激烈的市场环境下，单家企业尤其是实力弱小的企业利用合同式垂直渠道系统这个平台，通过渠道资源整合形成强大的整体力量，也不失为一种提高竞争力的有效措施。

合同式垂直渠道系统仅仅是通过合同或协议来组建的，而不是涉及产权和资金的投入，渠道体系的建设成本比较低。此外，合同或者协议是由渠道成员共同制定和认可的，而且是自觉意志的体现，因此渠道成员有明确的分工和合作，渠道效率较高。但同时也需要指出，合同式垂直渠道系统完全利用法律合同来规范和约束各渠道成员的行为也存在一定的风险，交易成本理论认为只要有获利可能就会有投机主义行为的存在，因此一旦个别渠道成员为了追求自身利益不惜违反合同或协议，那么这种渠道体系也就名存实亡了。此外，合同的有效性在很大程度上还取决于一国法律体系的健全性以及法律执行的效率。

合同式垂直渠道系统近年来获得了较大的发展，一般包括三种主要形式：批发商倡办的自愿连锁、零售商合作组织和特许经营组织。[2]

（1）批发商倡办的自愿连锁。这种渠道模式是由批发商发起，由独立的零售商自愿参加而组成的连锁组织。随着大型零售商的出现，批发商举步维艰，不仅要承受来自大型制造商的压力，而且要应对新的竞争者。为了维护自身利益，与这些大型制造商和大型连锁零售商相抗衡，批发商帮助与其有业务往来的一群独立中小零售商实行自愿连锁，统一订货，分销批发商所经营的产品。而这些独立的中小零售商也能从自愿连锁中获得好处，一方面可以通过连锁统一订货，降低采购成本；另一方面能够得到批发商的销售支持。

值得注意的是，批发商倡办的自愿连锁组织与零售业中的一般连锁商店存在两个方面的差异：首先，批发商倡办的这种连锁模式完全建立在自愿的基础上，通常参与连锁的中小零售商并没有发生产权的变动，仍然保持自己的独立性；而零售业中的一般连锁通常会涉及资金和产权的问题，下属连锁商店要受总部管辖。其次，这种自愿连锁模式是由批发商发起的，采取的是"联购分销"的方式，即由批发商统一进货，然后交由独立的零售商分别销售；而一般连锁商店本身就是一个零售机构，采取的是"联购统销"的方式，即由连锁商店总部统一进货，各连锁店在总部的统一管理下进行销售。

（2）零售商合作组织。零售商合作组织是由一批独立的中小零售企业以入股的方式组建一个新的企业实体，以此实现联合经营的合同式垂直渠道系统。通常组织机构由本部、分店和配送中心三部分组成，三者之间有着明确的专业分工，承担不同的功能，目的是更好地参与市场竞争，与其他大型零售商抗衡。参与合作组织的零售商以集体的名

---

[1] 科特勒. 营销管理[M]. 梅清豪，译. 11版. 上海：上海人民出版社，2003：588.
[2] 庄贵军，周筱莲，王桂林. 营销渠道管理[M]. 北京：北京大学出版社，2004：97-98.

义直接向制造商统一采购产品，联合进行广告促销，共同进行销售培训。

当然，零售商合作组织的业务并不局限于零售业务，其他像批发、生产等业务同样可以涉及。目前国际上也有许多零售商合作组织经营比较成功的例子，例如，荷兰的"采购联营组织"其实就是一个中小零售商联合经营的进口批发机构，它直接从国外采购货物，建立自己的仓库，进而分销各地；瑞典的 ICA（瑞典超市连锁集团）则是由 500 多家零售商联合经营的批发机构；美国联合食品杂货商公司实际上也是一个零售商合作组织。

（3）特许经营组织。特许经营是一种以转让特许经营权为核心的经营方式。特许方以特许经营合同的形式将自己拥有的商标、商号、产品、经营模式、专利和专有技术授予受许方使用，受许方按照合同约定在统一经营体系下从事经营活动，并向特许方支付相应的特许费或加盟费。通常情况下，一个特许经营系统由一个特许方和若干个受许方组成，特许方和受许方一对一地签订合同形成纵向关系，而各受许方之间没有横向联系。

特许经营是近年来发展最快的渠道形式，根据特许方和受许方身份的不同，又可以分为三种不同的形式。

第一种形式是制造商倡办的零售商特许经营体系，即生产制造商将特许经营权授予独立的零售商，由此建立的特许经营体系。生产制造商为了规范零售商的行为，利于产品销售，通常在授权的同时，要求零售商必须接受其制定的有关销售和服务的规定。国外知名的大型汽车制造商大多都采用这种零售商特许经营体系，比如美国的通用和福特，日本的丰田等公司对经营自己产品的代理商、经销商给予买断权，它们把整个市场划分为不同区域后，在每个区域只跟一家经销商签订销售合约，同时也要求该经销商只能经营本公司的产品，这样既维护了经销商的利益，也保证了本公司产品的销售。

第二种形式是制造商倡办的批发商特许经营体系，即生产制造商将特许经营权授予批发商而建立的特许经营体系。可口可乐公司和百事公司就是典型的批发商特许经营体系，它们同各地的装瓶商签订合同授予其分销的特许权，特许装瓶商支付费用购买它们的浓缩饮料，然后由装瓶商填充碳酸气、装瓶并附可口可乐或百事可乐的商标出售给零售商。这种形式中，这些装瓶商实际上扮演的就是被授权的批发商角色。

第三种形式是服务公司倡办的特许经营体系，即由服务公司授权其他服务零售商，以便将其服务有效地提供给更多的消费者。此种模式一般出现在快餐业、汽车租赁业、洗衣业和旅馆业等中。快餐业巨头麦当劳和肯德基就是通过这种服务特许加盟的模式迅速在全球扩张的，它们提供一整套的经营服务方式和标准化的快餐食品，要求加盟方在店面装潢、原料采购、食品制作、销售环节等各个方面都必须遵守一定的操作规范，以保证提供的产品优质、环境幽雅和服务迅捷。

5.1.4 公司式垂直渠道系统[①]

公司式垂直渠道系统是由同一个所有者名下的相关企业或部门所组成的一种渠道体系，它是所有垂直渠道系统类型中渠道成员关系最为紧密的一种形式。公司式垂直渠道

---

① 胡介埙. 分销渠道管理[M]. 大连：东北财经大学出版社，2009：29.

系统的构建方式通常有两种：一种是一家公司直接投资建立独立的销售分支机构；另一种是一家公司对其他渠道成员控股或是参股，以控制对方公司。无论是采取哪种方式，拥有所有权的公司都能对渠道实现高水平的控制。这种垂直渠道系统中的领袖往往拥有和统一管理若干个制造商、批发商和零售机构，控制产品的生产，甚至是全部的分销渠道，按照公司统一的计划目标和管理要求开展生产、批发和零售业务。

公司式垂直渠道系统被众多公司所青睐正是因为它能对渠道实现高水平的控制，公司能够按照自己的意愿进行经营。这种渠道体系的主导可以是制造商，也可以是中间商或零售商，通常是那些实力较为雄厚的一方。国外许多大型制造商常常会设立自己的销售公司，控制着自己整个销售渠道，如希尔温-威廉姆斯（Sherwin-Williams）公司不仅制造油漆，而且拥有 2 000 多家零售网点，这是典型的制造商主导的垂直渠道系统。国内企业像格力电器也是通过和各地大经销商合资建立区域销售公司来销售自己的产品。而美国的西尔斯（Sears）公司则是中间商主导型垂直渠道系统的典型例子，这家公司在世界各地拥有 3 000 多家零售商店，但其所出售的商品中，约有 50%来自它部分或全部控股的生产制造企业。

公司式垂直渠道系统的优点包括以下几点：首先，公司式垂直渠道系统中渠道成员之间存在产权联系，渠道成员关系紧密，便于统一协调，简化交易程序，提高渠道运行效率，渠道结构也相对较为稳定。其次，公司式垂直渠道系统实现产销结合，实质上是将外部的市场交易转化为企业内部的分工协作，从而大大降低了分销成本，提高了盈利水平。再次，公司式垂直渠道系统促进了制造商与最终用户之间的接触，便于制造商获取有效的市场信息。最后，公司式垂直渠道系统实行强有力的渠道控制，便于公司长期战略的实施，也有利于公司和品牌形象的塑造。

案例 5-1　娃哈哈分销渠道

公司式垂直渠道系统同样也存在一些弊端：首先，先前投入的成本巨大，公司无论是通过自建还是控股或参股，都需要投入巨大的资金，这就会给准备组建这种渠道模式的公司带来较大的资金压力。其次，公司式垂直渠道需要对整个渠道的生产和销售进行指挥、协调和控制，管理难度大，管理成本高。最后，公司式垂直渠道的组织结构缺乏灵活性，一旦市场发生变化或者整个渠道效率出现低迷，很难针对渠道结构进行及时调整，就会对公司造成一定的损失。

5.2　水平渠道系统

5.2.1　水平渠道系统的概念与分类

水平渠道系统又称共生型渠道系统，是指由两家或两家以上没有关联的企业，为了充分利用各自的优势和资源，共同开发一个营销机会所进行的横向联合。通常这些企业因资金、生产技术或是营销资源不足，无力单独开发市场机会和承担风险，通过横向联合，既可以共同分担风险，也能够实现协同效应，提高渠道效率。

水平渠道系统的渠道成员可以是同行业的，也可以是不同行业的。同行业企业间横向联合通常发生在同行业但不同细分市场的产品、品牌中。比如，同在食品行业中，面包生产企业和饼干生产企业，保健食品企业和休闲食品企业，饮料企业和冰淇淋企业之间就可以构建水平渠道系统，实现资源共享。生产同类型产品的企业之间也可以进行合作。许多企业已经意识到与其在现有产品市场上争得你死我活，不如建立双赢的合作关系，共同把市场做大，这样大家都能获得更多的利益，这样的案例在这几年彩电联盟、空调联盟中表现得比较明显。可见，"同行不再只是冤家"，一家企业单独举办产品产销会，很难吸引较多客户，若是整合同行业的多家企业共同展示各自的产品，就能吸引更多的客户前来看样订货。在同行业企业众多的情况下，企业单打独斗只会遍体鳞伤，相反联合其他企业，实现资源共享，以求共赢，也不失为一条提高企业生存能力的重要途径。

在不同行业企业间同样可以构建水平渠道系统。通常在生产、销售等环节上，由具有上、中、下游或互补关系的不同产品的企业组成。例如，纺纱与织布及服装生产企业、水产养殖和食品加工企业与食品机械制造企业等之类的企业之间在生产及销售环节存在一定的相关性，构建水平渠道系统可以收到良好的效果。小天鹅联手碧浪就是一个典型的例子。小天鹅和保洁公司在许多大专院校开办了小天鹅-碧浪洗衣房。碧浪洗衣粉的包装上写着推荐一流产品小天鹅洗衣机；而小天鹅在销售时赠送碧浪洗衣粉给顾客试用。这种不同行业企业间水平式渠道联合能产生名牌叠加效应，达到双赢目的。

根据横向联合企业在营销渠道中出现的层次不同，水平渠道系统可以分为三种形式：生产制造商水平渠道系统、中间商水平渠道系统和促销联盟。①

1. 生产制造商水平渠道系统

同一层次的生产制造商共同组建和利用分销渠道，或者共同利用服务及网络、物流系统、订货程序系统、销售人员和场地等，就构成了一个生产制造商水平渠道体系。典型的例子就是皮尔斯伯里公司和克拉夫特食品公司的合作。皮尔斯伯里公司开发了一种为生产饼干、甜饼和卷饼所需要的冷冻面团，但是它缺少进入市场的途径，因为这种产品的储存需要一种特殊的冷冻陈列箱。而克拉夫特食品公司正好是这方面的专家，因为它销售它的乳酪就是采用这种方法。于是两家公司采取联合行动，由皮尔斯伯里公司生产面团产品并负责广告，而克拉夫特食品公司则负责销售和分销。这就是典型的生产制造商水平渠道系统。

2. 中间商水平渠道系统

中间商水平渠道系统其实与前面提到的合同式垂直渠道系统并没有什么差异，都是指连锁模式中的特许连锁、自愿连锁和零售商合作组织等，只是研究视角不同而已。合同式垂直渠道系统中的特许经营组织，强调的是特许方和受许方之间的关系，而中间商水平渠道系统中的特许连锁和自愿连锁，强调的是特许方和受许方之间的关系。同样地，合同式垂直渠道系统中的零售商合作组织，强调的是生产制造商、采购联营组织和零售

---

① 庄贵军，周筱莲，王桂林. 营销渠道管理[M]. 北京：北京大学出版社，2004：99-100.

商之间的关系；而中间商水平渠道系统中的零售商合作组织，强调的就是零售商和零售商之间的关系。

3. 促销联盟

促销联盟是指产品或业务相关联的多家企业，共同实施促销活动或其他有助于扩大促销的活动。参与促销联盟的企业可以通过共同做广告，共享品牌、销售队伍和场所，交叉向对方的顾客销售产品，相互购买产品、共同开展营业推广和公关活动等方式展开合作。这样各企业就能充分地利用彼此的资源，提高渠道运行效率。根据联盟企业提供的产品和服务之间的关联关系的不同，促销联盟又可以分为四种类型：同类产品的促销联盟、互补产品的促销联盟、替代产品的促销联盟和非直接相关产品的促销联盟。

5.2.2 水平渠道系统的构建与实施

1. 水平渠道系统参与者的合作动机[1]

水平渠道系统是无关联的渠道成员进行的横向联合，这些渠道成员之所以愿意进行合作，其动机可以概括为以下几种。

（1）希望实现资源共享，实现优势互补，发挥协同作用。例如，各类网站与拥有强大渠道网络和配送能力的传统企业合作，可以解决电子商务中的配送问题，而某些传统企业也可以发展自己的电子商务，利用网络的快捷和迅速传播的优势，扩大销量和影响力。

（2）避免渠道重复建设，节省成本。构建一个新的渠道需要投资很高的成本，通过横向联合，某些渠道成员可以利用其他渠道成员已经建立的渠道，从而节省这部分投资用于其他环节，创造更高的收益。

（3）分享市场，规避风险。水平渠道系统就是要发挥协同作用，发现市场机会，分享市场，但这也意味着所有渠道成员都必须承担相应的风险，但通过风险分摊，使风险最小化，减轻了公司独自经营的压力。

尽管渠道成员有愿意进行合作的动机，但水平渠道系统要想建立还必须依赖一定的前提条件。首先就是参与合作的双方都应该拥有对方不具备的优势，可以实现优势互补。其次是参与合作的双方应该是地位平等的，以保证双方参与合作的积极性。此外，还要看外部环境是否确实存在共同开发新市场的机会，而且双方也确实存在共同开发市场的需求。当这些条件都符合之后，我们接下来就考虑如何构建水平渠道系统。

2. 水平渠道系统的构建[2]

（1）明确战略目标。每家规范的企业都有自己的战略目标，企业运作管理中的每一步行动都是为了实现企业的战略目标而付诸实施的。水平渠道系统的确存在某些优势，但企业不可能为了水平渠道系统的某一优势而盲目地追求，而是应当首先考虑它与其总体战略的匹配性。只有在明确构建水平渠道系统是符合企业的经营战略之后，企业才会

---

[1] 胡介埙. 分销渠道管理[M]. 大连：东北财经大学出版社，2009：36.
[2] 吴冠之，刘阳. 基于共生模式下的渠道合作与联盟[J]. 北京工业大学学报（社会科学版），2006(2)：16-20.

采取行动，进而把总体战略目标进行分解并转换为具体的水平渠道系统的经营目标，用以指导渠道的运作与管理。明确构建水平渠道系统的目标，这样便可以指引企业选择合适的渠道方式和合作伙伴，并更有针对性地进行制度、组织方面的建设和运作管理，集中优势资源实现渠道效率的最大化。同时，作为水平渠道系统的发起者，企业还应将渠道目标传递给其他合作者，进而转化成能被所有成员都认同的联盟目标，为以后的合作提供良好的基础。

（2）渠道模式选择。水平渠道系统按照发起人的不同，可以分为生产制造商水平渠道系统、中间商水平渠道系统和促销联盟。当然按照不同的划分标准会存在不同的渠道模式。企业究竟该选择何种模式的水平渠道系统，要基于企业的战略目的和具体情况作出决定。渠道成员只有选择合适的水平渠道模式，才能保证渠道效率的有效提高，确保预定的战略目标的实现。

（3）选择合作伙伴。合作伙伴的选择关键取决于渠道模式的选择。选择合作伙伴是决定水平渠道系统成败的一个关键性因素，这一环节成功与否在很大程度上决定了后续环节能否顺利地进行。在选择合作伙伴时，企业要根据自己的战略目标，同时结合水平渠道系统的特点，选择一个具备实现目标所需资源，并且愿意共同实现这一目标，能够为双方创造利益的合作伙伴。有关渠道成员的选择具体可以参考本书第2章的有关内容。

（4）组织与制度设计。组织形式与制度安排对于水平渠道系统的高效运作至关重要。在此环节，企业首先应该考虑与合作伙伴建立何种组织形式支持水平渠道系统，然后据此进行相应的制度设计与实施，包括设计高效协调的管理机制、设计沟通协商机制、设计业绩评价和利益分配机制以及合作的具体进程表及监督机制。有了这些机制，就可以将其作为管理规范和冲突解决的处理方案，从而提高渠道运行的稳定性与高效性。

（5）渠道运作管理。水平渠道系统正常运作后，渠道领袖（通常就是发起者）还要肩负起渠道系统的管理和维护职责。水平渠道系统要想最大限度地发挥整体优势，首先需要对渠道所有资源进行有效的整合，小到人员和工作的衔接，大到品牌和企业文化的融合。其次要根据水平渠道系统的情况和外部市场的变化，适时调整营销策略，提高渠道系统的灵活性。最后，水平渠道系统整体效率的提高需要全体渠道成员的努力，这就需要营造良好的合作氛围。良好的合作氛围一方面是基于信任，水平渠道系统的各渠道成员应将信任作为合作的重要影响因素加以重视，同时要有计划、有步骤地建立起能够促进相互信任的信任产生机制，从而逐渐培养良好的合作氛围，确保水平联合的协同效应。另一方面，仅仅将信任作为水平渠道系统的渠道因素显然是不够的，还需要依赖利益驱动因素。从对水平渠道系统的积极推动作用来看，利益驱动因素显然更直接有效，利益驱动因素侧重于使合作产生的价值更快地传递并展示于合作方面前，从而坚定对未来前景的信心，提升合作方的积极性。企业在利用水平渠道系统时，要结合自身的特点，同时兼顾信任驱动和利益驱动两个重要的因素，通过调整和修正共生渠道管理框架，以渠道合作和联盟的方式充分发挥水平渠道系统的作用。

5.3 多渠道系统

5.3.1 多渠道系统的概念

近年来,信息技术迅猛发展,新技术层出不穷,各行各业竞争日益激烈,消费者需求也越来越多样化,企业以往依靠单一渠道打天下的时代已经不复存在。由于企业所面临的细分市场客户消费行为之间存在着差异性,采用任何单一的渠道模式很难覆盖全部的目标市场,无法实现预期的市场覆盖率,为此企业不得不改变原先单一的渠道模式。与此同时,伴随商业的发展,不断涌现的新渠道形式恰好给企业提供了更多的渠道选择方案。企业可以利用批发商、代理商和零售商等专业分销机构来间接销售产品,也可以选择区域销售队伍、直邮销售、电话营销或是互联网营销等直接销售渠道分销产品。那什么是多渠道系统?顾名思义,多渠道系统就是指一家公司利用多条营销渠道或路径向现有和潜在的顾客销售、推广企业产品或服务的渠道体系,又称为复合渠道系统。大多数的家电产品、电子类产品、食品和服装制造商等都会同时使用超市、百货公司、便利店和专业商店,甚至是互联网渠道来销售本公司的产品。

每一种渠道形式在附加值、交易成本、市场覆盖面和客户忠诚度等方面都有着自己的优势和劣势(图5-1),明智的企业会整合不同渠道的优势,利用多渠道来销售自己的产品。例如,贵州茅台之前一直是依靠传统的国有糖酒公司进行销售,凭借国有老字号的优势,有着良好的信誉。但随着市场的不断变化,国有老字号也存在着许多问题,如无法对市场环境的变化迅速作出反应,以及在开发市场方面力不从心等,造成茅台酒在众多地区出现覆盖空白。后来,贵州茅台调整了渠道战略,构建多渠道系统,除保留原来的国有糖酒公司供销渠道之外,还采取了区域分销、特许经营、品牌买断等不同的营销渠道。同时公司对这些经销商按经营能力和经营忠诚度实行分级管理,这样就迅速扩大了贵州茅台的市场覆盖面,取得良好的销售业绩。而实际上,一个忠诚的顾客通常也

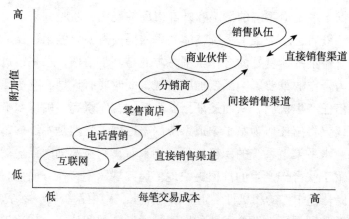

图5-1 不同渠道间的优势和劣势比较[①]

[①] 科特勒,凯勒. 营销管理[M]. 王永贵,于洪彦,何佳讯,等译. 上海:格致出版社,2000:483.

会使用至少两种渠道来满足对产品的购买需求，因此构建多渠道系统是各行业获得竞争优势，更好地满足顾客需求的一种重要手段。

企业构建多渠道系统进行分销通常能获得以下几个好处。

（1）从某种程度上可以降低销售成本。例如，对于目前正采用人员推销方式进行销售的企业来说，对一般顾客利用电话销售就会大幅降低销售成本。通常情况下，互联网渠道和其他无店铺渠道的构建成本也会远远低于金字塔式的传统分销渠道。

（2）加强市场渗透，扩大市场覆盖面。顾客的需求越来越趋向于多样化，企业有时单凭一条营销渠道不能有效地覆盖整个目标市场，这时就需要利用第二条或多条营销渠道来弥补，这样就有利于扩大市场覆盖面，提高潜在竞争者的进入壁垒。

（3）提供市场信息，开创更多的销售机会。多条营销渠道能够为企业提供多个观察市场的窗口，能够及时了解市场信息，从而能够对市场环境的变化迅速作出反应，创造更多的销售机会。

（4）提升定制化营销的程度，增强市场竞争力。企业针对不同客户采用不同的渠道提供有差别的服务，能够更好地实现定制化营销，比如针对复杂设备的销售，为了能够使顾客对产品信息了解，可以增加一条技术人员推销渠道。

多渠道系统能够给企业带来上述好处的同时，我们也应看到传统渠道和新型渠道以及各种潜在渠道组合也给企业带来了巨大的挑战。麦肯锡曾说过，引导顾客使用新渠道，无论是对顾客、商家还是对渠道合作方都会是艰难的过程。在构建多渠道系统的过程中，如果决策不当，就可能引发一系列的问题。[①]

（1）渠道冲突加剧。构建多条渠道系统之后，不同渠道间可能会出现争夺客户的情况，或由于价格差异而产生窜货等问题，增加了渠道冲突的可能性，一些渠道成员可能会失去动力并撤销支持，甚至报复或退出企业的渠道网络。

（2）出现"搭便车"的现象。顾客从一条营销渠道中获得服务同时把业务投向另一条渠道，这样就使原先渠道成员的积极性受挫。对于企业而言，构建多渠道并没有增加市场份额而是逐渐降低了其广度和活力。

（3）顾客关系维护力度的减小。许多企业在构建多渠道系统之后，牵扯到资源分配以及管理难度的加大，在某种程度上对客户的控制逐渐减弱甚至消失，而此时如果企业放弃多渠道营销策略，很有可能就会失去这一部分客户。

（4）构建的成本超过了销售额的增幅。尽管构建多渠道能在一定程度上降低销售成本，但是以构建多渠道带来销售额的增长大于成本的投资为前提的。盲目地构建多渠道系统而忽视成本与销售额只会加重企业的负担。

5.3.2 多渠道系统的构建

1. 多渠道系统构建的基本原则

多渠道系统的构建实际上就是对所有营销渠道的整合。从理论上来说，多渠道系统是充满吸引力的，它可以给企业争取更多的顾客，带来更大的市场覆盖面等，但如果实

---

① 刘林陇，唐鸿，史文俊. 多渠道战略下的渠道整合研究[J]. 技术与市场，2007(11)：85-87.

施不当就会存在上述一系列的问题，如渠道之间冲突严重、构建成本过高等，给企业带来巨大的损失。渠道整合就是要营造一种渠道系统的良性平衡，即在确保适宜的市场覆盖面、控制渠道冲突的前提下，取得最佳的服务产出和渠道收益，达到渠道最优。渠道整合不可能一步到位，而是一项长期的工作，尽管如此，企业在进行渠道整合时有以下几个原则需要遵循。[①]

（1）提高渠道综合收益率。企业希望每一条渠道都能实现最大的投资回报率，这是不现实的。多渠道系统整合的首要目的是实现渠道综合效率的最大化。利用渠道成本、销售额及相应的获利能力等指标对每条渠道进行评估，以便厘清主要渠道和辅助渠道。对待那些辅助渠道，虽然渠道的收益率偏低，甚至不能弥补构建的成本，但只要对渠道系统的整体效率有利，就有存在的必要。

（2）保持渠道的长期灵活性。企业所面临的外部环境、竞争状况和顾客需求总是在不断地变化，今天累积起来的优势可能在明天就会消失殆尽。企业整合后的渠道也要不断创新，密切关系着效率、成本和价格等竞争敏感因素，保持较高的长期灵活性。

（3）为渠道成员创造更多的价值。企业在构建多渠道系统时，完全依靠自身实力有时并不是明智之举，巧妙地借助外部渠道成员的力量往往会事半功倍。要想发挥渠道整合的高效率和高效益，就要为渠道成员创造更多的价值，调动渠道所有成员的积极性。这样企业既分享了市场机会，也分担了渠道整合失败的高风险。

（4）塑造渠道难以被模仿的独特性。如今的市场已经进入多元化的时代，多元化的消费特征催生出多元化的渠道模式。但是如果一种渠道模式很容易就被竞争对手模仿和超越，它就不能给企业提供一种实质性的优势。多渠道系统必须修炼"内功"，把企业的品牌和文化密切整合起来，这样才不能轻易地被竞争对手模仿。

（5）树立客户导向的理念。多渠道系统的实施就是为了更好地满足不同顾客的消费需求，扩大市场覆盖面。因此，企业整合渠道时必须分析所有目标群体的购买偏好，以及不同目标顾客所需要的服务产出，从而决定采用何种渠道或渠道组合。需要注意的是，即使是相同特征的消费群体也可以在不同的销售阶段采用不同的渠道服务。

2. 多渠道系统整合[②]

营销渠道整合是指将企业所有的营销渠道作为一个系统，运用系统理论和方法加以整合，以此打造企业的核心能力和竞争优势的过程。它以整合为中心，注重规模化和现代化，力求渠道管理的系统化和协调的统一性。

（1）营销渠道选择。营销渠道间整合并不是基于企业整体市场进行的，而是基于企业的各个细分市场。选定某一细分市场之后，首先要对目标顾客的购买偏好进行分析，并与企业不同营销渠道的绩效相比较，选出所有与目标顾客购买偏好相适应的渠道。然后就是要在这些渠道中进行产品-渠道适应性分析，找出能够满足要求的渠道。最后还要对保留下来的渠道

案例 5-2　苏宁的线上线下渠道协同

[①] 刘林陇，唐鸿，史文俊. 多渠道战略下的渠道整合研究[J]. 技术与市场，2007(11)：85-87.
[②] 张庚淼，陈宝胜，陈金贤. 营销渠道整合研究[J]. 西安交通大学学报（社会科学版），2002(12)：45-48.

进行经济性评估，构建一条新的营销渠道需要投入大量的资金，因为企业需要充分衡量其成本和收益之后，才能作出最后的决策。通常，只有符合企业经济标准的渠道才最终保留下来。

首先，分析顾客购买偏好。多渠道系统构建的基本原则之一就是以客户为导向，所以必须先从顾客入手，充分考虑顾客的购买行为。不同的顾客通常具有不同的购买偏好，比如购买办公用品的小公司一般倾向于获得低廉的价格和快速、便捷的服务；而大客户更倾向于长期合作伙伴的建立和培养，期望得到特殊的专门服务。同时，不同的营销渠道也具有满足顾客不同的购买需求的能力，例如，面对面推销能够提供各方面的现场的技术支持，拉近与顾客的距离，但实施的成本通常也比较高。因此，企业只有选择与目标顾客的购买偏好相适应的营销渠道，才能发挥出渠道优势。

其次，产品-渠道适应性分析。产品-渠道适应性是营销渠道选择中需要考虑的一个重要因素。衡量产品-渠道适应性的一种有效的方法就是看产品的复杂性和渠道的接触性是否匹配。通常情况下，对于那些需要大量服务、培训和支持的复杂产品，只有能够使买卖双方相互充分接触的渠道才能发挥作用。相反，简单的产品用低接触性的渠道销售会更有效率。营销渠道接触性的差别在于其与顾客的相互作用、服务及提供的支持。高接触性渠道（如面对面推销）成本很高，但能在销售过程中提供更多的服务、产生更多的价值，而低接触性渠道（如网络营销）运行成本比较低，但在销售过程中可以提供的服务相对较少。值得注意的是，企业产品通常不会只适用于某单一渠道，而是常常适应于某一类型的渠道。

最后，渠道绩效评估。任何一条渠道的构建必然增加企业的成本负担，那么如何衡量一条营销渠道是否值得构建，这就要对其渠道绩效进行评估。渠道的盈利能力就是要考虑的一个关键因素，通常用费用收益比例来衡量。

（2）营销渠道选择的结果。通过以上渠道选择过程，渠道选择的结果会出现以下三种情况：第一，没有保留任何一条营销渠道。这表明企业在该细分市场上，或许是没有能力满足目标顾客需求，或许是虽有能力满足目标顾客的需求但是没有利润空间。此时企业最好的选择就是放弃这一目标市场。第二，仅保留一种营销渠道。这表明企业正好应用这一条营销渠道就能满足该细分市场目标顾客的需求，其结果是没有建立多渠道系统。第三，保留多种营销渠道。此时，企业必须对该细分市场进一步分析，充分考虑目标顾客和企业两方面因素，以便决定企业选择哪种渠道战略来满足该细分市场顾客的需求。

随着电子商务与网络零售的快速发展，生产制造企业的多渠道系统也呈现出各种新的形态。其中，最为典型的形式就是线上各种形式的网络渠道与线下传统渠道构成的线上线下渠道系统。由于网络渠道的独特性，制造商不得不面对如何管理线上线下渠道系统中的渠道功能。

5.3.3 全渠道系统

1. 全渠道系统的演进

进入网络时代之后，网上购物风起云涌，社交媒介的盛行和发展，使得人们在网络上进行跨渠道购买越来越便捷。更为重要的是，随着手机社交媒介的普及，人们开始步入全渠道购买的时代。简单地说，我们可以按照多渠道、跨渠道、全渠道进行概要分析：多渠道采购是指消费者在两个或更多的渠道中，选择一条特定的渠道进行商品或服务购买；跨渠道采购是指消费者不仅通过多种渠道进行购买，并在不同的时间内进行购买；全渠道采购则是指一种通过多渠道进行购物、娱乐、社交等全方位的体验。图 5-2 为多渠道到全渠道演变的简易过程。

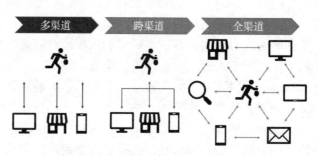

图 5-2　多渠道到全渠道演变的简易过程

可见，全渠道更多指一种零售类型，它综合了消费者可用的不同购物方式（例如在线、实体店或电话），全渠道零售的目标在于无论他们是在网上购物还是在实体店购物，都能提供无缝、轻松、高质量的顾客体验。智能手机、社交网络和店铺内各种零售技术的兴起使得线上和线下渠道的边界变得模糊，而这正是全渠道体系的本质。

"全渠道"实质上是"多渠道"和"跨渠道"的延伸，无疑它的内涵更为丰富。消费者可以通过自己的智能手机在网上搜索商品，因此，消费者将会从过去只能单一选择店铺来体验和接触转向更为多样化的网购。网络购物和实体渠道的边界越来越窄，也促使公司必须从单一渠道向全渠道转型。随着智能手机的普及、对虚拟现实的投入、零售业的不断发展，这些不断演进的各种技术使得消费者更便捷地进行商品虚拟购买的体验，甚至是远程触摸、视觉和嗅觉，这种边界也会变得越来越模糊。

消费者可以在网上和实体的平台上完成一次购物。但是，对于很多企业而言，因为职能的专业化，网上和商店里的过程通常被不同的部门所管理，而且它们的工作重点也各不相同，所以用户的体验并不完全是无缝的。尽管存在着根深蒂固的跨渠道一体化的做法，比如顾客可以在网上购物、在商店里取货，也可以在网上购物并接受快递，但是要想在商店里退货，渠道整合依然是一种挑战，这种挑战依然在继续。

与之形成鲜明对比的是，整合性的渠道体系将使客户通过在线、移动、社交和线下的购物渠道——进行搜索、购买、交流、参与和消费。在一个完全的销售网络时代，不管客户如何选择，渠道布局都可以让客户在购物过程中进行无缝的转移。另一个重要的差异在于，"消费者参与"的观念是整个系统的核心，他们可以通过社交媒体、电子邮件、网页链接、手机平台、商店访问，以获得经验和参与。表 5-2 展示了多渠道和全渠道策略的主要区别。

表 5-2　多渠道和全渠道策略的主要区别

区　别	多　渠　道	全　渠　道
渠道范围	线上网站+线下实体店	线上网站、线下实体店+社交媒体+移动技术+消费者接触点
用户体验感	不同渠道不同体验	各渠道互补性体验，购买方式多样、售后有保障，无缝购物体验
渠道信息	不同渠道信息不一致，信息在各个渠道内部共享	各渠道信息保持一致，信息在所有渠道共享
目标	各个渠道独立绩效	全渠道汇总绩效
跨渠道供应链一致性	每个渠道都有独立的供应链	来自多个渠道的订单会通过一个共同的供应链完成
库存数据库	每个渠道有单独的客户和数据库	来自多个渠道的订单通过一个共同的供应链完成
绩效目标	使得某一个渠道绩效最大化	最大限度提高所有渠道的总绩效

2. 全渠道系统的发展趋势

1）创造互补性体验

全渠道需要在不同的渠道之间切换，并努力创造一种无缝的体验。不同的渠道形式会给使用者带来不同的体验。全面的体验要充分利用各种渠道和形式的经验相辅相成。在实体空间中加入数字，围绕在线渠道进行对应的实体渠道补充。通过充分利用数字化技术实时、高效、个性化的特点，增强实体渠道购物完成的更好体验。这主要体现在两个方面：第一，反应的灵活性。在用户旅程的碎片化过程中，必须把握关键的手机实现场景。通过手机搜索、社交媒体、App、手机支付或其他形式，全面的品牌体验应该优先发展基于手机购物场景的即时性体验。目前，通过类似手机这种终端的购物用户已逐渐成为整个网络营销体系的一个重要组成部分。第二，所有渠道的同步。用户在各种渠道的消费和行为都应当被记录下来，并将重要的信息和数据有效地传达给下一个渠道。

2）保持跨渠道的一致性

在全渠道体系中，企业尽可能地保证信息结构的连贯性，使得无论在何种渠道环境下，用户都能对其进行统一的了解和感知。顾客可以通过移动电话浏览价格、品牌或产品，还可以浏览在线的商品评价和在社会媒体上征求意见。这与多渠道时代的"线上、线下"完全是两个极端。整合性信息资讯体系的融合以及无缝链接加强了最终购买体验的连贯性。当然全渠道系统也创造了"展厅"现象。相反，也会存在另一种购物形式，即消费者在网上闲逛、获取信息，最后却在线下完成最终的购买。无论哪一种形式，这种行为都会在上下游或者不同渠道成员间产生利益分配的矛盾，因为其中一方向顾客提供信息以及购买冲动，但最终却是另一方从销售中获益。所以，当一种渠道作为其他渠道形式的展厅时，企业就需要率先制定一套合理的薪酬和奖励分配制度。此外，在整个渠道体系中，要维持一个整体划一的外观和样式，这种挑战要比我们传统仅有实体渠道时更大，当然也有可能收获更多。

3）侧重服务

全渠道带来的无形的服务属性对营销渠道的经营和管理提出了新的要求。在众多服务中，企业进行客户导向的焦点不在于完成购物和提升客户的购买份额，而在于创建顾客的参与和顾客感受到的价值。类似这种更多地考虑客户和关注客户的观念与策略也为客户定制和联合创作提供了机遇。不仅如此，各种网络营销和渠道形式也彻底影响到了像旅游和金融这样的服务业，使得很多中间商都近乎销声匿迹。把中间商从市场渠道和价值链中剔除或者忽略掉的能力就是"去中介"，这是某种程度上的渠道重构或者价值重构。而上游的渠道成员则更容易对顾客体验进行控制，从而使其对下游渠道成员进行去中介化。特斯拉的直营销售模式使传统的经销商望而却步，他们希望通过这种方式来创建一种特殊的顾客体验，而不仅仅是他们的产品。但是，在一些国家，类似特斯拉这样的行为已经引起了一些组织和汽车行业的激烈的游说与法律诉讼。

4）有针对性的促销和客户洞察

通过电子邮件、网上优惠券、价格匹配和社会媒体广告这些新的宣传手段，企业能够充分发挥客户关系市场和社会媒体的优势，从而推动整个渠道策略的优化。比如美国的 Walgreens 和 Foursquare 就是以地理位置为基础构建全新的渠道网络，当消费者进入 Walgreens 商店时，这个站点会立刻为他们提供电子折扣券。Catalina 电子市场也利用商店的购物历史为顾客提供个性化的手机广告，这种技术可以为顾客提供大量的信息。但是很多零售商还没有完全发展自己的网站或者网上商城，以保证在不同的网络和手机平台上都能提供最好的商品。有些时候，他们的手机和网上的销售渠道之间会有直接的竞争。

全渠道策略需要上游和下游的渠道成员将他们的促销、定价和品牌定位结合起来。如在他们的网上销售渠道，零售商不会受到店铺大小和货架空间的约束，这样他们就能供应更多种类的商品，并且可以触达和服务更多的顾客。比如，沃尔玛就能通过它的线上和手机平台，将目标锁定在高收入顾客身上，并与好市多、亚马逊等在高档品牌的产品上进行竞争，同时努力为顾客提供更低的价格。当然，这种跨渠道的终端用户定位无疑具有难度，正是因为不同的终端用户需要的是不同的服务，所以他们会选择不同的通道。

本章提要

垂直渠道系统是由生产商、批发商和零售商纵向整合组成的统一的联合体，它与传统营销渠道不同，在此渠道系统中，每个渠道成员都把自己看作渠道系统中的一部分，密切关注着整个渠道系统的成功。垂直渠道系统根据渠道成员间关系从松散到紧密的不同程度，可以分为三种形式：管理式、合同式和公司式。其中，管理式垂直渠道系统是指通过渠道中某个有实力的成员（即渠道领袖）来协调整个产销过程的渠道系统。合同式垂直渠道系统又称契约式垂直渠道系统，是指处于渠道体系中不同层次的独立的制造商和经销商，通过法律合同确定他们之间的分销权利和义务，从而形成的一个联合渠道系统。公司式垂直渠道系统是由同一个所有者名下的相关企业或部门所组成的一种渠道体系，它是所有垂直渠道系统类型中渠道成员关系最为紧密的一种形式。

水平渠道系统又称共生型渠道系统，是指由两家或两家以上没有关联的企业，为了充分利用各自的优势和资源,共同开发一个营销机会所进行的横向联合。根据横向联合企业在营销渠道中出现的层次不同,水平渠道系统可以分为三种形式:生产制造商水平渠道系统、中间商水平渠道系统和促销联盟。

多渠道系统就是指一家公司利用多条营销渠道或路径向现有和潜在的顾客销售、推广企业产品或服务的渠道体系,又称为复合渠道系统。企业构建多渠道系统进行分销通常能获得以下几个好处:从某种程度上可以降低销售成本;加强市场渗透,扩大市场覆盖面;提供市场信息,开创更多的销售机会;提升定制化营销的程度,增强市场竞争力。多渠道系统容易导致以下问题:渠道冲突加剧、出现"搭便车"的现象、顾客关系维护力度的减小、构建的成本超过了销售额的增幅。线上线下渠道系统包括由线下发展到线上和线上发展到线下两种类型。线上线下协同经营机制需要通过战略选择与定位协同、经营流程协同、营销策略协同方面进行构建。线上线下渠道存在冲突表现在三个方面,分别是价格、模式、人事。

全渠道系统是随着智能移动设备、社交网络和店内技术的极速发展,模糊了在线和实体渠道之间的界限从而催生出的产物。"消费者参与"的概念是全渠道方法的核心。他们明确地通过社交媒体、电子邮件、网络链接、移动平台、商店访问、促销活动等努力来寻求体验和参与。在这个意义上,全渠道战略除实物转让渠道外,还包括各种交流渠道。推动这种转变的四个趋势:创造互补性体验、保持跨渠道的一致性、侧重服务以及有针对性的促销和客户洞察。

拓展阅读

1. 庄贵军. 基于渠道组织形式的渠道治理策略选择:渠道治理的一个新视角[J]. 南开管理评论, 2012 (6): 72-84.
2. VALENTINI S, NESLIN S A, MONTAGUTI E. Identifying omnichannel deal prone segments, their antecedents, and their consequences[J]. Journal of retailing, 2020, 96(3): 310-327.
3. ROGGEVEEN A L, GREWAL D, SCHWEIGER E B. The DAST framework for retail atmospherics: the impact of in- and out-of-store retail journey touchpoints on the customer experience[J]. Journal of retailing, 2020, 96(1): 128-137.

即测即练

第 6 章

营销渠道权力与依赖

学习目标

通过本章学习，了解渠道权力与渠道依赖的基本含义，理解渠道权力与依赖的关系；理解渠道权力的来源、渠道权力的应用方式及其结果；理解渠道关系中渠道权力结构的平衡及其演化机制；了解渠道成员寻求平衡渠道权力的基本策略；了解全渠道环境下渠道权力与依赖的变化趋势、权力的主要来源与应用以及平衡策略。

6.1 渠道权力是渠道依赖的反映

6.1.1 渠道依赖的确定、衡量与结构

在渠道系统中，依赖是一个渠道成员为了实现其所期望的目标而需要与其他成员保持合作关系的程度。由于渠道成员在功能上的专业化，渠道成员之间是相互依赖的。渠道成员之所以相互依赖，是因为任何一个渠道成员都不拥有执行全部渠道功能所需要的资源，因而渠道成员之间相互依赖的本质是对彼此所拥有的资源的依赖。对于渠道系统而言，相互依赖是渠道关系的本质特征，不仅整个渠道功能的完成有赖于渠道成员之间的相互依赖与配合，并且每一个渠道成员要想实现其自身的目标也必须依赖其他渠道成员的配合，即每一个渠道成员都在一定程度上依赖于其他渠道成员提供的资源实现既定的目标。

既然渠道成员之间依赖的本质是对渠道伙伴资源的依赖，那么对于某个渠道成员（如制造商）而言，它对渠道伙伴（如零售商）的依赖水平就取决于两个方面的因素：首先，渠道伙伴所拥有的资源对于渠道成员实现目标的价值越大，它对渠道伙伴的依赖水平就越高。如零售商的货架是很稀缺的资源，如果该零售商是一个拥有巨大市场影响力的零售商（如沃尔玛一样的大型超市），那么获得该零售商的货架空间对于实现制造商产品的销售而言就非常重要。零售商的市场影响力越大，它的货架对于制造商来说就越重要，这就会带来制造商对零售的较高水平的依赖。但正如我们在第 3 章关于渠道纵向一体化中讨论的那

案例 6-1 品牌商需要依赖巨头电商平台吗？

样，当制造商面对的零售商市场是一个竞争比较充分的市场时，也就是说虽然零售商所拥有的资源非常重要，但制造商可以很容易地在市场中找到其替代者，那么制造商对零售商的依赖水平就会降低。因此，决定制造商对零售商依赖水平的第二个重要因素就是制造商可以从其他零售商那里获得替代来源的程度，可替代来源的提供者越少，或者存在替代来源但转向替代者的成本过于高昂，则制造商对零售商的依赖水平就越高。如前文我们提到的例子，如果制造商能够在某个目标市场上找到可以有效替代沃尔玛的其他大型超市（如家乐福），并且不存在太高的转换成本，那么该制造商对沃尔玛的依赖水平就会有所降低。综上所述，渠道伙伴是否拥有非常重要的资源，并且是否难以获得替代来源，或者存在替代来源但转换成本是否过高，是决定一个渠道成员对另一个渠道成员依赖水平的两个重要因素。

在现实的渠道管理过程中，根据以上两个条件，制造商可以从以下两个方面来衡量和判断其对分销商（如零售商）的依赖水平：首先，在某个市场上，制造商全部销售额（或利润）中，由某个零售商实现的销售额（或利润）所占的比重，该比重越高，制造商对零售商的依赖水平越高。其次，相对于其他零售商而言，该零售商执行渠道功能（如促销和销售）的绩效水平，该零售商执行一些对于制造商而言非常重要的渠道功能的绩效水平越高，该零售商就越难以替换，从而使得制造商对零售商的依赖水平就越高。反过来，从零售商的角度，道理也是一样的，在某个商品品类中，零售商完成的全部销售中，某个制造商的产品所占的比重越高，零售商对该制造商的依赖水平就越高；制造商在执行一些对于零售商而言非常重要的渠道功能方面相对于其他制造商的绩效水平越高，零售商对该制造商的依赖水平就越高。

在企业的运营过程中，无论是制造商还是分销商，过多地依赖渠道伙伴都会令其陷入被动的地位，因而企业必须对渠道依赖水平实施相应的管理。例如贵州茅台实行严格的区域经销商制度，区域内经销商在划定的范围内具有绝对的话语权，这种对经销商的过度依赖不仅使得贵州茅台对产品终端销售价格管控无力，更使其渠道政策难以得到经销商有效的执行，经销商"不听话"的情况屡见不鲜，如贵州茅台用来平抑市场价格、缓解供需矛盾的 20 多万瓶茅台酒就被投机者囤积待价。为了重塑营销渠道，一方面贵州茅台近年来开始对经销商加强监管屡屡开出"罚单"，2018 年 4 月贵州茅台下发了对 24 家违约经销商的惩罚通报，这已是茅台连续 3 个月内开出的第三张罚单。[①]另一方面，自 2018 年起，贵州茅台开始进行渠道改革，取消了 533 家经销商资格，收回了约 6 800 吨茅台酒额度。2019 年公司将多数回收额度投入商超、电商等新渠道[②]，从而形成扁平化的销售体系，实现监控到每一款产品的销售额及销售动向，减少对传统经销商的渠道依赖，提升贵州茅台在营销渠道中的话语权。[③]

对于渠道系统而言，相互依赖是渠道关系的本质特征。由于渠道成员所占有和能够

[①] 李阳. 茅台铁腕管控销售渠道 24 家经销商又领罚单[EB/OL]. (2018-04-07). http://money.163.com/18/0407/11/ DEPL743U00258169.html.

[②] 陈欣：茅台为什么涨不动了？[EB/OL]. (2022-10-31). https://www.163.com/money/article/HL1GUI1D00258J1R.html.

[③] 吕进玉. 茅台调研拟提升电商占比至六成，价格不对等诱黄牛囤货[EB/OL]. (2018-01-11). http://www.yicai.com/ news/5391112.html.

支配的资源的差异，渠道成员之间的相互依赖会呈现出不同的水平，即渠道关系中相互依赖的结构是存在差异的。相互依赖的结构可以从两个层面进行考察，即相互依赖的程度或关系中依赖的总量（magnitude of interdependence）和相对依赖水平或关系中依赖的不平衡程度（relative asymmetry of interdependence）。相互依赖的程度，或称为相互依赖的强度，是指渠道关系中依赖的总量，即渠道成员 A 对渠道成员 B 的依赖与渠道成员 B 对渠道成员 A 的依赖之和。较高水平的相互依赖将渠道成员的利益与其渠道伙伴的利益紧密地联系了起来，这使得关系双方都致力于维系良好的合作关系以提高双方共同的绩效。相对依赖或依赖关系的不平衡是指交换关系双方彼此依赖的差异，拥有较多依赖的一方在关系中就处于优势地位。关系中的相对依赖可能处于不同的水平，即优势一方可以是关系中的任何一方，也可能关系双方都不具有优势，即双方的彼此依赖度相当。相互依赖关系的平衡是相对依赖的一个特例，对于渠道关系而言，依赖的不平衡则是一种常态。另外，相对依赖可能出现在不同水平的相互依赖的层面上，即两个特定的渠道关系中可能存在相同的相对依赖水平，但两个关系中的总依赖水平可能存在较大的差异。这表明渠道相互依赖的两个维度是可以独立发生变化的，因而这两个维度对于全面理解渠道关系与渠道行为都是非常重要的。

6.1.2 渠道权力与渠道依赖：不同视角的渠道权力定义

渠道行为理论中，渠道权力（channel power）的概念来自政治学和社会学理论，两个不同的理论视角展现了渠道权力的不同理论基础与作用机制。

1. 政治学视角的权力

以政治学者达尔（Dahl）对权力的定义为基础，埃尔-安萨里（El-Ansary）和路易斯·L. 斯特恩（Louis L. Stern）将渠道权力定义为一个渠道成员对渠道内处于不同层次上的另一个渠道成员的营销战略决策变量施加控制的能力。[1]而这种控制可以称为权力的前提是它与被影响者原来对其自身营销战略施加控制的水平之间存在区别。在此概念中权力是一种改变其他渠道成员行为的能力，而这种能力是一种潜在状态，即拥有权力的渠道成员可能并不使用这种能力。因而，有学者认为应当区分实际应用的权力与没有应用的权力，没有应用的权力就是一种潜在的影响力，而实际应用的权力则指权力所指向行为的实际改变。将渠道权力视为一种潜在状态的另一个重要问题是，当渠道成员 A 应用权力去对另一个渠道成员 B 的行为进行影响时，并不能保证 A 所期望的 B 的行为发生相应的改变，这是因为 B 可能拥有对 A 的影响进行抵制的能力，即 B 拥有抵消性权力。当 B 的抵消性权力足够强大时，B 的行为也许永远都不会发生 A 所期望的改变。而达尔认为对 A 的权力的分析应当将 B 的反应意愿考虑进来，A 对 B 的权力可以通过一种概率的方式来表达，即如果 A 以一种特定的方式使用权力，B 会对 A 的要求作出反应的概率。这样，如果 A 对 B 的权力仅仅提高了 B 愿意作出反应的意愿，就说明权力的存在与作用，而与 B 是否产生公开的行为改变无关。

---

[1] EL-ANSARY A I, STERN L W. Power measurement in the distribution channel[J]. Journal of marketing research, 1972, 9(1): 47-52.

与上述定义相关的另一个重要方面是权力知觉（power perception）。一个渠道成员的权力是一种潜在的能力，即使观察不到权力的应用，它也依然存在。由于渠道权力的这种潜在状态，因而其有效性就取决于其他渠道成员对其所拥有的权力是如何感知的，一个渠道成员所感知到的另一个渠道成员所拥有的权力已经足够影响其行为，而不必实际应用权力。可见，渠道权力的这种潜在状态及其被感知的效果对于渠道成员之间的互动是非常关键的。

2. 社会学视角的权力

对于权力的社会学视角的定义主要来自埃莫森（Emerson）的权力-依赖理论，在该理论框架中，权力被视为依赖的函数，简言之，权力存在于他人的依赖之中，A 对 B 的权力等于 B 对 A 的依赖，并且以这种依赖为基础。[1]以此为基础，斯特恩等学者认为，可以把权力理解为一个渠道成员对另一个渠道成员的依赖程度，因为如果对 A 有所依赖，B 就会改变它通常的行为以适应 A 的需求。B 对 A 的依赖性赋予 A 潜在的影响力，影响力的大小取决于 B 对 A 的依赖程度。[2]对于渠道权力的研究而言，埃莫森的理论框架的重要价值在于它明确地强调对权力的分析不能不考虑两个渠道成员之间的依赖关系，权力不是某一个渠道成员所拥有的东西，而是渠道关系的一个属性，在相互依赖的关系中，权力是交互的。因此，研究权力问题必须将其放在渠道关系背景中来考察。如前文所述，由于渠道关系中相互依赖会呈现出不同的结构，作为依赖关系的反映，渠道关系中的权力也会呈现出不同的结构，而这些不同的渠道权力结构则对诸多渠道行为产生直接的影响。我们将在 6.3 节中展开对渠道权力结构与策略的论述，下面我们对渠道权力的几个基本维度进行阐述。

6.1.3 渠道权力的基本维度

对渠道权力的分析通常涉及以下几个基本维度，我们将在一个渠道关系中使用渠道权力影响渠道伙伴的一方称为权力主体，而将被影响的一方称为权力客体。

（1）权力的领域。这是指权力主体能够施加影响的权力客体的范围或数量，该范围或数量越大，权力主体的权力领域越大。如制造商在某一地区拥有多家经销商，如果制造商能够对该地区的所有经销商施加影响，那么该制造商在该地区的针对其经销商群体的权力领域是很大的。

（2）权力的范围。这是指权力主体能够对权力客体施加影响的问题（渠道功能或流程）领域。如我们在第 1 章中所阐述的，功能专业化的渠道成员将自己的功能集中在某个或某些渠道功能或流程上，如一些批发商主要执行物流功能，零售商主要执行促销功能等。如果一个制造商能够对其某个分销商的所有渠道功能施加影响，则该制造商对该分销商的权力范围是非常大的。但实际情况是，功能专业化的渠道成员往往是执行某些渠道流程的专家，如批发商是渠道中的物流专家，那么制造商可能对该批发商的物流活动就没有多大影响力，但却可以对其促销、信息收集与传递等渠道流程施加影响。渠道

---

[1] EMERSON R M. Power-dependence relations[J]. American sociological review, 1962, 27(1): 31-41.
[2] 科兰，安德森，斯特恩，等. 营销渠道[M]. 蒋青云，等译. 7 版. 北京：中国人民大学出版社，2008：171.

成员功能的专业化决定了渠道成员之间的相互依赖，而这种相互依赖又决定了渠道成员各自都会对渠道伙伴拥有一些渠道权力，而这些渠道权力的范围则主要与其专业化执行的渠道功能和流程有关。因此，现实中即使是实力很弱的渠道成员也会对一些渠道功能或流程拥有一定的影响力，很少有某个渠道成员对所有的渠道流程都拥有同样的影响力。

（3）权力的强度。这是指一个渠道成员影响另一个渠道成员行为的力度与程度。由于渠道成员之间的相互依赖，任何一个渠道成员都拥有一些针对渠道伙伴的权力，在权力主体使用权力时，被影响的权力客体则可以使用它所拥有的权力来抵消一些影响。这意味着权力主体对权力客体行为的影响实际上是个程度的问题，这个程度的大小很可能取决于双方权力的对比。如面对一个实力与自己悬殊的经销商，制造商提出的让其多进货20%的要求很可能会全部照办，即该经销商按照制造商的要求多进货20%；而如果受到影响的经销商实力与制造商没那么悬殊，则该经销商可能只部分接受制造商的影响，如多进货10%，而不是20%。

（4）相对权力。相对权力是指当渠道关系中双方的依赖存在差异时出现的权力差异，较少依赖对方的渠道成员拥有权力优势地位，而较多依赖于对方的渠道成员则拥有相对依赖，并处于权力弱势地位。在渠道关系中，相对权力的均衡，即双方对等的相互依赖几乎是不存在的，由于企业资源禀赋等方面的差异，渠道关系总是存在着或多或少的相对权力，即一方处于相对优势地位。在学术研究中，为了衡量某一渠道关系中的相对权力，可以用渠道关系双方各自的依赖水平相减，差额越大，关系中的相对权力也就越大。

（5）权力的总量。渠道关系中权力的总量是关系双方所拥有的权力之和。根据权力与依赖之间的关系，权力总量是渠道关系中相互依赖的总和，在学术研究中，一般可以用渠道关系双方各自依赖水平之和来衡量关系中的权力总量。正如我们前文在依赖结构中所论述的那样，相对权力和权力总量是各自变化的，如相同的相对权力可以意味着不同的权力总量；而相同的权力总量也可以同时伴随着不同的相对权力。

6.1.4 渠道权力的性质

渠道权力的性质涉及对权力这一渠道关系要素的价值判断，即它对于渠道系统的运行与绩效而言是好的、坏的，还是在价值方面是中立的。

一种观点认为权力是其所有者对其他对象进行剥削的手段，这是因为在一个特定的社会关系中权力水平的较大差异往往会导致拥有权力优势地位的一方对权力弱势地位一方进行剥削以从交换中获取更多的收益。因此在这种观点看来，权力优势地位往往意味着不公平地使用权力或剥削。这种观点已经得到了包括社会心理学、经济学等学科在内的很多实证研究的证实，交换关系中的权力优势一方往往比处于权力弱势地位的一方使用更多的强制性权力，对权力弱势地位一方要求更多。在营销渠道研究领域，也有很多学者持有类似的观点，如马伦（Mallen）认为渠道权力是一种经济剥削的手段，那些实力雄厚的大型企业依靠其权力优势对那些小型企业进行经济剥削，在交易中谋求更多的收益，而这种剥削行为对于消费者福利的提升也是具有负面影响的。[①] 斯特恩等认为渠道

---

① MALLEN B. Channel power: a form of economic exploitation[J]. European journal of marketing, 1978, 12(2): 194-202.

成员拥有的权力越多，那么该成员就会在渠道剩余分配中比其他成员获得更多的份额，相对权力优势在渠道剩余分配中显然具有更多的优势。[①]杨（Young）和威尔金森（Wilkinson）甚至认为权力是"病态"的渠道关系所有的要素，在渠道关系中经常使用权力将会有损关系中的信任与承诺，从而降低渠道合作水平并有碍于关系的长期成功。[②]

  与上述观点相反，另一种观点认为权力对于提高交换关系中的协作程度具有积极作用，并且拥有权力优势并不必然导致不公平地使用权力。社会学家彼得·布劳（Peter Blau）认为，一个人所拥有的权力基础越多，他就越会抑制自己通过使用剥削的方式来要求更多，其结果是该交换关系中处于权力弱势地位的一方会对权力主体公平的交换方式给予赞同。在渠道研究领域，希利（Celly）和弗雷泽（Frazier）认为渠道成员需要进行协调的重要原因在于它们都是拥有各自不同目标和有限资源的独立企业，因此，对渠道系统进行控制的必要性在于仅仅依靠市场机制去协调渠道成员的行为往往会产生次优的结果，而这种结果对渠道系统的运行及其所服务的消费者而言都是有不良影响的。对于相互依赖的渠道系统而言，对于寻求利益最大化的某个渠道成员有益的事情可能对于提升整个渠道的绩效并没有直接的益处，对这种根植于相互依赖的系统进行协调与管理的途径之一就是权力的应用。[③]如果在一个相对长的时期内来考察渠道关系的话，渠道成员会考虑渠道权力的应用方式对渠道关系质量及其权力地位的影响，为了获得较好的渠道合作关系以及渠道绩效，渠道成员往往在非强制性影响战略（influence strategy）失效的情况下才考虑使用强制性战略，而并非总是采用强制的剥削手段来使用权力。因此，对渠道成员的行为进行控制的方式与方法就成为渠道管理的一个重要方面，渠道系统中渠道成员实现的控制程度对于整个渠道的绩效具有非常关键的影响。

  第三种观点将渠道权力视为没有价值内涵的中立性工具。由于权力是所有社会关系的一个基本层面，所以本质上是相互依赖的渠道系统中的每一个要素与行为都包含权力的影响。如前所述，为了对相互依赖的系统进行管理，渠道成员必须获得一定水平的权力，并且要理智地使用权力。对于使用权力的渠道成员而言，权力的应用首先是为了与其他渠道成员共同创造渠道价值，其次是为每个渠道参与者分配其应得的份额。在渠道系统中，权力只是渠道成员用来协调其他渠道成员的行为以及获得自己应得的渠道剩余份额的一种工具，而工具本身是不涉及价值判断的。在渠道互动过程中，权力这种工具既可以被用来创造价值，也可以被用来破坏价值，又可以被用来分配和重新分配价值。因此，判断权力的性质首先需要考察权力的拥有者是如何使用权力这种工具的，在此基础上才能判断这种使用方法的价值属性。建立在依赖基础上的权力在本质上是中性的，它可以被用来协调渠道行为，也可以被用来对渠道伙伴进行剥削和伤害。由于渠道成员使用权力的目的与方式不同，即使拥有相同的依赖结构的渠道关系，其成员对权力的使用也可能存在较大的差异。因此，权力的应用方式取决于权力的拥有者，对于渠道成员

---

  ① STERN L W, REVE T. Distribution channels as political economics: a framework for comparative analysis[J]. Journal of marketing,1980, 44(3): 52-64.
  ② YOUNG L C, WILKINSON I F. The role of trust and co-operation in marketing channels: a preliminary study[J]. European journal of marketing, 1989, 23(2): 109-122.
  ③ CELLY K S, FRAZIER G L. Outcome-based and behavior-based coordination efforts in channel relationships[J]. Journal of marketing research, 1996, 33(2): 200-210.

而言，无论权力应用的方式与目的如何，权力都是渠道系统中无法回避的一个重要行为要素，每一个渠道成员在任何时候都必须参与权力的获得、运用与保持等活动，同时为了促进渠道绩效的提升以及对自己利益的保护，渠道成员也必须学会理智地应用权力。

6.2 渠道权力的来源与应用

6.2.1 来源于依赖的权力：社会学观点

渠道权力的来源是指渠道权力赖以产生的源泉或基础。营销学者关于渠道权力的来源目前存在两种观点：一种观点认为渠道权力来自渠道成员的依赖；另一种观点则认为渠道权力来源于社会权力的基础——奖赏、强制、专长、合法性、认同与信息。前一种观点建立在社会交换理论的基础上，而后一种观点则建立在社会心理学理论的基础上，这两种观点在企业资源这一更深层次上实际上是统一的。

案例 6-2 公牛集团与经销商：渠道权力的应用

根据埃莫森的经典研究，权力存在于他人的依赖之中。[1]如果 A 期望达到某个目标或获得某种满足，而这种目标或满足的实现有赖于 B 的适当行为，则 A 就对 B 有所依赖，而 A 对 B 的依赖赋予了后者对前者的影响力。在社会关系中，A 对 B 的依赖主要原因在于 B 拥有 A 实现目标所必需的而 A 又没有的重要资源。显然，这里资源的含义是广泛的，既包括各种有形资源，也包括诸如社会地位、声望等无形资产。埃莫森认为 A 对 B 的依赖程度与 B 所占有的资源对 A 的目标实现的重要程度成正比，而与 A 从 A-B 关系以外获取该重要资源的可能性成反比。而当存在替代来源时，A 转向资源替代者可能发生的成本也是必须考虑的内容。在存在替代来源的情况下，依赖关系得以维系的关键条件是 A 无法转向替代者，或者转向替代者的成本过于高昂，从而迫使 A 仍然留在原来的交换关系中。显然，资源的重要性和替代来源的稀缺是构成依赖关系，进而构成权力关系的两个重要条件。需要强调的一点是，社会交换关系中的依赖从来都不是单方面的。如果占有有价值的资源是获得依赖的基础的话，那么每个参与交换的社会主体都会拥有或多或少的不同类型的资源，这就决定了任何交换关系中的依赖都是相互的，只是由于参与交换的主体所占有的资源的差异，这种相互依赖在更多的时候是不平衡的，即一方更加依赖于对方。在相互依赖不平衡的情况下，一方面交换关系双方都拥有一定水平的权力；另一方面依赖水平的差异使得双方所拥有的可以用来影响对方行为的权力水平产生了差异，拥有较多依赖的一方将拥有权力优势。这样，交换关系中的依赖关系实际上决定了该关系中权力的结构——权力是在何种水平上相对平衡，或者哪一方拥有权力优势。

从企业间的交换关系来看，依赖存在的重要原因是资源的稀缺性，任何一家企业都不可能自给其正常运转所需要的全部资源。对不能自给的关键资源的需要导致企业对能

---

[1] EMERSON R M. Power-dependence relations[J]. American sociological review, 1962, 27(1): 31-41.

够提供这种资源的企业的依赖,当这种稀缺资源缺少替代来源时,埃莫森所称的依赖关系就确定了。在渠道系统中,由于功能的专业化,渠道成员之间在本质上是相互依赖的,但又由于不同企业资源禀赋等方面的差异,这种相互依赖的水平也是存在巨大差异的,从而决定了特定渠道关系中权力的结构。实际上依赖与权力的关系已经成为所有渠道权力研究者所共同接受的"公理"。

6.2.2 来源于权力基础的权力:社会心理学观点

这种观点认为渠道成员的权力来自在特定的时点上该渠道成员所拥有的权力基础,而这种权力基础则反映了渠道成员自身及其所处环境的特质。虽然渠道成员可以产生权力的基础是多元化的,但来自社会心理学者弗伦奇(French)和雷文(Raven)的对社会权力基础的经典研究成为营销学者们普遍接受的分析框架。[①]

1. 奖赏

来自奖赏(reward)的权力是指某个渠道成员通过向其他渠道成员提供某种利益而对其产生的权力。奖赏权的有效行使取决于渠道权力主体拥有权力客体认可的资源,以及权力客体的一种信念,即它如果遵从权力主体的要求,就会获得某些报酬。但值得注意的一点是,奖赏权的实际效果并不会随着奖赏力度的增加而无限度地增加,因为对于特定的权力客体而言,某一种特定的奖赏会产生边际效用递减,即其获得的某种奖赏越多,该奖赏对其的价值就越小,从而权力客体也就越不愿意遵从奖赏权力所要求的行为。

2. 强制

来自强制(coercion)的权力是指某个渠道成员通过采取某种强制性的措施而对其他渠道成员产生影响的权力。强制权行使的前提是渠道权力客体没有遵从权力主体的要求就会遭受某种惩罚的心理预期。强制与奖赏有着相似的基础,它们都来源于权力客体的主观感受。权力主体给予奖赏与惩罚的能力并不要求一定是客观的,关键在于权力客体的感受与认知。从这个角度来看,撤销原来给予的奖赏,或者取消权力客体正常期望获得的东西也是具有一定的强制性的。

3. 专长

来自专长(expertness)的权力是某个渠道成员通过某种专业知识而产生的对其他渠道成员的影响力,而这种专业知识的存在方式同样在于权力客体的感知。在特定的专业领域内,权力主体专长权力的强度是由权力客体感受到的前者拥有的专业知识的程度所决定的,但这种判断有时并不是客观的标准,只是后者的主观感受而已。基于专业知识的专长权在渠道组织中居于劳动分工、专业化和比较优势的核心地位,正是这种专业分工使得渠道系统内的每一个成员都具有一定的专长权。专长权力的持久性是它区别于其他权力的一个重要特征,基于某种专业知识的权力有时可能只存在于渠道成员互动行为的有限期间内,也可能持久地存在,这主要取决于专业知识的性质。如果通过互动行为,

---

① FRENCH J R P, RAVEN B. The bases of social powe[M]//CARTWRIGHT D. Studies in social power. Ann Arbor: University of Michigan Press, 1959: 150-167.

权力客体通过学习能够自我提供原来依靠权力主体提供的专业知识，那么后者的专长权力在互动以后就失效了。因此，权力主体的专长权是与专业知识的可转移性和可替换性直接相关的。

4. 合法性

来自合法性（legitimacy）的权力是某个渠道成员通过渠道系统中的权利与义务关系而产生的对其他渠道成员的影响力。合法权力的重要特点是渠道权力客体感到从道德、社会或者法律的角度出发他都应该同权力主体保持一致，或者它有义务去遵从权力主体的要求。这种责任感和职责感有两种来源：法律和规范或者价值观，前者产生了法律上的合法权，后者产生了传统的合法权。前者如商法体系赋予特许经营系统中特许权的拥有者对受许者的权力；后者如传统上一般认为制造商拥有管理整个渠道系统的权力，但随着渠道系统的演化，这种传统的规范或价值观也在发生变化。

5. 认同

来自认同（identification）的权力是某个渠道成员作为其他渠道成员参照与认同的对象而对它们产生的影响力。来源于参照与认同的感召权本质上是渠道权力客体对权力主体的一种心理认同，这种权力的深层来源是权力主体的声望与地位。在渠道系统中，很难将这种认同权力从其他权力中区分出来，它往往伴随着其他权力的行使而存在。

此外，拥有某种对于其他渠道成员非常关键的信息也是产生权力的重要基础。一个渠道成员可以通过为其他渠道成员收集、解释与传递有价值的市场信息而获得相当的权力，有学者将其独立为权力的信息来源。[①]对于某个渠道成员而言，关键信息的缺失和不完全是一种非常不利的不确定性状态，而拥有收集、解释与传递这些关键信息能力的渠道成员实际上是在扮演一个前者所面临的不确定性的吸收者的角色，这使得前者对后者的依赖会有所增加，从而强化后者的影响力。

6.2.3 来自资源的权力：两种观点的融合

从企业资源基础理论（Resource Based View，RBV）的视角来看，企业不过是在一个管理框架下联结在一起的各种生产性资源的组合，这些资源既包括有形资源（如厂房、设备、土地等）和无形资源（如品牌、企业声誉、专业知识、信息等），也包括运营各种资源的能力。这里的能力应当是难以模仿、能够持续发展的核心能力。从发展的角度来看，这种能力不仅包括有效运营各种资源的能力，还应当包括如何识别关键资源和获取关键资源的能力。从这个视角来看，上述两种渠道权力的基础实际上是统一的，从静态视角来看，两种观点统一于企业所拥有的资源；从动态视角来看，两种观点则统一于企业获取资源和运营资源的能力。

首先，从静态视角来看，根据资源依赖（resource dependence）理论的观点，任何一家企业都不能自给其所需的全部资源，因而一个渠道成员对某种资源的依赖实际上反映了该成员对拥有这种资源的渠道成员的依赖；而渠道成员所拥有的资源则可能被整合和生成各

---

① RAVEN B H. The base of power: origins and recent developments[J]. Journal of social issues, 1993, 49(4): 227-251.

种不同的能力——对渠道成员进行奖赏、惩罚的能力，为其提供专业知识的能力，形成并向其展示该成员所拥有的声誉与形象的能力等。因此，权力实际上是通过占有和掌握渠道伙伴认为重要的资源所获得的。这些资源是在渠道关系中能够产生和代表每个渠道成员的依赖、信任和对渠道伙伴忠诚的那些资产、特性和条件。正是企业所占有的资源的量与质的差异导致渠道成员之间不同水平的依赖，从而产生不同的权力关系。

对于资源占有量的差异既有企业先天禀赋差异的原因，也有企业获取和运营资源能力差异方面的原因，对于这一点我们稍后将进行详细论述。占有资源的质的差异对权力关系的决定作用也非常关键。一方面，不同的资源对于产生权力的效力是存在差异的。资源可以分为具有"普遍性"和"特定性"特征的两类，其中普遍性资源是可以与任何人进行交换的资源；而特定性资源的交换则比较容易受到限制，因为它需要提供给特定的对象。所以，一些资源（如社会经济类资源）几乎可以在任何关系中使用；而另一些资源则可能只能针对特定的关系（如我们在第3章中所提到的专用资产）。从这种区分中，我们可以看到拥有替代选择的多少对权力多寡的影响是非常直接的。另一方面，在既定的情境下对于各种资源需求的程度也影响着不同资源产生权力的能力。一般而言，那些需求最为迫切并且难以替代（缺少替代者或者存在替代者但转换成本过高）的资源价值是最高的，因而占有这些资源的渠道成员就拥有较大的权力。

其次，从动态视角和发展的角度来看，渠道成员积累它们认为重要的资源是形成权力的基础，因此，渠道成员可以对特定的资源进行投资，以获得产生渠道权力的源泉。但由于不同类型的资源产生权力的基础与能力是存在差异的，因此，企业需要具备的第一种能力就是识别关键资源和获取关键资源的能力。然而，并不是占有资源就能够产生有效的渠道权力，渠道成员必须将这些资源有效地转化为自己的核心能力，才能对其他渠道成员产生持续的影响力。因此，企业需要具有的第二种能力是将获取的资源转化成具有持续性和难于模仿的核心能力的能力。显然，这一点对于企业权力优势的持续性更为关键。[1]

6.2.4 渠道权力的应用方式

如前文所述，渠道权力是一种潜在的影响力，即拥有渠道权力的渠道成员可能实际应用权力，也可能不应用权力。营销学者们的研究发现，渠道成员拥有的权力越多，它就越倾向于使用权力，即将潜在的影响力转化为实际应用的权力，而不会将权力弃置不用或者留待以后再用。[2]那么，根据渠道权力的来源，我们看出渠道权力实际上存在着多种多样的形式和内容，渠道成员如何将这些潜在的权力转化成能够被渠道伙伴感知到的应用的权力，并实现其权力应用的目标呢？在营销渠道理论中，有两种被学者们广泛采用的概念化方法：一种方法将权力的应用视同企业所拥有的权力基础的应用；另一种方法则认为渠道权力的应用是渠道成员对其渠道伙伴实施的影响战略。两种方法都与渠道

---

[1] 张闯，夏春玉. 渠道权力：依赖、结构与策略[J]. 经济管理·新管理，2005（2）：64-70.
[2] GASKI J F, NEVIN J R. The differential effects of exercised and unexercised power sources in a marketing channel[J]. Journal of marketing research, 1985, 22: 130-142.

权力的基础有关。

1. 渠道权力的应用方式——应用权力基础

根据社会心理学理论关于权力基础的观点，渠道权力可以分为奖赏权、强制权、专长权、合法权和认同权，应用权力基础的观点等同于企业应用这些来自不同基础的权力。根据前文我们对这五种渠道权力的定义，我们会发现这五种权力之间的界限并不总是清晰的。换言之，无论是应用权力的企业，还是对渠道权力进行研究的学者，恐怕都难以清晰地将五种渠道权力分开，它们总是相互交叉、混同在一起。当然，无论是企业管理者还是营销学者，他们都没有试图去做这种区分，而是依靠比较宽泛的类别将五种权力分成两组。我们下面介绍两种非常典型的分类方法。①

一种分类方法是将强制权作为一类，而将其余四种权力作为另一类，这样的分类方法将五种权力区分为强制性（coercive）权力和非强制性（noncoercive）权力两类。其中强制性权力的应用往往伴随着惩罚、威胁、命令等较为强制的方式，而非强制性权力的应用则往往表现为提供各种支持、报酬和信息等协助。如制造商加快对其经销商的供货速度以减小后者缺货的可能，制造商是在使用非强制性权力；而如果制造商降低对其供货商的供货速度，该制造商则是在使用强制性权力。因为前者是制造商为其经销商提供了更多的支持，而后者则是制造商撤销了原本属于经销商的权益，这会令经销商遭受损失。

另一种分类方法是将强制权、奖赏权和法律的合法权归为一类，将专长权、认同权和传统的合法权归为另一类，这样的分类方法将五种权力区分为调解性（mediated）权力和非调解性（unmediated）权力。两种权力的差异在于，调解性权力是权力主体通过向权力客体展示权力令后者感知到并承认权力的存在；而非调解性权力则是很难被权力客体所感知到的权力。这种分类与前一种分类的差别在于，这种分类认为奖赏权和法律的合法权也具有一些强制性的特征。如推出新产品的制造商为了让其经销商接纳该产品，会采用这样的措施，经销商如果接纳该新产品，制造商会给予其额外的促销支持，这是制造商在应用奖赏权。虽然奖赏权的应用并没有令经销商损失应有的利益，但其作用的机制却在于经销商接纳该新产品并非出自自愿，受到影响的经销商可能会感到其自主权受到了一定的侵犯。从这个角度来看，奖赏权的应用确实具有某些强制性特征。而法律的合法权是以商法体系为保障的，制造商会要求其经销商接纳新产品，因为在双方签订的经销合同中已经这样规定了，经销商接纳新产品的行为同样是受到了某种程度的胁迫，因而法律的合法权也具有很强的强制性特征。与之相比，专长权、认同权和传统的合法权的作用机制也是向权力客体提供各种各样的协助与支持，其影响是潜移默化的，权力客体不会感觉到其自主性受到了侵犯，其行为的改变完全是出自自愿。

最后需要指出的一点是，虽然五种权力之间的界限并不清晰，但这些权力基础之间是相互作用的，而非相互独立的。一种权力基础的应用会增强，也可能削弱另一种权力的基础。如有学者的研究发现奖赏权力的应用会增强专长权、合法权以及认同权的基础，

---

① 科兰，安德森，斯特恩，等. 营销渠道[M]. 蒋青云，等译. 7版. 北京：中国人民大学出版社，2008：184.

而强制权的应用则会削弱其余三种权力基础。①

2. 渠道权力的应用方式——影响战略

将潜在的影响力转化为现实应用的权力需要与渠道伙伴进行相应的沟通，而这些沟通的性质则影响着渠道关系中的各种互动行为。代表企业与渠道伙伴进行沟通的人往往被称为企业的边界人员（boundary person），包括企业的销售人员、区域经理、总经理等，这些边界人员采用各种各样的影响战略来影响渠道伙伴的行为。在渠道行为理论中，学者们提出了以下六种影响战略。②

（1）许诺战略。如果你按照我说的做，我就会奖励你。如制造商在影响经销商的行为时会采用如下策略：如果经销商接受制造商的新产品，制造商将给予其额外的促销费用支持。

（2）威胁战略。如果你不照我说的做，我就会惩罚你。同样是在上例中，制造商的策略为：如果经销商不接受制造商的新产品，制造商将取消其在特定市场内的经销资格。

（3）法律战略。你必须按照我说的做，因为按照合同条款你已经同意这么做了。制造商的策略为：经销商必须接受制造商的新产品，因为双方的经销合同中已经这样规定了（其潜台词是如果经销商不同意这样做，制造商可以到法院起诉它）。

（4）请求战略。请按照我希望的去做（没有进一步的说明）。制造商只是简单地向经销商提出希望其接纳新产品的要求，没有任何附带的条件。

（5）信息交换战略。无须说明我想要的是什么，我们来探讨什么方式对合作伙伴更有利。制造商并不直接、明确地向经销商提出与新产品相关的任何要求，而是与经销商一起商讨采用什么样的合作方式会对经销商更有利。

（6）建议战略。如果你按照我说的做，你就会盈利。制造商向经销商提出采纳其新产品的建议，并说明如果经销商采纳该新产品，其一定会盈利。

显然，上述六种影响战略都是建立在一种或几种权力基础之上的，其对应关系如图6-1所示。③通过这一对应关系，我们可以看出不同的影响战略的性质，其中威胁战略和法律战略具有很强的强制性特征，而许诺战略相对应的奖赏也具有一定的强制性特征。请求战略、信息交换战略和建议战略的作用机制可能会更加微妙一些，因为它们涉及更

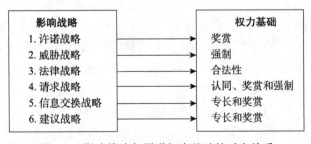

图6-1 影响战略与渠道权力基础的对应关系

---

① GASKI J F. Interrelations among a channel entity's power sources: impact of the exercise of reward and coercion on expert, referent, and legitimate power sources[J]. Journal of marketing research, 1986, 23: 62-77.

② FRAZIER G L, SUMMERS J O. Perceptions of interfirm power and its use within a franchise channel of distribution[J]. Journal of marketing research, 1986, 23: 169-176.

③ 科兰，安德森，斯特恩，等. 营销渠道[M]. 蒋青云，等译. 7版. 北京：中国人民大学出版社，2008：193.

多的权力基础。在实际的应用过程中,不同类型的影响战略的作用结果可能还取决于渠道关系内的依赖结构,以及影响的长期与短期考虑等。下面我们就转向渠道权力应用的几种一般的结果。

6.2.5 渠道权力应用的结果

对于渠道权力主体而言,应用渠道权力的目的在于对权力客体的行为与决策施加影响。显然,应用不同的渠道权力所能产生的结果可能是存在较大的差异的,有些结果是直接的,有些是间接的;有些是短期的,有些是长期的,这些差异同样会作用于短期和长期的渠道关系质量与绩效。一般而言,渠道权力应用会产生以下三种一般的结果。[①]

(1) 服从。权力客体对权力主体的要求直接作出反应,按照后者的要求改变了其原来的行为,显然这种结果是直接的。此时权力客体服从只是因为其期望从权力主体那里获得一种合适的反应,如获得报酬或规避惩罚。因此,这种服从是短期的,并且是不稳定的,权力客体对主体的权力的反应只有在后者的监管之下才能实现,但当驱使权力客体的行为的诱因(如报酬或惩罚)不存在时,其服从行为也就消失了。然而,问题的另一面却使这种服从行为可能成为影响渠道关系及长期绩效的重要因素。面对权力主体的奖赏或惩罚的威胁,权力客体的服从行为显然是身不由己,即权力客体并非出自自觉自愿而改变行为。这种被迫改变行为的背后很可能是受到影响的权力客体在态度与价值观念等方面走向权力主体的对立面,即虽然表面上服从,但心理上不仅难以接受,还可能埋下冲突的种子,这显然是不利于长期渠道绩效的提升的。

(2) 认同。当这种结果发生时,受到影响的权力客体不仅会对权力主体的要求直接作出响应,并且会内在地认同权力主体的做法与行为。权力客体对主体的认同显然不是建立在直接的报酬或惩罚等诱因的基础之上,而是建立在权力客体认为应该按照权力主体的要求去做的基础上,前者更为自觉自愿地作出相应的反应。显然,这种认同所产生的反应相对于基于服从的反应而言是可以持续的,因为这种权力客体的反应体现了其更多的自主决策,而不是基于权力主体的胁迫。尽管如此,认同这一结果并非什么情况下都会出现,权力客体对权力主体的认同显然是存在前提和基础的,如一个拥有卓越品牌的制造商在品牌营销方面对其经销商施加影响比其在物流流程方面对其经销商施加影响更可能获得经销商的认同,因为在品牌营销方面该制造商是为经销商所认可的专家。因此,权力客体的认同行为仅仅限于其对权力主体产生认同的基础的范围内。

(3) 内化。权力客体对权力主体的内化是由于后者的要求与前者的价值观念是一致的,受到影响的权力客体从内在的价值观念上与权力主体的影响一致。显然,这种结果是建立在渠道关系双方共同或相似的价值观念与目标的基础上的,由于外在目标与内在价值观念的统一,这种反应相对于上述两种反应而言是可以长期持续的,因而这种结果会在长期内塑造紧密的渠道关系,从而有助于长期渠道绩效的提升。

从前述五种渠道权力来看,强制、奖赏和法律合法权的应用会导致服从行为;认同

[①] KASULIS J J, SPEKMAN R E. A framework for the use of power[J]. European journal of marketing, 1980, 14(4): 180-190.

与专长权力的应用会产生认同行为;而传统合法权的运用则会产生内化行为。上述三种渠道权力应用的结果对渠道绩效的影响也各不相同,服从行为是短期内最为直接的结果,应用权力的渠道成员可以获得直接的短期收益,但却可能为长期绩效的改善埋下隐患;而认同与内化行为并不必然地伴随直接、快速的服从行为,但却可以内在地影响受到影响的渠道成员的态度与价值观念,这些对于渠道长期绩效的改善显然更为重要。既然如此,渠道成员在应用渠道权力时实际上就需要在短期收益与长期绩效之间进行平衡,不要为了获得短期的收益而损失长期的绩效。

6.3 渠道权力结构的平衡与演化机制

6.3.1 渠道权力结构及其维度

如前文所述,由于一个渠道成员对另一个渠道成员的依赖是后者权力的来源,因此渠道关系中相互依赖的总量以及相互依赖的不平衡程度与关系中权力的总量和权力的不平衡程度是对等的,渠道关系中依赖的结构为我们分析关系中的权力结构提供了一个基本的视角。当我们只考虑由两个渠道成员 A 和 B 构成的渠道关系时,该关系中的权力结构就可以从这两个成员之间相互依赖的程度来进行考察(图 6-2)。

案例 6-3 周黑鸭加快布局全渠道:权力与依赖

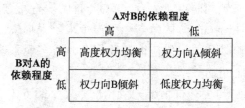

图 6-2 二元渠道关系中的权力结构

根据关系双方对彼此的依赖水平,我们可以得到四种比较典型的渠道权力结构。

(1)高度权力均衡。在图 6-2 的左上角,A 与 B 之间处于彼此高度依赖的状态,这意味着双方彼此拥有高度的权力,任何一方对另一方的净依赖程度均很小。这种状态的形成或是由于双方都在占有对方认为"有价值的资源"的基础上,为对方提供高效用;或是由于双方各自"有价值的资源"的替代来源具有很高的稀缺性;或是即使存在替代来源,但双方之间专用资产的投入导致了共同的高转换成本。这种高度均衡的依赖关系使双方都将注意力集中于关系的建设,这会促使渠道产出效率的提高。值得指出的是,渠道关系的高度相互依赖,并且相对依赖为零时,并不意味着关系内权力的抵消,关系双方仍然都保持着对对方的巨大影响。从功能依赖的角度来看,这种相互影响可能是指向不同的渠道问题领域的。以苹果公司与鸿海(富士康)为例,一方面,作为苹果公司的"御用工厂",富士康拿下了 iPhone 绝大部分的订单,苹果公司的订单减少或者压低价格,对富士康的打击最大。[①]另一方面,富士康拥有苹果公司难以替代的大量的熟练技工和技术,而且富士康还为苹果公司供应 OLED(有机发光二极管)显示屏和玻璃机身。可见,富士康依赖苹果公司获取利润,苹果公司对富士康的依赖也越来越大。[②]

(2)低度权力均衡。渠道依赖关系结构的另一种极端情况是处于图 6-2 中右下方的状态,A 与 B 之间彼此低度依赖,这意味着双方都缺乏对对方的权力,双方的净依赖程度均很小。这种状态的形成最重要的原因或许在于二者处于一个竞争比较充分的市场环境当中,关系中任何一方所占有的资源对于另一方而言或是没有吸引力的,或是能够轻易地从替代来源处获得,关系的解散与重建的成本均很低。这种状态的渠道关系倾向于按照古典经济关系的路径运行,关系双方都不着眼于双方关系的建设,合作伙伴在一个竞争充分的市场中频繁转换,因而这种渠道权力结构使渠道的产出效率维持在一个较低的水平上。

(3)权力向 A 倾斜。处于图 6-2 中右上角和左下角的权力关系与前面两种状态不同,在这两种权力关系中,渠道权力处于不均衡的倾斜状态。在右上角所示的依赖结构中,B 对 A 的依赖程度高于后者对前者的依赖,或者说 B 对 A 的净依赖程度较大,这导致了渠道权力向 A 倾斜,A 对 B 的影响较大。这种权力结构产生的原因在于 A 掌握了更多在 B 看来"有价值的资源",而 B 则从 A 那里获得这些资源产生的效用,并且这些资源的可替代性来源较少,或是存在替代来源,B 的转换成本较高。例如,2016 年 8 月,Prevent 集团旗下的两个公司 Car Trim 和 ES Automobilguss 停止向大众供应零部件,直到大众同意向 Prevent 集团赔偿 1 300 万欧元(合计 1 470 万美元),为期 6 天的对峙才告一段落。这一渠道冲突不仅造成 6 家工厂生产停滞,以及高尔夫和帕萨特车型的停产,还暴露出大众对单一供应商过分依赖的弱点。大众 CEO(首席执行官)穆伦表示:"鉴于与波斯尼亚汽车零部件制造商 Prevent 集团争端给生产带来巨大损失,大众集团将再次审查合同,以避免自己过分依赖某一单一供应商。我们会调查多元采购和单一采购等问题,尽可能优化与所有供应商之间的关系。"[③]

(4)权力向 B 倾斜。与上一种情况完全相反,处于图 6-2 中左下角的权力关系则向 B 倾斜,B 对 A 的影响较大。这种权力结构的产生是由于 B 占有了更多 A 所认为"有价值的资源",并且依靠这些资源向 A 提供较高的效用,而 A 或是难以寻找替代者,或是存在替代来源但难以转换。

可见,在一个渠道关系中,可能呈现出来的权力结构为两大类,即平衡的权力(balance power)和不平衡的权力(imbalance power)。根据相互依赖的两个分析维度,平衡的权力可能出现在不同的总依赖水平上,两种比较极端的情形是渠道关系双方彼此低度依赖,即关系中依赖的总量接近于零;关系双方彼此高度依赖,即关系中依赖的总量处于较高的水平。对于渠道系统而言,渠道成员在一定水平上拥有平衡的相互依赖关系比相互依赖不平衡的渠道关系更稳定并呈现出更高的绩效水平。但正是由于渠道权力的特质,这

[①] 结果已经出炉,美媒:富士康加速了苹果脱离中国的市场[EB/OL]. (2022-11-16). https://www.163.com/dy/article/HMAH4T380553FMOU.html.

[②] 王新喜. 不那么听话了的富士康:正在成为苹果的隐患?[EB/OL]. (2016-11-04). http://www.huxiu.com/article/169574.html.

[③] 过分依赖单一供应商 大众种下的恶果哭着也要吃完[EB/OL]. (2016-09-02). https://www.sohu.com/a/113285070_122189.

种绝对的高度相互依赖并不是渠道中的普遍现象，相反，渠道权力的不平衡才是常态。不平衡的权力结构也可以从两个方面来考察：一是渠道关系中哪个成员处于权力优势地位；二是既定水平的权力不平衡是在何种相互依赖总量的水平上出现的。对于前者，拥有权力优势的渠道成员将作为渠道领导主导渠道关系的运作，而渠道权力结构的变化则可能导致拥有权力优势的渠道成员的变化，如渠道系统从制造商主宰演化为由零售商领导，这种权力结构的演化过程及其结果应当成为渠道权力研究的重要问题。对于后者而言，影响渠道成员行为以及渠道绩效的变量不仅体现为渠道中权力结构的不平衡，而且这种既定的权力不平衡所依托的渠道关系中权力（依赖）的总量同样也会对渠道成员的行为和渠道绩效产生重要影响。

关于渠道权力的应用，依赖结构的两个维度也会产生不同的影响。在相互依赖的总水平很低的情况下，由于关系双方对对方的依赖水平均很低，双方之间的互动竞争性非常强，每一个寻求利益最大化的渠道成员都会为了达到自己所期望的目标而不惜动用强硬的手段。正是这种关系的即时性使得强制影响战略的实施不会令其使用者付出更多的成本，因而在这种渠道关系中渠道权力的应用通常是以强制影响战略的形式出现的。与之相反，当关系中相互依赖的总量达到一定高度时，无论关系双方之间的依赖结构是否平衡，关系中的每一方对于对方目标的实现都具有重要影响，因而此时渠道成员如果使用强制性影响战略的话，会对渠道关系的质量产生严重的负面影响，从而影响渠道关系双方的绩效。问题的另一面是，当关系中的权力不平衡水平保持不变时，依赖总量的增加实际上是增加了关系中权力的总量。此时一方使用强制性影响战略对另一方施加影响的结果很可能是遭到对方使用相同的影响战略对其进行报复，因为双方手中的权力水平都很高。在这种情况下，关系双方都具有一种惧怕对方报复，从而影响其绩效的心理，因而都会避免使用强制性影响战略。因此，在这种渠道关系中，非强制性影响战略是渠道权力应用的主要方式。在一个渠道成员使用非强制性影响战略的情况下，渠道关系对方也会使用非强制性影响战略，从而会促进渠道关系双方形成更高的一致性，并提高渠道关系的协作水平。

可见，由于渠道成员之间的相互依赖，不仅渠道系统中总是存在着一定水平的权力，并且每一个渠道成员也都拥有一定水平的权力，每个渠道成员都可以根据自己在渠道关系中的地位和想要达到的目标来选择应用权力的方式，而权力关系的平衡与否以及渠道关系中权力的总量都会对渠道成员应用权力及其结果产生重要影响。

6.3.2 渠道权力结构的演化机制

渠道关系中的权力结构不是一成不变的，而是一直处于运动变化的过程中。推动渠道权力结构不断变化的重要因素是权力的两个关键属性——工具性和对称性。权力的工具性是指权力可以被其拥有者用来谋取利益，这一点我们已经在前文有所述及。而权力的对称性则与权力的工具性直接相关，它是指任何权力的应用都会导致一个相反的权力的应用来抵消其影响。在这两个要素影响下的渠道权力作用的机理如图 6-3 所示。由于渠道权力的工具性，渠道权力主体总是倾向于使用权力，用以获取渠道收益。这种权力应用的结果是渠道权力结构趋向于分化，而不是平衡，这是由于拥有权力优势地位能够为权力主体带来超额的收益，所以它将努力保持或进一步拉大关系中的权力差距。问题的另一面是，权力主体使用权力的结果总会导致权力客体应用抵消性权力来抵消其影响。权力客体的抵消性权力可能来自其所拥有的对于权力主体而言重要的资源而产生的权力主体对权力客体的依赖，而当这种依赖不足以产生有效的抵消性权力时，权力客体将会寻求其他权力来源，增强其所拥有的抵消性权力。实际上，权力客体抵消性权力增加的结果是在一定程度上改变了渠道关系中双方权力差距的对比，从而促使权力结构向平衡方向运动。并且，由于权力的工具性，渠道权力客体也同样拥有寻求更大的权力改善其不利地位的动机。这样，权力的工具性与对称性实际上对渠道权力结构施加了两种相反的影响，而渠道权力的结构就是在这两种力量的影响下不断地运动变化的。从这个角度来看，渠道关系中权力结构的平衡是一种例外情况，而渠道权力的不平衡才是一种常态，前者不过是后者运动变化中暂时出现的均衡点，权力的工具性使得这种均衡状态无法持续。

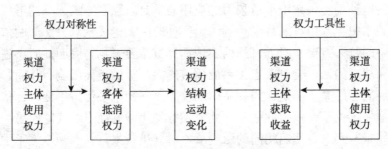

图 6-3　渠道权力的使用与权力结构演化机制

6.3.3　渠道权力结构与企业的权力平衡策略

由于权力的工具性，拥有权力优势地位意味着主导渠道关系以及获取更多渠道收益的能力。因此，渠道关系中的双方根据自己的权力地位都会选择相应的权力策略——权力优势一方会努力保持或拉大权力差距；而权力弱势一方则会努力增加权力，尽量平衡倾斜的权力结构，并在可能的情况下改变权力倾斜的方向，即变成主导交换关系的权力优势方。

1. 不平衡的依赖：渠道权力客体的策略

结合渠道权力产生的基础与渠道关系中的依赖关系，处于相对弱势地位的渠道权力客体可以采取以下策略来抵消权力主体的影响，并提高其权力地位。[1]

（1）发展战略性资源。渠道权力的倾斜主要是因为权力关系双方所占有资源的不平衡，因此，在渠道权力关系中处于弱势地位的一方首先应当发展战略性资源，增加权力赖以产生的基础。增加这种战略性资源的意义，一方面在于改变关系双方力量的对比，抵消更多的影响力；另一方面则在于能够向对方提供更多的效用，增加对方对自己的依

---

[1] 张闯，夏春玉. 渠道权力：依赖、结构与策略[J]. 经济管理·新管理，2005（2）：64-70.

赖。如 2004 年国美电器和格力空调爆发了激烈的渠道冲突，结果造成格力空调全部从国美电器销售体系撤出。为了应对大型电器连锁店的影响，格力空调加大了专卖店的建设力度，此举在于发展其自己的销售网络，减少对大型专业店的依赖。

（2）组织联盟对抗。如果在倾斜的权力关系中双方力量的差距过大，处于弱势的一方单凭自身的力量无法更多抵消权力主体的影响，那么权力客体的另一种有效的对策就是在渠道系统内组织一个联盟，以集体的力量扩大对权力主体的影响。在垂直营销系统中发展起来的由批发商主导的自愿连锁组织和零售商合作组织就是中小型中间商通过结成联盟的方式来对抗大型制造商权力影响的典型形式。如 2016 年 11 月，上汽集团、上汽大众、奥迪以及大众中国四方代表签署合作框架协议，宣布奥迪在华第二家合资企业合作对象定为上汽。这一消息令一汽-大众奥迪的经销商们猝不及防。随后，经销商代表在佛山与奥迪德方代表谈判无果后，表示奥迪若没有对如何保障经销商权益作出明确、令人满意的答复，将停止从厂家提车。最终，奥迪经销商联会（筹）与奥迪代表历经 6 小时激烈谈判后，奥迪同意暂停与上汽集团关于销售和网络的谈判，为了安抚经销商，谈判还达成了另外两点协议：确保一汽-大众奥迪经销商网络现有和未来的竞争力和盈利能力；提高奥迪销售事业部区域销售网络经营管理能力。①

（3）寻求替代者。倾斜权力关系中的客体的另一种增强自身权力的选择是寻求一个能够向自己提供类似服务的替代者，从而减小对权力主体的依赖程度。在竞争性较强的市场中，找到一个替代者是相对容易的，问题在于在渠道权力结构形成以后，即使存在众多替代者，但权力客体却可能由于较高的转换成本而无法轻易转向替代者。这就要求实力较弱的渠道成员在与实力雄厚的企业建立渠道关系时未雨绸缪，做好这方面的准备。制造商在分销宽度上选择密集分销或选择性分销而不是独家分销即是增加这种替代性的方案，中间商对经销品牌的多元化选择也是这种替代性方案的具体策略。②

（4）减少专用资产的投资。在存在效用的替代性来源，而权力客体却不能轻易转换效用提供者的情况下，大多是由于权力客体对特定关系的专用投资过多而出现了较高的转换成本。这种针对特定关系的投资所形成的专用资产是针对特定渠道伙伴的，一旦转换渠道伙伴，这些专用性资产都将成为沉没成本，无法用作他途。因此，要减少对权力主体的依赖，就要减少这种类型的投资，降低转换壁垒，在能够转换渠道关系时，增加自己的自主性。

（5）双边锁定。一旦渠道权力客体发觉自己由于专用资产的投入已经被权力关系对方"单边锁定"了，则权力客体除了忍痛中止渠道关系外，还有一种更佳的选择，那就是争取将自己的"单边锁定"转变成相互依赖的"双边锁定"。显然这种"双边锁定"的形成需要权力主体也向关系内投入专用资产。一种可能的途径是争取渠道权力主导方的投资，如中间商与其大型制造商合资建立新的分销机构，或制造商与大型中间商合资建立新的生产机构都是将"单边锁定"转向"双边锁定"的实例。

（6）发展自身的稀缺性。这是一种更加富有创造性的策略，通过使自己变得更加稀

---

① 代国辉，苏炜. 一汽奥迪经销商"造反"内情：以不提车相要挟[EB/OL]. (2016-12-12). http://finance.ce.cn/rolling/201612/12/t20161212_18611137.shtml.
② 张闯. 渠道权力与分销密度问题研究[J]. 经济管理·新管理，2004（12）：70-77.

缺来增加渠道权力主体对自己的依赖，从而在更大程度上抵消其影响力。发展自身稀缺性的一个有效途径是增强自己在某一领域的专业能力，使自己具备其他竞争者（自己的替代者）所不具备的专长。

2. 不平衡的依赖：渠道权力主体的策略

对于倾斜权力关系中的权力主体而言，由其主导的渠道系统将使渠道资源和利益按照有利于自己的方式进行分配，因而权力主体有一种继续维持或增强这种不平衡状态的动机。权力主体可以选择的策略有以下几种。①

（1）增加资源的占有。在倾斜的渠道权力关系中，权力主体维持或继续增强渠道权力倾斜性的一个首要做法就是继续获得并占有更多的战略性资源，继续拉大与权力客体的实力差距。制造商寻求纵向或横向的一体化战略、投资于"拉引战略"建立品牌偏好等策略均是增强自身实力的典型方式。

（2）隔离替代资源。权力主体继续维持或增加权力客体对自己依赖的另一种重要策略是尽量减少权力客体寻求并转向替代者的可能性。一种典型的做法是将替代来源与权力客体隔离。如制造商要求中间商独家代理其品牌产品，中间商要求独家分销或高度选择性分销都是这种将替代来源隔离的策略。②

（3）阻止联盟的形成。阻止权力客体形成反抗联盟也是维持权力倾斜状态的一种重要策略。正如社会学家布劳所指出的那样，如果权力客体群体共同感受到了权力主体的影响和"剥削"，他们将结成联盟进行反抗。③因此，阻止联盟形成的一个重要途径就是为每个权力客体提供不同的利益和义务方式，以在他们之间形成差异化的感受。大型制造商分别向不同的中间商提供不同标记、包装、款式但却是标准化生产的同质产品就是这种创造感受差异的重要策略。

（4）单边锁定。维持或增加权力客体的依赖的另一种有效策略即是将其"单边锁定"在特定的渠道关系中，提高其转换的壁垒。这种"单边锁定"的主要形式就是吸引权力客体向特定关系进行专用投资。这通常需要权力主体提供一些"补偿性依赖"，如制造商提高市场覆盖的选择性，中间商减少经营竞争性品牌的种类来换取权力客体对关系的投入。

（5）发展自身的稀缺性。如同权力客体发展自己的稀缺性以增加权力主体对自己的依赖一样，权力主体也可以诉诸这种策略，以使权力客体更难寻求替代者。对于渠道权力的主体而言，要发展自己的稀缺性除了要发展一种具有差异化的专业能力之外，还应当致力于减小横向竞争的程度，因为过度的横向竞争意味着为权力客体提供了更多的替代来源。

（6）减少需求。从另一个角度思考权力主体的意图，则可以得出一个更富有创意的方法，即通过减小对权力客体的依赖程度，从而增加客体对自己的净依赖程度。这个目的的达到是通过权力主体减少对权力客体所提供效用的需求来实现的，这种减少的需求可能是真正的减少，也可能是一种类似于扬言投资于自己提供某种服务的象征性减少。

---

① 张闯，夏春玉. 渠道权力：依赖、结构与策略[J]. 经济管理·新管理，2005（2）：64-70.
② 张闯. 渠道权力与分销密度问题研究[J]. 经济管理·新管理，2004（12）：70-77.
③ 布劳. 社会生活中的交换与权力[M]. 北京：华夏出版社，1988.

如制造商投资开设网络渠道以减少对实体分销商渠道的依赖。

最后必须指出的是，上述各种策略在相互依赖的渠道关系中的运用远没有我们叙述的这样简单，特定渠道关系中的任何一方都不愿意使自己处于过度依赖对方的被动地位，因而渠道关系中的依赖关系以及由此体现出来的渠道权力结构往往是关系双方在不断控制与反控制以及不断讨价还价中形成并发展变化的。

6.4 全渠道视角下的渠道权力与依赖

6.4.1 全渠道视角下渠道权力与依赖的变化

全渠道环境给制造商带来了更多的权力优势，制造商可以同时选择多种渠道直接向消费者销售产品。对于制造商而言，多渠道增加了市场渗透率，可以让其更好地了解多个市场，同时也提高了潜在竞争对手的进入壁垒。由于各种渠道相互竞争，制造商可以从这种"健康的"竞争中获得好处。此外，制造商绕开中间商直接为消费者服务，也可以使得消费者以更低的价格寻求到满足自身需求的产品。因此，全渠道环境下制造商获得了接触消费者的新途径，这无疑使得制造商成为零售商的直接竞争对手[1]，并给其在与零售商的依赖关系中带来更高的权力优势。

然而，这些趋势并不意味着零售市场的集中度已经完全消失，零售商也在不断适应全渠道环境的变化。这种变化一方面体现为传统零售商不断向全渠道零售转型升级，以不断提升自身的竞争优势，如银泰百货和永辉超市等成功实现了从多渠道向全渠道的转型。另一方面，零售商也通过扩大其自有品牌产品的供应努力摧毁制造商的品牌，如两大零售商伍尔沃斯（Woolworths）和科尔斯（Coles）成为澳大利亚80%的食品杂货供应商的主要客户，但这些零售巨头的权力因产品种类不同而存在差异，它们对于一些强势品牌制造商（如好奇纸尿裤）不具有太多权力，然而在某些其他品类上，它们的自有品牌实际上正在影响制造商品牌。[2]

6.4.2 全渠道视角下渠道权力的主要来源与应用

1. 全渠道视角下制造商渠道权力的主要来源与应用

在全渠道环境下，越来越多的制造商开始使用不同类型的渠道销售产品，如苹果公司采用了经销商渠道、代理商渠道、自营渠道、线上渠道等。对制造商而言，采用多种类型的渠道既会改变企业的渠道组合结构，也会影响企业与渠道伙伴之间的关系和针对彼此的互动行为。[3]当制造商可以随时随地以任何方式为消费者提供购物价值时，它们就

---

[1] KARRAY S, SIGUE S P. Offline retailers expanding online to compete with manufacturers: strategies and channel power[J]. Industrial marketing management, 2018, 71: 203-214.

[2] SUTTON-BRADY C, KAMVOUNIAS P, TAYLOR T. A model of supplier-retailer power asymmetry in the Australian retail industry[J]. Industrial marketing management, 2015, 51: 122-130.

[3] VERHOEF P C, KANNAN P K, INMAN J J. From multi-channel retailing to omni-channel retailing[J]. Journal of retailing, 2015, 91(2): 174-181.

可以使用专长权去影响分销商。① 具体来说，制造商可以借助电子商务和移动支付技术，通过促进线上线下渠道优势的融合，为消费者提供更为方便快捷的全渠道购物服务，使其在消费者心中形成更高的品牌影响力，这种给消费者带来价值的专业能力可以成为影响经销商的巨大权力优势，进而使得制造商在渠道政策实施、产品推广和销售、价格谈判以及促销等活动中居于更高的核心地位。

案例 6-4 格力线上直播销售模式对经销商业绩的冲击：权力与依赖

然而，全渠道环境下制造商的渠道多样性可能会破坏与渠道伙伴关系中权力应用的效果。一方面，制造商使用多种类型的渠道销售产品可能会增强其强制性权力使用的消极效果。强制性权力的使用一般会被分销商视作一种没有顾及他人利益的自利行为，很容易导致双方的激烈冲突，并减少企业间的合作。因而当制造商选取多渠道销售产品时无疑使分销商产生自身利益遭受更大损失的认知，从而对制造商强制性权力的使用产生更加强烈的反抗行为，引发更高水平的渠道冲突。另一方面，制造商的渠道多样性也会降低非强制性权力使用的积极效果。制造商采用多渠道销售产品会加剧渠道成员之间的目标不一致，这种背景下，制造商通过与分销商加强协作、为其提供信息支持等非强制性权力的使用，会让分销商对制造商行为的目的和动机抱有怀疑的态度，因而不会积极地回应制造商。因此，随着制造商的渠道多样性提高，渠道成员之间目标不一致水平也越高，分销商更加不会积极地采取有利于双方合作关系的行为来回应制造商，最终减弱非强制性权力使用的效果。②

2. 全渠道视角下零售商渠道权力的主要来源与应用

在全渠道环境中，随着互联网、大数据以及云计算的应用和推广，"线上运营+线下消费场景"的零售模式，逐渐成为传统零售企业创新转型的关键突破口。为此，越来越多的传统零售企业开始逐渐实施从单渠道到多渠道，再到跨渠道，直至实现全渠道零售转型的过程，以最终实现产业链的渠道价值共创。③ 这一全渠道变革也使零售商在与制造商等上游供应商的互动关系中具备了更大的权力优势。这种权力优势一方面源于制造商对零售商全渠道资源的依赖，即成功向全渠道转型的零售企业可以给消费者带来无缝、一致的消费体验，这种渠道协同效应有助于提升消费者对零售商店铺品牌的忠诚度，进而使得制造商需要更多依赖于全渠道零售商的分销资源来接触消费者，并最终导致零售商与制造商之间的权力不对称逐渐加剧。另一方面，全渠道环境也为零售商培育自有品牌产品创造了更好的条件，这也成为零售商渠道权力的又一重要来源。④ 近年来自有品牌在消费者市场的受欢迎程度不断上升，越来越多的零售商选择引入自己的品牌产品并不

---

① PALMATIER R W, SIVADAS E, STERN L W, et al. Marketing channel strategy: an omni-channel approach[M]. New York: Routledge, 2020: 101.

② 赵星宇, 庄贵军. 渠道多样性如何影响制造商使用渠道权力的效果[J]. 系统工程理论与实践, 2021(10): 2535-2547.

③ 李玉霞, 庄贵军, 卢亨宇. 传统零售企业从单渠道转型为全渠道的路径和机理——基于永辉超市的纵向案例研究[J]. 北京工商大学学报（社会科学版）, 2021(1): 27-36.

④ KIM D, JUNG G O, PARK H H. Manufacturer's retailer dependence: a private branding perspective[J]. Industrial marketing management, 2015, 49: 95-104.

断扩展范围。自有品牌的推广可以使零售商在与制造商的合同谈判和生产运营过程中掌握更多话语权，零售商自有品牌产品与制造商品牌产品的竞合关系也不断影响着企业间的权力结构。

然而，在全渠道环境中，电子商务的冲击也使得实体零售商通过收取通道费来应用权力的模式逐渐发生改变。在传统零售盈利模式中，"通道费模式"是一种异化的机制设计，零售商基于自身较大的渠道权力和较低的运营能力理性选择向上游的供应商收取通道费，但在当前全渠道环境中线上线下协同运营的冲击下，实体零售商使用通道费模式应用渠道权力获取利润的方式已经开始动摇，需要其依靠技术进步潜移默化地提升自身的运营能力来更好地应用渠道权力。

6.4.3 全渠道视角下渠道权力平衡策略

如上文所述，全渠道环境可以分别给制造商和零售商带来权力优势，我们接下来将从制造商和零售商两个视角探讨全渠道环境中的渠道权力平衡策略。

1. 全渠道环境中制造商视角的权力平衡策略

在全渠道环境中，当制造商作为权力主体时，渠道内的资源和利益能够按照有利于自己的方式进行分配，因而制造商有一种继续维持或增强这种不平衡状态的动机，其可以选择的策略有以下几种：第一，开辟线上直销渠道，直接接触消费者。制造商通过开辟与消费者直接接触的线上渠道，获取更多关于消费者需求和购买信息的数据，为其开发新产品、设计品牌营销活动提供更有价值的参考和依据，这有利于其在与零售商的谈判互动中取得更大的权力优势。第二，建立线下直营门店，实现线上线下渠道优势互补。制造商通过建立线下直营门店增强线上直销渠道与线下传统渠道优势的融合，实现线上线下的渠道协同效应。例如，制造商通过其直营门店为消费者提供线上下单、线下自提的全渠道供应链，这种线上线下的融合策略有助于提升自身服务水平和消费者的全渠道购物体验，以维持自身的竞争力。第三，利用互联网、大数据以及云计算的应用和推广，加大制造商的品牌宣传力度。全渠道环境为企业提供了更多品牌宣传的途径。例如，制造商可以利用抖音、快手等自媒体平台积极宣传自身品牌优势，以提高大众对品牌的知晓度，使其在与零售商的合作关系中获取更多权力优势。

面对制造商的高权力优势，零售商等权力客体则可以采取如下的一些平衡策略缩小与制造商之间的权力差距：第一，积极对制造商实施O2O合作策略。虽然强势的制造商可能拥有更多的资源开辟线上直销渠道，但由于缺乏实物体验，消费者经常因收到的产品与其需求不匹配而退货，造成线上较高的退货率。因此，制造商也在积极地与零售商开展合作，探索"线下体验、线上购买"的O2O渠道。[①]此时，零售商则需要积极地配合制造商实现线上线下融合的全渠道模式，以在与制造商的合作关系中掌握更大的话语权，缩小与制造商之间的权力差距。第二，充分掌握消费者的需求信息。相较于制造商而言，零售商更靠近市场，并可通过广泛的市场调研（如产品预售、线下体验等）获取

---

① AILAWADI K L, FARRIS P W. Managing multi-and omni-channel distribution: metrics and research directions[J]. Journal of retailing, 2017, 93(1): 120-135.

消费者质量偏好信息。[①]因此，零售商可以利用这一信息优势与制造商进行权力的抗衡。

2. 全渠道环境中零售商视角的权力平衡策略

在全渠道环境中，当零售商作为权力主体时，零售商具有更多的权力优势，同样，零售商也有一种继续维持或增强这种不平衡状态的动机，其可以选择的策略有以下两种：第一，进行全渠道零售转型。为满足全渠道中消费者的多样化需求，传统零售企业可以构建全渠道产业链，通过与消费者高效链接，努力在与消费者的互动中获取竞争优势。第二，积极开发自有品牌产品，提升自有品牌知名度。零售商通过开发与制造商品牌差异化的产品，有助于提高消费者的忠诚度，提升与制造商的议价能力。[②]全渠道环境有助于零售商利用互联网技术、线上线下的协同模式推广自己的品牌产品，以不断改变制造商提供品牌消费产品的商业模式。

面对具有高权力优势的零售商，制造商等权力客体可以采取如下两种策略：第一，利用与商品分类管理相关的信息不对称优势与零售商的权力相抗衡。制造商的商品分类管理能力使其具备一定的权力优势，有助于与零售商之间保持权力的平衡。[③]在全渠道环境中，零售商通过实施全渠道零售转型战略来更好地满足消费者的需求，从而提升自身的竞争优势，但其对于渠道上游的制造商商品分类管理方面的专业信息仍是知之甚少的。因此，制造商可以利用这一信息优势提高其权力地位。第二，建立线上直销渠道。全渠道环境中，由于建立线上模式所需支付的成本相对较低，因而处于弱势地位的制造商也可以利用网络平台增加销量，采用"拉式策略"提升自身品牌的影响力。

本章提要

在渠道系统中，依赖是一个渠道成员为了实现其所期望的目标而需要与其他成员保持合作关系的程度。由于渠道成员在功能上的专业化，渠道成员之间是相互依赖的。渠道成员之所以相互依赖，是因为任何一个渠道成员都不拥有执行全部渠道功能所需要的资源，因而渠道成员之间相互依赖的本质是对彼此所拥有的资源的依赖。对于渠道系统而言，相互依赖是渠道关系的本质特征，不仅整个渠道功能的完成有赖于渠道成员之间的相互依赖与配合，并且每一个渠道成员要想实现其自身的目标也必须依赖其他渠道成员的配合，即每一个渠道成员都在一定程度上依赖于其他渠道成员提供的资源实现既定的目标。

渠道成员对其渠道伙伴的依赖水平取决于两个方面的因素：首先，渠道伙伴所拥有的资源对于渠道成员实现目标的价值越大，它对渠道伙伴的依赖水平就越高。其次，渠道成员从其他渠道伙伴那里获得替代来源的程度，可替代来源的提供者越少，或者存在替代来源但转向替代者的成本过于高昂，则依赖水平就越高。

渠道权力是一个渠道成员对渠道内处于不同层次上的另一个渠道成员的营销战略决

---

① XIAO L, XU M, ZHENG J, et al. Inducing manufacturer's quality enhancement via retailer's acquisition strategy[J]. Omega, 2020, 93(1): 1-14.

② WALSH G, MITCHELL V W. Consumers' intention to buy private label brands revisited[J]. Journal of general management, 2010, 35(3): 3-24.

③ REHME J, NORDIGÅRDEN D, ELLSTRÖM D, et al. Power in distribution channels—supplier assortment strategy for balancing power[J]. Industrial marketing management, 2016, 54: 176-187.

策变量施加控制的能力。在社会交换理论中，权力来源于他人的依赖。对渠道权力的分析通常涉及以下几个基本的维度：权力的领域、权力的范围、权力的强度、相对权力、权力的总量。

渠道权力的性质涉及对权力这一渠道关系要素的价值判断，即它对于渠道系统的运行与绩效而言是好的、坏的，还是在价值方面是中立的。一种观点认为权力是其所有者对其他对象进行剥削的手段。另一种观点认为权力对于提高交换关系中的协作程度具有积极作用，并且拥有权力优势并不必然导致不公平地使用权力。第三种观点将渠道权力视为没有价值内涵的中立性工具。

营销学者关于渠道权力的来源目前存在两种观点：一种观点认为渠道权力来自渠道成员的依赖；另一种观点则认为渠道权力来源于社会权力的基础——奖赏、强制、专长、合法性、认同与信息。前一种观点建立在社会交换理论的基础上，而后一种观点则建立在社会心理学理论的基础上，这两种观点在企业资源这一更深层次上实际上是统一的。

在营销渠道理论中，有两种被学者们广泛采用的概念化方法：一种方法将权力的应用视同企业所拥有的权力基础的应用；另一种方法则认为渠道权力的应用是渠道成员对其渠道伙伴实施的影响战略。渠道权力应用会产生以下三种一般的结果：服从、认同和内化。

根据关系双方对彼此的依赖水平，渠道关系中可能出现四种比较典型的渠道权力结构：高度权力均衡、低度权力均衡、权力向 A 倾斜、权力向 B 倾斜。渠道关系中的权力结构不是一成不变的，而是一直处于运动变化的过程中。推动渠道权力结构不断变化的重要因素是权力的两个关键属性——工具性和对称性。

处于相对弱势地位的渠道权力客体可以采取以下策略来抵消权力主体的影响，并改善其权力地位：发展战略性资源、组织联盟对抗、寻求替代者、减少专用资产的投资、双边锁定和发展自身的稀缺性。

处于权力优势地位的渠道权力主体可以采取以下策略：增加资源的占有、隔离替代资源、阻止联盟的形成、单边锁定、发展自身的稀缺性和减少需求。

全渠道环境可以给制造商和零售商带来更多的权力优势。一方面，制造商通过选择多种渠道以及绕开中间商直接为顾客提供产品的方式来充分满足消费者的需求，进而给其在与零售商的依赖关系中带来更大的权力优势。另一方面，零售商也通过不断向全渠道零售转型升级以及扩大其自有品牌产品的供应等方式获取更多的权力优势。

全渠道环境中制造商视角的权力平衡策略包括：作为权力主体的制造商可以采取开辟线上直销渠道，直接接触消费者；建立线下直营门店，实现线上线下渠道优势互补；利用互联网、大数据以及云计算的应用和推广，加大制造商的品牌宣传力度等。相对应的权力客体零售商可以采取积极与制造商实施 O2O 合作策略、充分掌握消费者的需求信息等策略。

全渠道环境中零售商视角的权力平衡策略包括：作为权力主体的零售商可以采取进行全渠道零售转型；积极开发自有品牌产品，提升自有品牌知名度等策略。作为权力客体的制造商可以采取利用与商品分类管理相关的信息不对称优势与零售商的权力相抗衡、建立线上直销渠道等策略。

拓展阅读

1. PALMATIER R W, SIVADAS E, STERN L W, et al. Marketing channel strategy: an omni-channel approach[M]. New York: Routledge, 2020.
2. SCHEER L K, MIAO F, PALMATIER R W. Dependence and interdependence in marketing relationships: meta-analytic insights[J]. Journal of the academy of marketing science, 2015, 43(6): 694-712.
3. HUNT S D. The bases of power approach to channel relationships: has marketing's scholarship been misguided? [J]. Journal of marketing management, 2015, 31(7-8): 747-764.

即测即练

自学自测 扫描此码

第 7 章

营销渠道冲突、沟通与信任

◆ 学习目标

通过本章学习,理解渠道冲突、合作、信任、承诺及渠道沟通等核心概念;理解渠道冲突的原因、类型及解决方法;了解渠道合作的基本方式、渠道信任与渠道承诺的基本类型,以及渠道信任与承诺之间的关系;了解渠道沟通整合模型的构成,掌握不同渠道沟通策略与渠道环境特征的匹配及其对沟通结果的影响。

7.1 渠道冲突

7.1.1 渠道冲突及其类型

冲突(conflict)一词来源于拉丁语"confligere",意为"碰撞"。从这个名词的本义来看,冲突几乎经常地与诸如争夺、分裂、分歧、争论、摩擦、敌意、对抗等具有负面影响的意义联系在一起。但在渠道系统中,冲突的含义却并非只是上述消极的一面,渠道成员之间的冲突应该以一种更加中立的观点来看待。因为在渠道系统中,有些冲突不仅不是消极的,反而具有一定的建设性,它会提高渠道的运行效率。[1]

在渠道行为理论中,渠道冲突一般被定义为渠道成员之间相互对立的不和谐状态。当一个渠道成员的行为或目标与它的合作伙伴相反时,渠道冲突就产生了。渠道冲突以对手为中心,并且其目标也由渠道合作伙伴所控制。渠道冲突是渠道关系中的一种常态,其根源在于渠道成员之间既相互独立又相互依赖的关系。渠道冲突主要表现为,一个渠道成员正在阻挠或干扰另一个渠道成员实现自己的目标或有效运作;一个渠道成员正在从事某种会伤害、威胁另一个渠道成员的利益,或者以损害另一个渠道成员的利益为代价而获取稀缺资源的活动。[2]

虽然营销渠道中的冲突与发生在渠道中的竞争的概念意思相近,但二者是有区别的,

---

[1] 科兰,安德森,斯特恩,等. 营销渠道[M]. 蒋青云,孙一民,等译. 6 版. 北京:电子工业出版社,2003:196.
[2] 庄贵军,周筱莲,王桂林. 营销渠道管理[M]. 北京:北京大学出版社,2004:304.

不要相互混淆。①冲突是一种直接的、个人的、以对抗为中心的行为，竞争是一种以目标为中心的间接和非个人的行为。渠道冲突是一个渠道成员试图妨碍另一个渠道成员去实现目标，而竞争则是渠道成员为由第三方（如顾客、管理者或竞争者）控制的目标展开，竞争的各方与环境阻碍争斗，而冲突的各方则互相争斗。

渠道冲突随着其产生的主体、背景、原因等不同而呈现出多种多样的表现形式。

1. 按照渠道冲突产生的主体划分

（1）水平渠道冲突。水平渠道冲突是指同一渠道中，同一层次中间商之间的冲突。比如，某制造商的一些批发商可能指控同地区的另一些批发商随意降低价格，扰乱市场。营销渠道中的水平冲突，当发生在不同企业之间时，实际上是竞争对手之间的冲突，冲突的解决就是看谁在竞争中能够胜出或者被淘汰。

（2）垂直渠道冲突。垂直渠道冲突也称为渠道上下游冲突，是指在同一渠道中不同层次中间商之间的冲突。例如，零售商抱怨制造商的产品品质不良或者批发商不遵守制造商制定的价格政策。

渠道冲突理论更多关注的是垂直渠道冲突，这主要是基于以下两方面原因：一方面，垂直渠道冲突不仅经常发生，而且通过调节垂直渠道冲突能够更好地满足消费者需求，从而提高企业的竞争实力；另一方面，良好的纵向渠道关系是一个渠道顺利且有效运行的前提条件，而关系的好坏取决于双方的行为（包括冲突与冲突的解决）。垂直渠道冲突也是营销渠道中最具特色的冲突，因为垂直渠道冲突是相互依赖的渠道成员之间产生的冲突，也就是说，渠道成员之间要先建立合作关系才能产生冲突。②

（3）多渠道冲突。多渠道冲突是指一个制造商建立了两条或两条以上的分销渠道，而这些分销渠道在向同一市场销售其产品时所产生的冲突。随着市场的细分和可利用的渠道不断增加，越来越多的企业开始采用多渠道营销系统，即运用渠道组合覆盖目标市场。比如，某制造商决定通过大型综合商店销售其产品，这会招致制造商原有的独立专业店的不满。营销渠道中的多渠道冲突，很像一个企业内部不同业务单位之间的冲突，可以参考企业内部冲突的解决方法进行处理。

2. 按照渠道冲突的发展程度划分③

冲突意味着渠道成员之间互不相容的程度，据此，渠道冲突可以分为潜在冲突（latent conflict）、可觉察冲突（perceived conflict）、感觉冲突（felt conflict）和显性冲突（manifest conflict）等。

（1）潜在冲突。潜在冲突是各方利益分配不一致的情形引起的，常常在低水平存在，以至于渠道成员不能完全觉察到。在营销渠道中，潜在冲突最为典型。当所有各方都追求自己单独的目标，尽力保持其自主权，并且争夺有限的资源时，渠道成员的利益不可避免地发生冲突。

（2）可觉察冲突。当一个渠道成员意识到某种对立的存在时可觉察冲突才发生，如

---

① 罗森布罗姆. 营销渠道——管理的视野[M]. 宋华，等译. 7版. 北京：中国人民大学出版社，2006：106.
② 庄贵军，周筱莲，王桂林. 营销渠道管理[M]. 北京：北京大学出版社，2004：305.
③ 科兰，安德森，斯特恩，等. 营销渠道[M]. 蒋青云，孙一民，等译. 6版. 北京：电子工业出版社，2003：197.

观点、感觉、情感、兴趣和意图等的对立。它是一种认知上的对立状态，可以察觉到渠道成员表现出的明显不满和敌意。

（3）感觉冲突。当情绪（感情）因素介入时，渠道将体验到感觉冲突或情感冲突。在这一阶段，渠道参与者把他们的渠道描绘成冲突的，因为组织成员体验到了负面的情感：紧张、焦虑、愤怒、沮丧和敌意。

（4）显性冲突。显性冲突是看得见的，因为它是用行动来表达的。在两个组织之间，显性冲突通常表现为相互阻止对方的发展并撤销支持。最坏的情形是，一方企图对另一方采取破坏或复仇性行为，从根本上阻止另一方达到其目的。

渠道冲突既是一种静态的渠道行为，也是一个动态发展的过程。从静态来看，渠道冲突的水平是可以被评估的。从动态过程来看，渠道冲突表现为一个过程，渠道成员对待冲突的态度及解决冲突的方式取决于渠道成员间过去的关系。大量感觉冲突和显性冲突在同一个渠道关系中反复发生时，渠道成员对新的冲突事件也会充满敌意，夸大其危害，而不是采取积极的态度去解决冲突，建设良好的渠道关系。相反，如果渠道成员之间有过愉快的合作经历，当新的冲突事件发生时，渠道成员会本着维持良好的渠道关系的态度，忽略冲突，或者用积极的态度解决冲突。

3. 按照渠道冲突的作用结果（或功能）划分

在渠道系统中，渠道冲突的功能并不都是坏的，只有那些高水平的恶性冲突才对渠道关系起到破坏作用，而很多低水平的冲突对于提升渠道绩效是有益处的。因此，按照渠道冲突的作用结果（或功能），渠道冲突可分为恶性冲突和良性冲突两种。

（1）恶性冲突。恶性冲突指冲突的结果对渠道关系造成了破坏，甚至造成了渠道关系破裂的冲突。这种类型的渠道冲突往往表现为显性的高水平冲突，渠道成员为了达到维护自身利益或者打击报复渠道伙伴的目的而不再将渠道关系维护或渠道绩效提升作为主要目标。显然，这种冲突是应该尽量避免的。

案例 7-1 策略性"渠道冲突"——蜜雪冰城下沉市场的强势营销

（2）良性冲突。这种冲突也被称为功能性冲突（functional conflict），指对渠道关系的改善具有建设性意义的低水平冲突。这种冲突的建设性主要作用机理在于，渠道成员通过解决冲突会消除误解、加深对渠道伙伴目标的理解、促使双方进行深度沟通，这显然对于提升渠道关系质量和渠道绩效都是有好处的。对于渠道系统来说，渠道冲突水平过高会给渠道绩效带来破坏性，但渠道冲突水平过低对于渠道绩效同样也没有益处，因而渠道冲突管理的目标应该是将渠道冲突控制在一个合理的水平上，以发挥其功能性作用。

7.1.2 渠道冲突的原因

渠道成员之间的冲突实际上是两个组织之间心理契约关系在调整的过程中无法协商导致的矛盾。组织间心理契约根据激烈程度（是否可以容忍）和行为的主被动程度分为修正、废弃、平衡和协商。①在可容忍的情况下，营销渠道成员无法产生冲突：第一种可能是渠道成员主动调整成员间的协议，双方订立一份新的协议（修正）；第二种可能是即使环境发生了变化，但是渠道成员认为这种变化是可以容忍的，会基于其他期望进行平衡（平衡）。但是，在不可容忍的情况下，便产生了渠道冲突。如果冲突可以调和，则冲突双方会通过信息传递等方式进行沟通解决问题（协商）；与此相对的另一种极端情况是渠道成员之间结束合作关系（废弃）。渠道成员间心理契约调整如表 7-1 所示。

表 7-1 渠道成员间心理契约调整

行为	可容忍	不可容忍（造成冲突）
主动行为	修正	废弃
被动行为	平衡	协商

而具体到渠道成员"不可容忍"的一些因素，可以归纳为角色对立、资源稀缺、感知差异、期望差异、决策领域分歧、目标不一致、沟通障碍、渠道成员的机会主义行为等八个方面。②

（1）角色对立。角色是对各个渠道成员在渠道中应该发挥的功能和行为范围的界定。由于渠道是由功能专业化的渠道成员构成的，每一个渠道成员都必须承担它所应该执行的任务，任何一个渠道成员偏离了自己的角色范围，都可能造成渠道成员之间的对立，从而产生渠道冲突。

（2）资源稀缺。在渠道运行过程中，渠道成员为了实现各自的目标，往往会在一些稀缺资源的分配问题上产生分歧，从而导致渠道冲突。如对于特许经营者而言，其所服务的市场就是一种稀缺资源，如果特许者在该市场上又增加了一个新的特许经营者，就造成市场资源的重新分配。原有的特许经营者会认为新进入者抢了它的生意，因而特许者与受许者之间会产生冲突。

（3）感知差异。感知是指人对外部刺激进行选择和解释的过程，但由于背景、知识、个性等方面的差异，人们在对相同刺激物的感知方面存在着差异。在渠道系统中，不同的渠道成员在面对同一事物时，它们的解释与态度却大相径庭。如制造商认为卖场（POP）广告是一种有效的促销方式，而零售商却认为现场宣传材料对销售并没有多大影响，反而占用了卖场空间。这种感知差异无疑导致渠道冲突。

（4）期望差异。渠道成员往往会对其他成员的行为有所预期，并根据这种预期采取相应的行动。而当这种预期存在偏差，或者是错误的时候，该渠道成员就可能采取错误的行动，而这种行动则会导致其他渠道成员采取相应的行动，从而引发渠道冲突。如国美电器根据自己在竞争激烈的家电零售业中的龙头地位，预期只要向格力提出价格问题，后者就一定会屈服。但现实的情况是格力认为自己在国美的销售额占其总销售额的比例很小，况且还有其他渠道伙伴可以依靠，就没有屈从于国美的要求，从而引发了激烈的渠道冲突。

---

① 高维和，陈信康. 组织间关系：基于心理契约的建构[J]. 经济管理，2008（21-22）：101-107.
② 罗森布罗姆. 营销渠道管理[M]. 李乃和，奚俊芳，等译. 6 版. 北京：机械工业出版社，2003：100-102.

（5）决策领域分歧。由于在渠道系统中都承担着特定的职能，因而每一个渠道成员都有一个属于自己的决策领域，而当渠道成员认为其他渠道成员侵犯了本来应该由它进行决策的领域时，就会发生冲突。如就渠道中的商品价格而言，零售商可能认为价格决策属于它们的决策领域，而制造商则认为它们才有对商品的定价权，这种分歧将导致渠道冲突。

（6）目标不一致。虽然渠道系统使渠道成员有一个共同的目标（如满足共同的最终顾客的需求），但是，在渠道系统内各渠道成员都是独立的经济组织，因而都有自己相对独立的组织目标，并企图实现这些目标。因此，当各渠道成员的组织目标出现不一致甚至矛盾时，就会产生冲突。目标不一致是渠道冲突产生的重要原因，表 7-2 给出了目标不一致而导致渠道冲突的表现。

表 7-2　目标不一致与渠道冲突[①]

目标	供应商观点	经销商观点	冲突的表现
财务目标	通过以下方式使供应商的利润最大化： • 更高的出厂或批发价 • 更多的销售额 • 经销商更大的帮助 • 减少经销商的津贴	通过以下方式使经销商的利润最大化： • 更大的购销差价 • 更少的费用，包括给供应商提供更少的支持 • 更快的商品和资金周转 • 供应商更高的补贴或更大的支持	• 供应商：经销商没有付出足够的努力销售供应商的品牌。经销商定价太高，影响了产品销售。 • 经销商：供应商没有给经销商足够的支持。供应商的批发价太高，经销商无利可图
客户与市场目标	• 多个细分市场 • 跨区域市场 • 一个区域市场，多个渠道 • 所有愿意使用供应商产品的客户	• 特定的细分市场 • 常常是区域市场 • 一个区域，独家经营 • 有获利潜力的客户	• 供应商：供应商需要更大的市场覆盖面，经销商的销售努力不够。 • 经销商：供应商只顾自己赚钱，不关心经销商的利益
产品和客户政策	• 集中精力做产品和品牌 • 根据市场机会对产品线作出调整，向传统优势以外的领域扩张	• 范围经济 • 多种品牌，多种选择 • 不经销直销产品	• 供应商：经销商经营了太多的产品线，对供应商的品牌关注不够，不忠诚。 • 经销商：顾客是上帝，供应商应该考虑淘汰那些不好销的产品或产品线

（7）沟通障碍。沟通是渠道成员之间相互了解、化解误解的重要手段。当某个渠道成员不向其他渠道成员及时传递重要信息，或在信息传递过程中出现失误或偏差，从而不能准确地传递、理解信息时，就会发生渠道冲突。

（8）渠道成员的机会主义行为。渠道成员的机会主义行为是带来渠道冲突的重要原因。由于渠道成员行为动机和目标的不一致，渠道中产生了损害和争夺的机会主义行为。渠道成员的机会主义行为表现形式多样，是难以从渠道中根除的行为。因而，对渠道成员机会主义行为的治理，也是渠道管理的核心议题之一。关于投机行为的治理，我们将

[①] 庄贵军，周筱莲，王桂林. 营销渠道管理[M]. 北京：北京大学出版社，2004：308-309.

在第 8 章中详细阐述。

7.1.3 渠道冲突的过程与结果

渠道冲突并不是突然发生的，而是逐渐发生的，也就是说，冲突的发生要经过一个过程。渠道冲突过程一般包括以下几个发展阶段。[1]

（1）冲突的酝酿阶段。只要建立渠道系统就会产生渠道冲突的根源，这种根源产生于渠道成员之间为进行交易而相互发生作用，以及渠道系统所固有的垂直关系（管理与被管理）。当然，渠道成员有时能够直接意识到冲突根源的存在，有时则不能意识到冲突根源的存在。

（2）渠道冲突契机的出现，即意识到冲突的存在或即将发生。发生冲突的主要契机就是前面所说的引起冲突的具体原因。渠道成员之间一旦感觉到上述任何一种情况已经存在，那么就会使潜在的冲突状态转向具体的冲突状态。在该阶段，渠道成员只是意识到了冲突即将发生或已经存在，但还没有出现具体的冲突行为。

（3）渠道冲突行为。在意识到冲突将要发生以后，就会出现具体的冲突行为。这时，冲突行为一般有两种：一是某个渠道成员对采取敌对行为或破坏行为的其他渠道成员直接采取冲突行为，从而使冲突表面化；二是某个渠道成员对采取敌对行为或破坏行为的其他渠道成员不直接采取冲突行为，从而使冲突潜在化。之所以会有两种不同的冲突行为，是因为每个渠道成员的能力存在差异，或者每个渠道成员对渠道系统的依赖程度不同。采取第一种冲突行为的渠道成员一般对渠道系统的依赖程度较低，或者具有较强的能力，从而能够承受其他渠道成员的敌对行为或破坏行为所起到的负面作用（冲击）；相反，采取第二种冲突行为的渠道成员一般对渠道系统的依赖程度较高，或者能力较弱，从而不能承受其他渠道成员的敌对行为或破坏行为所起到的负面作用（冲击），或者担心直接采取冲突行为会损害与其他渠道成员的关系并导致报复，从而不得不采取避免冲突表面化的行为。显然，第一种冲突行为是显在性冲突行为，第二种冲突行为是潜在性冲突行为。

（4）渠道冲突的结果。渠道成员采取以上冲突行为后，可能会产生如下结果。

①进一步强化渠道系统的统一性或渠道成员对系统的凝聚力。在这种情形中，冲突能改善关系，这种冲突是功能性冲突。这种冲突使渠道成员更经常、更有效地交流；设置表达不满的途径；批判地评价渠道成员过去的行动；设计与实施更公平的系统资源分配方案；在渠道关系中建立更平衡的权力分配方案；开发出应对未来冲突并使其不超出一定限度的标准方法。[2]功能性冲突使渠道成员之间能够相互理解，那么，渠道系统的统一性或一体化程度就会更高，渠道成员对系统的凝聚力也会更强。

②渠道系统的解体。除上述结果以外，渠道成员的冲突行为还有可能使渠道成员之间的关系进一步恶化，同时也可能因找不到解决渠道成员之间矛盾的满意办法，从而可能导致一部分渠道成员脱离系统，或使渠道系统解体。

③渠道冲突的潜在化。如前所述，一些意识到发生渠道冲突的渠道成员往往不直接

---

[1] 夏春玉. 营销渠道的冲突与管理[J]. 当代经济科学，2004（6）：73-79.
[2] 科兰，安德森，斯特恩，等. 营销渠道[M]. 蒋青云，孙一民，等译. 6 版. 北京：电子工业出版社，2003：199.

采取与敌对的渠道成员相对抗的冲突行为，从而使渠道冲突潜在化。这时，虽然在表面上看不到明显的渠道冲突行为，而且渠道系统也可以正常运转，但是，这并不意味着渠道成员之间的矛盾已经解决了，或冲突已经不存在了。事实上，渠道成员之间的冲突仍然存在，只是因为一些渠道成员没有直接采取与敌对的渠道成员相对立的冲突行为，从而使冲突没有表面化而已。当然，这种潜在的冲突也可能一直持续下去。但是，将冲突行为潜在化的渠道成员往往通过其他替代行为适当化解与其他渠道成员的矛盾，或者按照渠道系统的要求采取相应的行为。当导致冲突发生的原因反复出现或持续存在时，那些将冲突行为长期潜在化的渠道成员的不满程度会逐渐增加，最终也可能使破坏性的冲突行为表面化，而这种长期潜在化的冲突行为一旦转化为表面化的现实性冲突行为，其激烈程度往往会超过直接发生现实性冲突的激烈程度，从而导致渠道系统解体的可能性也会高于直接发生现实性冲突而导致渠道系统解体的可能性。

对于渠道冲突的结果，还可以从渠道冲突水平对渠道效率的影响来考察。图7-1是一条渠道冲突水平与渠道效率关系的曲线[1]，从图7-1中我们可以看出，当渠道冲突水平不超过 C_1 点时，冲突不会对渠道效率产生影响，冲突水平处于可以承受的区间内；而在 C_1C_2 这一区域内，冲突水平对渠道效率的影响是积极的，而当冲突水平继续提高，则会对渠道效率产生负面影响。从冲突的功能来看，C_1C_2 区间的冲突是功能性冲突，而超出 C_2 水平的冲突就变成恶性冲突，因此，应该将渠道冲突水平控制在 C_1C_2 区间内才能发挥其功能性作用。

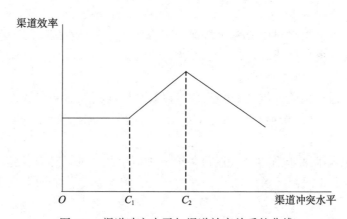

图 7-1　渠道冲突水平与渠道效率关系的曲线

7.1.4　渠道冲突的解决机制

渠道冲突是不可避免的行为，因此，渠道冲突解决机制的目的在于将渠道冲突控制在对渠道系统无害的水平上，从而抑制高水平渠道冲突的发生。解决渠道冲突的方法主要有以下一些。[2]

---

[1] ROSENBLOOM B. Conflict and channel efficiency: some conceptual models for the decision maker[J]. Journal of marketing, 1973, 37: 26-30.
[2] 夏春玉. 营销渠道的冲突与管理[J]. 当代经济科学，2004（6）：73-79.

案例 7-2 东风标致渠道冲突及解决方案

（1）说服。通过说服不仅可以实现各冲突方的沟通，而且可以影响各冲突方的行为。说服对避免、减少或解决渠道成员之间因职能分工及其履行而发生的冲突是比较有效的。

（2）宣传与教育活动。通过宣传、教育活动可以使渠道成员之间的观念或认识相互渗透，从而有利于减少或解除冲突。

（3）融合。融合是指为了防止对组织稳定性的威胁或破坏，在组织领导成员或决策机构中吸收新要素的过程。例如，在生产者支配的渠道系统中，当生产者受到中间商的威胁时，前者可以将后者的管理人员吸收到自己的决策机构中，让其参与制造商的决策，从而可以避免该中间商对组织稳定性的威胁或破坏，进而解决渠道冲突。

（4）制订高级目标。所谓高级目标是指冲突各方都希望实现，但每个冲突方又无法独立完成的，而需要冲突各方的共同努力与协调才能实现的目标。因此，通过制订这样的目标，从而使冲突各方超越各自的立场，围绕该目标的实现来共同解决问题，这样便可以将渠道成员统一到渠道系统中来，并使冲突得以解决。

（5）提高信息准确度。提高信息准确度是指处于系统中心地位的渠道成员通过向其他渠道成员传递正确的信息以减少或纠正其他渠道成员的信息失真或信息错误。显然，提高信息准确度有利于解决因渠道成员对现实的认识不同而产生的冲突。

（6）游说。通过游说活动可以影响政府、立法机构及其立法过程，从而解决一些渠道冲突问题。

（7）等待。等待是指对渠道冲突状况进行观察、监视，直到渠道冲突水平（程度）达到严重影响或破坏渠道绩效时为止，因此，等待也是为制订冲突解决方案准备时间的过程。

（8）谈判。通过渠道成员之间的谈判可以发现或找到渠道冲突的具体解决方案。

（9）人员交换。通过渠道成员之间相互派遣人员可以加深渠道成员之间的相互了解，从而有利于解决冲突。

（10）共同加盟同业合作组织。通过生产者加盟中间商的同业合作组织，或中间商加盟生产者的同业合作组织，可以加深二者的相互了解与合作，从而有利于解决或减轻渠道冲突。

（11）外交。设立"渠道外交官"，并与其共同制定有关工作规则，进而授权该外交官与渠道成员进行谈判，并让外交官对有关企业进行考察，提出考察报告。通过该途径也可以解决部分冲突问题。

（12）调解与仲裁。所谓调解是指通过调解者的介入来增强冲突各方之间的协调或协调意识。仲裁是指比调解更积极的第三方干预，即承担仲裁任务的第三者对冲突各方是继续进行谈判，还是采纳仲裁者的意见进行说服，从而结束冲突各方的争论。

案例 7-3 李宁公司线上线下的渠道冲突

（13）法律诉讼。法律诉讼即通过法律诉讼途径来解决渠道冲突。该手段主要由渠道领导者以外的其他渠道成员使用。

（14）联合。一些实力弱小的渠道成员没有能力单独与有实力的渠道成员进行抗衡，从而通过联合与有实力的渠道成员进行抗衡。因此，联合是实力弱小的渠道成员解决冲突问题的重要手段。

（15）退让。退让即某些渠道成员通过退让来结束冲突。如前所述，渠道冲突是不能完全避免的，因此，上述解决渠道冲突的各种手段自然也不能从根本上杜绝渠道冲突，但是，通过使用上述各种手段却可以在一定程度上减轻或消除部分渠道冲突，从而将渠道冲突控制在系统可承受的范围内。

7.1.5 全渠道视角下的渠道冲突管理

随着互联网、大数据、云计算的快速发展，渠道之间的界限被打破，越来越多的企业开始向全渠道发展，为消费者提供无缝、一致的购物体验。[①]全渠道战略与企业过去常用的多渠道、跨渠道战略存在显著差异。具体来说，无论是多渠道还是跨渠道，渠道之间都存在间隔，消费者在购物过程中不能在渠道间无缝衔接，进行渠道转换需要耗费成本，而在全渠道情境下，渠道之间的协调和配合增多，渠道间隔消失，不同渠道的各种功能被系统和谐地整合在一起，能够满足顾客在不同渠道之间无成本跳转的需求。相较于其他类型渠道战略，全渠道要求企业将渠道进一步发展为一个全面系统的框架，形成综合性视野，所以渠道运作方式需要改变。由此，在全渠道背景下的渠道冲突形式也会产生变化，冲突管理方式随之转变。

1. 冲突形式的变化

在传统情境下，垂直渠道冲突最为常见。该情境下，渠道系统设计之中就包含了对不同群体的细分，换言之，厂商通过设立不同的渠道来满足不同终端消费者的需求，不同渠道之间存在天然的间隔，因此，多渠道冲突较为少见。同时，在多渠道、跨渠道视角中，渠道成员可以通过为终端消费者创造额外价值、提高其转换成本的方式来构筑自身的独特优势、建立自己的不可替代性，基于这一策略，水平渠道冲突也较少发生。而由于上下游企业需要齐心协力满足终端消费者需求，上下游之间既相互依赖又各自独立，这种情况容易导致矛盾发生，故垂直渠道冲突屡见不鲜。

在全渠道情境下，不同渠道的边界日益模糊，渠道之间的协同和配合增多，渠道间隔也日益模糊，渠道冲突从垂直渠道冲突向水平渠道冲突、多渠道冲突演变。具体而言，在全渠道情境下，由于要满足消费者的跨渠道购物需求，不同渠道之间必须打破间隔，这不仅需要线上线下各渠道成员协同合作，还需要处于同一水平的不同渠道成员互相配合，建立起不同渠道成员间的协同与互补优势，整个渠道系统才能实现对消费者需求的快速响应与满足。由此，不同渠道之间的接触、沟通增多，相互之间的协同合作也随之增加。与此同时，因为不同渠道的运营模式存在显著差异，所以不同渠道间的矛盾与冲突也随之增加，水平渠道、多渠道冲突频繁发生。

---

① 李玉霞，庄贵军，卢亭宇. 传统零售企业从单渠道转型为全渠道的路径和机理——基于永辉超市的纵向案例研究[J]. 北京工商大学学报：社会科学版，2021（36）：27-36.

2. 冲突管理策略

对于全渠道视角下的冲突管理,过去的一些冲突管理方式值得学习,企业也要根据自身情况及全渠道特性进行改进。

案例7-4 丝芙兰全渠道数字化战略难题

(1)频繁有效的沟通。全渠道通过不同渠道间的协同配合来消除渠道间隔、满足消费者需求,渠道成员需要改变过去强调自身竞争力的固有思维模式,转而配合整个全渠道系统的运转,这要求渠道成员拥有一致的目标。频繁且有效的沟通有助于各渠道成员明确各自职责、了解对方需求,互相磨合从而建立一致目标,构建适宜的协同模式,搭建全渠道系统框架。高效的沟通也可以帮助渠道成员发现双方分歧,并找到弥合分歧的有效方式,进而建设性地解决渠道冲突。

(2)设计和实施更加公平的资源分配方式。不同渠道间冲突往往源于资源分配的不公。在全渠道情境下,不同渠道之间的合作尤为重要,全渠道战略需要各个渠道互相配合、共同建立并自主维护渠道关系,所以企业应设计和实施较之过去更加公平的资源分配方式,否则资源分配不平衡会导致未得到资源一方的强烈不满,进而不合作甚至进行破坏,对企业产生负面影响。

(3)更加均衡的权力分配。在多渠道、跨渠道中,不同渠道成员的权力可以存在差异,但全渠道要求渠道扁平化,渠道权力的显著差异可能会给消费者的渠道转换带来障碍,也不利于渠道成员建立一致目标,所以企业应赋予每个渠道成员较以往更均衡的权力。

(4)制定处理冲突的标准化方式,并将其保持在合理范围内。全渠道下,渠道冲突会更为频繁地发生且冲突类型会变得更复杂,企业需要制定标准化处理方式规范渠道成员行为,避免冲突对企业造成不利影响。但渠道冲突并非只带来负面影响,合理的冲突能够带来正面效应,解决渠道存在的问题或促进渠道成员间的合作,所以企业在制定冲突处理方式时不能一味规避冲突发生,应保持合理范围内的冲突。

(5)建立表达不满的通道。全渠道视角下,各渠道接触更加频繁,渠道之间产生摩擦在所难免,一些渠道成员的利己行为可能会损害其他渠道成员利益,如渠道成员在建立自身优势时可能会带来渠道壁垒。全渠道所要求的渠道成员相处、合作方式较过去发生了巨大改变。在此过程中,渠道成员易产生不满或感到不适,不及时解决可能对企业造成不利影响,所以企业要建立表达不满的通道,避免不满情绪积累。

(6)批判性地反思传统冲突管理策略。多渠道、跨渠道的一些手段并不利于全渠道的建立,企业和渠道成员都应意识到这一点,要从全渠道的视角批判性地审视过去的行为,并思考在之后的运营过程中应如何进行改进。

7.2 渠道沟通

7.2.1 渠道沟通的作用与特点

沟通指的是两个或者更多的人之间进行的关于事实、思想、意见和情感等方面的信息交流。在渠道行为理论中,营销渠道沟通被定义为渠道上下游企业之间(如制造商与批发商、批发商与零售商)的信息交流行为。[①]在渠道管理过程中,渠道沟通被称为"黏着剂"(glue),它将渠道成员联结在一起。渠道成员之间通过沟通行为传递信息、分配渠道任务、协调渠道工作;使用渠道权力来影响渠道伙伴的决策与行为、调动渠道成员参与决策的积极性;通过沟通渠道成员之间还可以建立以相互依赖为基础的相互信任、承诺与忠诚,进而提高渠道合作效率、提升渠道成员的满意度。[②]

渠道沟通不仅仅是停留在"更多沟通""更高水平沟通""更开放沟通"水平上,而且是渠道成员之间的协同沟通,协同沟通可以塑造渠道成员之间的行为承诺和持续承诺,继而提升渠道成员的绩效水平。[③]如果缺少渠道沟通,或者渠道沟通出了问题,渠道成员之间就可能产生各种分歧和误解,并引发渠道冲突,进而对渠道绩效产生负面影响。

虽然渠道沟通对于渠道绩效的提升具有如此重要的作用,但对渠道沟通的管理却是一件颇具挑战性的任务。其根本原因在于渠道沟通与组织内沟通的本质差异,由于渠道管理的本质特征是对跨组织协作关系的管理,因而渠道沟通也是夹杂着企业内部沟通与企业间沟通的复杂过程,对这一过程的管理难度显然要比基于企业组织架构的内部沟通大得多。图 7-2 所示为渠道沟通过程简化模型。

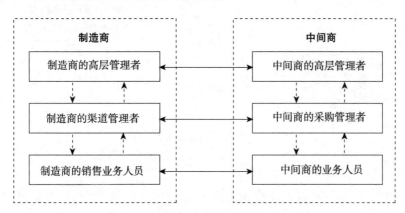

图 7-2 渠道沟通过程简化模型示意

虽然 7-2 所展示的仅是一个没有包括跨组织的跨层面沟通的非常简化的制造商与中间商沟通过程,但这一过程仍展示出渠道沟通的若干挑战。首先,最重要的挑战来自渠道沟通往往与沟通双方的组织内沟通混杂在一起,信息在组织间、组织内的传递与流通过程中难免有时滞和损失,这显然对沟通效果造成影响。其次,在渠道沟通中,双方是在功能上相互依赖的平等的独立企业,在不涉及产权关系的渠道关系中,虽然渠道关系内的权力结构可能存在差异,但更多的时候渠道沟通应该体现平等、公平的原则,这一

---

① 庄贵军,周南,苏晨汀,等. 社会资本与关系导向对于营销渠道中企业之间沟通方式与策略的影响[J]. 系统工程理论与实践,2008(3):1-15.
② MOHR J, NEVIN J R. Communication strategies in marketing channels: a theoretical perspective[J]. Journal of marketing, 1990, 54: 36-51.
③ 高维和,刘勇,陈信康,等. 协同沟通与企业绩效:承诺的中介作用与治理机制的调节作用[J]. 管理世界,2010(11):76-93.

点与组织内上下级之间的沟通存在显著差异。再次，沟通双方作为相互独立的经济主体，各自都有着独立的目标和逐利的动机，这使得双方之间的沟通难以脱离这些目标和动机的影响。最后，由于渠道分工的差异，沟通双方之间存在着信息不对称，这会对沟通过程及其结果造成不可避免的影响。如制造商专事产品的研发与生产，因而在产品信息方面要比中间商有优势；而中间商直接服务市场，因而在市场信息方面要比制造商有优势，这种信息不对称加上渠道成员的逐利动机自然加剧渠道沟通的复杂性。

7.2.2 渠道沟通权变模型

营销学者莫尔（Mohr）和内文（Nevin）提出了一个渠道沟通权变模型（图 7-3），将渠道沟通战略与渠道环境特征匹配起来，认为二者相互匹配的沟通战略能够提升渠道绩效；反之则会降低渠道绩效。[①]

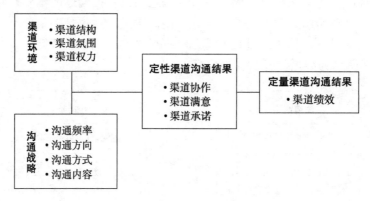

图 7-3　渠道沟通权变模型示意

1. 渠道沟通战略的构成维度

在此模型中，渠道沟通战略由沟通频率（frequency）、沟通方向（direction）、沟通方式（modality）与沟通内容（content）四个方面组合而成，下面对其含义分别进行阐述。

（1）沟通频率。沟通频率代表了渠道成员的边界人员之间进行接触和信息交换的量。在渠道管理过程中，渠道成员之间的沟通是渠道运行的润滑剂，因而为了保证渠道关系的正常运转，渠道成员之间必须保持最低限度的沟通。虽然如此，过低的沟通频率往往意味着很多意见和信息无法及时交换，渠道关系的运转就难免出现问题。与之相反，过高的沟通频率虽然会保证意见和信息的及时交换，但却可能造成渠道边界人员的"信息过载"，从而可能对渠道关系运转造成负面影响。因而过低或过高的沟通频率都意味着渠道沟通中存在一些问题，评价沟通频率高低合适与否的一个很重要的参照标准是渠道沟通的必要性。

（2）沟通方向。在组织内部，沟通方向指的是沟通在组织结构上发生的方向，包括垂直沟通和水平沟通两种方向。如上下级之间的沟通是垂直方向的沟通，上级与下级之

---

① MOHR J, NEVIN J R. Communication strategies in marketing channels: a theoretical perspective[J]. Journal of marketing, 1990, 54: 36-51.

间的沟通叫作向下沟通，下级发起与上级之间的沟通则叫作向上沟通；两个平行部门和人员之间的沟通则称作水平沟通。在层级体系明确的组织结构内，上述沟通的方向是很容易确定的，但在跨组织的渠道沟通中，即使我们重点关注的渠道上下游渠道成员之间的沟通，我们也不能简单地用垂直沟通或水平沟通来描述渠道沟通的方向，因为在跨组织的渠道关系中并不总是明确地存在权威关系。当渠道关系中存在明确的权力优势方与权力弱势方时，我们可以用类似组织内上下级的沟通方向的方式来描述这种渠道关系内的沟通，如权力优势方发起的对权力弱势方的沟通，我们可以称为向下沟通；反之则可以将其称为向上沟通。但由于处于权力优势地位的一方既可能是处于渠道上游的制造商，也可能是处于下游的中间商，显然此时的沟通方向与渠道上下游之间并无对应关系。为了避免误解，我们可以把渠道关系中的沟通方向区分为单向沟通和双向沟通两种。其中，前者指的是信息、观念等沟通要素在渠道关系中单向流动的沟通行为，包括权力结构存在差异的渠道关系中可能发生的向上和向下两种方向的沟通；后者则指的是信息、观念等要素在渠道关系中双向流动的沟通行为。

（3）沟通方式。沟通方式指的是传递信息的方法，如面对面沟通、打电话沟通、信函沟通、文件沟通等。显然，对沟通方式进行分类的标准很多，但较为常用的一种方式是把沟通方式区分为正式沟通和非正式沟通两类。其中，正式沟通是组织成员按照组织规范框架以及预先计划的方式进行沟通的各种方式，如正式会议，企业以官方名义印发的文件、公函等，这种沟通方式的主要特点是体现企业官方的性质；非正式沟通则是指组织成员自发地、不完全按照企业组织规范框架进行沟通的方式，如发生在宴会、休闲娱乐场所等企业外部的沟通，非正式的谈话、电话、邮件往来等，这种沟通方式的显著特征是体现人格化。在中国社会中，人们对上述正式与非正式的沟通方式都非常熟悉，并且很多时候问题的解决都是通过各种非正式沟通方式完成的。

（4）沟通内容。沟通内容指沟通所传送信息的内涵，如按照沟通所涉及的渠道功能，沟通内容可以分为以物流、促销、订货、支付等渠道功能为内容的沟通，但显然这样的分类对于渠道管理来说并无太大的现实意义。由于渠道沟通的重要功能在于协调渠道成员的观念、态度与行为，因而无论沟通涉及的具体内容如何，都包含一定的沟通目的。因此，在渠道行为理论中，另一个一般的分类是将其分为直接沟通和间接沟通。其中，直接沟通以直接的请求、命令或威胁为信息内涵，即包括明确的目的，因而这类沟通往往以直接改变渠道成员的行为为目标；而间接沟通则以商讨、交换意见和对问题的看法为信息内涵，不指向具体的目标，但这种沟通却可以改变渠道成员的态度与观念。

2. 渠道沟通环境的构成维度

（1）渠道结构。如同我们在第3章中所阐述的那样，就一个渠道关系而言，渠道结构指的是关系双方交易的方式。在从市场化到一体化的整个谱系上，除了我们在第3章中所重点阐述的与一体化程度相关的以产权为基础的渠道关系以外，渠道关系的结构可以分成市场化的结构和关系交换。其中，前者是以市场机制为基础的交换关系，渠道关系双方遵循经济人假设，追求自身利润的最大化，因而关系中的相互依赖程度通常比较低。而在各种形式的关系交换中，越是趋近于一体化的一端，渠道关系双方的关系越紧密，关系内的相互依赖水平就越高。因此，上述两种渠道结构的差异使得关系内的渠道沟通行为也会呈现出相应的差异，如在市场化的渠道关系中，渠道沟通可能呈现出以下特征——较低的沟通频率、更多的单向沟通、更多的正式沟通，以及更多的直接沟通。与之相反，在关系交换中，由于双方彼此的依赖水平较高，渠道关系内的渠道沟通可能呈现更高频率、更多双向、非正式和间接的沟通。

（2）渠道氛围（channel climate）。渠道氛围指的是渠道成员感觉到的渠道关系中相互信任和相互支持的水平。显然，相互信任与相互支持水平较高的渠道关系往往意味着较为紧密的合作关系，渠道成员往往愿意主动地与渠道伙伴就渠道协作（channel coordination）事宜进行沟通，并且沟通行为需要与整个渠道关系中的氛围相匹配，以不对渠道氛围产生负面影响。因而，在相互信任和相互支持水平较高的渠道中，渠道成员之间将会以更高频率、更多双向、非正式和间接的方式进行沟通。而在缺乏相互信任和相互支持的渠道中，渠道成员之间会相互防范，渠道沟通将以更低频率、更多单向、正式和直接的方式进行。

（3）渠道权力。根据我们在第5章中关于渠道关系中权力结构的内容，渠道关系中的权力结构总体上会呈现出相对平衡和不平衡两种形态。其中，相对平衡可能在比较高的水平上出现，即渠道关系双方彼此的权力都很大，也可能在比较低的水平上出现，即双方彼此的权力都很小。对于渠道管理实践来说，低度均衡的权力结构往往意味着渠道关系是很松散的，近似于市场化的渠道结构，因而我们在这里重点关注高度均衡的情况。由于渠道权力来自渠道伙伴的依赖，因而高度均衡的权力结构也意味着渠道关系双方彼此高度依赖。在这样的渠道关系中，渠道沟通多以高频率、更多双向、非正式和间接的形式出现。而在权力结构不平衡的渠道关系中，一方居于权力优势地位主导另一方，在这样的渠道关系中，渠道沟通更可能以低频率、更多单向、正式和直接的形式出现。

从以上论述中我们可以看出，渠道沟通战略的四个维度与渠道环境三个维度之间存在着对应关系（表7-3），与渠道环境特征相匹配的沟通策略更可能提高渠道绩效，这是渠道沟通权变模型的一个重要观点。[①]

表7-3 渠道沟通战略维度与渠道环境维度之间的对应关系

渠道环境维度	渠道沟通战略维度			
	沟通频率	沟通方向	沟通方式	沟通内容
渠道结构				
关系交换	更高	更多双向	更多非正式	更多间接
市场化	更低	更多单向	更多正式	更多直接
渠道氛围				
信任与支持	更高	更多双向	更多非正式	更多间接
不信任与支持	更低	更多单向	更多正式	更多直接
渠道权力				
相对平衡	更高	更多双向	更多非正式	更多间接
不平衡	更低	更多单向	更多正式	更多直接

---

① MOHR J, NEVIN J R. Communication strategies in marketing channels: a theoretical perspective[J]. Journal of marketing, 1990, 54: 36-51.

3. 渠道沟通结果

渠道沟通的重要目的在于解决渠道运行过程中可能存在的问题,进而提升渠道运行的绩效。根据渠道沟通权变模型,渠道沟通的结果包括直接的定性的结果和最终的定量衡量的渠道绩效。其中,定性的沟通结果主要包括渠道协作水平、渠道成员的满意水平和承诺水平。渠道协作指的是渠道成员的经营活动和渠道流协调一致的程度,显然渠道成员之间的协作水平越高,渠道的整体产出水平就会越高。而渠道满意(channel satisfaction)和渠道承诺(channel commitment)已经在第 6 章中予以阐述,此处不再赘述,我们只是在此强调渠道成员对于渠道合作关系以及从渠道关系中获得的收益满意水平越高,渠道成员就越愿意与渠道伙伴协作、更愿意与渠道伙伴保持合作关系,并向渠道关系中投入相应的资源。

7.2.3 渠道沟通战略及其应用结果

前面我们分别阐述了渠道沟通战略四个维度的特征及其与渠道环境特征相匹配的意义。在渠道管理过程中,渠道成员在与渠道伙伴进行沟通时,可以有机地将渠道沟通的四个维度整合,从而形成具体的沟通战略。根据前文所述的四个维度的特征,我们可以大体上将其组合成两种差异较大的沟通战略:合作式沟通战略(collaborative communication strategy)和自主式沟通战略(autonomous communication strategy)。其中,合作式沟通战略是以高频率、双向、非正式和间接沟通为主要内容的沟通战略,而自主式沟通战略则是以低频率、单向、正式和直接沟通为主要内容的沟通战略。根据渠道沟通权变模型的观点,两种沟通战略只有在与特定的渠道环境特征相匹配时,才能更好地提升渠道绩效,如果二者不相匹配,则渠道沟通的结果很可能会降低渠道绩效。显然,合作式沟通战略更加适用于关系交换、渠道关系内的相互信任和相互支持水平较高与渠道权力结构相对平衡的渠道环境;而自主式沟通战略则更加适用于市场化的渠道结构、渠道关系内的相互信任和相互支持水平较低与渠道权力结构不平衡的渠道环境。如图 7-4 所示,在这两种匹配的情况下,渠道绩效会得到提升。

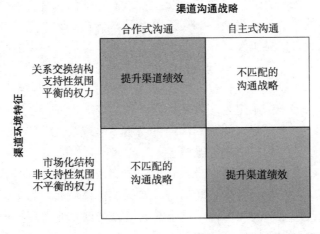

图 7-4　渠道沟通战略与渠道环境的匹配关系及其对渠道绩效的影响

在两种与环境特征不相匹配的情况下，所采用的沟通战略对渠道绩效的影响会存在差异。在图 7-4 的右上角中，渠道环境呈现出了相互依赖水平较高、关系内存在较高水平的相互信任与相互支持、权力结构相对平衡的特征，这种渠道关系往往是比较紧密的渠道关系，渠道成员愿意彼此进行沟通，由于目标、价值观念的更加趋同，沟通的形式与内容都有利于渠道关系的维系与发展。如果在这样的渠道关系中采用低频率、更多单向、正式和直接沟通为主要特征的自主式沟通战略，就会极大地损害渠道伙伴的感情、破坏渠道关系中良好的氛围，并可能激发冲突与矛盾，因而这种不匹配的沟通战略更可能破坏渠道关系，并进而降低渠道绩效。而在左下角的情况下，渠道环境以比较松散的市场化结构、缺乏相互信任与相互支持、权力结构不平衡为主要特征，在这样的渠道关系中，渠道合作的基础往往是比较薄弱的，渠道成员之间会相互防范，不愿意主动地和渠道伙伴沟通与分享相关信息，而更倾向于独立自主地运作。在这样的渠道关系中，如果渠道成员采用合作式沟通战略，不仅不会使渠道伙伴以相同的方式进行回应，反而可能导致沟通频率过高带来的沟通过载，或者采用间接、双向和非正式的沟通难以产生期望的结果，使得问题难以有效及时解决，从而也会对渠道绩效造成负面影响。但相对于前一种不匹配的沟通战略而言，后一种不匹配的沟通战略给渠道关系带来的负面伤害会更小一些。

7.2.4　全渠道视角下的渠道沟通

全渠道视角下，企业要在各渠道间提供无缝隙、有连贯性、线上和线下一致的产品和服务，这要求各渠道在产品、定价、库存和配送等方面协同运作，各渠道间的信息完全流通，渠道成员的关系密切程度远大于过去的多渠道、跨渠道。这对渠道沟通提出了更高的要求，也给渠道沟通带来了新的变化和挑战。

1. 渠道沟通战略构成维度的变化和挑战

（1）沟通频率提高。全渠道视角下，企业要为消费者提供无缝的购物体验，这要求各渠道间信息等要素的快速流通，也就意味着渠道成员之间需要更加频繁的沟通。足够高的沟通频率能够保证意见和信息的及时交换，从而保证消费者在渠道转换过程中无须任何成本，但过高的沟通频率也会影响渠道关系运转，在高频的渠道沟通中，一些重要信息可能会被其他次要信息淹没，导致渠道成员不能及时接收并作出反应。

案例 7-5　Aspect 向全渠道沟通平台转型

（2）双向沟通增加。全渠道情境中，消费者在渠道间的跨越是随意且低成本的。为了能够更快掌握消费者的偏好和消费模式，不同渠道之间需要保持紧密的双向沟通。因此，相比较传统情境，全渠道情境下的沟通方向更多呈现双向的特点，渠道中的单向沟通较之以往大幅减少。

（3）沟通方式转变。要实现全渠道中消费者在渠道间的无缝衔接、各渠道间信息等要素的快速流通，除了更高的沟通频率，还需要大量非正式沟通和间接沟通。正式沟通可以帮助企业管理渠道商，但渠道日常功能的运作很大程度上依赖成员自发的非正式沟通，而以商讨、交换意见和对问题的看法为信息内涵的间接沟通则能够更好地帮助渠道成员传递自己的态度与观念。沟通方式的另一个改变是对信息化工具的依赖程度提高，信息网络的发展极大地提高了沟通便利性，全渠道对信息传递的高要求也意味着该情境下的渠道沟通将更大程度上依托于信息技术。

（4）沟通内容拓展。全渠道情境下渠道成员的沟通内容与多渠道、跨渠道情境相比，在广度和深度两方面都发生了改变。在沟通广度上，全渠道系统更为扁平，不论是实物拥有、所有权等渠道流，还是顾客信息、参与等，沟通范围都有所扩大。在沟通深度上，全渠道系统涉及产品、定价、库存、顾客行为等方方面面，信息的丰富程度显著提升。

2. 渠道沟通环境构成维度的变化和挑战

（1）渠道结构。全渠道战略中的市场结构呈现为高关系交换结构。全渠道中各渠道间的相互依赖程度在其他诸如多渠道、跨渠道等战略中是最高的，各渠道在其中形成一体化的系统，每个渠道都能在销售过程中发挥自身优势。这也要求企业明确各渠道的定位，帮助渠道成员确立自身在全渠道系统中的角色，使各渠道建立良好的协作关系。

（2）渠道氛围。全渠道视角下，各渠道处于相互信任与相互支持水平高的紧密合作关系。这要求渠道成员主动与渠道伙伴就渠道协作事宜进行沟通，并且沟通行为需要与渠道氛围匹配，不破坏原有渠道氛围，不对渠道产生负面影响。如何激发渠道成员沟通主动性并维护良好的渠道氛围，对于企业来说是一项新的挑战。

（3）渠道权力。较之传统的多渠道和跨渠道情境，全渠道中渠道关系的权力结构呈现出相对平衡的形态，不同渠道成员之间的权力差距不大，且渠道成员间的相互依赖程度较高，企业需要重新分配并合理使用渠道权力以推进渠道系统运行。

综上所述，全渠道视角下的渠道沟通应表现为高频率、更多双向、非正式和间接的形式，渠道结构是高关系交换结构，渠道氛围呈现为相互信任和较高支持水平，渠道权力为双方权力都很大的相对平衡形态，无论是战略构成维度还是环境维度，较之以往都有不小的差异。从沟通战略角度来说，这要求企业更多运用合作式沟通战略，与全渠道运作的模式相匹配，从而提高渠道整体绩效。

7.3　渠道信任与渠道承诺

7.3.1　渠道信任

在渠道关系中，信任一般被定义为一个企业相信另一个企业会作出有利于其利益的行为，而不会作出有损于其利益行为的状态。[①]信任一个渠道成员就是信任另一方的真诚和其对共同利益的关心。因而，这种信任既与渠道成员的诚实守信有关，如一个企业相信其渠道伙伴遵守诺言、完成义务、真诚可信；同时，其也与渠道成员的仁爱有关，如一个企业相信其渠道伙伴真诚地关心其利益，并愿意追求共同的收获，而不是通过操纵

---

① ANDERSON J C, NARUS J A. A model of distributor firm and manufacturer firm working partnerships[J]. Journal of marketing, 1990, 54: 42-58.

别人来谋取私利。合理的信任程度对任何渠道关系的运行都是必要的，它是长期渠道合作关系的基础。

渠道成员可以通过以下三个方面的努力来建立渠道信任。①

（1）提高渠道满意水平。渠道满意一般是指一个渠道成员在对其与另一个渠道成员的合作关系进行全面评价后所产生的肯定的心理状态。渠道满意分为经济满意（economic satisfaction）和非经济满意（noneconomic satisfaction）两种。②

经济满意是指渠道成员对从合作关系中得到的财务报酬或经济上的满足而产生的情绪上的积极反应。经济满意在建立和维持信任方面具有最基本的作用。渠道成员并不会对结果本身产生反应，他们会对将结果与一些基准的比较产生反应，如与他们认为可能的、平等的结果比较；与他们的期望或者他们将资源用作其他最佳途径的期望收益等的比较等。

非经济满意是渠道成员对从合作关系中得到的社会心理方面或非财务因素的满足产生情绪上的积极反应。非经济满意是与信任紧密相关的。渠道成员之间积极地交流信息、相互提供帮助，以及提出请求等，可以有效地提高非经济满意度，进而增加渠道成员之间的相互信任。非经济满意与渠道公平（channel fairness）也是相关的。渠道公平分为分配公平（distributive fairness）和程序公平（procedural fairness）两方面。其中，分配公平是指渠道成员对从渠道关系中所获得的收益及其他结果的公平的感知，是从渠道关系中得到平等回报的感觉，也就是渠道成员对其实际产出与应得产出相比较的结果；程序公平是指渠道成员对渠道关系的程序和过程的公平的感知，这主要在于渠道成员在日常渠道行为中被对待的感觉，而不在于从渠道关系中得到的回报。分配公平和程序公平提高了渠道成员的经济满意度，进而提升渠道成员双方的信任水平。

（2）选择并确定合适的合作伙伴。能力互补、目标相似、声誉良好的企业是合适的合作对象。首先，渠道成员如果拥有互补能力，那么它们就能够通过建立联盟的方式充分发挥创造竞争优势的能力。信任是需要渠道成员通过时间和努力去建立的，因此渠道成员需要对已有关系进行建设。其次，在建立信任的过程中，选择有相似目标的公司非常重要。目标的一致性有助于消除渠道冲突，使渠道成员建立起合作关系。最后，一些环境因素也是有助于建立信任的。比如，信任能在提供资源、成长和充分的机会这样宽松的氛围中得到发展。这种环境通过对每一方产生回报而提供共同工作的所有激励。反过来，相互信任会在不稳定的、复杂的、无法预知的环境中日益消失。类似环境因素有风险、背信弃义和困难，需要持续的监控和快速的调整，这种情况能制约任何关系的发展并且带来许多误解和争吵。

（3）建立有利于信任的决策结构。营销渠道中，制定决策取决于决策结构。决策结构中一个非常重要的因素是权力在组织高层的集中程度。无论是供应商还是分销商，集权（centralization）对信任都是有害的。组织高层集中性决策权破坏了有助于信任发展的参与性、合作性和日常的交流互动。但是，集权并不应当被否定，因为集权是组织调配

---

① 科兰，安德森，斯特恩，等. 营销渠道[M]. 蒋青云，孙一民，等译. 6版. 北京：电子工业出版社，2003：276.
② GEYSKENS I, STEENKAMP J B E M, KUMAR N. A meta-analysis of satisfaction in marketing channel relationships[J]. Journal of marketing research, 1999, 36(2): 223-238.

自身资源以完成任务的一种方式。只是集权决策在建立信任方面意味着一定的成本。

渠道决策结构的另一因素是正式化（formalization），即决策简化为规则和外在程序的程度。一般认为，正式化有损于信任，原因有以下两方面：一是正式化的互动交流方式剥夺了渠道成员的自主性，进而使渠道成员产生不满；二是正式化被看作一方对提出互惠要求的另一方不信任的信号。因此，非正式化的决策结构能使渠道成员之间充分沟通，进而建立起相互合作的关系。渠道成员之间越是合作，就越能够相互信任。

7.3.2 渠道承诺

1. 渠道承诺的概念及其类型

渠道承诺是渠道关系中的一方认为与另一方的合作关系非常重要，以至于愿意付出最大的努力而将关系保持下去的意愿，对关系的承诺实际上是对维持一个有价值的合作关系的期望。不过，承诺愿望只是承诺人心中的一种意愿或态度，虽然很真实，但是如果不表达出来，对方往往不知道；而表达出来的承诺，则是承诺人通过语言或行为让对方能够实实在在感觉到的愿望。我们把单纯的承诺愿望称为承诺意愿，而把表达出来的承诺称为承诺表达，承诺表达又分为语言的表达和行为的表达两种。一般而言，行为表达出来的承诺比口头表达的承诺更可信，因此也更有效。

渠道承诺按其动机可以分为算计性承诺（calculative commitment）和忠诚性承诺（loyalty commitment）。[①]算计性承诺是渠道成员意识到如果终止与渠道伙伴的关系会使经济利益遭受损失而形成对其渠道伙伴的依附状态。算计性承诺的目的是通过与渠道伙伴形成联盟以应对外界环境的挑战，实现企业的目标。算计性承诺是受外部目标驱动而作出的承诺，是短期的。忠诚性承诺是渠道成员意识到渠道伙伴的忠诚与可信，进而形成对渠道伙伴的依附状态。忠诚性承诺体现了渠道成员对渠道伙伴的情感与责任，表明了渠道成员之间的联系不仅仅是建立在经济动机之上的。因此，忠诚性承诺是渠道成员发自内心的承诺，具有长期导向。

以上两种承诺之间是相互替代、此消彼长的关系，即渠道成员的算计性承诺越多，其忠诚性承诺就越少；反之亦然。[②]一方面，渠道成员的算计性承诺越多，意味着其越重视从渠道关系中可能得到的收益或可能面临的风险。因此，一旦渠道成员发现与其他渠道伙伴合作能够带来更为丰厚的经济收益，或者能减少自己所面对的风险，就会终止与当前伙伴的合作关系，选择新的渠道伙伴。对于渠道成员基于算计性承诺建立并维持的渠道合作关系，关系双方往往缺乏情感与责任。所以，渠道成员终止与渠道伙伴的合作关系，并不会考虑对渠道伙伴的情感伤害，这说明忠诚性承诺被削弱了。另一方面，当渠道成员的忠诚性承诺较多时，意味着渠道成员会不惜代价维持当前关系的坚定意愿。一旦与渠道伙伴在合作中遇到争端，渠道成员会以积极、主动的态度来解决，而不是简

[①] GILLILAND D I, BELLO D C. Two sides to attitudinal commitment: the effect of calculative and loyalty commitment on enforcement mechanisms in distribution channels[J]. Journal of the academy of marketing science, 2022, 30(1): 24-43.

[②] 刘益，刘婷，王俊. 算计性承诺与忠诚性承诺的互动——作为关系长度与机会主义行为的中介[J]. 管理工程学报，2008（2）：69-73.

单地终止合作关系。这种承诺意味着，即使与新的伙伴建立合作关系会获得更多收益，或者能够降低风险，渠道成员也会考虑到终止合作关系给制造商所带来的情感伤害，进而继续维持与当前伙伴的合作关系。也就是说，当渠道成员的忠诚性承诺越多，它将维持合作关系的经济动机就放在了次要位置，从而减少了算计性承诺。

2. 渠道承诺的识别

（1）渠道伙伴是否在你的竞争者面前给予你更多的保护？供应商若要判断分销商的承诺，就要看该分销商是否在其他供应商面前维护自己的利益。分销商越是维护供应商的利益，供应商越是相信分销商的承诺。相反，如果分销商只是注重自身的利益得失，则供应商就不相信分销商的承诺。比如，如果有其他供应商想"挖走"其有合作关系的分销商，该分销商能否不被经济利益所诱惑，并主动把有关情况告诉供应商。

同样，分销商若要判断供应商的承诺，就要看该供应商在同样销售供应商品牌的竞争者面前是否能提供一定程度的保护。当供应商在分销商所在的市场上给予很高的选择性，分销商就能相信该供应商是真正对其作出了承诺。如果供应商给予分销商区域独家销售权，则说明该供应商是高度承诺的。相反，如果分销商在市场中看到很多销售同一品牌的竞争者，则它就不会相信供应商对它作出的承诺。

（2）渠道伙伴是否向合作关系中投入较高水平的专有资产？另一个判断承诺的指标是供应商或分销商对对方的专有资产投入。因为专有资产是针对一个特定的供应商或分销商进行的投资，当被移作他用时，就会由于不适用而贬值，所以投入专有资产的多少可以表明供应商对分销商或者分销商对供应商承诺的水平以及可信度。这些专用性投资被称作可靠承诺（credible commitment）。

从供应商的视角来看，对分销商进行的专有资产投资包括以下方面。[①]

①提供给分销商的人员和设施。

②供应商积累起的关于分销商的信息，如分销商的经营方法、人员及其个性、分销商的优势和劣势分析。

③与分销商系统能够衔接或兼容的信息传输系统和物流系统（特别是当供应商的系统为专有系统时）。

④有助于业务展开而对中间商进行的培训。

⑤为宣传产品专门针对一个特定中间商而设计的方案。

⑥与分销商建立联盟关系所花费的费用和时间。

从分销商的视角来看，对供应商进行的专有资产投资包括以下方面。[②]

①专为销售供应商的产品而建立的信息传输系统和物流系统。

②为销售供应商的产品而专门定做的货柜。

③与供应商建立联盟关系所花费的费用和时间。

④为宣传供应商的产品而设计的方案。

⑤分销商积累起来的关于供应商的信息，如供应商的经营方法、人员及其个性、供

[①] 庄贵军，周筱莲，王桂林. 营销渠道管理[M]. 北京：北京大学出版社，2004：296.
[②] 庄贵军，周筱莲，王桂林. 营销渠道管理[M]. 北京：北京大学出版社，2004：295.

应商的优势和劣势分析。

3. 渠道信任与承诺的关系

渠道信任与承诺关系密切。首先,信任是承诺的基础,一个渠道成员越是相信另一个渠道成员,它就越愿意与其保持高水平的合作关系,也越愿意在交易专有资产上进行投入。其次,承诺与信任的关系也可能反过来,承诺在先,信任在后。一个渠道成员会针对其渠道伙伴进行专有资产投资,这是营销渠道中一种重要而有效的承诺表达行为。当渠道伙伴感到该渠道成员对它们之间关系的承诺水平较高时,渠道伙伴将相信该渠道成员会自觉地抑制自己的投机行为。这样,进行承诺的渠道成员就取得了其渠道伙伴的信任。一旦渠道伙伴发现投机行为,断绝关系就是可以采用的最好的报复手段。

事实上,在信任与承诺之间会出现一个因果互动的链条:一家企业对另一家企业的信任导致前者对后者产生承诺意愿;承诺意愿导致承诺表达;为使承诺表达可信而有效,一方需要针对另一方在交易专有资产上进行投入;交易专有资产的投入把自己置于不利的地位,一方面,使自己不得不控制自己的行为,以免合作关系受到损害;另一方面,也使合作伙伴更加信任自己,提高针对自己的承诺意愿,进而增大针对自己的承诺表达和专有资产的投入。企业间的合作关系由此得以发展和增强,信任与承诺之间的相互作用关系如图 7-5 所示。①

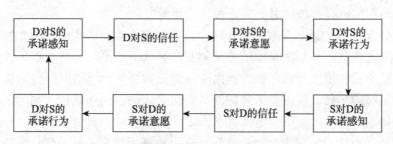

图 7-5 企业间信任与承诺之间的相互作用关系

7.3.3 渠道信任-承诺的结果

渠道信任-承诺作为关系营销的核心内容,不论是在理论界还是在实务界都得到了较为系统的研究和应用,渠道双方共同培育和构建的信任-承诺总体上会带来一些双方甚至多方乐于见到的结果。作为渠道关系发展过程的组成部分,信任和承诺就是非常理想的"定性"结果。关系承诺和信任的存在是成功渠道关系的核心,而不是类似渠道权力以及可以"制约他人"的其他能力。信任和承诺之所以"关键",主要是通过或者鼓励渠道管理人员保持与渠道伙伴的合作来保护渠道关系投资;抵制选择短期看来有吸引力的替代方案,从而与现有渠道合作伙伴共同谋取未来的长期利益;认为需要对潜在的高风险行为保持谨慎,因为相信渠道合作伙伴不会发生机会主义行为。因此,当信任和承诺——而不仅仅是其中一个或另一个——同时存在时,它们会产生促进渠道效率、渠道产出和高

---

① 庄贵军,铁冰洁. 营销渠道中企业间信任与承诺的循环模型:基于双边数据的实证检验[J]. 营销科学学报,2010(3):1-20.

效率的结果。简而言之，信任和承诺直接导致有助于关系营销成功的合作行为。

（1）信任和承诺会影响对渠道关系连续性的期望，这个指标或者结果反映了客户未来维持关系的意图，并表明了渠道客户保持购买的未来可能性。

（2）信任和承诺会带来渠道关系中流传的口碑。口碑主要显示现有的渠道客户将卖家积极推荐给另一个潜在客户的可能性。因此，口碑是一个表明对现有渠道关系忠诚度的态度和行为维度。

（3）信任和承诺会激发渠道中的功能性冲突。在渠道关系交流中总会有分歧或"冲突"。现实生活中，渠道分歧得不到友好解决而产生的敌意和痛苦会导致渠道关系破裂等严重负面后果。在渠道中，一旦渠道争端得到友好解决，这种分歧可以被称为"渠道功能性冲突"，功能性冲突有助于防止渠道停滞，激发渠道关系的兴趣和好奇心，并一定程度上提供"解决问题和达成解决方案的媒介"。因此，一般认为功能冲突有可能提高渠道关系的生产力，并被视为"正常做生意的另一部分"。我们认为，过去的合作和沟通会因渠道信任和承诺的增加而激发无伤大雅的渠道冲突。

（4）信任和承诺可以降低决策不确定性。决策的不确定性是指渠道合作伙伴有足够的信息作出关键决策的程度；能够预测这些决定的后果，并且对这些决定有信心。渠道中的信任和承诺可以有效降低渠道伙伴的决策不确定性，因为相互信任并产生承诺的合作伙伴有理由相信值得信赖的另一方是可以信赖的。

（5）信任和承诺会提升卖方的销售额、利润和占有客户购买的份额比例。合作体现了交换伙伴为实现共同目标而采取的协调和互补行动的水平。合作促进了价值创造，超越了双方可以单独实现的价值创造，但由于一方通常更早地获得其部分价值，另一方必须对关系有足够的信任，以等待未来的回报。研究表明，交换伙伴之间的信任和承诺对合作至关重要。

（6）信任和承诺会直接影响渠道合作。一个承诺于渠道关系的合作伙伴会有极大可能与另一个成员合作，因为渠道双方都希望关系继续。无数的理论和经验证据都表明，信任会导致合作。渠道信任一旦存在，任何一方都将采取协调一致的行为，即使这种行为带有一定的高风险。一旦建立信任，渠道管理者就会认识到，协调一致的共同努力将产生远远超出那种仅仅按照自己的最佳利益行事的渠道行为的结果。[1]

7.3.4 全渠道视角下的渠道信任与渠道承诺

1. 全渠道视角下的渠道信任

全渠道是通过多个销售渠道协同一致并融合交汇，满足客户从了解商品、体验商品、购买商品到商品送达全过程的渠道形态。[2]消费者在购买过程中可以随意切换渠道，从任意渠道获取信息，要求线上线下充分融合，各个渠道成员相互协同，合作完成整个消费过程。在这一过程中，信息在各渠道间完全流通，渠道成员要放弃过去增加顾客转换成

---

[1] ANDERSON J C, JAMES A N. A model of distributor firm and manufacturer firm working partnerships[J]. Journal of marketing, 1990, 54: 42-58.

[2] 赵晓飞. 全渠道模式下农产品供应链整合的理论框架与保障机制[J]. 商业经济与管理，2022（7）：5-17.

本以提升自身竞争力的行为模式，成员间要充分信任。因此，在全渠道中，合理的渠道信任程度变得比以往更加重要，良好的渠道信任状态可以减少渠道冲突和矛盾，也能够在一定程度上避免不同渠道之间发生销售掠夺。全渠道需要比以往更高的渠道信任水平，这对企业和渠道成员提出了新的要求。

（1）渠道满意。渠道满意分为经济满意和非经济满意两种类型。在经济满意方面，全渠道情境中，消费者可从多个渠道获得信息和服务，但最终购买行为只产生于其中一个渠道，无经济收益的付出可能引起渠道成员负面情绪。因此，为提高渠道满意水平，最终获利渠道应向其他信息和服务提供方支付引流收益[①]，使所有参与方都获得经济满足，产生情绪上的积极反应，维持全渠道下正常的渠道关系运行。在非经济满意方面，由于信息在全渠道中是完全流通的，所以全渠道视角下的非经济满意程度天然高于其他渠道类型。此外，非经济满意也与渠道公平相关，这要求企业从分配方式和程序设计上根据全渠道特点进行改进，提高渠道成员满意程度。

（2）合作伙伴选择。合适的合作对象有利于渠道信任的建立，具体要求为能力互补、目标相似以及声誉良好。首先，尽管全渠道战略要求多个渠道的融合，但这并不表示企业要选择市场上已有的所有渠道类型，企业应挑选能力互补的渠道，即能够通过协同效应为消费者创造更大价值的渠道组合。其次，全渠道视角下，所有渠道共同发展为一个全面的系统，这要求各渠道成员拥有相似或一致的目标，更多考虑企业整体发展而不是自身利益得失。最后，在环境因素上，声誉良好的厂商和渠道成员在建立信任时存在更大的优势；相反，不良历史会给信任的建立带来困难。

（3）决策结构。全渠道要求扁平化的渠道结构，在这种结构下，权力较为分散。同时，全渠道要求高信任水平，高度集中的权力结构不利于渠道信任的建立，集权会造成渠道成员参与度的降低，破坏渠道成员对企业的信任，无法满足全渠道要求。另外，渠道应该建立非正式化的决策结构，进而建立渠道成员间自发性相互合作的关系，以促进成员适应全渠道，完成企业向全渠道的转型。

2. 全渠道视角下的渠道承诺

全渠道视角下，不同渠道完全整合，在客户的消费过程中提供无缝体验，其发展重心不在于优化某一个渠道的性能，而是在整个渠道系统中提供一致、无缝并且可靠的服务[②]，也就是对各渠道之间信任水平的要求更高，而渠道信任与渠道承诺紧密相关，所以相对应地，渠道成员对渠道承诺的需求也发生了变化。

全渠道视角下的渠道承诺类型变化具体来说有以下两点。

案例 7-6 安踏全渠道转型渠道信任基础

（1）对承诺的需求增加。承诺有助于信任的建立，而企业发展全渠道需要良好的渠道信任水平作为基础，所以全渠道对承诺的需求有所提高。其中，对表达承诺的需求高于对意愿承诺的需求，在表达承诺中，对

---

① 查晓宇，张旭梅，但斌，等. 全渠道模式下制造商与零售商的O2O合作策略研究[J]. 管理工程学报，2022（36）：215-224.

② BIJMOLT T H A, BROEKHUIS M, DE LEEUW S, et al. Challenges at the marketing-operations interface in omni-channel retail environments[J]. Journal of business research, 2021, 122: 864-874.

行为表达的需求又高于对语言表达的需求。因为表达承诺相对意愿承诺更为具体,而表达承诺中的行为表达承诺比语言承诺更可信且更有效,有利于信任的建立。对企业及渠道成员来说,全渠道并非一蹴而就,需要在实践中不断调整、纠错。在这个过程中,行为表达的承诺能够有效帮助各方建立良好的信任关系。

(2)忠诚性承诺更加重要。全渠道是时代发展的趋势,是企业对消费者购物行为演变的必然选择,这是一个长期的行为,所以需要具有长期导向的忠诚性承诺来维系渠道成员间的合作关系。企业在向全渠道转型的过程中会面临许多困难,权力、利益分配等决策同样需要在长期实践中调整,渠道成员过于重视从渠道关系中可能得到的收益或面临的风险容易导致合作关系破裂,不利于全渠道的发展,忠诚性承诺则有助于维持渠道成员间良好合作关系,促使渠道成员积极主动解决合作过程中遇到问题,主动维系渠道关系,从而促进全渠道发展。

总之,全渠道视角下的渠道信任与渠道承诺同样是一种因果互动的关系,渠道信任作为渠道承诺的基础,渠道承诺也能够促进渠道信任建立。不同的是,由于全渠道自身的特性,其对两者的需求都更胜以往,企业和渠道成员都需要作出改变以满足全渠道的要求。

本章提要

在渠道行为理论中,渠道冲突一般被定义为渠道成员之间相互对立的不和谐状态。当一个渠道成员的行为或目标与它的合作伙伴相反时,渠道冲突就产生了。

按照渠道冲突产生的主体,渠道冲突可分为水平渠道冲突、垂直渠道冲突和多渠道冲突。按照渠道冲突的发展程度,渠道冲突可分为潜在冲突、可觉察冲突、感觉冲突和显性冲突。按照渠道冲突的作用结果(或功能),渠道冲突可分为恶性冲突和良性冲突两种。

渠道冲突产生的原因是多方面的,但可以归纳为角色对立、资源稀缺、感知差异、期望差异、决策领域分歧、目标不一致、沟通障碍、渠道成员的机会主义行为等八个方面。

渠道冲突并不是突然发生的,而是逐渐发生的,也就是说,冲突的发生要经过一个过程。渠道冲突过程一般包括以下几个发展阶段:冲突的酝酿阶段、渠道冲突契机的出现(即意识到冲突的存在或即将发生)、渠道冲突行为、渠道冲突的结果。

解决渠道冲突的方法主要有以下一些:说服、宣传与教育活动、融合、制订高级目标、提高信息准确度、游说、等待、谈判、人员交换、共同加盟同业合作组织、外交、调解与仲裁、法律诉讼、联合、退让。

渠道合作是指渠道成员之间为了共同目标而采取的互利行为和行为意愿。渠道合作根源于渠道成员之间的相互依赖性,而相互依赖性则是渠道成员功能专业化的结果。

在渠道关系中,信任一般被定义为一个企业相信另一个企业会作出有利于其利益的行为,而不会作出有损于其利益行为的状态。渠道成员可以通过以下三个方面的努力来建立渠道信任:提高渠道满意水平、选择并确定合适的合作伙伴、建立有利于信任的决策结构。

渠道承诺是渠道关系中的一方认为与另一方的合作关系非常重要，以至于愿意付出最大的努力而将关系保持下去的意愿，对关系的承诺实际上是对维持一个有价值的合作关系的期望。渠道承诺按其动机可以分为算计性承诺和忠诚性承诺。渠道信任与承诺之间是循环强化的关系。

在渠道行为理论中，营销渠道沟通被定义为渠道上下游企业之间（如制造商与批发商、批发商与零售商）的信息交流行为。在渠道管理过程中，渠道沟通被称为"黏着剂"，它将渠道成员联结在一起。渠道成员之间通过沟通行为传递信息、分配渠道任务、协调渠道工作；使用渠道权力来影响渠道伙伴的决策与行为、调动渠道成员参与决策的积极性；通过沟通渠道成员之间还可以建立以相互依赖为基础的相互信任、承诺与忠诚，进而提高渠道合作效率、提升渠道成员的满意度。

渠道沟通的权变模型，将渠道沟通战略与渠道环境特征匹配起来，认为二者相互匹配的沟通战略能够提升渠道绩效；反之则会降低渠道绩效。在此模型中，渠道沟通战略由沟通频率、方向、方式与内容四个方面组合而成；渠道沟通环境的构成维度包括渠道结构、渠道氛围、渠道权力。

全渠道中渠道成员之间的权力来源和权力平衡策略、沟通策略，以及信任与承诺等行为都会呈现出一些新的变化，企业需要根据全渠道的运行来进行相应的调整。

拓展阅读

1. WEITZ B A, JAP S D. Relationship marketing and distribution channels[J]. Journal of the academy of marketing science, 1995, 23(4): 305 -320.
2. GASKI J F. The theory of power and conflict in channels of distribution[J]. Journal of marketing, 1984, 48(2): 9-29.
3. 张闯，郝凌云. 交易型数字平台中的信任：研究现状与展望[J]. 经济管理，2022（8）：190-208.

即测即练

第 8 章

营销渠道投机行为与渠道治理

◆ **学习目标**

通过本章学习,理解渠道投机行为产生的原因、渠道投机行为的基本类型,以及解决渠道投机行为的基本策略;了解渠道关系治理的基本机制,重点掌握契约治理机制与规范治理机制;了解中国本土社会中人际关系作为渠道治理机制的作用,以及其与西方理论中渠道治理机制的差异。

在非一体化渠道中,功能上相互依赖的渠道成员都是寻求各自利益最大化的独立企业,这使为了追求自身利益而有损渠道伙伴或者整个渠道系统的渠道投机行为成为渠道管理中非常普遍且难以避免的问题。因此,如何抑制渠道投机行为,提高渠道合作的绩效——渠道治理机制的设计就成为渠道关系管理中非常重要的任务。在传统交易成本经济学中,交易关系治理被非常宽泛地定义为"组织交易的方式",即为支持经济交易而设计的机制。在最初的理论框架中,市场化与内部一体化被认为是组织交易的两种相互替代的机制,但正如我们在第 3 章中所论述的那样,在这两个极端之间实际上存在着一个多样化的中间组织图谱,而这些中间型组织则需要除了市场与一体化以外的其他机制来治理。本章我们将主要就非一体化渠道结构中的渠道治理机制展开讨论,在阐述多样化的渠道治理机制之前,我们先对渠道治理的一个关键和核心的行为——渠道投机行为的基本类型及其产生的原因进行阐述;而后围绕主要几种治理机制展开论述;在最后一节中我们将以中国本土文化为基本背景,阐述人际关系作为渠道治理机制的作用机理,以为读者提供渠道治理理论的本土化思考视角。从理论的发展来看,营销渠道治理理论是渠道行为理论研究的前沿领域之一,该理论涉及多个不同的理论基础,我们也将在本章的相应部分予以阐述。

8.1 渠道投机行为及其类型

8.1.1 渠道投机行为及其分类

在传统交易成本经济学中,投机行为(也称机会主义行为)被定义为以欺骗的方式谋取私利（self-interest seeking with guile），投机行为与经济学中标准经济人假设寻求私利行为相区别的就是这里所说的"欺骗"（guile）概念。在营销渠道中，这种"欺骗"行为可能表现为多种形式，如经销商在指定的销售区域以外进行的跨区销售行为（即窜货行为）；经销商从供应商处获得了营销经费但却用于其他供应商产品的销售（即资金体外循环）；供应商为了让经销商接受其新产品，许诺将给予大力度的营销支持，而当经销商接受了产品以后供应商却不兑现承诺；零售商故意夸大供应商竞争对手给予的折扣、促销费等而向供应商索取更高额度的折扣和营销费用；供应商许诺给予某一经销商在某一区域市场中的独家经销权，但却通过其他渠道进入这一区域市场；特许经营系统中受许商违反规定从特许商指定的进货渠道以外采购低成本的商品和原料；经销商为获得经销权而故意夸大其销售能力；等等。上述渠道中的投机行为虽然表现形式和投机主体各不相同，但按照投机行为发生的时机却大体可以分成两类：一类是在渠道关系建立之前或关系建立阶段的投机行为，如经销商为了获得经销权而故意夸大其在区域市场中的销售能力，这种投机行为一般被称为事前的（ex ante）投机行为；另一类则是在交易关系建立以后发生的投机行为，如上述例子中的窜货、资金体外循环等，这类投机行为一般被称为事后的（ex post）投机行为。可见，无论是事前还是事后，投机行为都会对渠道关系产生负面的影响。

除了交易成本经济学中对投机行为的事先、事后的分类以外，渠道中的投机行为还可以按照其他标准来分类，图8-1就是营销学者沃森（Wathne）和海德（Heide）根据投机行为发生的环境（circumstances）（现有环境与新环境）、投机行为的特点〔主动（active）与被动（passive）〕两个维度对营销渠道中的投机行为及其结果进行的一个分类。[①]其中，环境指的是渠道关系所处的外部环境，当这些环境要素发生较大的变化时，我们称之为

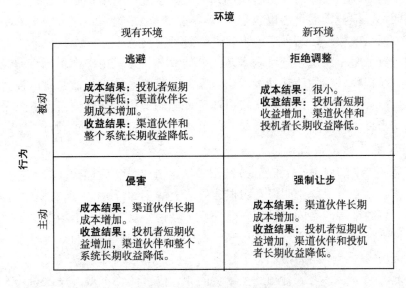

图8-1 渠道投机行为的形式及其可能的结果

---

① WATHNE K H, HEIDE J B. Opportunism in interfirm relationships: forms, outcomes, and solutions[J]. Journal of marketing, 2000, 64: 36-51.

新环境，否则称之为现有环境；渠道投机行为则分为被动和主动两种，前者是投机者为了规避成本、获得收益而有意隐瞒一些信息、规避应该承担的某些义务等行为；后者是投机者为了获取收益而有意主动去实施的行为。不同的投机行为对投机者、渠道伙伴及整个渠道系统的成本与收益都会造成不同的影响，下面分别对四种投机行为及其可能带来的结果进行阐述。

1. 现有环境下的被动投机行为——逃避

当交易环境没有发生变化时，投机者的逃避（evasion）行为主要表现为逃避或推脱应该承担的责任和义务。如承担售后服务的经销商为了削减成本而不按照供应商要求的服务标准为顾客提供服务，或者特许经营系统中的受许商向顾客提供没有达到特许商质量标准的产品和服务等行为都是逃避行为的典型形式。逃避或不按照协议要求履行相应渠道功能的行为往往能够给实施此种行为的渠道成员带来直接的成本节约，并使其从中获得短期的收益。但投机者的此种行为在长期却会给渠道伙伴及整个渠道系统带来额外的成本，并对渠道收益产生负面影响。如降低了服务质量的经销商或降低了产品和服务质量的受许商往往都会引起顾客的不满，这将对供应商或特许商的品牌形象、品牌满意度等不可避免地产生负面影响，这显然对投机者的渠道伙伴（如上例中的供应商和特许商）以及渠道系统中的其他成员（如其他经销商和受许商）的收益产生负面影响；而为了修正或消除这些负面影响，渠道伙伴的长期成本一定会有所增加。

2. 新环境下的被动投机行为——拒绝调整

当交易环境发生变化时，投机者的被动投机行为主要表现为缺乏应对环境变化的弹性，或者不愿意针对环境的变化而进行相应的调整。如为应对强大的竞争压力，制造商可能调整其渠道策略，在原有经销合同的基础上要求经销商承担更多的物流服务、提高物流配送的效率，但经销商可能以执行原有合同为理由拒绝承担更多的物流功能，也不愿意提高物流配送效率。在这种情况下，经销商拒绝调整（refual to adapt）的投机行为并不会给供应商和整个渠道系统带来太多额外的成本，并且拒绝作出调整的经销商在短期内由于没有承担额外的物流功能而发生成本，其收益水平也可能会有所提高。但经销商拒绝调整可能会使渠道关系在未来难以适应环境的变化，从而使得渠道关系的竞争力被削弱，长期来看，这显然对投机者及其渠道伙伴的收益产生负面影响。

3. 现有环境下的主动投机行为——侵害

现有交易环境下的侵害（violation）行为是指渠道成员实质性地实施了一些渠道关系中明文禁止或者虽没有明确说明但在习惯或规范上禁止的行为。如前文提到的窜货行为，在其他经销区域内销售产品的经销商显然违反了经销协议中关于市场销售区域的条款。此种类型的投机行为往往会给投机者带来短期的收益，如窜货者的销售收入会由于在其他经销商的市场内销售产品而增加，但这种销售收入的增加却是以其侵入市场内经销商销售额的降低为代价的。为了管理此类窜货问题，供应商将不得不投入额外的成本来监督与控制经销商的窜货行为，这造成了供应商成本的直接增加。另外，经销商的窜货行为会导致其他经销商对供应商的不满，从而减少它们对供应商品牌的支持，长此以往，供应商的品牌在市场中的竞争力就可能会被削弱，从而影响供应商和包括投机经销商在内的全部经销商的收益。

4. 新环境下的主动投机行为——强制让步

当交易环境发生变化时，投机者可能会利用新的交易环境而向其渠道伙伴要求更多的让步与支持，这种投机行为我们称之为强制让步（forced renegotiation）。如前文中供应商要求经销商承担更多物流功能一例中，如果经销商意识到这种调整对于供应商而言非常重要，则该经销商可能就会提出一些条件，如要求供应商提供更多折扣、广告支持，延长付款期限等，来作为承担更多物流功能的交换条件。显然，强制让步是一个渠道成员利用渠道伙伴在环境变化时的脆弱性来与之讨价还价，以期获得更多的收益。被迫作出让步的一方将会遭受一些损失，而投机者的收益在短期内则会增加。但是在长期，这种建立在胁迫与被胁迫基础上的渠道关系是不牢靠的，在新的交易环境下渠道关系可能难以有效地作出调整，从而给双方的长期收益都带来不利影响。

案例 8-1 经销商压货窜货，锐澳深陷库存泥潭

8.1.2 渠道投机行为产生的原因

根据交易成本经济学的基本观点，有限理性的行动者在条件具备时都具有投机的动机，因而渠道投机行为可能发生在任何环境中。尽管如此，仍然存在一些特定的要素促进了渠道投机行为的产生。图 8-2 是克劳斯诺（Crosno）和达尔斯特伦（Dahlstrom）根

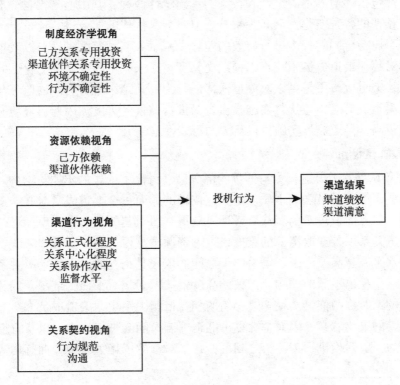

图 8-2 渠道投机行为的驱动因素

据渠道投机行为研究的不同理论视角构建的渠道投机行为驱动因素模型[①]，在此模型中，两位学者把促进渠道投机行为产生的因素分为四大类，这些类别代表了对渠道投机行为进行研究的不同理论视角——制度经济学（主要是交易成本经济学）、资源依赖理论、渠道行为理论和关系契约（relational contracting）理论。从营销渠道管理的角度来看，渠道成员的投机行为必然对渠道结果产生影响，如该模型中所关注的渠道绩效与渠道成员的满意水平。因此，了解渠道投机行为的促进因素对于如何抑制渠道投机行为，进而提高渠道产出绩效和渠道关系质量而言具有非常重要的现实意义。

1. 制度经济学视角

如同我们在第 3 章中关于渠道一体化中讨论的那样，交易成本经济学把关系专用投资（transaction specific investments）和不确定性作为决定交易关系治理机制的两个重要前提条件。其中，关系专用投资是渠道成员投入特定渠道关系中，只适用于该渠道关系的专用投资，其结果是形成了只适用于特定渠道关系的专用资产。由于这种专用资产无法用作他途，或者要在特定交易关系以外使用会给投资者带来相当的损失，因而专用资产的投资方就被单方面地锁定（lock-in）在渠道关系中，而难以有效退出。而对于没有向关系中投入专用资产的渠道成员则可以利用投资方的这种弱势地位而"敲竹杠"，即采取投机行为来获得更多的收益。因此，从关系专用投资的角度来看，投入专用资产的一方为了避免损失会尽可能地抑制自己的投机行为，但单边锁定的结果却会提高其对渠道伙伴投机行为的容忍度；与之相反，没有投入专用资产的一方则更可能采取投机行为。

不确定性包括环境的不确定性和行为的不确定性两种，其中前者来自外部交易环境在未来难以预期的各种变化；后者则来自难以对交易伙伴的绩效进行评价，以及难以对交易伙伴是否履行合同的行为进行有效的监督。由于人们的有限理性，以及渠道关系双方的信息不对称，渠道成员不仅难以预期交易环境在未来可能发生的变化，并提前作出相应的预案；渠道成员更是难以对渠道伙伴的行为及其结果进行有效的监督与评价，这无疑加大了渠道成员对渠道伙伴实施投机行为进行监督的难度。因此，环境和行为不确定性的程度越高，渠道成员实施投机行为的可能性就越大。

2. 资源依赖视角

我们在第 6 章关于渠道权力与依赖的部分已经讨论了依赖的本质与结构。从资源依赖的角度来看，渠道成员之间本质上是相互依赖的。而一个渠道成员对其渠道关系伙伴的依赖程度，一方面取决于前者从后者处所获得资源对其的重要性程度；另一方面则取决于从该渠道关系以外获取资源的难度，这种资源越重要、越缺少替代来源，则前者对后者的依赖水平就越高。但由于渠道成员之间的依赖是相互的，因而渠道关系中的这种相互依赖可能呈现出不同的结构，如彼此高度依赖，即相对平衡的依赖，以及一方更加依赖另一方的不对称的依赖。在相对平衡的相互依赖关系中，渠道成员都会意识到这个渠道关系对其的重要意义，因而都会尽可能地抑制可能会带来冲突，以及有损于渠道关系质量的行为，包括投机行为。与之相反，在不对称的依赖关系中，拥有优势的一方可

[①] CROSNO J L, DAHLSTROM R. A meta-analytic review of opportunism in exchange relationships[J]. Journal of the academy of marketing science, 2008, 36: 191-201.

能就会利用其优势地位实施投机行为从弱势方那里获得更多的收益。

3. 渠道行为视角

在渠道行为研究中，学者们也对渠道关系的特征进行了概念化，这些概念包括渠道关系的中心化（centralization）、正式化（formalization）、协作（coordination）和监督（surveillance），这些特征也会给渠道成员的投机行为带来不同程度的影响。其中，渠道关系的中心化是指渠道决策过程的集中化程度；正式化是关系双方利用明确、正式的程序与方式来组织、治理关系的程度；协作指的是关系双方有目的地组织资源、信息流和渠道活动的程度；而监督则是指对渠道成员的行为进行监视、限制的程度。渠道关系的中心化可以通过限制渠道行为的随意性而有效抑制渠道成员的投机行为；而渠道关系的正式化则可以消除交易的难度和不确定性，从而有利于抑制投机行为。在协作水平较高的渠道关系中，由于协作会给各方带来益处，并且会减弱不确定性带来的适应性问题，促进关系双方目标的协调一致，从而有利于抑制关系内的投机行为。与协作的作用机制不同，监督可以通过减少渠道关系双方的信息不对称，从而有利于减少关系内的投机行为。

4. 关系契约视角

与行为研究视角关注渠道关系的特征不同，关系契约理论更为强调关系的情境或背景特征，因为关系的这些情境会给关系中的交易行为带来影响。渠道行为理论中，从关系契约理论的角度来研究投机行为的文献主要强调行为规范（norms）和沟通（communication）两个要素。其中，行为规范是为关系双方所共同遵守的一些行为准则，这些规范会把渠道成员从关注个人产出和利益转向关注整个关系的产出和收益，这种关注点的转换显然有利于抑制关系内的投机行为。关于行为规范的作用，我们将会在8.2节和8.3节中予以展开。而关系双方的沟通则可以适时地交换有价值的信息、减少信息不对称，并促进双方共同目标的达成，从而也会削弱渠道成员实施投机行为的动机。

8.1.3 渠道投机行为的管理[①]

1. 监督

监督（monitoring）可以有效地解决信息不对称导致的投机行为，这种解决机制一方面表现为监督可以给被监督者带来社会压力，从而促进后者的顺从行为；另一方面，监督可以降低关系双方信息不对称的程度，提高监督者对投机行为的觉察能力，以及将奖励与惩罚手段更好地与被监督者的行为相匹配的能力。监督机制的有效实施有赖于两个前提条件：一是需要事先确定监督的相关标准，即哪些行为需要监督、哪些不需要；二是关系内需要明确或隐含的契约来赋予监督以合法性。监督机制除了可以有效地抑制一些投机行为以外，还可以产生一种选择性（selection）结果，即事先对潜在的交易伙伴进行选择，那些具有较强投机倾向的渠道成员会由于渠道伙伴较强的监督能力而不

[①] WATHNE K H, HEIDE J B. Opportunism in interfirm relationships: forms, outcomes, and solutions[J]. Journal of marketing, 2000, 64: 36-51.

进入渠道关系；相反，那些没有或者具有较弱投机倾向的渠道成员则会愿意建立这样的渠道关系。

2. 激励

激励（incentives）机制对投机行为的有效抑制来自其降低了投机者从投机行为中获得的收益，而增加其不进行投机行为的收益，这样理性的行为者会从收益获取的角度来抑制其投机行为。激励机制在渠道中可以表现为多种形式，如要求渠道关系双方向关系内投入专用投资，这会产生一种人质效用（hostage），即投机行为给关系带来的损害也会有损于投机者自己的利益。再如，渠道成员还可以通过支付溢价的方式来抑制渠道伙伴的投机行为，如经销商为保持高产品质量的制造商支付更高的价格，在长期内这些溢价会超出制造商短期内降低产品质量这一投机行为的收益；或者制造商向那些严格按照协议规定的市场范围销售的经销商支付额外的奖励，当这些奖励超出经销商跨区销售的短期收益时，经销商的投机行为就会得到抑制。激励机制的有效实施有赖于两个前提：一是渠道成员有较大的渠道权力，只有拥有权力优势地位才有制定激励政策的话语权；二是有较为充分的信息来判断渠道成员是否按照激励机制的要求实施了某些行为。从这个角度来看，监督机制与激励机制联合使用可以提高抑制投机行为的效果。

3. 选择

选择（selection）机制是在交易关系建立之前通过对潜在交易伙伴的选择与筛选，只与那些投机行为倾向小、合作意愿很高的潜在交易伙伴建立交易关系。从理论上讲，选择机制是在事前规避投机行为的有效手段。企业可以通过设计一个选择程序（如制造商对其供应商的认证）来更深入地了解潜在渠道伙伴的能力、行为意愿等，这显然可以降低双方之间的信息不对称程度；与此同时，选择程序也会带来一种自选择机制，即自行淘汰那些投机行为倾向较大的渠道成员。选择机制的有效实施建立在以下几个条件的基础上：首先，要有一套合适的选择标准和程序用以对潜在交易伙伴进行筛选。这套选择标准和程序也可能包含需要潜在伙伴对交易关系的投入，从而可以带来人质效应。其次，选择程序所需要潜在交易伙伴付出的成本超出其短期投机行为的收益，否则选择机制就会失效。最后，潜在交易伙伴的声誉往往是一种较强的遴选信号，因而需要能够获得潜在伙伴声誉的有效信息，并可以有效甄别潜在渠道伙伴是否有意识地利用声誉信息对选择方的决策进行了误导。

4. 社会化

与前述三种机制不同，社会化（socialization）机制对投机行为的抑制是通过在关系内建立一套为关系双方所共同认可的价值观念、行为准则与目标来实现的，即通过社会化过程来使渠道伙伴将渠道成员的价值观念与目标内化（internalize）。在不同渠道背景中，这样的做法并不少见。如麦当劳通过汉堡包大学对其加盟者进行培训，不仅培训各种运营与管理麦当劳餐厅的技术，更重要的是促使加盟者接受麦当劳的经营哲学。再如，丰田汽车在对其经销商的培训中也把丰田的经营哲学置于比汽车销售技巧更为重要的位置上，其目的是促使其经销商认同丰田的价值观念。社会化机制的有效实施有赖于渠道成员所推广的价值观念的完整性，并能够适用于不同的交易环境和渠道成员。

8.2 渠道治理机制

渠道治理机制是"组织交易的方式",在制度经济学中也被简洁地表述为支持经济交易的制度框架。根据著名营销学者海德的观点,渠道治理机制是一个非常宽泛的概念,包括多个维度,其中既包括对交易关系建立、维持与结束过程中关系组织与协调要素的考虑,也包括在交易关系维持过程中监督、执行等渠道关系的控制机制。[1]但在营销渠道治理理论中,如果不涉及对渠道关系过程的考察,学者们一般将渠道治理机制视同渠道控制机制。本节我们将主要就这种不考虑渠道关系过程的渠道控制机制展开讨论,介绍不同渠道控制机制的作用机理。在本节中,我们将交替使用渠道控制与渠道治理两个概念,而对其不做区分。

8.2.1 渠道治理机制的分类

根据不同的标准,营销渠道的治理机制可以分成不同的类别。在传统交易成本经济学中,治理机制被分成市场机制和一体化的科层机制两种。但在后续的理论研究中,学者们都认识到交易成本经济学这个最初的理论框架过于简单,实际上市场机制和企业内部的组织管理机制只是众多治理机制的两个端点,二者之间还存在着多样化的治理机制。著名营销学者韦茨(Weitz)和贾普(Jap)在区分市场与科层机制两种治理机制的基础上,重点对非一体化渠道结构中的治理机制进行了分类,认为渠道权力的应用、契约和关系规范是非一体化渠道中三种重要的治理机制(图 8-3)。[2]

渠道治理机制	一体化渠道	非一体化渠道
权威机制	规则、政策与监督	渠道权力
契约机制	激励性补偿	契约条款与条件
规范机制	组织文化	关系规范(relationship norms)

图 8-3 不同渠道结构下的渠道治理机制

在一体化渠道中,权威机制(authoritative control)体现为管理者利用正式组织机构中的职务(position)所赋予的权力对其下属的行为进行协调与控制。这种控制建立在雇用合同的基础上,管理者有权力通过制定相应政策和监督等方式来确保分销或销售计划

---

[1] HEIDE J B. Interorganizational governance in marketing channels[J]. Journal of marketing, 1994, 58: 71-85.
[2] WEITZ B A, JAP S D. Relationship marketing and distribution channels[J]. Journal of the academy of marketing science, 1995, 23(4): 305-320.

的有效实施。在非一体化的渠道结构中，由于正式的组织机构并不存在，企业需要依靠渠道权力来对渠道伙伴的行为进行协调与控制。

契约机制则建立在关系双方签订的契约的基础上，双方同意的契约条款规定了双方的权利与义务，以及对实施相应渠道行为的奖励。在一体化的渠道结构中，以销售绩效为基础的激励与奖励政策体现了企业中的这种契约机制；而在非一体化渠道中，渠道关系双方签订的契约则规定了双方的权利、义务与责任，为协调与控制双方的行为提供了基本的框架。契约的形成可能是由一方制定、另一方接受，如特许经营渠道中的特许合同就是这种情况；可能是渠道关系双方共同协商制定，大多数非一体化渠道中的契约都属此类。

规范机制包括一组为关系双方所默认的规则或行为规范，这些规则或行为规范协调与控制着关系双方的行为。在一体化渠道中，企业内部的这些非正式的规则或行为规范主要表现为企业的文化，通过这些为组织成员所共享的价值观念与行为规范，组织成员的行为得以协调和控制；而在非一体化渠道中，规范主要表现为在不断互动过程中发展起来的为渠道关系双方所共享、共同遵守的一系列行为规范。

海德根据渠道关系双方是否共同参与与渠道关系有关的决策将非市场化的渠道治理机制分为单边治理（unilateral control）和双边治理（bilateral control）机制。[1]根据这种分类，上述权威机制是非常典型的单边治理机制，因为在这样的渠道关系中一方处于相对被动的接受状态。规范机制则是非常典型的双边治理机制，因为这些规范的产生与发生作用有赖于关系双方的共同参与与认可。契约机制则同时具有单边和双边治理机制的特征，当契约的达成是通过双方谈判、协商这种方式时，契约具有双边治理的特征；而当契约是由关系一方单方面制定而另一方只能接受时，契约则具有单边治理的特征。下面我们结合韦茨和贾普的分类，对权威、契约与规范治理机制分别进行详细论述。

8.2.2 权威治理机制

在非一体化渠道关系中应用渠道权力来协调与控制渠道成员的行为我们已经在第6章中进行了详尽的讨论，此处我们不想再重复相关的内容，只是针对渠道权力应用作为一种渠道控制机制说明几个要点：首先，渠道权力如果作为一种有效的渠道控制机制需要一个基础，即渠道关系中的权力结构是不对称的，即一方可以主导另一方。在这样的情况下，拥有权力优势地位的一方可以通过渠道权力的应用来协调渠道伙伴的行为。其次，渠道权力的应用可能带来积极的结果，如渠道协调水平与绩效水平的提升；可能带来消极的结果，如渠道冲突的加剧。显然这不仅取决于权力应用的方式（强制性权力与非强制性权力），还取决于权力优势方使用渠道权力的动机。从协调与控制渠道成员的行为角度来看，强制性权力与非强制性权力在不同的情况下都存在应用的基础与价值，但渠道权力应用所产生的结果往往取决于权力应用的动机。如渠道领导者可以通过权力的应用提高渠道关系的协作水平，从而提高整个渠道关系的绩效，如果领导者能够以一种公平的方式来分配这些渠道产出，渠道关系的质量就不会受到负面影响；而如果渠道

---

[1] HEIDE J B. Interorganizational governance in marketing channels[J]. Journal of marketing, 1994, 58: 71-85.

领袖应用权力的目的是从渠道伙伴那里剥夺更多的渠道剩余，其消极的影响就会不可避免地出现。最后，渠道权力理论的研究已经表明，权力不对称的渠道关系往往缺乏稳定性，如果渠道领导不恰当地使用渠道权力，渠道关系的绩效就不仅得不到提升，反而可能受到削弱。这也再一次表明渠道成员在将渠道权力作为一种渠道控制机制时必须考虑到渠道权力应用对渠道关系可能产生的不同影响。

8.2.3 契约治理机制

契约是指交换双方为交换产品或服务所达成的一致意见。[1]在营销渠道治理理论中，契约是一个很宽泛的概念，学者们根据理论基础的不同把契约分为正式的、具有法律效力的契约（legal contract）和建立在渠道成员共同认可的行为期望和规范基础上的规范契约（normative contract）。[2]显然，前者建立在交易成本经济学的基础上，而后者则以麦克尼尔（Macneil）的关系契约理论为基础。为了将交易成本理论中的契约概念与关系契约理论中的契约概念相区别，学者们进行了不同的操作性分类——硬性（hard）与软性（soft）契约、明确（explicit）与规范（normative）契约、正式（formal）与非正式（informal）契约、书面（written）与非书面（unwritten）契约等。其中，硬性的、明确的、正式的与书面的契约体现了缔约者在某一既定时点上可以将未来可能发生的情况明确地在契约中写明并且可以据此作出详尽计划的假设，此契约可以详细地规定交易双方的义务和角色，并且具有非常强的法律效力。而软性的、规范的、非正式的与非书面的契约则建立在渠道关系中为双方共同认可与共享的行为规范的基础上。在交易成本理论中，学者们认为通过上述正式契约可以作为内部化的一种替代机制对交易关系进行治理，因此本部分我们将重点讨论这种正式化的明确契约，而将规范契约放到下一部分进行讨论。

正式或明确的契约可以明确、具体地规定交易双方的义务、角色与责任，对绩效的期望、监督程序和争端解决机制，通过交易双方达成的一致意见，契约可以就双方的交易行为实施相应的控制，对不遵从协议的行为进行惩罚。在比较简单的交易关系中，契约通过规定的交易条件（如产品、价格、交货日期等）来保证交易的执行，但在比较复杂的交易中，则需要对契约条款进行一些精心的设计，契约除了包含诸如产品、价格、交货日期、保证条款等通用条款以外，还需要针对未来难以预测的情况达成某些协议，如双方认可的权利、义务与责任，以保证契约的执行。交易双方达成的上述协议有助于减少在不确定性的环境中重新谈判、履行契约的成本。正是在这个意义上，契约可以作为交易关系中减少风险与不确定性、创造价值的治理机制。

根据交易成本经济学有限理性的假设，人们永远无法预知未来可能发生的情况，因而契约也不可能是完备的。但当面临比较大的交易风险时，如较高的环境与行为不确定性，以及专用资产的投入等因素出现时，由于在契约履行环节更可能出现问题，如交易

---

[1] MOOI E A, GHOSH M. Contract specificity and its performance implications[J]. Journal of marketing, 2010, 74(1): 105-120.
[2] LUSCH R F, BROWN J R. Interdependency, contracting, and relational behavior in marketing channels[J]. Journal of marketing, 1996, 60: 19-38.

伙伴的投机行为，从而可能给交易方带来损失，因而渠道成员更愿意花费时间与成本来签订一个更为具体、明确的契约以减少未来可能发生的较高的交易成本。如一些学者在实证研究中已经证实渠道关系中的资产专用性水平、环境不确定性和行为不确定性水平越高，渠道成员越会采用更加具体而明确的契约来治理交易关系。[1]

然而，契约的签订并不是没有成本的。根据交易成本经济学的观点，交易成本包括两种：事前交易成本，即用来搜寻信息、识别与勾画未来可能发生的情况、就相互可以接受的解决方案进行谈判，以及契约的起草与签订等成本；事后交易成本，即在契约执行阶段产生的对于绩效不利的各种问题而导致的各种成本。而根据交易成本经济学的基本观点，交易治理机制的选择要达到节约交易成本的目的，而这里所考虑的交易成本则是事前交易成本与事后交易成本的总和。因而，渠道成员是否愿意签订一个正式而详细的合同可能就要取决于签订这样一个合同所产生的事前交易成本与保持一些契约条款的开放性所导致的事后交易成本之间的平衡。如果保持契约的某些开放性导致的事后交易成本大于签订一个更为完备的契约的事前交易成本，则渠道成员就应该花费更多的时间和精力来签订一个更为明确与完备的契约；否则就应该保持契约的某种开放性，留待契约执行环节出现了问题再行解决。[2]

影响渠道成员是否投入更多成本签订一个更为完备契约的另一个因素是制度环境中法律对契约执行的保障能力（legal enforceability）。[3]虽然交易风险的增加会促使渠道成员选择更为明确和完备的契约来治理渠道交易关系，但当交易所处的制度环境无法提供契约履行的法律保障时，花费高昂的交易成本制定的契约并不能获得想要的结果，渠道成员利用更为明确与完备的契约来治理渠道关系的动机就会减弱。如在中国的转轨经济中，虽然我们经历了40多年的改革开放和法治建设，但在当前环境中，契约的有效履行仍然是个关键问题。一些学者以中国市场为背景的实证研究已经证实了上述观点，即渠道成员越是感觉到法律对契约履行的执行能力较低，它们就越少地依赖明确的契约来治理渠道交易关系。[4]在这样的情况下，渠道成员会转而依靠隐性的关系契约，或者同时使用多种治理机制来对渠道交易关系进行治理。

8.2.4 规范治理机制

在契约治理机制部分我们已经谈到了规范契约，这种契约是以渠道关系双方共同认可的一套价值观念与行为规范为基础的，这些规范是通过双方理解并认可彼此期望的社会化过程发展并建立起来的，因而其代表了一种能够对交换关系实施控制的重要的社会

---

[1] ZHOU K Z, POPPO L. Exchange hazards, relational reliability, and contracts in China: the contingent role of legal enforceability[J]. Journal of international business studies, 2010, 41(5): 1-21.
[2] MOOI E A, GHOSH M. Contract specificity and its performance implications[J]. Journal of marketing, 2010, 74(1): 105-120.
[3] ZHOU K Z, POPPO L. Exchange hazards, relational reliability, and contracts in China: the contingent role of legal enforceability[J]. Journal of international business studies, 2010, 41(5): 1-21; SHENG S, ZHOU K Z, LI J J. The effects of business and political ties on firm performance: evidence from China[J]. Journal of marketing, 2011, 75(1): 1-15.
[4] ZHOU K Z, POPPO L. Exchange hazards, relational reliability, and contracts in China: the contingent role of legal enforceability[J]. Journal of international business studies, 2010, 41(5): 1-21.

和组织机制。①在渠道治理理论中，关系规范被宽泛地定义为被关系双方共享的行为期望，而规范治理机制也被称为关系治理（relational governance）或关系主义（relationalism），它是一种可以提高交易绩效的内生机制，而这种绩效提升的机制则在于关系治理将一系列经济行为嵌入社会关系的背景中，而不是简单地将其诉诸契约或第三方。但需要说明的是，这种关系契约或者关系规范与前述的明确或正式契约并不是相互排斥的，两种机制可以同时出现在同一个交易关系中，发挥不同的作用。

关系规范反映了渠道关系中渠道成员对于彼此共同协作实现双方共同和各自目标的态度与行为的期望，而这种期望的形成基于渠道关系双方不断地交易、互动与沟通，这些期望的核心是对渠道伙伴利益的考虑，以及对提升渠道关系整体绩效的努力。一般而言，关系规范在许多层面都可以影响主体的行为，如整个社会层面，我们的行为受到很多约定俗成的规范的约束与影响；在个人群体层面，如朋友圈子中我们需要遵循一些共同的行为规范；在产业内的企业也要遵循一些为所有企业所共同遵守的规范，如恶性竞争行为是为大家所唾弃的行为；在企业间的关系层面，如我们所关注的渠道关系中，行为规范同样起着约束作用。②对于渠道关系来说，关系规范机制在交易不确定性较高的情况下尤其能够起到治理交易关系的作用。在环境或行为不确定性较高的情况下，单纯依靠契约是很难对渠道关系进行有效治理的，由于契约无法对环境未来的变化作出充分的预测，威廉姆森所说的契约适应性问题，以及行为不确定性可能带来的投机行为就很难得到解决。但如果渠道关系内存在着为渠道成员所共享的行为规范，这些规范会在不确定性出现时对渠道成员的行为进行约束和调整，因为规范对渠道成员行为的约束和调整并非单纯地基于激励或惩罚这些外在因素，而是来自渠道成员对渠道关系绩效提升自发的考虑，这些内化的共同价值观念与行为规范会有效约束渠道成员的投机行为，促进渠道成员应对环境的不确定性作出相应的调整。显然，关系规范若要起到上述作用是要有一个基本的前提条件的，即这些规范与价值观念要为渠道关系双方所共同认可并遵守。有时，外在的一些因素，如市场中的声誉机制也会促使渠道成员在需要的时候遵循大家认可的行为规范，以减少违背这些规范给其自身在长期内带来的损失。③

建立在麦克尼尔关系契约理论基础上的规范治理理论在规范的内容方面呈现出高度多样化的状态，并且学界对此还尚未达成一致。麦克尼尔最初提出了28种相互重叠的行为规范，这些规范在渠道治理理论的研究中被学者们以不同的方式进行了概念化。从现有理论研究来看，得到了多数学者认同的规范主要包括以下六个，这些规范都从不同的方面对渠道关系的治理发挥着作用。

（1）柔性（flexibility）。柔性是渠道关系双方愿意针对交易环境的变化而进行相互调整和适应的期望。渠道关系双方的这种期望使得它们相信签订协议只是双方合作的起点，针对未来市场环境、交易关系以及交易伙伴的变化，这个协议需要随时调整以适应变化。

---

① FERGUSON R J, PAULIN M, BERGERON J. Contractual governance, relational governance, and the performance of interfirm service exchanges: the influence of boundary-spanner closeness[J]. Journal of the academy of marketing science, 2005, 33: 217-234.

② HEIDE J B, JOHN G. Do norms matter in marketing relationship[J]. Journal of marketing, 1992, 56: 32-44.

③ CANNON J, ACHROL R S, GUNDLACH G T. Contracts, norms, and plural form governance[J]. Journal of the academy of marketing science, 2000, 28(2): 180-194.

（2）团结（solidarity）。团结是指这样一种信念，即渠道关系双方相信成功来自双方紧密的合作而非相互竞争，这种信念使得渠道成员在面对逆境或充满不确定性的市场竞争时会充分地考虑渠道伙伴的利益，双方都非常珍视渠道关系本身的利益，而非单方面的利益。

案例 8-2　张裕严打违规窜货经销商

（3）信息交换（information exchange）。信息交换是渠道关系双方都期望能够主动地向彼此提供有价值信息的期望。信息交换能够有效地提高沟通效率，消除渠道关系中的信息不对称，有效地增进渠道成员间的相互信任与合作绩效。

（4）利益相关（mutuality）。利益相关表明了渠道成员间共同承担责任的信念，每个渠道成员都相信自己的成功是渠道关系各方成功的函数，因而不能以牺牲渠道伙伴利益的方式来换取己方的成功与利益，渠道关系各方都有责任考虑其行为对渠道伙伴的影响。

（5）冲突和谐化（harmonization of conflict）。冲突和谐化表达了渠道关系双方在面对问题与冲突时积极地进行相互调整、化解分歧、促进合作的信念。双方都认为高水平的渠道冲突将会给渠道关系合作绩效带来负面影响，因而都会积极主动地尽量避免高水平的冲突，及时解决分歧。

（6）权力应用的限制（restraint in the use of power）。权力应用的限制表达了渠道成员克制利用谈判中的优势地位来获取单方面收益的想法，因为渠道成员相信渠道权力的应用只会导致更高水平的冲突，并且随着时间的推移还会有损于渠道关系内团结和利益共担的信念，从而为投机行为打开方便之门。

8.2.5　复合治理机制

复合治理机制（plural governance）是指在渠道的运行中，同时使用多种治理机制协调和控制渠道关系。之所以使用多种治理机制，是因为每一种治理机制在控制与协调交易关系中都有其明显的优势和劣势。[①]例如，权威治理能够有效地提高渠道具体活动的沟通效率，因为它通过明确的行政命令使得对方知道什么该做、什么不该做。但权威治理是一种单向沟通方式，只代表信息发送方的意志，而忽略信息接收方的感受和要求。因此，在渠道活动的具体实施过程中，可能会遭到信息接收方的不合作或者抵制。而规范治理则是一种明显考虑到双方需求的治理机制，它是在双方都可以接受的关系规范的基础上来协调交易行为，因而同时使用权威机制和规范机制则可以达到相互补充的效果。尽管关系规范表达的是双方共同期望和意愿，但它常常是模糊的，只是一种指导思想，并没有明确指明对方在某种情境下具体该做什么，它的实行依靠的是对方的意愿，因此缺乏强制力，不能很好地约束对方行为。又如，契约治理也是一种比较有效的治理机制，它通过明确的契约条款规定双方的责任义务和利益分配，如果契约条款是双方共同商讨的结果，将代表双方共同的意志。但是契约机制最大的问题在于它是根据现有条件预测

---

① WEITZ B A, JAP S D. Relationship marketing and distribution channels[J]. Journal of the academic marketing Science, 1995, 23(4): 305-320.

未来可能发生的情况而制定的,而未来常常是难以准确预测的。因此,双方可能需要不断调整条款内容,而条款的制定本身就是双方不断讨价还价的结果,这种变动无疑不断地增加双方的交易成本。因此,将契约机制和规范机制同时使用也会达到相互补充的效果,契约机制规定了渠道关系双方的责任、权利与义务,这为渠道关系的运行提供了一个基本的框架,而关系规范则可以为渠道关系在不确定性的环境中提供一种柔性机制,弥补契约机制的不足。复合治理机制代表了渠道治理理论研究的一个前沿领域,多数研究结果都表明同时使用多种治理机制可以有效提升治理效果,但不同治理机制之间存在着什么样的相互影响则是当前学者们关注的热门话题。

8.3 关系治理机制:本土视角

如 8.2 节所述,在渠道治理理论中,关系规范是一种非常重要的治理机制,但从关系规范的生成与作用机制来看,这些对渠道行为具有重要影响的规范显然是嵌入文化背景中的。就其一般性来讲,任何文化背景中都会存在一些对企业行为具有约束作用的规范,但由于各个国家文化都具有其一定的独特性,这使得这些规范在不同的文化背景下存在某些差异。本节我们将从中国社会文化背景的角度来阐述中国社会中一种独特的关系治理机制。虽然这一领域的理论建构还处于发展过程中,但我们希望通过本节向读者展示这一独特的理论视野,并为西方理论在中国市场中的应用提供些许启迪。

案例 8-3 "窜货猛于虎"——红木家具企业如何治理"窜货"

8.3.1 中国社会中的人际关系及其规范

中国与西方关系治理机制的本质差异来自对"关系"一词的不同理解。在西方营销理论中,诸如关系营销、渠道关系等专业名词中"关系"所用的英文为"relationship",这一词汇的基本含义是两个主体(如两个渠道成员)之间存在的某种联系,从文化内涵上来讲偏向于中性。而汉语"关系"一词在中国社会中却有着非常丰富的内涵,当我们在日常工作与生活中讲到"关系"一词时,如"找关系""拉关系"等,很多时候我们指的是人际关系,而这种人与人之间的关系则只有将其放到中国本土的社会文化背景中才能准确理解其丰富的内涵。在英文文献中,为了将其与西方社会中的"关系"相区分,学者们用汉语"关系"一词的汉语拼音——"Guanxi"来表达其独特性,在英文语境中,"Guanxi"的基本含义是华人社会(包括中国及海外的华人社区)中人与人之间的关系。正是人际关系在中国社会中的重要性才使中国社会中的关系治理机制成为中国社会中所独有的一种渠道治理机制。

1. 中国社会中人际关系的类型与基础

人际关系是理解中国社会结构的一个关键性的社会文化概念,它对中国人的心理与行为的影响源远流长、无所不在。对于人们的日常生活来说,关系是人们参与社会的一种关键资源和一条便捷的途径,并且维护人际关系的和谐本身就构成了人们社会生活的一个重要部分,甚至有学者认为社会关系是中国人生活的方式与目的,中国人的存在就体现在关系中。[1]既然关系如此重要,那么中国社会中的人际关系建立的基础是什么?其又可以分成哪些类型?这些不同基础与类型的关系对人们及企业的行为会有什么影响?

人与人之间的联系是形成人际关系的基础,在中国传统文化中,人们把人与人之间的这种联系归结为"缘"。它强调远在关系发生之前,已确定了特定人际关系的必然出现,并且决定了关系的形态、久暂及结局等。[2]它对理解当代社会人际关系的基础却是非常有帮助的。在中国传统文化中,缘可以分为缘分与机缘两类,前者包括父子、夫妻、师生、朋友等各种长期持久性的社会联系,后者则主要涉及各种随机场合和时间发生的短暂性的社会联系。[3]对于缘分,有学者将其归结为五种:亲缘(血姻亲情之缘)、地缘(邻里乡党之缘)、神缘(共同宗教信仰之缘)、业缘(同业、同学之缘)和物缘(共同的喜好与兴趣之缘)。[4]显然,以上述五种缘分为基础,人们可以建立各种类型的关系。对于亲缘,这是有血缘关系的家族成员,这种类型的关系代表了一类最为紧密和特殊的关系,人们常用诸如"血浓于水"这样的表达来形容此类关系的特殊性。以地缘为基础的关系主要涉及两类:邻居与老乡。在传统社会中,这两类关系也是比较亲密的,如人们用"远亲不如近邻"来表达邻里关系的亲密性;用"老乡见老乡,两眼泪汪汪""人不亲土亲"等来表达共同出身的人们之间的亲密感情。近代社会中的商帮(如晋商)及现代社会中的商人群体(如浙商、温州商人群体)等都体现了这种地缘的影响。拥有共同的宗教信仰,可以拉近陌生人之间的距离,以神缘为基础的人际关系往往也有其独特性,如参加共同的宗教仪式等都可以孕育与发展亲密的人际关系。以业缘为基础衍生出来的同事、同学、战友等人际关系更是在当代社会生活中扮演着重要的角色。以物缘为基础(共同的兴趣与爱好),总是能够将一些人聚集在一起,并且更容易发展亲密的人际关系,如大学校园中的各种以兴趣爱好为基础的学生社团就搭建了这样的平台。除此五种缘分以外,人们在各种随机的场合与一些人发生的随机的互动,如坐火车坐在邻座的人、走路碰到的问路人等,这些人之间短暂的社会联系的基础,我们则称为机缘。

可以想见,上述缘分与机缘基本能够涵盖当代社会中人们各种社会关系的来源,并且依照产生这些关系基础的不同,关系的类型也有所不同。人们会以不同的方式来对待与处理不同的关系。有学者进一步将上述各种人际关系分为三大类[5]:家人关系(父母、子女、兄弟、姊妹及其他家人)、熟人关系(朋友、邻居、师生、同事、同学、同乡等)和生人关系(与自己无任何直接或间接的持久性社会关系的人)。按照这样的分类,每个人都会对自己的人际关系做一个亲疏远近的分类,从而构成了一个以己为中心、向外圈圈扩散(越向外关系越生疏)的如波纹般的同心圆结构的人际关系网,费孝通先生将中

---

[1] 庄贵军,席西民. 关系营销在中国的文化基础[J]. 管理世界,2003(10):98-109.
[2] 杨国枢. 中国人的社会取向:社会互动的观点[M]//杨宜音. 中国社会心理学评论:第一辑. 北京:社会科学文献出版社,2005:21-54.
[3] 庄贵军,席西民. 关系营销在中国的文化基础[J]. 管理世界,2003(10):98-109.
[4] 林有成. "五缘"文化与市场营销[M]. 北京:经济管理出版社,1997;庄贵军,席西民. 关系营销在中国的文化基础[J]. 管理世界,2003(10):98-109.
[5] 杨国枢. 中国人的社会取向:社会互动的观点[M]//杨宜音. 中国社会心理学评论:第一辑. 北京:社会科学文献出版社,2005:21-54.

国社会中的这种人际关系结构特征称为"差序格局"。[①]在这样的差序格局中，人们在处理不同的关系时就会遵循不同的原则、以不同的方式来处理与对待，而关系本身的状态也会存在很多差异（表8-1）。

表8-1 三种人际关系中不同的对待原则、方式与关系状态[②]

关系类别	对待原则	对待方式	关系状态	良性互动
家人关系	讲责任 （低回报性）	全力保护 （高特殊主义）	无条件相互依赖	无条件相互信任 亲爱之情
熟人关系	讲人情 （中回报性）	设法通融 （低特殊主义）	有条件相互依赖	有条件相互信任 喜好之情
生人关系	讲利害 （高回报性）	便宜行事 （非特殊主义）	无任何相互依赖	有缘之感 投好之情

在家人关系中，彼此要讲责任（即责任原则），对家人尽当尽之责而并不期望对方做对等的回报。在所有关系中，高度特殊地对待家人关系，全力保护家人关系，而在此关系中，双方无条件地相互依赖、相互信任，建立在血缘基础上的亲爱之情是此类关系的核心。在熟人关系中，相互讲究人情（即人情原则），以双方过去的人情往来为基础继续进行人情往来。人情本质上是一种社会交换，因而在熟人的人情往来中必然期望对方以适当的方式进行回报，但为了维护既有的关系，又不能在人情往来中斤斤计较，因而对于回报的期望处于中等水平。对待熟人，要尽量设法融通，维护良好的人际关系，但很少会像对待家人那样特殊地处理与熟人的关系，依据关系建立的基础，熟人关系中是有条件的相互依赖、相互信任，建立在各种关系基础上的喜好之情是此类关系的情感特质。与前两类关系不同，由于生人关系持续的时间往往很短，对待生人是要高度地讲利害关系与回报的，不会以任何特殊的原则来处理与生人的关系，往往是见机行事。生人关系中，没有任何的相互依赖与相互信任，在良性的社会交往中，双方最多会有投好之情，但这种投好之情并不会必然地发展出紧密的人际关系。

上述关系的分类与对待原则是以关系产生的基础为核心的，但人际关系对人们行为的影响并不仅限于此，人们实际上会出于各种各样的目的来建立、维持或终止一些人际关系。黄光国教授根据关系的性质将人际关系分为情感性关系、工具性关系和混合性关系三类，并认为公平法则、需求法则和人情法则是三种对应的用以处理各种人际关系的原则。[③]其中，情感性关系指的是长久而稳定的社会关系，这种关系可以满足个人在关爱、温情、安全感、归属感等情感方面的需要，像家庭、亲密朋友等。在这类关系中，人们很少有逐利或利用关系谋取利益的动机，大家往往遵循"各尽所能，各取所需"的"需

---

① 费孝通. 乡土中国 生育制度[M]. 北京：北京大学出版社，1998.

② 杨国枢. 中国人的社会取向：社会互动的观点[M]//杨宜音. 中国社会心理学评论：第一辑. 北京：社会科学文献出版社，2005：34.

③ HWANG K K. Face and favor: the Chinese power game[J]. American journal of sociology, 1987, 92(4): 944-974. 中文版见：黄光国. 人情与面子：中国人的权力游戏[M]//黄光国，胡先缙，等. 面子：中国人的权力游戏. 中国人民大学出版社，2004：1-39.

求法则"，尤其是在家庭成员之间更是如此。与之相反，工具性关系是指人们与他人建立关系的目的是获取某些资源或达到其目标。与情感性关系相比，人们维持工具性关系本身便是目的，不过是将工具性关系作为获取目标的一种手段或工具，因而这种关系大多短暂而不稳定。在前述关系类型中，与生人的关系大抵如此，人们遵循公平法则来进行交往，即社会交往建立在相对客观、精确的回报计算的基础上。在二者之间的是混合性关系，这种关系的特点是双方彼此相识并且具有一定程度的情感关系，但其情感关系又没有达到随意表现真诚行为的深厚程度，人们维持关系带有较强的工具性色彩，亲戚、邻居、同乡、同事、同学、师生等关系大体可以归入这一范畴。在混合性关系中，人们遵循人情法则来进行持续性的交往。这种分类方法对于理解人际关系在渠道行为中的作用非常具有启发意义。

2. 中国社会中人际关系行为规范

在上述处理不同人际关系所遵循的法则中蕴含着一些人们在处理人际关系时所需要遵循的行为规范，这些行为规范是在长久的历史传承中为整个社会所接受并对人们的行为产生影响力和约束力的规范。行为遵循这些规范被人们认为是合适的，而如果不遵循这些规范就会为人们所谴责。

（1）人情法则。从社会交换理论的角度来看，人情是中国社会中人际关系中的一种交换，但它更包含人们之间应该如何相处的社会规范。这种规范的核心是接受了别人的恩惠，即欠了别人的人情就一定要想办法回报，欠了人情不还会被认为是非常不恰当的行为，这样的人在社会交往中也很容易被大家所孤立。在这一核心规范的基础上，人情法则还包含以下几点规范：第一，在关系维系的过程中，人们之间应当用互相问候、馈赠礼物、访问聚会等方式来与关系网中的人保持联系，即通过不断的交往与"走动"来维系并增进感情。第二，当关系网内的成员遭遇困难时，其他成员应当尽力帮助他，"做人情"给他，正所谓"患难见真情"，危难之时的行为成为人们检验关系质量的重要标准。[①]第三，欠了人情就要还，在欠别人人情的时候，亏欠的一方会在社会交往中处于不利的地位，所谓"吃人嘴软，拿人手短"，所以要尽可能地少欠别人人情。但如果别人欠了你的人情，你就会在社会交往中处于优势地位。第四，在还人情的时候，不能精心算计、对等地还，而是要适当地多还一点，正所谓"滴水之恩，当涌泉相报"。在多回报人情的过程中既显示了回报一方的感恩之情，也在还了对方人情的同时让对方欠你人情，对方也会遵循同样的原则来还，在算不清的人情债中，人际关系不仅维系下去了，还会变得越来越紧密。

（2）面子与人情。从社会心理学的角度来看，面子是个人在社会上有所成就而获得的社会地位或声望[②]，因此面子是个人社会地位与声望的函数。由于一个人的面子不仅牵涉其在关系网中的地位，而且涉及他被别人接受的可能性，因而在中国社会中"顾面子"

[①] HWANG K K. Face and favor: the chinese power game[J]. American journal of sociology, 1987, 92(4): 944-974. 中文版见：黄光国. 人情与面子：中国人的权力游戏[M]//黄光国，胡先缙，等. 面子：中国人的权力游戏. 北京：中国人民大学出版社，2004：1-39.

[②] 胡先缙. 中国人的面子观[M]//黄光国，胡先缙，等. 面子：中国人的权力游戏. 北京：中国人民大学出版社，2004：40-62.

就成为一件和个人自尊密切关联的重要事情，人们甚至把面子视为人生价值的一种外在体现。当一个人通过某种方式让另一个人觉得受到了重视、赞赏和推崇，前者就在给后者面子，而后者也会感到荣耀、光彩、神气和得意；相反，当一个人让另一个人感到不受重视、不受欢迎，前者就在丢后者的面子，后者就会感到难堪、困窘、尴尬甚至耻辱。① 如果了解了面子对于他人的重要性，在人际交往中就要尽可能多给别人面子、少丢别人面子；而为了得到更多人的尊敬，人们也要努力地为自己"挣面子"和"护面子"。尤其是在别人有求于你的时候，如果拒绝了对方的请求，对方就会感觉自尊受损，很没面子。在"有恩报恩，有仇报仇"的规范之下，将来有机会时，丢了面子的一方也会让你没面子，最后是大家都没有面子。为了避免关系的交恶，在别人有求于你时，在不违反法律法规的情况下最好做个人情给对方，这样对方会感觉很有面子，而且接受人情的一方就会在将来伺机回报，这样大家都很有面子。② 因此，面子往往是人际交往中可以相互赠送的一个重要的"礼物"，别人给了面子，接受的一方就欠了人情，将来一定要回报；不给别人面子，就相当于得罪了一个人，长此以往，人际关系状况一定会越来越差。因而，"人情留一线，日后好相见"，尽量与人方便也就成为中国人际交往中一种很重要的规范。

（3）"报"的规范。③ 从更加一般的层面上看，人情法则乃是"报"这一规范的衍生物之一。回报的规范在不同类型的关系中表现会存在一些差异。在工具性关系中，由于双方都没有在将来进行情感性交往的预期，因而双方所遵循的公平法则就要求在交往过程中一方将资源给予另一方后，后者通常必须立即给予回报，或者约定明确的回报期限。在情感性关系中，"养儿防老"已经非常明确地包含父母期望子女回报的内涵。在遵循人情法则的混合性关系中，人们则遵循"礼尚往来""投之以桃，报之以李"的规则，进行持续不断的人情交换，以维系彼此之间的关系。因此，中国人对别人"做人情""给面子"的主要动机之一就是其对对方未来进行回报的预期，因为在"报"的规范之下，做人情的一方能够放心地期待，对方欠了自己人情，将来自己若开口请对方帮忙，对方必然难以拒绝。然而，在"报"的规范中，也包含恩仇的概念，传统中国社会中讲究"有恩报恩，有仇报仇"，如果拒绝对方的请求，就得罪了对方，有些时候就会"反目成仇"，长此以往人际关系必然交恶。

8.3.2　中国社会中人际关系在商业交换中的作用④

鉴于人际关系在中国社会中的基础性地位，其对企业间的商业交易活动必然产生深刻的影响，而这些影响则建立在上述人际关系行为规范的基础上。

---

① 庄贵军，席西民. 关系营销在中国的文化基础[J]. 管理世界，2003（10）：98-109.
② 黄光国. 人情与面子：中国人的权力游戏[M]//黄光国，胡先缙，等. 面子：中国人的权力游戏. 北京：中国人民大学出版社，2004：1-39.
④ 黄光国. 人情与面子：中国人的权力游戏[M]//黄光国，胡先缙，等. 面子：中国人的权力游戏. 北京：中国人民大学出版社，2004：1-39.
④ 庄贵军，席西民. 关系营销在中国的文化基础[J]. 管理世界，2003（10）：98-109；庄贵军，席西民. 中国营销渠道中私人关系对渠道权力使用的影响[J]. 管理科学学报，2004（6）：52-62.

1. 人际关系是建立和维系企业间交易关系的基础

在中国社会中，企业之间交易关系的建立往往以人际关系为基础，如果两个企业的经理存在直接或间接的关系，则两个企业建立交易关系就比较容易。而如果存在这种建立的基础，则两个关键的人也会成为维系两个企业间交易关系的重要纽带。我们时常听到或看到，一个关键人物的离去会导致两个企业交易关系的结束。如企业市场经理的离职，会令企业失去一批经销商，因为维系与这些经销商关系的是这个市场经理。另一种情况是，如果作为企业间交易关系建立基础的人际关系交恶，则两个企业之间的关系也会因此受到影响。作为维系企业间交易关系的人际关系属于典型的混合性关系，其中既包含人情法则，也包含公平的法则，而这些维系企业关系的个人角色也是双重的，如私人关系中的朋友角色与作为企业经理的生意人角色等。

2. 人际关系作为信用保证

中国经济在转轨过程中，相关法律法规体系尚不健全，在很多时候难以为企业间的交易提供必需的保障。即使企业间签订了交易合同，违约现象也有发生，而诉诸法律执行合同的成本与效率往往令企业不愿意对簿公堂。在这样的商业环境中，人际关系则可以充当一种重要的信用担保机制。只要交易双方之间的人际关系可靠，一切都好商量，在自己人的圈子里进行交易甚至无须签订合同，一旦出现纠纷，人际关系网络中的各种行为规范则可以充当解决纠纷的机制。相反，当与"外人"进行交易时，由于缺乏应有的信任，则需要严加防范，从而提升了交易的成本。如一位做进口海产品生意的老板与一个国外的水产出口商保持了长达10年之久的交易关系，但双方一份合同都没有签过，其中原因在于国外企业的老板是该进口企业老板表哥的好朋友，表哥请好朋友照顾自己表弟的生意，只要这个朋友关系在维系，那么两个企业之间的交易就不会存在问题。

3. 人际关系作为拓展交易范围的互惠网络

中国人的人际关系绝非一对一形式的，而是相互联结成为一个个人际关系网络。在寻求建立交易关系、解决维系交易关系过程中的各种问题时，人们往往会通过自己的关系网络来寻找有用的关系，从而不断拓宽企业的交易网络。如家人的朋友、朋友的同学、"哥儿们"的"哥们儿"等，通过各种人际关系形成一个商业世界中的互惠网络。在这个无形的互惠网络中，由于人际关系行为规范的存在，企业间的交易往往具有很高的效率。

4. 人际关系降低交易成本

从交易成本理论的角度来看，企业间的交易成本既包括交易之前的谈判与签订合同的成本，也包括交易过程中履行合同与监督的成本。在以人际关系为基础的交易中，如果是充分相互信任的人际关系，遵循人情法则的交易很可能省去很多精于算计的谈判过程，并且起草、推敲与签订合同的很多工作也可以极大地简化。而在合同的履行过程中，由于有相互信任的人际关系作为信用保证，企业也无须过多地监督交易伙伴合同的履行。即使是合同履行过程中出现了问题，人们也可以利用人际关系来处理，而不用诉诸成本高昂的法律程序。因此，人际关系可以极大地降低企业间交易的成本。

5. 人际关系作为解决冲突的机制

虽然人际关系具有上述作用，但企业间交易过程中各种冲突与纠纷是难以避免的。如同我们在前文已经提到的，人际关系网络为有效地解决企业间交易中的冲突提供了一种有效的机制。在关系亲密的"自己人"中间，有了冲突，很容易解决，一起吃顿饭，开诚布公地表达不同意见，就可以将问题解决。在冲突严重的时候，还可以通过双方共同的朋友或者地位更高的人作为仲裁方，双方都要给仲裁人面子，互谅互让，问题也就解决了。因此，人际关系是一种有效化解商业摩擦与冲突的机制。

8.3.3 人际关系作为一种渠道关系治理机制

人际关系在企业间商业交易过程中的作用同样适用于渠道成员之间的渠道关系。从渠道治理理论的角度来看，人际关系作为一种渠道治理机制，主要表现在以下几个方面。

1. 人际关系是抑制投机行为的重要机制

人际关系对渠道关系中投机行为的抑制作用表现为以下两点：首先，义利兼顾、重人情是人际关系行为规范长久以来在商业交往中的一种渗透性规范，该规范提倡在朋友、伙伴有困难的时候要大力相帮，而不能落井下石。在别人有困难的时候施以援手是人情法则中重要的内容，这在商业交易中时常表现为为了照顾朋友的感情而损失自己的利益相帮，而人情法则则会保证在未来施援者会得到受援者的回报。相反，为了谋取私利而损人利己的行为则是很难被人们所接受的，这样的人往往会被排挤出关系网络。其次，上述机制会由于人际关系网络的作用而得以强化。企业生意网络的拓展往往以人际关系网络为基础，如果在人际关系网络中没有好的名声，想要拓展生意是非常困难的。一旦采取投机行为，人际关系网络会很快地将此种不当行为在网络内传播，从而不仅令投机者受到谴责，还会令其受到排挤。因此，人际关系是可以作为一种重要的抑制投机行为的机制来治理渠道关系的。

2. 人际关系投入是一种双边绑定的专用资产

渠道治理理论表明，单方投入专用资产会为对方提供投机的机会，而如果关系双方共同投入专用资产就会产生双边的绑定效应，从而可以有效抑制投机行为，即任何一方的投机行为都会令己方遭受同样的损失。除了我们已经讨论过的各种物质与非物质专用资产以外，人际关系中所包含的情感元素也可以是一种有效的专用资产。并且由于中国社会中人情往来的特点与规则，关系双方对感情的投入相对于对物质及知识这样的非物质形态的专用资产投入而言，更容易对等。而双方一旦向关系中投入相当的情感，在双方关系中情感要素所占的比例就会更高，从而会更好地将双方绑定在一起。在人际关系从无到有、从疏远向亲密的发展过程中，人情法则显然扮演着非常关键的角色。而这种基于情感的专用资产对投机行为的抑制更多的时候体现于人际关系的行为规范，而非交易成本理论中的"人质效应"。

3. 人际关系是渠道关系运行的润滑机制

人际关系作为渠道关系运行的润滑机制，一方面表现为前文提到的冲突与摩擦的解决机制，这可以在渠道关系中出现问题时充当一种高效率的解决机制。另一方面，人际关系作为渠道关系维系的基础可以极大地提升双方共享信息、协作与沟通的效率。在没有充分信任的渠道关系中，信息的共享、协作计划的制订都会由于害怕对方投机行为而受到抑制，在以相互信任的人际关系为基础的渠道关系中，上述担心会极大地得以消除，从而更加有利于渠道关系双方共享各种信息、更加紧密地进行协作、更加高效率地进行沟通，这显然都有利于提升渠道关系运行的绩效。

4. 人际关系对不确定性的消除作用

来自环境与行为的不确定性是渠道管理的重要挑战，环境不确定性带来了在渠道合作过程中的适应性问题，而行为的不确定性则带来了由于绩效模糊而产生的监督问题。如果人际关系作为维系渠道关系的关键纽带，则可以为渠道关系面对环境不确定性时提供更大的柔性机制；为面对行为不确定性存在时提供规避投机行为的机制。对于前者，双方紧密的人际关系使得渠道关系在不确定性的环境下能够保持高效率的沟通，进行更加紧密的协作，从而可以提高应对环境不确定性的柔性能力。对于后者，充分的相互信任，以及前述的建立在"报"与"人情"基础上的行为规范会令由于难以有效监督而可能产生的投机行为得到一定程度的抑制。上述两个方面都可以有效地提升渠道关系的运行绩效。

8.4 全渠道治理

8.4.1 全渠道中的投机行为

1. 全渠道投机行为的主体

全渠道要求制造商或品牌商等卖方企业通过各种新兴渠道在多个接触点为终端客户提供产品或服务。[①]大量交易发生涉及生产、提供和推广商品、服务以及互补品的各种不同类型的渠道参与者之间，使得全渠道中投机行为的主体更加多样。第一，同一渠道的上下游成员有更多机会和理由进行投机行为。终端客户通常会通过渠道中的某个接触点了解产品，然后在其他接触点与品牌商、代理商或零售商进行交互，导致该条渠道中一些原本有利可图的交易可能不再进行，而进行中的交易也可能会引发潜在的风险，使得上下游渠道成员为了保证自身利益进行投机行为。第二，不同渠道中承担相似功能的成员会因为跨渠道竞争与冲突而进行投机行为。全渠道营销环境下的移动、线上和线下渠道之间在功能设计、区域划分及营销政策等方面存在差异，导致不同渠道的分销企业感知到强烈的相互替代或蚕食效应，进而通过投机行为谋求自身利益最大化。第三，由于全渠道生态系统需要依赖广泛参与者所提供的互补商品或服务，企业还需要关注互补者可能实施的投机行为。信息通信技术的发展促使企业开发先进的移动应用程序或电子交易平台，而这些数字平台的运行则依赖于互补者伙伴提供的硬件基础设施或软件定

[①] JOHN G, SCHEER L K. Commentary: governing technology-enabled omnichannel transactions[J]. Journal of marketing, 2021, 85 (1): 126-130.

制服务。互补者伙伴能够轻易地利用企业的专用资产投入实施投机行为，因此这种依赖增加了企业在交易以及数据安全性方面面临的机会主义风险。

2. 全渠道投机行为的表现

全渠道参与者在不同情境中的投机行为呈现异质性特征。首先，在同一渠道中，上游成员会通过某些渠道政策或计划侵占下游成员利益，面对这种风险，下游成员更有可能拒绝实施上游成员的渠道政策或计划。例如，分销商会拒绝参与制造商在终端客户中培养品牌忠诚度的营销计划，因为如果该计划顺利执行，制造商就可以跳过分销商直接向这些培养出来的客户销售产品，实际上侵占了分销商的专用资产投资。因此，如果缺乏相应的治理机制来降低这种风险，分销商将不会完全实施此类计划。其次，位于移动、线上和线下等不同渠道中的企业可能面临更加严重的机会主义风险。例如，线下渠道的分销商违背渠道契约规定进行跨区域销售，或者私自向线上平台提供产品，导致渠道秩序混乱。[①]最后，全渠道生态系统中的互补者可以利用其核心技术或优势权力，通过投机行为获得额外的利润。例如，平台企业利用其对快速增长的参与者数据的访问，为自身业务谋取利益或驱逐潜在竞争者。

3. 全渠道投机行为结果的复杂性

尽管终端消费者通常能够从全渠道投机行为中获益（例如以其更低的价格获得产品或服务），但其他渠道成员却深受其害。一方面，全渠道投机行为不仅会影响渠道成员的利益，还会影响渠道市场结构，灰色市场的持续存在是一个关键表现。灰色市场是指获得授权的品牌产品通过未经授权的分销渠道，通常指在那些不能像授权渠道那样为消费者提供多样服务的特价商店或折扣商店里进行销售。在全渠道环境中，供应商会公开地反对灰色市场，但却在私下里鼓励它们。因为灰色市场能够在帮助供应商提高市场覆盖率的同时，向授权渠道成员施加隐形压力。而下游渠道成员在抗议它们引起的不公平竞争时，也会持续向这些市场供应商品，以提升自身的销售水平。另一方面，当渠道成员发现其他渠道的投机行为时，它们通常会归咎于供应商或制造商。虽然没有怀疑的依据，但渠道成员会假定是供应商或制造商等卖方企业有意利用全渠道情境来获取不公平的收益份额。这种认知可能伴随着愤怒等强烈的消极情绪，驱动它们激烈地向卖方企业宣泄不满、威胁退出甚至寻求报复，从而产生严重的渠道冲突。此外，全渠道投机行为对终端客户影响有时也不都是积极的，尤其是它们最终会损害终端客户的全渠道无缝体验。

8.4.2 全渠道的治理视角与机制

1. 数字技术治理

面对全渠道投机行为，区块链等数字技术的发展为全渠道治理提供了一些值得关注的解决方案。基于区块链的解决方案通过将所有交易数据整合到一个受保护的位置，提供了一种在全渠道不同成员之间进行协调的方法。如果在输入数据时执行标准，设计良

---

① 刘一博，许伟. 集团亲自"下场"管控终端乱象 五粮液连开27张"罚单"[EB/OL]. (2019-01-13). http://www.bbtnews.com.cn/ 2019/0113/282409.shtml.

好的区块链系统可以提供数据完整性，使渠道成员可以轻松访问记录在区块链中的数据，可以在全渠道中一致地传递并验证营销信息数据。而且，经过许可的区块链具有智能契约功能，能够促进契约的自动执行，可以进一步降低全渠道的监督与交易成本。因此，区块链等数字技术的应用能够通过共享数据库、允许数据的实时访问以及契约自动执行等方式，增加全渠道交易和互动的透明性，从而降低不同渠道成员投机行为的可能性，提高全渠道治理效率。然而，研究提示我们，尽管区块链等技术减小了全渠道企业面对投机行为的脆弱性，但企业仍然需要对技术提供机构保持警惕。因为规模较小或实力较弱的渠道参与者通常无法与强大的区块链许可机构进行讨价还价，以获得数据隐私等方面的保障。所以，与基于市场的无许可区块链相比，全渠道中采取许可区块链存在更大的锁定风险，并且需要成本更高和层次更多的治理活动。

2. 基于社会奖励的关系治理

全渠道无缝体验要求渠道成员必须努力克服组织间界限并优化整个渠道的行动，这就使关系治理变得更加重要。一方面，全渠道治理需要多个渠道的深度和无缝整合。而无缝整合要求渠道各方对渠道如何运营有深入的了解，需要感知到结构设计对各方都是透明和公平的，从而在更深层次上作出承诺和建立信任。因此，在全渠道背景下的关系治理，需要更高水平的协调和渠道成员间的相互依赖，以实现真正的协同和跨渠道业务的顺畅。另一方面，无处不在的客户评论以及对互补产品拥有控制权的参与者，使企业难以利用契约和市场等机制，在这种情况下，基于社会奖励的关系治理尤为重要。例如，一些全渠道参与者的目标是通过成为专家评论员、关键意见领袖或者品牌大使等获利。虽然企业可以通过提供现金支付或补充产品等基于经济奖励的方式激励参与者，但这种经济奖励会破坏激励其他参与者作出贡献的社会激励规范。而在全渠道关系治理中，参与者对社会回报而非经济回报的依赖性更大。因为即使对互补产品或核心技术拥有控制权的参与者也会担心被披露滥用权力以致品牌资产遭受损失。

本章提要

投机行为（也称机会主义行为）被定义为以欺骗的方式谋取私利，根据投机行为发生的环境（现有环境与新环境）、投机行为的特点（主动与被动）两个维度对营销渠道中的投机行为及其结果进行分类，包括以下四种形式：现有环境下的被动投机行为——逃避；新环境下的被动投机行为——拒绝调整；现有环境下的主动投机行为——侵害；新环境下的主动投机行为——强制让步。

可以将促进渠道投机行为产生的因素分为四大类，这些类别代表了对渠道投机行为进行研究的不同理论视角——制度经济学（主要是交易成本经济学）、资源依赖理论、渠道行为理论和关系契约理论。对渠道投机行为的管理策略包括以下四种：监督、激励、选择和社会化。

渠道治理机制是"组织交易的方式"，是一个非常宽泛的概念，包括多个维度，其中既包括对交易关系建立、维持与结束过程中关系组织与协调要素的考虑，也包括在交易关系维持过程中监督、执行等渠道关系的控制机制。根据不同的标准，营销渠道的治理机制可以分成不同的类别。韦茨和贾普在区分市场与科层机制两种治理机制的基础上，重点对非一体化渠道结构中的治理机制进行了分类，认为渠道权力的应用、契约和关系规范是非一体化渠道中三种重要的治理机制。复合治理机制是指在渠道的运行中，同时使用多种治理机制协调和控制渠道关系。之所以使用多种治理机制，是因为每一种治理机制在控制与协调交易关系中都有其明显的优势和劣势。

中国社会中人际关系行为规范包括人情法则、面子与人情、"报"的规范。中国社会中人际关系在商业交换中的作用包括：人际关系是建立和维系企业间交易关系的基础、人际关系作为信用保证、人际关系作为拓展交易范围的互惠网络、人际关系降低交易成本、人际关系作为解决冲突的机制。

从渠道治理理论的角度来看，人际关系作为一种渠道治理机制，主要表现在以下几个方面：人际关系是抑制投机行为的重要机制、人际关系投入是一种双边绑定的专用资产、人际关系是渠道关系运行的润滑机制、人际关系对不确定性的消除作用。

从全渠道的投机行为治理来说，因为全渠道的参与者更为多元、渠道角色更为多样、渠道环境更为动态和复杂，全渠道的投机行为表现和结果也更为复杂。企业可以依据区块链等数字治理技术和基于社会奖励的关系治理来强化对全渠道中投机行为的治理。

拓展阅读

1. CROSNO J L, DAHLSTROM R. A meta-analytic review of opportunism in exchange relationships[J]. Journal of the academy of marketing science, 2008, 36: 191-201.
2. CAO Z, LUMINEAU F. Revisiting the interplay between contractual and relational governance: a qualitative and meta-analytic investigation[J]. Journal of operations management, 2015, 33-34(1): 15-42.
3. 夏春玉，张志坤，张闯. 私人关系对投机行为的抑制作用何时更有效？——传统文化与市场经济双重伦理格局视角的研究[J]. 管理世界，2020（1）：130-145.
4. 高维和. 新零售：理论与实践[M]. 上海：上海财经大学出版社，2022.

即测即练

自学自测　扫描此码

第 9 章

营销渠道绩效评价与调整

学习目标

通过本章学习,了解营销渠道绩效评价的流程、评价的两个基本层面——渠道系统层面与渠道成员层面;掌握对渠道绩效进行评价的基本方法;理解营销渠道差距分析框架,以及以此为基础的渠道调整策略;同时需要了解在全渠道的视角下,渠道绩效的评估步骤、评估方法及调整原则。

营销渠道管理是一个动态的过程。由于企业外部环境的不断变化,竞争对手不断采取新的营销策略,企业自身的资源条件也在不断改变,这都要求企业阶段性地对营销渠道进行绩效评价,以便准确地了解企业当下的营销渠道是否适合现时的营销环境,是否更有助于实现企业的营销目标。随着渠道数字化的发展,从全渠道的角度评估绩效也符合未来的渠道发展趋势。对营销渠道进行多方面评价,构成了企业进行渠道调整和渠道改进的依据。本章将讨论渠道评价的常用方法,以及渠道调整与改进的思路与方法,并从全渠道的视角对渠道绩效评估和调整进行说明。

9.1 渠道系统绩效评价

9.1.1 渠道绩效评价概述

1. 渠道绩效评价的概念

渠道绩效评价(performance evaluation on channel),也可称为渠道绩效评估,是指厂商通过系统化的手段或措施对其营销渠道系统的效率和效果进行客观的考核和评价的活动过程。

评价渠道绩效可以从宏观层面和微观层面来进行。从宏观层面来讲,渠道绩效就是指渠道系统对全社会作出的贡献,它是站在整个社会的高度来考察的;而从微观层面来讲,渠道绩效指的是渠道系统或渠道成员对企业作出的贡献,它是从企业自身的角度来考察的。从社会的角度评价渠道绩效,视角更加宽泛,侧重渠道系统整体对全社会的效益、效果和公平性的贡献,但目前对此方面的研究还比较欠缺。而从企业的角度评价渠道绩效，不仅可以为企业提供更准确的渠道系统或渠道成员的绩效评价情况，还可以有效地反映渠道整体或渠道成员的竞争能力与发展的优劣势，为企业进一步调整、改进渠道系统提供重要依据，也正因为如此，它受到越来越多企业的关注和使用。

在营销实践中，从微观层面评估营销渠道绩效的对象可以是整个渠道系统，也可以是渠道系统中某一层级的渠道成员。将渠道成员作为评估对象，会使渠道绩效评估更容易操作，在一定情况下，渠道成员的绩效可以反映出该渠道成员所处的营销渠道系统的整体绩效情况。尤其是在渠道扁平化的发展趋势下，生产商更多地加强了对渠道系统中具体渠道成员的绩效评估，以利于生产商决定是否对某些层级的渠道成员进行扁平化。

2．渠道绩效评价的流程

评价营销渠道的目的就是希望建立一套与企业特定经营目标相一致的评价标准，引导渠道行为，便于事后对渠道行为和渠道结果进行检查，并与渠道目标做比较找出差距，制订解决方案。渠道绩效评价流程如图 9-1 所示。

图 9-1　渠道绩效评价流程

（1）详尽了解企业的经营目标，并将其分解为一系列的销售目标。销售目标在渠道绩效指标中起着基础性的作用。在确定总（渠道间）销售目标时，一定要注意与公司目标和业务个体目标相一致，销售目标只是公司目标的分解，是为了更容易地实现企业目标。同时销售目标的制订要更加具体、明确和量化，如销售额增加 11%、销售费用降低 6%等，但是不要制订过多的销售目标，主要目标最好控制在 3~5 个，否则会给实施过程带来负担。当一系列完整的销售目标被清楚地表达出来时，第一步就完成了。

（2）设定渠道绩效的评价指标。绩效指标作为评估渠道的一个基准点，是有效渠道管理的一个中心部分。合理的渠道绩效指标基本上基于两个前提：一个是销售目标，另一个是销售过程中的渠道作用。这也就是说，设定的渠道绩效指标必须以帮助企业实现其销售目标为前提，同时也必须反映销售过程中每个渠道各自扮演的角色。例如，一些品牌会建立形象体验店，它的主要渠道职能是进行品牌形象、新品的展示以及提供体验服务，那么就不应该为其设定较高的销售目标。因此，企业为每个渠道设定的期望值必须反映该渠道在销售环节中承担的职能。

（3）制定渠道绩效评价制度。渠道的绩效评价使企业管理者能够随时追踪渠道的绩效情况，确保其与对应的绩效指标相符合，并揭示存在的问题。制定渠道绩效评价制度有助于企业科学、规范地执行渠道绩效评价的任务。当把渠道绩效的评价合法化，渠道成员可以获得相同的机会，公平地与其他成员竞争。这样明确的评价制度也会成为激励经销商的手段。

（4）认清绩效差距并制订渠道改进规划。管理者利用渠道绩效指标和渠道绩效评价制度，找出渠道现有水平与实现销售目标所需的未来绩效水平之间的差距，并确定为达到销售目标所需的绩效水平而必须采取的行动。这一系列的具体行动就是渠道调整与改进规划制订的核心部分，通过对渠道的改进与调整，达到提升渠道绩效的目的。

3. 渠道绩效评价的方法

渠道绩效评价的常用方法有两种：一种是历史比较法，另一种是区域比较法。其中，历史比较法就是将渠道系统或渠道成员的当期销量与上期销量做比较，得出上升或下降的比值，然后再与整体市场的升降百分比进行比较。区域比较法，就是将各渠道成员的绩效与该区域销售潜量分析所得出的数值进行比较，具体地说，就是将某区域内各渠道成员在某一时段的实际销售量与通过分析得出的该区域销售潜量进行比较并且排序，然后测算相关指标，以确定这些渠道成员在这一时段是否达到某一标准。实行区域比较法的一大难点就是很难客观把握该区域内的销售潜量。企业可以根据进行比较的结果对表现出色的渠道系统或渠道成员予以奖励，而对于低于市场平均水平的渠道系统或渠道成员，则要进一步作出具体分析，找出原因并给予调整或改进。

9.1.2 渠道系统绩效评价的内容

1. 社会绩效评价

美国营销学者斯特恩等从社会角度以渠道整体为对象，提出了著名的3E's模型。这一模型包括对渠道成员的财务绩效和渠道的社会贡献的测评，它包括效果（effectiveness）、公平（equity）和效率（efficiency）三项指标，如图9-2所示。

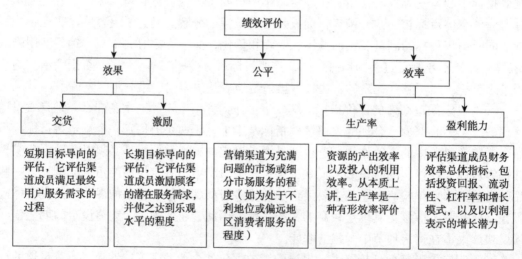

图 9-2　3E's 模型

效果是指渠道以尽可能低的成本将产品或服务交付给最终消费者的效力。这一指标的测评重点是渠道交付给最终消费者的效力如何，绩效越高，说明这个渠道系统的效果越好。

公平是指一个国家的所有公民拥有相同的机会去使用现有的营销渠道，拥有相同的能力去接触现有的营销渠道。不同国家的营销渠道的公平性不同，而且同一国家内不同地区也是如此，我国农村地区特别是偏远山区获取的渠道机会远远小于城市地区，这也成为我国渠道发展的一个方向。

效率是指以较少的社会资源达到某些具体结果。这一指标的测评重点是资源的利用率是否高。

企业立足于社会，依存于社会，在获取合理的经济效益的同时，也要创造社会效益。除了使用 3E's 模型进行评估外，还可以从对生态环境的破坏程度以及渠道费用节约情况来进行评价，考察存放、运输物资时是否泄漏造成环境污染，是否节能减排，渠道运行中是否尽可能地节约资源，造成不必要的浪费等。

2. 渠道运行状况的评价

渠道的运行状况反映的是渠道成员之间的配合、协调以及积极性发挥等方面的综合表现。渠道运行状况的评价也是依据营销目标和渠道建设目标，评价任务分配的合理性、渠道成员间的合作意愿与努力程度、渠道冲突的性质与程度，以及销售是否达到目标等。不同学者对渠道运行状况评估标准的设定也是不同的。有些学者将渠道运行状况的评估标准分为经济性、控制性和适应性，但由于本章将渠道的经济效果单独作为一个标准进行具体定量分析，因此我们主要从渠道通畅性、渠道覆盖面、渠道的流通能力及利用率和渠道冲突这四方面来具体考察渠道的运行状况。

（1）渠道通畅性。渠道通畅性是指产品或服务流经渠道各环节时的通畅程度，也就是产品或服务能否在合适的时间内安全地交付到顾客手中。评估的具体内容包括渠道系统运行的主体是否到位，功能配备是否到位、合理，渠道各环节的衔接是否有断裂，渠道成员间是否达到长期合作以及合作状态如何等。对于这方面的评估更多的是采用定性的方法。例如，了解渠道的各环节是否有断货情况，产品是否在某一环节出现积压状况，产品或服务的交付是否及时，渠道成员的合作状况是否和谐，是否长期合作等。如果采用定量方法可以选用产品的周转速度和货款回收速度等评价指标。

（2）渠道覆盖面。对于渠道覆盖面，可以从渠道成员数量、渠道成员的市场分布状况和商圈的大小等方面进行评估。每个商业网点吸引顾客的地理区域就是商圈，它以商店为核心，向四周扩散，构成了一定的辐射范围。一般通过渠道覆盖面和渠道覆盖率这两个指标来进行具体评价。其计算公式如下：

$$渠道覆盖面 = 各分销网络终端商圈面积之和 - 重叠的商圈面积之和 \quad (9.1)$$

$$渠道覆盖率 = \frac{某产品渠道的市场覆盖面积}{该市场的全部面积} \times 100\% \quad (9.2)$$

渠道覆盖面反映了市场的开拓能力，渠道覆盖面越大反映该渠道拥有越多的潜在顾客。然而并不是渠道覆盖面越大越好，因为它需要足够的资源和精力，对于渠道管理水平的要求也很高。如果渠道覆盖面过广，超越了企业自身的渠道管理能力，很可能造成过高的渠道建设、维持费用，从而降低渠道的经济效果。因此，一些企业采用联盟等方式借助其他企业的渠道网络来扩大销售区域。

（3）渠道的流通能力及利用率。渠道的流通能力是指在单位时间内经由该渠道转移到消费者手中的产品数量和金额。在一定程度上，渠道的流通能力反映了渠道成员参与产品分销的积极性，它需要渠道系统中各级成员的协作来提高。渠道的流通能力还可以通过流通能力利用率来衡量，流通能力利用率指标又可以细分为平均发货批量、平均发货间隔期、日均销售数量、平均产品流通时间以及产品周转速度等。

（4）渠道冲突。渠道冲突在整个渠道的运行中是不可避免的，不论对渠道进行怎样的设计和改进，都不能完全消除冲突。过多的渠道冲突或是渠道冲突长期得不到解决，必然影响渠道的正常运行，严重时会导致整个营销系统瘫痪，然而一定程度的渠道冲突会对整个渠道起到建设性的作用，使之成为适应变化中的环境的驱动力。因此，处理渠道冲突的重点不是怎样消除冲突，而是怎样管理冲突。

根据渠道成员间的关系，可以将渠道冲突分为水平渠道冲突、垂直渠道冲突和不同渠道间的冲突。水平渠道冲突发生在同一渠道层级内相似渠道成员之间，例如处于同一商圈内，并且拥有相同目标顾客的两个零售商产生的摩擦和竞争。垂直渠道冲突发生在同一渠道内不同层级的渠道成员之间，例如批发商和零售商为了争取对自己有利的交易价格而产生的竞争等。不同渠道间的冲突发生在不同渠道内的渠道成员之间，例如厂商建立的直营店与零售商的销售网点为了争夺顾客而产生的竞争。

3. 服务质量评价

评价服务质量可以从信息沟通、实体分配服务、促销效果与促销效率和顾客抱怨与处理等方面来进行。

（1）信息沟通。相对于生产企业，经销商更接近消费者，更了解当地市场，是市场信息的主要收集者和传送者，在一定程度上可以常年为生产企业承担市场调研的职能。沟通的信息包括：当地政府的法规与政策，当地市场的经济状况与发展趋势，竞争者的营销战略与最新动态以及企业自身的业务开展情况。信息沟通的质量好坏对上游企业的营销决策有着重要影响作用，信息沟通质量越好，越有利于生产企业制定更有竞争优势的营销决策。而衡量信息沟通的质量好坏，是通过考察渠道的下游成员对上游成员所反馈的市场信息与产品信息的有效性来进行的，衡量的标准有沟通内容、沟通时间、沟通频率与沟通方式等。

（2）实体分配服务。实体分配就是物流，是指商品实体从生产者向最终消费者转移的过程，包括商品实体的空间位置、时间位置和性状位置的变动，包括包装、储存、保管、运输、装卸、搬运以及与之相关的物流信息等活动。实体分配服务质量就是衡量渠道成员满足顾客需求的及时程度，包括快速谈判、快速签订合同、快速交货等。许多企业从六个方面来控制实体分配的服务质量：快速反应、高弹性、最小库存、优化运输、全面质量控制和产品生命周期。

（3）促销效果与促销效率。促销效果的评价包括事前评价、事中评价和事后评价。我们在这里强调的是促销效果的事后评价，考察促销活动告一段落或是完全结束后对产品销售、品牌认知等的变化情况，并与预期做比较，评价是否达到促销目的，同时也为今后的促销活动提供参考标准。促销效果的评价内容有促销活动前后零售商的销量、商店货架空间的分布、零售商对合作广告的投入、消费者对促销活动的态度等。评价促销效率不仅要衡量促销活动是否达到预期目标，还要考察促销费用是否高于促销所获得的收益。为了提高促销效率，渠道管理者应该记录每一次促销活动的费用、销售的增长量等促销效果，并且要做到事前计划、事中控制以及事后评价。

（4）顾客抱怨与处理。顾客抱怨是指顾客对产品或服务的不满和责难，顾客抱怨行为也就是顾客在对产品或服务产生不满之后所引发的。一位顾客对产品或服务产生抱怨，不仅反映了经营者所提供的产品或服务未达到该顾客的预期，还说明了这位顾客可能对此经营者抱有期望，希望经营者提高服务质量或是改进产品。因此，经营者不能忽视顾客的抱怨，应该了解顾客抱怨的根本原因，积极采取应对措施，使顾客从抱怨状态转到满意甚至惊喜的状态。如果经营者放任顾客抱怨行为，会失去顾客再次购买该企业产品的机会，使企业的利益直接或间接受到损失。长期忽视顾客抱怨现象会使企业流失大量的忠实顾客，而保持一位老顾客的成本远远低于寻找一位新顾客的成本，因此维持老顾客、解决顾客抱怨对经营者十分重要。为了提高下游成员对顾客抱怨的处理效率，上游企业可以协助下游企业建立顾客抱怨管理制度，鼓励顾客公开提出批评和建议，建立顾客抱怨卡，记录事件内容并进行追踪调查，及时发现问题并予以纠正等。

4. 经济效果评价

渠道的经济效果评价也可以称为渠道的财务分析，这是因为它采用了财务会计指标进行评估。也正是由于渠道的经济效果评价运用了定量的分析方法，可以更直观地反映营销渠道的绩效，从而成为进行渠道评估的必不可少的部分。我们以下主要通过销售、市场占有率、渠道费用、获利能力以及营运能力的分析对渠道进行经济效果评价。

（1）销售分析。销售分析是评估整个渠道系统的产出，并与销售计划做对比，从而了解销售目标的实现情况。对此，可以采用销售额或是销售量指标来进行评价，但销售额的变化不仅是销售量所引起的，还是价格所引起的，因此可以进一步采用销售差异分析方法来了解价格和销售量分别对销售额所产生的影响。

假设某企业年度销售计划要求全年销售产品 50 000 件，每件产品计划平均单价为 9 元，即销售额达到 45 万元，然而当年的实际销售情况是销售产品 40 000 件，平均每件产品以 8 元售出，即销售额为 32 万元。将实际销售情况与销售计划对比发现销售额降低 13 万元，销售量减少 10 000 件，平均单价降低 1 元，对此无法看出销售额降低的 13 万元，是多大程度上归结于销售量的降低还是价格的降低。因此可以采用销售差异分析方法：

$$销售量变化引起的差异 = \frac{销售量的变化量 \times 计划价格}{销售额的变化量} \times 100\% \quad (9.3)$$

$$价格变化引起的差异 = \frac{价格的变化量 \times 实际销售量}{销售额的变化量} \times 100\% \quad (9.4)$$

即

销售量下降引起的销售差异 =（50 000 − 40 000）× 9/130 000 = 69.23%

价格下降所引起的销售差异 =（9 − 8）× 40 000/130 000 = 30.77%

由以上计算可以看出，69.23%的销售差异的形成是销售量的下降所引起的，30.77%的销售差异是价格的下降所引起的。由于销售量较价格容易控制，因此可以进一步对销售量下降的影响进行深入分析，进而改善，如加大渠道的推广度来提高销售量。

除了销售差异分析之外，还可以采用区域/产品分析方法进行销售分析，它是按产品销售区域或产品类别进行的比较分析，先找出影响销售额差异的主要区域或产品类别，再深入分析找出影响销售差异的主要影响因素。

（2）市场占有率分析。企业销售额的增加可能是企业自身相对其竞争者对渠道进行改善引起的，也有可能是企业所处的整个经济环境的发展所引起的。因此，企业应该采用反映相对竞争企业的经营状况的指标——市场占有率，来剔除整个经济环境的影响。企业的市场占有率越高，表示它相对其竞争者的绩效越好；市场占有率有所下降，就要引起管理者的注意，找出导致市场占有率下降的原因，作出调整以保持其竞争地位。

市场占有率有三种不同的计算方法：全部市场占有率、可达市场占有率以及相对市场占有率。

全部市场占有率是以企业的销售额占全行业销售额的百分比来表示的，它需要明确企业所在行业的范围以及该行业所应包括的产品和市场。

可达市场占有率是以企业销售额占企业所服务的市场的百分比来表示的。可达市场是指企业产品最适合的市场，企业市场营销努力所及的市场。企业可能只有较小的市场范围，但却有接近90%的可达市场占有率，这说明该企业在较小的市场内的市场渗透率很高。

相对市场占有率是以企业销售额占主要竞争对手的销售额的百分比来表示的。根据比较对象的不同，其可以分为相对三个最大竞争者的相对市场占有率以及相对市场领导者的相对市场占有率。一般情况下，如果前者高于33%，某企业就会被认为是强势的；如果后者超过90%，则说明该企业在该领域内是市场领导者。

（3）渠道费用分析。渠道费用分析是考察为了确保达到销售目标的投入情况，投入越少，企业获得的利润也就越高，因此对渠道系统成本的有效控制对企业是十分重要的。在实际操作中，企业通常采用指标，即渠道成本与销售额的比率。该指标衡量了渠道系统的运作效率，该比率越高，说明此渠道系统的运作效率越低；投入产出比高时，应引起管理者的重视，全力找出控制渠道费用的方案。同样，该比率越低，说明企业的渠道系统运作的效率越高。渠道成本与销售额比率用公式表示如下：

$$渠道成本与销售额比率 = \frac{当期渠道成本}{当期渠道销售总额} \times 100\% \qquad (9.5)$$

在实际操作中，渠道系统中成本可以划分为直接推售费用、促销费用、渠道成员的代理费用、厂商自建渠道成本、仓储费用、包装与品牌管理费用以及其他市场营销费用。这些费用中有些与销售额直接相关，称为直接费用，而有些与销售额无直接关系，称为间接费用。

通过渠道费用分析还可以评估厂商是建立直接渠道合适还是选择中间商渠道合适。首先，我们将产品从生产者向最终用户转移过程中所发生的所有费用统称为渠道成本。然后，基于经济理论将成本分为固定成本和变动成本，本书将单位产品的渠道成本 C 分为渠道建立之初的初始成本 F_c 和运转中的变动成本 V_c。如果企业建立直接渠道，需要建立自己的销售网点、培养自己的销售队伍、配备相应的销售设施，因此直接渠道的初始成本 F_{c_1} 相对间接渠道的初始成本 F_{c_2} 较高；如果选用间接渠道，厂商需要更多的资源来维护和管理中间商，因此间接渠道的变动成本 V_{c_2} 高于直接渠道的变动成本 V_{c_1}。用 Q 代表销售量，根据上述对渠道成本的分类，则渠道成本函数可以表示为

直接渠道成本函数：$C_1 = F_{c_1} + V_{c_1} \times Q$

间接渠道成本函数：$C_2 = F_{c_2} + V_{c_2} \times Q$

因为 $F_{c_1} > F_{c_2}$，$V_{c_2} > V_{c_1}$，所以两个函数可以在图9-3中表示。

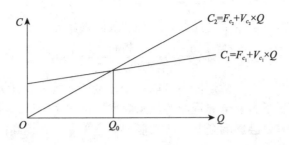

图9-3 渠道成本示意

从图9-3中可以明显看出，当销售量等于 Q_0 时，直接渠道成本等于间接渠道成本，Q_0 则被称为等成本点；当销售量大于 Q_0 时，直接渠道成本小于间接渠道成本，此时选择直接渠道可以获得最大化的渠道效率；而当销售量小于 Q_0 时，直接渠道成本大于间接渠道成本，此时选择间接渠道可以获得最大化的渠道效率。因此，生产企业可以根据此方法来评价当下选择的渠道方式是否效率高，当然也可以将其作为选择何种渠道方式的手段。由于该方法是来自经济学理论，因此也要满足它的两个基本假设：所处市场的竞争非常充分，相关的固定成本可以分摊在数量巨大的交易中。然而在实际状况中，在某一细分市场内，产品的销售量是有最大限额的，如果最大销售量低于等成本点，那也只能选用间接渠道。再者，由于不同渠道肩负着不同的渠道功能，两种渠道形式会同时采用。

（4）获利能力分析。评估获利能力可以选用销售利润率、成本费用率、总资产报酬率以及净资产收益率等指标进行具体分析。

销售利润率衡量渠道系统销售收入的获利水平，其中销售收入净额是销售净额扣除销售折让、销售折扣以及销售退回的总和。其计算公式如下：

$$销售利润率 = \frac{销售净利润}{销售收入净额} \times 100\% \tag{9.6}$$

成本费用率是企业为了取得利润而付出的代价，这一比率越高，说明该企业为取得收益而付出的代价越小，企业的获利能力越强。其计算公式如下：

$$成本费用率 = \frac{利润总额}{成本费用总额} \times 100\% \tag{9.7}$$

总资产报酬率适用于衡量企业运用全部资产获利的能力。资产总额即投资总额，包括负债总额和所有者权益总额。利润总额与利息支出之和称为息税前利润，利息支出是使用借入资金所付出的代价，实际上也是企业所得利润的一部分。其计算公式如下[①]：

$$总资产报酬率 = \frac{利润总额 + 利息支出}{平均资产总额} \times 100\% \tag{9.8}$$

---

① 在计算总资产报酬率时采用资产总额的平均值是因为资产总额属于时点概念，表示在某一时点上企业的资产总值，而利润属于期间概念，表示企业在某一期间所获得的利润，因此两类数值在做比较时，应将时点数值转换为期间数值，也就是采用平均值。后面所提到的平均值也都是用初期值与期末值的和表示的。

$$平均资产总额 = \frac{期初资产总额 + 期末资产总额}{2} \quad (9.9)$$

净资产收益率是指企业运用投资者投入资本获得收益的能力。其计算公式如下：

$$净资产收益率 = \frac{净利润}{销售收入净额} \times 100\% \quad (9.10)$$

（5）营运能力分析。评估营运能力可以选用总资产周转率和存货周转率进行具体分析。总资产周转率反映了企业全部资产的使用效率。该比率较低，说明该企业利用其资产进行经营的效率较差，会影响企业的获利能力，应采取措施提高销售收入，以提高总资产利用率。其计算公式如下：

$$总资产周转率 = \frac{销售收入净额}{总资产平均占用额} \times 100\% \quad (9.11)$$

存货周转率是衡量企业在一定时期内存货资产的周转次数。一般而言，存货周转率越高越好，该比率高说明企业经营效率高，库存适度。该比率较低，说明在渠道的某环节出现产品积压，要及时处理。其计算公式如下：

$$存货周转率 = \frac{产品销售收入}{平均存货成本} \times 100\% \quad (9.12)$$

9.2 渠道成员绩效评价

我们对渠道成员的绩效评价主要是从两个角度进行的：一是衡量渠道成员自身的财务绩效；二是衡量渠道成员对渠道作出的贡献。企业在选择渠道成员之后，还必须定期评价它们的财务绩效以及它们对渠道绩效的贡献，并与既定标准做比较。对于过分低于既定标准的成员，则必须找出主要原因和补救方法；对于表现优秀的渠道成员，可以根据企业的相关规定给予相应的奖励。

9.2.1 财务绩效评价

1. 战略利润模型

为了全面地反映一个企业的财务状况，战略利润模型（strategic profit model，SPM）选择多元绩效标准，从五个方面进行评估，包括获利额或投资报酬率，偿债能力或流动比率，资本结构或杠杆比率，销售额/利润的增长模式，销售额/利润的增长潜力，如图9-4所示。

战略利润模型中的投资报酬率是由资产报酬率与杠杆比率的乘积得出的，而资产报酬率又是由资产周转率与边际利润的乘积得出的。每一个财务指标都代表了不同的评估内容，资产周转率反映了渠道成员的资产管理水平，边际利润表明了渠道成员的管理水平以及对成本费用的控制能力，杠杆比率反映了资本构成以及它的偿债能力，资产报酬率和投资报酬率都能够反映出渠道成员的盈利能力。

资产周转率衡量了渠道成员对资金运用的管理水平。如果仅选择净收益作为评估标准，虽然能直接反映销售目标的完成情况，但无法说明利用资源或资产的好坏。因此

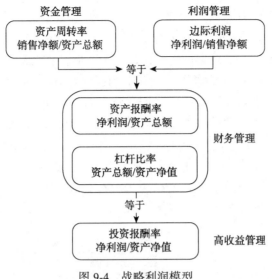

图9-4 战略利润模型

可以选择资产周转率衡量在既定的销售水平下所需要的资产投资规模，或者每一元钱的投资所创造的销售额。

边际利润表明了净利润与销售净额之间的差距，这个比率越高说明该渠道成员的管理能力越好，对成本、费用的控制能力也就越好。从式（9.13）和式（9.14）可以看出，销售净额与净利润之间的差额不仅仅是与产品相关的销售成本，还在纳税之前减掉了利息费用，而该利息费用是借债经营所付出的资金使用费用，该费用实际也是利润的一部分，但可以抵税，这也就可以说明为什么很多的企业乐意举债经营，因为债权资本成本低。

$$总利润 = 销售净额 - 产品销售成本 \tag{9.13}$$

$$净利润 = 总利润 - 利息 - 税额 \tag{9.14}$$

资产周转率和边际利润都不能单独成为衡量经济效率的完备的标准，资产周转率忽略了销售收益的考察，而边际利润则忽略了对资产利用的衡量，然而这两个比率的乘积——资产报酬率弥补了这些缺点，三个指标从不同角度来衡量渠道成员的经营效率。拥有相同的资产报酬率的两家企业可能拥有不同的资产周转率和不同的边际利润。例如，中间商甲的资产周转率和边际利润分别是为4∶1和1.5%，中间商乙的资产周转率和边际利润分别是2∶1和3%，它们的资产报酬率都是6%，但它们的经营模式却有很大的差异。

杠杆比率即资产总额与资产净值的比率，说明了企业的资金借入情况以及它的偿债能力。资产净值就是资产总额与负债的差值，等于所有者权益。杠杆比率很低，说明该渠道成员的财务运转主要是依靠所有者权益，这样该渠道成员拥有着更强的偿债能力，财务风险小，但股权资本成本要高于债权资本成本。杠杆比率高，说明该渠道成员对借入资本的依赖性很大。很多企业为了降低资本成本，利用利息抵税的政策大肆举债，但债券资本需要按期支付利息，期末还要还清本金，如果未能按期还清债务，债权人可以采用法律手段维护其自身权益，届时公司很可能面临破产的风险，因此，虽然债券成本低，但风险也很高。一般认为，企业的自有资产与负债的比值应保持在1，即资能抵债的水平上。通常情况下，股本的资本成本高于债权资本成本，但在我国特殊的证券市场中，上市公司多会选用增发普通股来进行筹资。

投资报酬率，也被称为净资产收益率，被公认为评估渠道成员绩效的总的衡量标准，反映了所有者进行投资，通过经营管理运作而获得的收益。它与资产报酬率的差异在于，资产报酬率衡量的重点是若要获得一定的收益需要投入多少，而投资报酬率衡量的重点是企业所有者投入一元钱所获的收益。如果投资报酬率较高，可能是该渠道成员有效管理的结果，但也可能归功于有利的总体经营条件或较高的杠杆比率。

在战略利润模型中，决定投资报酬率高低的指标是资产周转率、边际利润以及杠杆比率，在评估渠道成员财务绩效时，要找出决定投资报酬率高或低的主要指标，对于较低的指标要深入分析原因并给出改进方案。

2. 经济价值分析

经济价值分析（economic value analysis）受到重视还要归功于经济学中机会成本的提出。企业中使用的总资本包括自有资本也就是产权资本以及债权资本。在战略利润模型的分析中，企业使用借入资本需要支付利息，而使用自有资本却不需要支付任何代价，因此分析资本总成本的一个重要的测量工具——经济价值分析应运而生。经济价值可以简称为 EV，计算公式如下：

$$经济价值（EV）= 净利润 - 资本成本 \qquad (9.15)$$

资本的总成本是资本的加权平均成本乘以公司所有资本的总量。一般认为资本包括机器设备等固定资产以及现金、存货和应付账款等流动资本，但经济价值分析认为，如果一种非贸易支出能够在未来的几年中创造收入，那么这样的非贸易支出将被划分为资本投资。例如销售人员的培训，传统的会计做账时，会把它作为成本计入相关账户，而在经济价值分析方法中，却把它当作一种投资。如果该项销售人员的培训计划需要 80 万元经费，并且预计在三年内起效，那么对于该项计划就应看作一个三年期的 80 万元的投资项目进行评估。按照此方法将企业的所有资本来源汇总在一起，统计出资本的总量。

资本加权平均成本是产权资本的机会成本与债权资本成本的加权平均值。产权资本的机会成本是产权所有人将其资金投入另一种类型的、有相似风险结构的公司所能获得的收益。资本成本是指公司筹集和使用长期资金（包括自有资本和借入长期资本）而发生的成本，包括资金筹集费用和资金使用费用两部分。如果我们不考虑时间价值的情况，资本成本的计算公式如下：

$$资本成本 = \frac{资金使用费用}{筹资总额 \times (1 - 筹资费用)} \times 100\% \qquad (9.16)$$

债权资本成本是公司筹集和使用借入资本所付出的代价，主要包括长期债券资本成本和长期银行借款资本成本，如果不考虑时间价值，它们的公式计算如下：

$$长期债券资本成本 = \frac{债券年利息 \times (1 - 所得税税率)}{债券筹资总额 \times (1 - 债券筹资费用)} \qquad (9.17)$$

$$长期银行借款资本成本 = \frac{借款额 \times 年利息率 \times (1 - 所得税税率)}{借款额 \times (1 - 筹资费用)} \qquad (9.18)$$

以上关于资本成本的公式都是不考虑时间价值的,但在实际中为了准确比较不同投资组合的资本成本,会将时间价值考虑在内。

在计算出资本总成本之后,经济价值也就得出了。经济价值可以衡量公司赚取的高于一系列相似的投资所得收入的那部分利润,衡量了企业的真实经济价值。由此制造商和中间商可以借助经济价值分析的方法来检验在创造利润时公司的资本使用情况。虽然投资报酬率衡量的也是公司通过资本管理而获得的利润,但该指标没有把用于创造收益的产权资本成本计入在内,很可能会导致资本投资过度或造成分销过程中的低效率,因此经济价值分析方法弥补了战略利润模型的这个缺点。但经济价值分析方法也有一个明显的缺陷,就是它会促使管理者追求资本投资最小化的可能性,因此,企业必须评估在哪些时期股权资本的生产率较大,并且不能仅仅因为某项投资会使当年的经济价值变小,就放弃该项资本投资。

战略利润模型和经济价值分析工具为渠道成员公司提供了评估其整体经济效率的两种方法。同时渠道成员也可以利用这些工具来评估另一个渠道伙伴的能力,了解其优势和劣势,并提出提高渠道共同效率和效益的建议。

在通过各种方法评估了各渠道成员的财务绩效后,还可以采用数据包络分析法(data envelopment analysis,DEA)的原理对不同的渠道成员进行分类,如图9-5所示。将利润和效率都高的渠道成员称为明星绩效成员,将利润高但效率低的渠道成员称为次明星绩效成员,将效率高但利润低的渠道成员称为低增长成员,而对于利润、效率都低的渠道成员,称之为劣绩效成员。对于不同类型的渠道成员,可以进行不同的渠道管理,对于之后的渠道调整也有帮助。

图9-5 DEA组合

9.2.2 对渠道绩效贡献的评估

1. 业务活动成本分析

1988年,罗宾·库珀(Robin Cooper)和罗伯特·卡普兰(Robert Kaplan)首先提出了通过分析生产产品所必需的活动来分配产品成本的方法,也就是业务活动成本(activity-based costing)分析法,简称ABC。他们认为应该把生产产品所发生的所有成本费用都计算在内,而不应该仅仅是会计准则所要求的,如生产成本、技术成本、服务成本、后勤工作成本、营销成本、销售成本、行政成本以及信息资源成本等。这种详细计算产品成本分析的思想受到越来越多的制造商、分销商公司的青睐。如果采用了业务活动分析的方法,制造商可以清楚地知道哪种产品的生产最昂贵,分销商可以清楚地知道哪种产品的销售最昂贵,从而决策生产什么或销售什么对企业最有益。如果把这个概念运用到营销渠道的分析中,可以通过业务活动成本分析法比较同一产品在不同渠道中的效率,或者是比较在某一特定渠道内不同产品的销售效率。

在营销渠道中,业务活动成本的计算过程如图 9-6 所示。首先确定所要使用的渠道资源及其使用这些资源的总成本,这些信息可以从企业的利润表获取;其次,将成本分配到特定的渠道职能和流程中;再次,将得到的不同渠道流程成本分配到所要比较的不同渠道或产品中;最后,可以利用这些数据制作出不同渠道或产品的利润表。

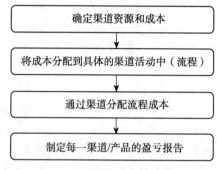

图 9-6 业务活动成本的计算过程

业务活动成本分析法不仅可以运用到渠道内特定的企业,还可以运用到整个渠道中,在此,本书选择一渠道成员作为案例进行分析。假设某生产商建立两条不同分销渠道 A 与 B,在经营 1 年之后,该生产商想了解这两种不同渠道的效率如何。

首先,确定渠道资源与总成本。假设该企业所涉及的费用只有工资、租金、运输费以及广告费。相关数据可从企业的利润表得到,年销售额 196 万元,已售产品成本 98 万元,总利润 98 万元,工资 40 万元,租金 15 万元,运输费 5 万元,广告费 5 万元,总费用 65 万元,税前利润 33 万元。

其次,明确影响渠道成本的业务活动包括仓储、运输、销售、广告、促销和订购与支付。接着将各项费用分别分配到各项活动中,如表 9-1 所示。

表 9-1 业务活动(流程)费用的统计分析　　　　　　　　　　单位:万元

费用	总额	仓储	运输	销售	广告	促销	订购与支付
工资	40	3	7	19		6	5
租金	15	4	2	7	1	1	
运输费	5		5				
广告费	5				4	1	
总计	65	7	14	26	5	8	5

再次,将各项活动所引起的费用分配到渠道 A 与 B。在分配费用过程中要注意两点:第一,费用是按照不同渠道在各项活动中所占用的比例而进行平均分配的;第二,不同活动的分配基础不同,例如仓储的分配基础应该是立方米,如果不同产品的包装箱体相同,也就可以采用产品的数量,而广告的分配基础可以是空间成本,反映的是一种倍数关系(1×与1.33×),具体分析如表 9-2 所示。

表 9-2　将功能群落分配到营销渠道

渠道成本		仓储/箱	运输/箱	销售/万元（销售数额）	广告/万元（广告空间成本）	促销/万元（促销成本）	订购与支付/万元（订单总额）
分销渠道	A	20	35	4	3	2	3
	B	15	25	4	2	1	2
	合计	35	60	8	5	3	5
功能群落成本/万元		7	14	26	5	8	5
平均成本		0.2	0.233	3.25	1×	1.33×	1

最后，确定渠道 A 与 B 的各项费用及利润，见表 9-3。从得到的各渠道的利润计算出各自的利润与销售的比率，也就得出了产品 A、B 的销售效率。从表 9-3 可以看出，渠道 A 的总利润大于渠道 B 的总利润，但是渠道 A 的费用却远高于渠道 B 的费用，这些费用中有些被划分为固定成本。因此，如果不进行业务活动成本分析，很难获知渠道 A 的效率低于渠道 B 的效率。

表 9-3　各渠道的各项费用及利润　　　　　　　　　　　　单位：万元

项目	渠道 A	渠道 B	总计
销售额	90	96	186
已售产品成本	48	50	98
总利润	52	46	98
费用			
仓储（每箱 0.2 元）	4	3	7
运输（每箱 0.233 元）	8.16	5.83	13.99
销售	13	13	26
广告	3	2	5
促销	2.67	1.33	4
订购与支付	3	2	5
总费用	33.83	27.16	60.99
净利润	18.17	18.84	37.01
利润与销售的比率	18.17%	19.63%	18.89%

业务活动成本分析法揭示了固定成本的秘密，因为通过业务活动成本的计算可以得知是什么导致了固定成本过高，管理者由此可以抵制和减少固定成本，如劳动力成本、工程技术、策划和折旧，这也就是制造企业青睐该成本分析法的重要原因。

2．直接产品利润

20 世纪 60 年代，麦肯锡公司向通用食品公司提出了直接产品利润（direct product profit，DPP），从下游渠道成员的视角仰视某个特定的营销渠道，为该渠道中销售的每一种产品提供独立的利润表，强调单个产品的财务绩效。这种方法通过调整每一项目的毛利率反映其他收入，并且要明确某一产品的直接成本构成，包括劳动力、空间、库存和运输等。表 9-4 提供了两种不同类型产品的直接产品利润的计算过程。

表 9-4　产品 A、B 的直接产品利润计算　　　　　　　　　　　　单位：%

项目	产品 A	产品 B
销售收入	90	90
－ 产品成本	80	83
毛利	20	17
＋ 现金支付折现	0	1.3
＋ 交易折扣	1.2	2.4
＋ 预期付款收益	1.7	2.5
＋ 回程运输收益	0	1.1
调整后的毛利	22.9	24.3
仓储成本		
－ 劳动力	1.2	1.3
－ 空间	1.1	0.9
运输成本		
－ 劳动力/设备	1.4	1.9
店铺成本		
－ 运货劳动力	2.8	2.5
－ 出纳劳动力	0.6	0.8
－ 空间（能源和占用）	1.8	2.1
总部成本		
－ 存货	0.6	0.4
直接产品成本总计	8.9	9.5
直接产品利润	14	14.8

　　经营收入包括主营业务收入和非主营业务收入，表 9-4 中的销售收入就是销售产品 A 与 B 所获得的主营业务收入，而调整毛利的内容就是产品 A 与 B 所引起的非主营业务收入，因为这些收入也是这两种产品的销售所获得的，所以也将此部分计算在内。调整后的毛利就是销售某产品所引起的各项收入之和与产品成本的差额。从表 9-4 可以看到，调整前产品 A 的毛利要高于产品 B 的毛利，但是调整后却低于产品 B 的毛利，这也就说明了毛利是一个容易导致错误评估真实绩效的标准，调整后的毛利可以更真实、准确地反映产品的利润空间。直接产品成本是与产品相关的，它是指在运营和销售产品过程中产生的直接成本，不包括固定成本。由调整后的毛利减掉直接产品成本就得到了直接产品利润。

　　直接产品利润法打破了净利润与毛利润之间的平衡。净利润对于单个产品来讲是没有意义的，而毛利则没有考虑到产品在销售过程中所引起的非主营业务收入，直接产品利润弥补了这些缺点，为批发商和零售商提供了一种可以更精确地衡量每种产品的盈利能力的方法。但是直接产品利润法也有明显的缺憾。

　　首先，它强调的是某种产品的直接成本，是在经营和销售的过程中所引起的成本和费用，而对于其他的固定费用并没有包括在内，也就是说它并不能完全反映出某产品所引起的所有成本和费用。

其次，许多企业不愿意使用直接产品利润法的一个主要原因是，它们认为使用该分析法制定出定价和空间分布决策后会出现连锁反应。例如，如果使用直接产品利润法作为分配货架空间的唯一指标，而且可供分配的空间很小，就会出现存货短缺的现象，可能该现象在短期内不会影响销售额，但是在长期中销售额就会受到影响，而且会引发顾客流失现象，这样它们所遭受的损失远远大于从特定产品的收入减少值中所做的估算。因此，企业在使用该分析法时要搭配其他指标共同使用，从而更全面、准确地反映某渠道成员的绩效。

最后，直接产品利润法需要大量的会计数据，收集和输入数据会使企业花费大量的时间和金钱。对于无法直接获取的数据，就可以通过类似业务活动成本分析的方法来设计获取。如果想在现实中设计并运用直接产品利润法，就需要扩大信息系统和扫描系统的使用。

9.2.3 渠道成员的其他评价方法

除了以上四种评价模型，还可以通过评价渠道成员的员工素质、渠道人员的满意度、市场潜力以及组织学习与创新等来进行渠道成员的竞争优势与潜力的评估。

在评价员工素质时，可以通过企业高管人员的素质与能力，渠道管理人员的从业经验以及渠道人员培训费率等指标进行。比如考察从事销售工作五年以上且达到本科学历以上的地区经理占销售经理的比例如何，该比例越大说明销售管理组织的素质和能力越高；还可以考察渠道人员接受培训的费用占企业全体员工接受培训费用的比率，该比例越大说明员工素质越高，企业越有竞争优势和潜力。

在进行渠道成员市场潜力的分析中，主要还是依据定量的分析指标，例如运用市场占有率和市场占有率增长率等来评价渠道成员的市场开拓能力，该渠道成员的市场占有率及其增长率越高，说明其拥有着越大的市场潜力，市场潜力越大体现了其在未来环境中的竞争优势越大。

企业的不断学习与创新是保持企业竞争力与未来发展的重要能力。在评价过程中，主要是考察企业内部学习以及渠道成员学习的机制是否完善及其完善程度，还有业务的创新能力。组织学习效应越好，对业务的创新越有利。

评价渠道成员的指标还有很多，不同的评价指标反映了不同的内容，因此在指标的选择上一定要与绩效评价的目标相对应，从而达到绩效评价的目的，但是单一的绩效指标能反映的内容也很单一，因此还要综合选用多种不同的绩效指标，从不同角度，全面地反映整个渠道或是某个渠道成员的绩效状况。不同指标对营销渠道绩效的贡献不同，所以要选取不同的权重，这样在综合评价营销渠道时就形成了多层次目标评价体系结构，需要应用科学、合理的综合评价方法。常见的多目标决策系统综合评价方法有线性加权法、人工神经网络评价法以及德尔菲法等。

案例 9-1 蓝月亮的全渠道营销模式

9.3 渠道调整

在对营销渠道进行周期性评价的基础上，如果渠道的运行存在一些不尽如人意的地方，或者企业的营销战略调整或市场环境发生重大变化，企业就要着手对渠道进行相应的调整，以消除渠道运行中的问题，使得渠道更适应企业战略或市场环境的需要。

9.3.1 渠道调整的原因

营销渠道是对企业而言具有战略意义的营销组合要素，并且渠道管理多涉及独立于生产制造企业的批发商与零售商，因而渠道调整的难度往往很大，也颇具挑战性。如果渠道调整得不好，不仅不会提升企业渠道的绩效，反而可能会对企业的渠道运行造成负面影响。一般而言，企业对渠道进行调整的原因主要来自企业外部和企业内部两个方面。来自企业外部的原因主要是市场环境、竞争等方面；来自企业内部的原因多是现行渠道难以满足企业的目标需求。具体而言，其包括以下几个方面。

（1）市场环境变化导致现有渠道难以有效满足消费者的需求。市场环境的范畴是非常宽的，从宏观环境到产业环境，直到消费者的购买行为都是可能导致现有渠道难以有效运行的原因。就宏观环境而言，如中国政府对行业垄断行为的限制，以及对企业线上线下全渠道的规范管理都会给相关企业带来巨大的影响，而这些企业需要根据国家政策规范及自身实际情况作出相应的调整。就产业环境而言，如大型家电连锁企业的快速发展对家电传统渠道产生了巨大的冲击，家电生产企业不得不调整渠道策略以适应这种变化。再如，网络零售的快速发展正极大地改变着消费者的购买行为，越来越多的消费者开始依赖网络渠道购买，对于那些没有采用网络渠道的企业来说，如果需要维持或者扩大原有的市场份额和销售额，就必须顺应市场的变化。总而言之，市场环境的变化是导致企业对其渠道进行调整的重要外部原因。

（2）竞争者的渠道策略对企业的渠道绩效造成了负面影响。营销渠道是塑造企业市场竞争优势的重要因素，因而企业之间的竞争越来越体现为营销渠道之间的竞争。如20世纪90年代末期以来，很多行业的企业都提出了渠道"扁平化"和"渠道精细化"战略以在竞争中获得优势。在快速消费品行业中，以蒙牛、伊利等龙头企业为代表，它们积极拓展终端铺货渠道，加强了对消费者的拦截，它们派出大量的销售人员进驻商超等终端卖场，强化了对消费者在购买环节的争夺。这种渠道精细化的战略对蒙牛、伊利等企业提升市场份额起到了重要作用，行业内的竞争对手不得不采用相同甚至更加积极的策略来应对这种竞争，这必然涉及企业渠道的调整问题。

（3）消费者或用户表达出了对现有渠道产出的不满。渠道的最终目的是为企业的目标顾客提供高水平的渠道产出，如果现有渠道难以有效满足消费者的需求，那么渠道就有了调整的必要。生产企业通常通过市场调查、监督投诉电话等方式来获知消费者对渠道的满意水平，如果越来越多的消费者都对某个渠道的服务抱怨和投诉，这就说明该渠道没有达到企业期望的产出水平。当这种情况发生时，企业需要调查原因，如果确是企业渠道的运行问题，就需要着手对渠道进行相应的调整或者思考其他的解决方式，否则就会出现消费者转向其他竞争对手购买商品的情况，最终会导致企业的客户流失。

（4）现有渠道无法满足企业战略的需要。如同我们在第 4 章渠道结构设计部分所阐述的那样，企业的渠道目标要服从于企业的营销目标，而企业的营销目标则服从于企业的整体战略目标。这样，企业战略目标的实现有赖于企业的营销渠道目标给予支持，如果渠道目标难以支持企业的战略目标，则企业的渠道就需要调整。如某企业的产品原来通过国内代理商出口海外市场，但企业的发展战略要求增强对海外市场销售的控制，代理商渠道显然难以满足这种要求，企业需要选择能够支持这种目标的渠道结构。

（5）企业营销战略转变要求渠道做适应性调整。企业营销战略的改变，如目标市场的变化、产品定位的变化、增加新的产品线或者对顾客服务策略的调整都需要企业对渠道作出相应的调整。如企业新增加的产品线现有渠道难以有效完成分销，企业面临着重新规划渠道或者对原有渠道做较大调整的问题。再如企业需要强化对顾客的技术与服务支持，而原来的经销商缺乏这方面的人力资源和能力，制造商也需要通过渠道的调整来使之适应企业的营销战略。

（6）现有渠道运行绩效低下。这也是一个显而易见的原因，如果企业定期对自己的渠道进行评价，评价结果显示现有渠道的成本过高、效率过低，这意味着现有渠道有调整的空间和必要。当然，渠道运行绩效低下可能表现为很多方面，可能有成本方面的问题，也可能涉及渠道关系方面的问题，企业在对渠道进行调整时需要有针对性地选择调整方案。

9.3.2　渠道调整的基本方式[①]

针对渠道调整的不同原因，企业对营销渠道的调整方式一般包括以下几种。

（1）调整整体渠道结构。企业对整体渠道结构形态进行调整，或者对渠道结构要素的若干方面进行较大的调整。如格力空调将原来的经销商渠道改为格力参股的经销商合资企业模式，这种调整涉及格力整体渠道结构的较大变化。再如，在渠道扁平化战略的驱动下，企业取消了原来渠道结构中的经销商，直接向零售企业供货，涉及对原有渠道结构中渠道长度的较大调整。对整体渠道结构的调整往往可能导致渠道系统的震荡，因而难度较大。

（2）调整渠道中间商的合作方式。如企业为了加强对渠道的控制，将原来的经销模式改为代理模式；在原来采用的独家经销（或代理）的市场内发展更多的经销商或代理商，即在某一市场内拓展了批发环节渠道的宽度，以此来制约原来独家经销（或代理）的中间商。

（3）调整渠道政策。渠道政策涉及价格政策、物流政策、市场推广政策、支付政策及奖惩政策等，企业可以在不改变原有渠道结构的基础上对这些渠道政策的一个或几个方面进行调整。如格力空调在经销商不愿意进货的淡季推出了淡季进货贴息返利的政策，

[①] 庄贵军. 营销渠道管理[M]. 2 版. 北京：北京大学出版社，2012：387.

即对那些在淡季进货的经销商补贴其贷款利息，并在年终根据经销商的进货额给予一定比例的现金奖励，此举极大地激发了经销商在空调销售淡季进货的积极性。

（4）调整渠道成员的关系。在现有的渠道结构框架内，调整与一些渠道成员的合作关系。这种调整可能出于奖励的目的，也可能出于企业对渠道控制等其他方面的考虑。如制造商可能给予业绩特别突出的经销商更多的进货折扣，对畅销产品优先给予供货等措施就是出于对业绩突出经销商的奖励。对于后者，沃尔玛

案例 9-2　良品铺子疫情下的全渠道建设：渠道调整，全面自救

会定期地对某类产品销售额的品牌份额进行分析，如它发现在食用油这个产品类别中，金龙鱼已经连续 3 个月占据其食用油销售额 40%的比例，为了对金龙鱼不断增强的权力进行制衡，下一个月沃尔玛可能会给另一个食用油品牌，如鲁花更多的促销支持，提升鲁花在其食用油销售额中的比重，以此来对金龙鱼形成制衡。

（5）调整区域性市场的渠道结构。企业可以在保持整体渠道结构不变的前提下，对其在某个区域市场上的渠道结构进行调整。如在某个市场上增加一条渠道，或者拓展渠道的宽度以更好地服务该目标市场。

（6）对原有渠道系统进行彻底整合调整。这是一种对企业现有渠道系统进行彻底调整的方式，企业不仅可能需要突破原有的渠道体系，还需要建构新的渠道系统，这会引起渠道流程、渠道成员分工及利益关系的重新调整，因此实施的难度极大。只有在企业战略彻底变革，或者企业现有渠道系统受到严重外部威胁时才应该考虑实施，如中国政府对直销渠道的管理政策就势必引起直销企业对渠道的彻底变革。

9.3.3　渠道差距分析与渠道调整策略

渠道差距分析是科兰等营销学者提出的一种对渠道进行诊断和改进的分析方法。所谓渠道差距，就是企业现实的渠道与理想的渠道之间的差距。这里所说的理想的渠道也被称为零基渠道（zero-based channel），是指那种既能满足消费者与用户需求，又能以最低的成本执行渠道功能的渠道。这种理想的渠道在现实中可能并不存在，但却可以将其作为渠道诊断分析的参照，对照理想渠道可以更好地发现现实渠道与其的差距与不足，并结合渠道绩效评价的结果，更好地制定渠道调整策略。

1. 渠道差距分析框架

图 9-7 是科兰等学者提出的渠道差距分析的基本框架[1]，下面我们先阐述渠道差距产生的原因和渠道差距的类型，最后再结合渠道差距探讨消除渠道差距的渠道调整策略。

1）渠道差距产生的原因

很多因素都有可能造成渠道差距，总体看来这些因素可以分为环境约束和管理约束。其中环境约束主要包括法律法规的约束和市场中物质和渠道设施的限制。

---

[1] 科兰，安德森，斯特恩，等. 营销渠道[M]. 蒋青云，等译. 7 版. 北京：中国人民大学出版社，2008：134.

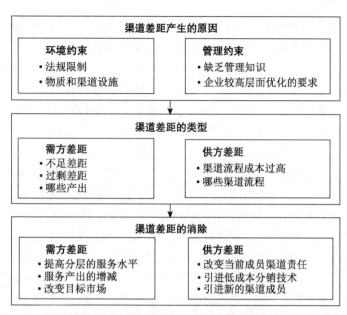

图 9-7　渠道差距分析的基本框架

（1）环境约束。就法律法规的限制而言，政府制定的旨在规制企业销售行为的各种法律法规都有可能对企业的渠道产生影响。如 20 世纪 90 年代中后期以来，中国政府一直禁止传销活动在中国开展。为进一步规范直销活动在中国的开展，国务院于 2005 年制定并开始实施《直销管理条例》，对企业在中国的直销活动进行了详细的规定。显然，直销法极大地影响了直销企业在中国的渠道运行，安利、雅芳等直销企业纷纷按照直销法的要求进行转型。在日本，著名的《大店法》对进入日本的大型零售企业产生了非常直接而长久的影响，这项法规的实施极大地影响了日本零售企业的平均规模，当然也给零售渠道的效率带来了不可避免的负面影响。

环境因素中会造成渠道差距的另一个重要因素是目标市场中与渠道运行相关的物质基础设施的缺乏或者低效。如在网上零售快速发展的过程中，中国企业的网上渠道一度受到低效的物流设施和安全的网上支付技术的限制。就物流而言，一方面，中国的第三方物流企业的发展还处于比较低的水平，这导致了企业难以将配送服务外包给那些低成本、高效率的物流公司；另一方面，中国的交通基础设施还在建设完善中，在中心城市诸如航空、铁路和高速公路等交通基础设施已经相对完善，但在广大农村和较为偏远的地区，这些基础设施还十分不完善。这两方面极大地限制着网上渠道的高效率运转，在中心城市，网上零售商不得不在物流成本和物流服务质量方面作出平衡与取舍，那些高质量完成物流配送服务的物流供应商往往需要更高的成本；而如果要节约物流配送的成本，则物流服务的质量就难以控制，这反过来会影响顾客对网上商店的重购意愿与忠诚度。就支付技术而言，网络环境下的支付安全是所有消费者和网络商店共同关心的问题，它在相当长时间内约束着网上购物的增长，直到高效率的第三方支付系统的出现，这一限制条件才有所放松。

（2）管理约束。造成渠道差距的企业内部要素主要来自管理者管理知识与技能的限制,以及企业在更高层面优化流程而牺牲了渠道系统的效率。对于前者,缺乏对渠道运行和消费者需求与行为的深入了解,以及对合理投资或者活动水平的正确认知,这可能造成渠道管理者作出一些错误的决策,虽然这些决策的初衷是提高渠道的运行效率。如一个主要通过网络渠道销售计算机的企业发现产品的退货率很高,为了降低退货率,公司规定只有产品受损时才可以退货,否则不予退货。企业管理人员原认为,只要顾客在收到产品时产品是完好无损的,他们就没有理由要求退货。结果,这个政策没有降低退货率,公司管理人员惊讶地发现所有退回的产品都有不同程度的损坏,公司采取了错误的政策,潜意识地为自己设置了管理限制。[①]显然公司的退货政策激励了那些消费者的破坏行为,因为如果产品没有损坏将无法退货。这个例子充分地说明,那些由于缺少对消费者行为了解的管理约束可能会给公司的渠道绩效带来意想不到的影响。另一种情况是,企业为了在更高层面优化配置企业的资源而造成了企业渠道绩效的降低。如一家化工企业生产硫化钠等化工原料,其通过设在天津的出口代理商将产品出口到国外市场。为了降低企业生产的成本,企业将工厂迁到了土地、人力等要素成本都很低的新疆。这样,企业需要将设在新疆的工厂生产的硫化钠产品运到天津才能完成产品的销售。由于新疆与天津距离遥远,加之硫化钠这种化学产品还需要专门的运输设备,为了节约物流成本,公司几乎没有选择地只能采用铁路运输。但由于铁路部门用于运输硫化钠产品的罐车经常供应不足,公司即使很努力,也往往无法保证产品按期发货。这样一来,天津的出口代理商就面临很大的不确定性,如它与海外用户签订了协议,设定了发货日期,但新疆工厂方面却可能由于运输设施的协调问题在规定日期无法将产品运抵天津,这导致代理商的违约、信用损失等很多成本。在这个例子中,该企业为了对生产层面进行优化,而极大地降低了其渠道的绩效。

2)渠道差距的类型

无论是什么原因造成了渠道差距,这些差距通常都表现为两个方面:需方差距和供方差距。

(1)需方差距。需方差距产生于渠道的用户方面,即企业的渠道产出水平与消费者对渠道产出的需求之间存在的差距。这种需方差距可能包括两种情况:一种情况是渠道的服务产出水平没有达到消费者的需求水平,我们将这种渠道差距称为不足需方差距;另一种情况是渠道服务产出水平超出了消费者的需求水平,我们将这种渠道差距称为过剩需方差距。

不足需方差距出现的主要原因在于企业的渠道产出水平过低,或者既定产出水平下产出的成本过高。如银行业中存在的排队问题,消费者为了获得银行的服务不得不等待很长时间,很多消费者对此非常不满。对于银行来说,这是一个非常典型的渠道产出不足问题,可以采取增设自动柜员机、增设网点、鼓励更多顾客采用电子银行自助服务等措施来解决。再如,零售商店在缺少存货的情况下大量向消费者销售,并承诺很快就会送货,但如果其存货无法在短时间内补充,消费者就不得不等待很长时间才能获得产品,消费者为此付出了更多的时间成本和货币的机会成本,企业的渠道产出水平在此例中同样是不足的。

---

① 科兰,安德森,斯特恩,等.营销渠道[M].蒋青云,等译.7版.北京:中国人民大学出版社,2008:142.

需要注意的一点是，不足需方差距并不是在消费者支付更高的价格而获得了相对较低质量的服务时才出现，因为消费者衡量购买价值的逻辑是考察其所获得总价值与支付的总成本之间的差额，即让渡价值。当消费者为某项渠道服务支付了很低的成本时，如果企业的渠道产出质量难以达到消费者支付的成本，消费者同样会认为企业的渠道产出并没有达到其期望的水平，因而不足需方差距同样会出现。

与不足需方差距相反，过剩需方差距是由于企业向其消费者提供了在消费者看来是多余的渠道服务。如对于很多在商场购物的消费者来说，他们更喜欢在无人打扰的情况下自由地比较和选择商品。如果企业规定销售人员在顾客进店时必须进行贴身服务，例如屈臣氏的销售人员，当顾客进店时，他们总会在没有要求的情况下主动热情地为消费者介绍产品、提供服务，经常会引起消费者的不满。当这种情况出现时，企业的渠道产出就过剩了，虽然企业可能为此需要付出更多的成本，如对服务人员的培训、监督和考核，但这些工作对于其顾客来说可能是多余的。

显然不足与过剩对于企业的渠道运行来说都意味着问题，不足需方差距意味着企业没有向其消费者提供后者期望的服务水平；过剩需方差距则意味着企业的渠道成本可能由于为消费者提供他们并不需要的价值而过高。但需要注意的一点是，需方的不足差距与过剩差距可能同时存在于企业的渠道产出中，可能某些服务存在不足，而另一些服务则过剩了。但企业渠道的不同服务之间在很多时候都难以相互替代，因而企业在分析需方渠道差距时，需要弄清楚到底哪项服务存在不足、哪项服务存在过剩问题。

此外，企业渠道的需方可能在不同的细分市场之间存在差距。一项在 A 市场中存在不足的渠道服务，可能在 B 市场中并不存在。因此，企业在对渠道需方差距进行分析时，还需要考虑不同细分市场的差异，而不能一概而论。

（2）供方差距。如果渠道流程执行的成本过高，就会产生供方渠道差距。值得注意的是，渠道供方差距存在的条件是，所有渠道成员所共同执行的渠道流程的总成本高于必要的成本。因此，虽然某个渠道流程的执行成本非常高，但只要它能使所有渠道流程共同执行的成本最低，供方渠道差距就不会存在。如某个企业要求对其新招募的销售人员进行非常系统的培训，公司为此支付了大量的培训成本。但这些受到良好训练的销售人员可能流向竞争者的企业，如果企业的销售队伍流失率太高，则企业的这项培训提供的渠道产出相对于其创造的价值而言就显得太高了。需要注意的是，在分析供方差距时，以最低的成本来执行渠道流程是没有意义的，只要保障所有渠道成员所共同执行的渠道流程成本不高于必要的成本就行。当然，企业也需要弄清楚哪些流程的成本高是有意义的，而哪些没有。

2. 供方、需方渠道差距联合分析

当我们将需方差距和供方差距放到一起考虑时，可以得到六种状态（表 9-5）。[①]其中，第一种状态和第三种状态是只存在需方差距的情况；第二种状态是两种差距都不存在的理想状况；第五种状态只存在供方差距；而第四种状态和第六种状态则是既存在需方差距又存在供方差距。

---

① 科兰，安德森，斯特恩，等. 营销渠道[M]. 蒋青云，等译. 7 版. 北京：中国人民大学出版社，2008：149.

表9-5 渠道差距的类型一览

供方差距	需方差距		
	不足差距	无差距	过剩差距
无差距	1. 消费者的服务需求没有得到充分满足	2. 企业以恰当的成本有效满足了消费者的服务需求	3. 消费者的服务需求被过量地满足了
有差距	4. 高渠道成本下的渠道服务产出不足	5. 高渠道成本下的渠道需求与服务产出匹配	6. 高渠道成本下的过量消费者服务

在供需双方都不存在差距的第二种状态下，企业的渠道运行处于一种理想状态。但这种理想的渠道运行状态在现实中是很难达到的，企业渠道的实际运行状态都会或多或少地存在一些差距。

在第一种状态和第三种状态下，企业的渠道存在需方差距，这意味着消费者所期望的渠道服务产出水平要么没有达到，要么被过量地提供。根据前文的分析，第一种状态对企业的负面影响可能要大于第三种状态，尤其是在竞争较为激烈的市场上，当消费者感觉一个企业的渠道服务产出水平处于令人不满意的状态时，消费者可能会转向竞争者的渠道。第三种状态下，企业为消费者提供了很多消费者并不需要的多余的服务产出，这导致了成本的浪费，当然，做得更多在很多时候要比做得不够更好一些。

第五种状态是只存在供方差距，即虽然企业的渠道产出水平很好地满足了消费者的需求，但企业提供这些产出的成本太高，因而这种状态下企业的主要任务是保证渠道服务产出水平不变的情况下降低渠道流程执行的成本。

第四种状态和第六种状态是两种渠道差距同时存在的，即企业在较高的渠道运行成本下所提供的渠道服务产出与消费者对渠道服务产出水平的期望不匹配，要么不足，要么太过。相比较而言，第六种状态似乎更好一些，虽然企业执行渠道功能的成本很高，但渠道的服务产出水平至少已经达到了消费者的需求，只是企业提供的服务过多造成了成本的浪费。比较糟糕的是第四种状态，即企业执行渠道功能的成本不仅很高，并且渠道的服务产出水平还没有达到消费者期望的水平。

3. 根据渠道差距调整渠道

根据企业渠道差距存在的原因，以及供方和需方渠道差距的匹配情况，企业就可以有针对性地制定渠道调整的策略来缩小或消除渠道差距了。

（1）缩小或消除需方渠道差距。[①]缩小或消除需方渠道差距可以考虑以下三种方法。

①针对特定目标市场需方差距的类型，提高或降低渠道的服务产出水平。在存在需方不足差距时，企业需要根据消费者对渠道服务的需求增加相应的服务产出项目，或者提高现有的渠道产出水平。在存在需方过剩差距时，企业可以根据消费者的需求状况减少或缩减一些服务产出项目或降低服务水平。在进行这种调整时，企业需要遵循的一个非常关键的原则是，增加或者减少渠道服务项目、提高或降低渠道服务产出水平一定要基于消费者对渠道产出的需求水平，一旦偏离了这个关键点，企业的渠道调整策略就可能不会奏效。

---

① 科兰，安德森，斯特恩. 等. 营销渠道[M]. 蒋青云，等译. 7版. 北京：中国人民大学出版社，2008: 152-153.

②针对不同的目标市场群体提供多样化、多层次的服务产出水平，满足不同消费者群体的不同需求。例如，在银行业中存在的排队问题，并不是所有的消费者都对排队有意见，或者有相同水平的不满意，那些时间充裕、没什么时间成本的顾客（如一些老年人）对于排队可能并没有太多的抱怨；而那些工作紧张、时间成本很高的顾客则对排队有更高水平的不满。针对这样两个不同的细分市场，企业可以有区别地提供服务产出。如对后一类顾客收取一定的费用提供VIP（贵宾）服务，只要收费成本在顾客的接受范围内就可以解决这个问题。

③转换企业所服务的目标市场。很多企业会发现，相对于调整企业的渠道服务产出水平，对企业服务的目标市场作出调整可能来得更加容易。例如，某百货商店在面对越来越多的连锁百货进入其市场的竞争压力下，调整了其所服务的目标市场。该商店部分地退出了在服装等领域与其他百货商店的竞争，转而建立了一个庞大的自有品牌食品卖场，这吸引了很多顾客前来购买。由于其自有品牌商品颇受消费者欢迎，周边一些超市甚至愿意引进其自有品牌商品进行销售。该百货商店的战略之所以成功，是因为它抓住了一个市场空当，无论是超市还是百货商店都没有将这类产品的需求者作为主要的目标顾客。

（2）缩小或消除供方渠道差距。[①]缩小或消除供方渠道差距可以从以下几个方面着手。

①改变当前渠道成员的角色，即在渠道成员和渠道结构都不发生变化的情况下，在渠道成员之间重组渠道流程。供方渠道差距存在的一个关键原因在于某些渠道成员执行了它们并不擅长的渠道功能，即渠道成员执行某些渠道流程的成本过高，而渠道中的其他成员则利用更低的成本来执行这些流程。显然这种流程的重组一定要充分考虑渠道成员的专长与成本，确保将某个渠道流程分配给最擅长执行该流程的渠道成员。

②引进新的分销技术，以降低渠道流程执行的成本。如在电子网络等方面投入可以有效地降低企业获取、处理和传输有关信息的成本。TCL集团在对其渠道进行调整时，就陆续投入很多资金实施信息化建设，这种信息化建设的结果是不仅削减了其渠道中的大量冗员，还极大地提高了渠道运行的效率。

③引进新的渠道参与者以提高渠道运行效率。除了在现有渠道成员之间将渠道流程重组以外，如果企业发现某项渠道功能在渠道系统内无法找到最合适的执行者，企业就可以考虑向渠道系统引进新的渠道参与者。如企业可以通过将物流功能外包给专业的第三方物流公司提高渠道物流功能的执行效率。

总之，渠道差距分析提供了一种对渠道运行绩效进行诊断并进行调整的规范性分析方法，企业可以将这种分析方法与其他传统分析方法相结合，更加有效地对企业渠道运行绩效进行评价、对存在的问题进行诊断，并采取行之有效的策略进行渠道调整与改进。

案例9-3 虹越花卉的数字化全渠道发展

---

① 科兰，安德森，斯特恩，等. 营销渠道[M]. 蒋青云，等译. 7版. 北京：中国人民大学出版社，2008：152-153.

9.4 全渠道视角下的渠道绩效评价与调整

从制造商的角度关注如何对营销渠道系统和渠道成员进行绩效评价的同时,我们应该意识到,随着网络的普及和市场环境的变化,公司对进行全渠道战略发展的需求愈加迫切,只有施行全渠道战略才能更好地适应市场环境和响应消费者的需求,因此对渠道系统和成员的绩效评价与调整也就更需要从全渠道的视角出发。

9.4.1 全渠道绩效评价步骤

有效的全渠道战略可以为消费者提供一个连续的、无缝的和统一的体验,即评价人员可以通过全渠道绩效评价来确保所有渠道的顺利运行,为客户或消费者提供完整的体验。虽然企业拥有线上或线下不同的渠道,但客户或消费者通常认为自己在与单一渠道进行沟通,因此在消费者跨渠道转移时保证客户体验一致是所有企业需要努力的方向。

下面主要从分销广度(distribution breadth)和分销深度(distribution depth)两个方面对评价渠道绩效的步骤进行阐述[1],图 9-8 展示了具体的评价步骤。[2]分销广度又指品牌覆盖率,即在线上或线下渠道寻找到该品牌的难易程度。为了扩大分销广度,企业需要在多个渠道提供其品牌及其产品,使客户或者消费者能够接触到。而分销深度是指在特定某一渠道中寻找到品牌的难易程度。在线上渠道,分销深度与品牌在搜索页面的位置有关[3],而在线下商店,分销深度涉及品牌产品在货架上陈列的位置及其相对于竞争对手产品陈列位置的突出性。

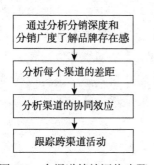

图 9-8 全渠道绩效评价步骤

表 9-6 说明了具体评估分销广度和分销深度的各项指标[4],评估分销广度的指标主要指在各渠道的购买数量、重要性和便利性。评估分销深度的指标是指品牌在各渠道呈现的突出程度和与竞争对手的关系,以及从各渠道获得的有助于终端用户接触到品牌产品的支持程度,所以全渠道绩效评估的首要步骤就是全面了解品牌在所有渠道市场上的存在感。

在对品牌在市场上的存在程度了解之后,就需要分析每个渠道的服务和成本差距。在全渠道视角下,不同的渠道细分市场的客户行为差异很大,例如部分老年消费者因为不擅长使用电子产品,所以倾向于线下购物。很多商家已经跨渠道同步了产品的类型和种类,但同步交付服务却成为较大的挑战,因为消费者对线上消费和线下消费的需求不相同,线上消费者优先考虑

---

[1] FARRIS P W, OLVER J, DE KLUYVER C. The relationship between distribution and market share[J]. Marketing science, 1989, 8(2): 107-128.
[2] PALMATIER R W, SIVADAS E, STERN L W, et al. Marketing channel strategy: an omni-channel approach[M]. 9th ed. New York: Routledge, 2020: 72.
[3] AILAWADI K L, FARRIS P W. Managing multi-and omni-channel distribution: metrics and research directions[J]. Journal of retailing, 2017, 93 (1): 120-135.
[4] PALMATIER R W, SIVADAS E, STERN L W, et al. Marketing channel strategy: an omni-channel approach[M]. 9th ed. New York: Routledge, 2020: 73.

表 9-6　评估全渠道分销广度和深度的指标

广度指标	品牌可用的线下门店和线上门店的数量
	品牌可供购买的门店的百分比
	品牌出现在最大、最知名的门店
	品牌有应用程序及其下载数量
	线上搜索品牌的容易程度
深度指标	品牌保持"店中店"的门店数量
	与总品牌数量相比，每个门店的平均品牌数量
	相对于竞争者的货架空间份额
	品牌在零售商搜索结果页中的位置
	可选择在线购买并在店内取货
	商店提供销售支持

网站的易用性和速度，而线下消费者更关注价格和服务体验，这种区别体现出了渠道的差距。这种渠道的差距迫使企业思考全渠道设计，根据客户的期望方式对其进行服务，而不是将资源投入产生低价值的方面。

分析渠道的协同效应可以帮助缩小渠道差距，这需要评估渠道成员的跨渠道协同能力。2022 年，大自然家居与天猫达成战略合作，推进线上、线下相融合，实现线下门店接入、覆盖全国核心城市、整合渠道资源的销售及服务体系，客户在线下体验的同时，可以选择线下购买，也可以选择线上下单、送货到家的方式，让客户在线上也可以获得同等的服务，无须长时间地等待。[1]

全渠道绩效评估的最后一步是跟踪跨渠道活动。消费者拥有线上购物的动机，比如节省时间和成本，他们也拥有线下在实体商店购物的动机，比如可以亲自体验、立即获得商品。因此真正的全渠道设置应该鼓励消费者在线上搜索并在线下进行购买，这样做意味着线上渠道和线下渠道需要进行有效整合，以使在线下购物的消费者也可以在线上获得相关产品的信息。

通过回答四个问题可以在一定程度上确保全渠道不同购买阶段的整合，并跟踪跨渠道的协同效应。企业的架构是否是根据消费者购物方式进行配置的？线上销售是否计入线下实体店内员工的绩效？定价和促销是否在不同渠道中保持一致？订购和退货能力是否是跨渠道一致的？我们会发现定价、促销、订购和退货阶段都应该进行跨渠道的有效协同，这样才能保证实现全渠道绩效评价的有效性。

9.4.2　全渠道绩效评价方法

全渠道绩效评价是支撑全渠道发展的支柱之一，它对全渠道的良好运行至关重要。图 9-9 展示了全渠道绩效评价方法的框架。[2]其主要有三种绩效评价方法。

---

[1] 沈明宇. 大自然家居与天猫达成战略合作，发力数字化新零售[EB/OL]. (2022-04-01). https://www.jia360.com/new/198699.html.

[2] PALMATIER R W, SIVADAS E, STERN L W, et al. Marketing channel strategy: an omni-channel approach[M]. 9th ed. New York: Routledge, 2020: 358.

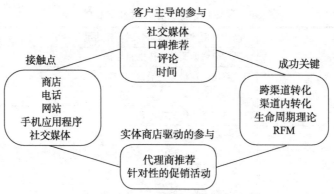

图 9-9　全渠道绩效评价方法的框架

第一种是可以让客户了解到品牌及商品的接触点，如商店、电话、网站、手机应用程序或者是社交媒体。企业需要采用有效的机制来评估各渠道接触点的相对利用率和交叉利用率，以及发生在这些渠道之间的流量（例如，从网站上看到品牌产品信息，转而到线下访问商店的用户比例）。通过对这些信息进行分析，企业还可以找到全渠道存在的广度和深度。

第二种是实体商店驱动的参与和客户主导的参与。实体商店驱动的参与是指商家根据客户购买情况和行为算法作出的相关商品推荐，也包括有针对性的促销活动。在全渠道环境下，商店的销售人员可以根据客户之前的购买偏好和习惯，向客户提供定制化的建议或服务，因此商店的数字化系统必须保证营销或销售人员拥有访问客户数据的部分或者全部权限。客户主导的参与包括：在社交媒体上的互动，口碑推荐，关于品牌、产品或者商店的评论，花费在品牌网站或者应用程序上的时间。但是从实际出发，大多数想采用此种方法的企业面临一个较大的挑战，即信息难以完全捕捉导致信息部分缺失或者不完整，致使全渠道绩效评价不完全客观。

第三种是量化转化率（购买者和访问者的百分比），包括渠道内转化（访问线下商店并从商店购买）和跨渠道转化（访问线下商店但从线上渠道购买）。同时，企业还可以根据客户的生命周期价值和 RFM（recency-frequency-monetary，即客户最近的购买情况、购买频率和购买金额）分析来评估客户对商店的访问程度。

9.4.3　全渠道成员绩效评价

在全渠道环境中，企业可以通过设计和管理营销渠道识别消费者的购买方式和服务需求类型，然后再反哺于营销渠道系统使之提供消费者需要的服务产出。因此在确定目标群体的需求后，评价渠道成员绩效变成重要的环节。全渠道的绩效评价必须评价每个渠道中成员提供有效服务的能力，这种评价包含每个成员提供服务产出的水平和成本，也就是他们所执行的渠道功能。

为了评价每项渠道功能和增加价值的能力和成本，需要使用一个效率模板（efficiency template）。[①] 表 9-7 提供了一个空白的模板，以展示每个渠道成员为执行渠道功能所做的

---

① PALMATIER R W, SIVADAS E, STERN L W, et al. Marketing channel strategy: an omni-channel approach[M]. 9th ed. New York: Routledge, 2020: 53-56.

工作的类型和数量，每个渠道功能对提供服务产出的重要性以及每个渠道成员应该获得的渠道总利润份额。

表 9-7 效 率 模 板

项目	功能的重要性权重			渠道成员功能绩效的比例				共计
	费用*	效益潜力（高、中、低）	最终权重*	1	2	3	4（终端用户）	
物流**								100
所有权								100
促销								100
谈判								100
融资								100
风险								100
订购								100
付款方式								100
信息共享								100
共计	100	N/A	100	N/A	N/A	N/A	N/A	N/A
规范的利润份额***	N/A	N/A	N/A					100

注：*每一列的条目加总为100。

　　**各行的条目（渠道成员1~4 的功能绩效比例之和）对每个渠道成员加总为100。

　　***渠道成员的标准利润份额为：（最终权重，物流）×（渠道成员物流的功能绩效比例）+ …… +（最终权重，信息共享）×（渠道成员信息共享的功能绩效比例）。各行的条目（渠道成员1~4 的标准利润份额之和）加总为100。

　　模板中的行表示渠道功能，列被划分成两组：一组是该渠道功能的重要性比重，另一组指代每个渠道功能的绩效占总绩效的比例。和渠道功能重要性比重相关的有三列，它们既考虑了执行该渠道功能的成本，又考虑了在渠道中有相同绩效而带来的增加值。如果物流成本占所有渠道功能的 25%，那么其他渠道功能成本之和为 75%。实际上衡量具体成本的任务更加复杂，因为需要对每个成员开展活动的成本进行量化衡量，即使知道总成本是多少，仍需要知道项目中每项活动的成本占总渠道成本的比例。即使成本度量无法量化，分析人员也需要采用定性的方法如德尔菲法估计成本比例。

　　但是成本并不是衡量渠道功能重要性的全部，功能的执行也需要与为目标用户创造的服务产出联系起来以调整成本所占的比重，进而得到每个渠道功能的重要性占比，这个调整过程更加直观且是主观判断的，增大渠道中"高"附加值功能的比重，减小"低"附加值功能的比重，但要保证比重的总和为 100，德尔菲法可以帮助补充这种调整方式以计算出最终的比重，代表渠道成员执行功能时所承担的成本和产生的价值。

　　为了完成表 9-7 中渠道成员功能绩效比例的计算，分析人员必须在所有渠道成员之间分配每个渠道功能的总成本，也需要保证总成本之和为 100，如果一个渠道中包含一个制造商、一个批发商、一个零售商和一个终端用户，一般来说物流的成本会分散到这四个渠道成员中，但实际上并不是所有成员都承担所有的成本。例如，一个制造商使用自有的销售代表销售其产品，销售代表不持有存货且不拥有产品的所有权，他们仅从事销售活动，那么制造商所承担的物流成本则为0。

需要注意的是，终端用户也是渠道成员之一。当终端用户采购了比真正需求量更多的产品时（如"双十一"期间大量囤货），他们就正在执行物流功能（持有未使用的产品），因此该终端用户也承担了持有库存的成本，这意味着终端用户参与渠道功能的不同方式给他们带来了成本。

在确定每项渠道功能的重要性比重并为所有渠道成员执行的每项渠道功能分配成本比例后，分析人员就需要为每个渠道成员计算加权平均数（比重×成本比例）来表明成员在渠道中承担的成本和产生的价值，然后对所有渠道功能进行加总。

除了仔细确定包含在效率模板中的所有渠道成员，分析人员还需要为每个渠道成员设计一个单独的效率模板，因为不同的渠道成员在相同的渠道中有可能承担完全不相同的成本。如果不清楚每个渠道成员承担某个渠道功能具体的成本是多少，就无法进行精确的评级。

总体来说，效率模板是非常有效的工具，它可以计算每个渠道成员所承担的成本和为渠道创造的价值，揭示它们如何分摊特定功能的成本，表明对创造渠道价值的贡献比例并展示渠道功能对渠道整体绩效的重要程度。在全渠道视角下，通过多个渠道进行产品销售，对这些渠道可以使用效率模板进行成本差异的比较，这有助于在保证服务产出的同时控制成本。

祖贝里（Zuberi）从渠道下游成员零售商的角度出发，基于对全渠道的营销分析从微观层面提出零售商如何衡量自身在渠道中的绩效评价框架[①]，这也为其他渠道成员衡量自身的渠道绩效提供了一些思路。

该框架主要区分了战略指标、品牌资产指标、客户指标、数字营销指标以及可发展指标。关于战略指标，我们会发现各种关于营销分析的指标被企业用于监控销售，利润/损失、管理效率、客户保留等。这些指标通常基于业务的使命和愿景，与企业的战略目标相一致，适当地考虑到企业为满足客户的需求并超过他们的期望而提供的价值。企业必须定期评估市场规模，以监测市场份额的变化和评估市场增长率，同时更要关注营销投资回报率（return on marketing investment，ROMI）。

任何企业都必须满足客户的期望来留住他们。一个企业想要存活下去，就必须拥有持续的竞争优势，而公司的品牌资产就是其竞争力的代表，品牌资产指标主要包括品牌回想、品牌识别、品牌深度和广度。品牌回想是指客户在面对一个产品类别时，从记忆中检索出一个品牌的能力。品牌识别是指确认之前接触过某个品牌的能力。品牌深度是对品牌熟悉程度的衡量，而广度是一个品牌购买和消费场景的范围。

客户指标主要包括客户终身价值、客户利润和客户满意度，其他关注单个客户给企业带来的长期价值的指标是利润率、贴现率以及保留率。数字营销指标能够衡量线上媒介的营销结果，包括印象、触达、转化率、点击率、访客、推荐、流失率、客户获取成本、客户保留率等。可发展指标主要衡量的是一家企业利用其产品和服务发展竞争优势的能力，这是通过将每个发展项目划分为低成本、定制化、质量、响应性和创新指标来

---

① ZUBERI M F, RAJARATNAM D. Measuring retail performance in an omni-channel world[J]. Journal of marketing channels, 2020, 26(2): 120-126.

衡量的。

对于全渠道零售商来说，除了以上这些指标，还应该衡量在线零售对实体店的影响，反之亦然；还应该衡量在线购物和店内取货对额外的店内购买的影响以及线上渠道提供的"线下实体门店专用"的优惠券对增加店内客流量的影响。

9.4.4 全渠道绩效调整原则：公平

在全渠道视角下，渠道调整的方式与 9.3 节所述的内核仍然保持一致，但更加需要强调公平原则。公平原则指的是一个渠道成员在系统中获得的报酬水平应该反映其在渠道功能中的参与程度及这种参与所带来的价值，即报酬应该反映前述效率模板中所计算出的每个渠道成员的利润份额。恪守公平原则既可以为奖励渠道成员提供依据，又可以进一步激励渠道成员创造新的价值，保持它们工作的动力。

为了保证公平原则的执行，所有渠道成员必须确定它们产生的实际成本并估计所创造的价值，这种估计要在可接受的范围内，否则有可能会导致渠道成员对实际创造的价值产生意见分歧，导致绩效不佳或者渠道冲突，如果不同渠道所产生的价值是相同的，那么应该执行相同的渠道奖励，而不应该因为渠道的不同而剥夺渠道成员的努力和价值创造的回报，所以收集完成渠道效率模板所需的信息需要花费大量的精力，但得到的回报是值得的。

实际上，在许多情况下会发现，实际的利润份额与效率模板所建议的标准份额并不一致，为了解决这种问题，需要综合考虑渠道内部环境和外部竞争环境。如果某一渠道成员看起来很容易被替代，那么该成员所获得的实际利润就会比效率模板建议的少一些，即使它为提高绩效作出了巨大的努力。例如，当麦德龙为了提高自身销售效率而要求其供应商必须采用相应技术时，会使供应商产生较高的成本，供应商就会认为这违反了公平原则。但市场地位和竞争压力导致该供应商实际上并不能违抗要求，如果它拒绝，麦德龙就可以选择其他可以使用该技术的供应商，该供应商就轻而易举地被取代了。但从长期利益来看，一家公司如果对其渠道伙伴的态度或者管理手段不是十分友好，其渠道声誉就会较差，不利于其管理渠道的长期能力，违反公平原则也会很容易导致渠道冲突，而解决渠道冲突的成本也十分高，因此麦德龙可以适当作出一些调整，谨慎地权衡长期关系风险和获得更多利润份额的收益，以达到双赢的目的。

对全渠道成员进行绩效评估，渠道管理者可以计算每个渠道成员的相对利润份额，将其与实际利润份额进行比较，然后用公平原则来确定差异。通过了解这些差异来对渠道问题进行分析，确认是否以及如何通过全渠道战略来解决这些问题。

案例 9-4　奥康国际：全渠道布局

本章提要

营销渠道管理是一个动态的过程。由于企业外部环境的不断变化，竞争对手不断采取新的营销策略，企业自身的资源条件也在不断改变，这都要求企业阶段性地对营销渠道进行绩效评价，以便准确地了解企业当下的营销渠道是否适合现时的营销环境，是否更有助于实现企业的营销目标。对营销渠道进行多方面评价，构成了企业进行渠道调整和渠道改进的依据。

渠道绩效评价，也可称为渠道绩效评估，是指厂商通过系统化的手段或措施对其营销渠道系统的效率和效果进行客观的考核和评价的活动过程。评价渠道绩效可以从宏观层面和微观层面来进行。从宏观层面来讲，渠道绩效就是指渠道系统对全社会作出的贡献，它是站在整个社会的高度来考察的；而从微观层面来讲，渠道绩效指的是渠道系统或渠道成员对企业作出的贡献，它是从企业自身的角度来考察的。

渠道绩效评价流程包括：详尽了解企业的经营目标，并将其分解为一系列的销售目标；设定渠道绩效的评价指标；制定渠道绩效评价制度；认清绩效差距并制订渠道改进规划。

渠道绩效评价的常用方法有两种：一种是历史比较法，另一种是区域比较法。其中，历史比较法就是将渠道系统或渠道成员的当期销量与上期销量做比较，得出上升或下降的比值，然后再与整体市场的升降百分比进行比较。区域比较法，就是将各渠道成员的绩效与该区域销售潜量分析所得出的数值进行比较，具体地说，就是将某区域内各渠道成员在某一时段的实际销售量与通过分析得出的该区域销售潜量进行比较并且排序，然后测算相关指标，以确定这些渠道成员在这一时段是否达到某一标准。

一般而言，企业对渠道进行调整的原因主要来自企业外部和企业内部两个方面。来自企业外部的原因主要是市场环境、竞争等方面；来自企业内部的原因多是现行渠道难以满足企业的目标需求。

针对渠道调整的不同原因，企业对营销渠道的调整方式一般包括以下几种：调整整体渠道结构、调整渠道中间商的合作方式、调整渠道政策、调整渠道成员的关系、调整区域性市场的渠道结构、对原有渠道系统进行彻底整合调整。

渠道差距分析是用来寻找渠道差距并进行渠道调整与改进的一种方法。渠道差距产生的原因包括环境约束和管理约束，其中环境约束主要包括法律法规的约束和市场中物质和渠道设施的限制；管理约束主要包括管理知识的限制和企业高层次优化的结果。渠道差距可能存在于供给方，也可能存在于需求方，根据渠道差距产生的原因可以选择有针对性的调整策略对渠道进行调整。

有效的全渠道战略可以为消费者提供一个连续的、无缝的和统一的体验，全渠道绩效评价可以划分为四个步骤：首先分析全渠道分销深度和分销广度以了解品牌的存在感，然后分析每个渠道产生的服务和成本差距，进而分析渠道的协同效应，最后跟踪调整跨渠道活动。

主要有三种方法对全渠道进行绩效评价：第一种是可以让客户了解到品牌及商品的接触点，如商店、电话、网站、手机应用程序或者是社交媒体；第二种是实体商店驱动的参与和客户主导的参与；第三种是量化转化率（购买者和访问者的百分比），包括渠道内转化（访问线下商店并从商店购买）和跨渠道转化（访问线下商店但从线上渠道购买）。

对全渠道成员的绩效评价可以采用效率模板，效率模板展示了每个渠道成员为执行渠道功能所做的工作的类型和数量，每个渠道功能对提供服务产出的重要性以及每个渠道成员应该获得的渠道总利润份额。渠道成员还可以从战略指标、品牌资产指标、客户指标、数字营销指标以及可发展指标几方面对自身渠道绩效进行评价。全渠道视角下进行渠道调整时更应注意遵循公平原则，渠道系统中的报酬应反映参与营销功能的程度以及这种参与所创造的价值。也就是说，报酬应该反映每个渠道成员标准的利润份额。

拓展阅读

1. GEYSKENS I, STEENKAMP J B E M, KUMAR N. A meta-analysis of satisfaction in marketing channel relationships[J]. Journal of marketing research, 1999, 36(2): 223-238.
2. SAGHIRI S, WILDING R, MENA C, et al. Towards a three-dimensional framework for omni-channel[J]. Journal of business research, 2017, 77: 53-67.
3. AILAWADI K L, FARRIS P W. Managing multi- and omni-channel distribution: metrics and research directions[J]. Journal of retailing, 2017, 93(1): 120-135.

即测即练

第 10 章

全渠道战略

> **学习目标**
>
> 通过本章学习，了解全渠道市场的发展态势，理解全渠道战略的实施者及其面临的主要挑战；对成功的全渠道战略所依赖的四大支柱进行定义和理解；认识到客户知识和技术在成功的全渠道战略中的作用，理解全渠道战略对渠道关系的影响，概述评估全渠道绩效所涉及的任务；认识到全渠道情境下的社会责任与伦理的重要性。

10.1　全渠道战略的实施者

10.1.1　零售商

面对全渠道时代的到来，零售商首先开始成为全渠道的实施者。实施全渠道战略的零售商主要分为传统零售企业和网络零售企业两大类。

1. 传统零售企业

传统零售企业以实体店为基础，采用以门店建设、商品陈列、顾客挑选、购买服务为主的传统经营模式，对线下渠道熟悉，但对线上渠道知之甚少。对于传统零售企业来说，需要将多年的行业发展经验与线上渠道发展结合，借助互联网等信息技术实现线上渠道的发展。传统零售企业渠道转型路径通常为从单渠道到多渠道，再到跨渠道，直至实现全渠道零售。[1]互联网环境下，传统零售企业拥有的渠道资源和面临的消费需求发生了根本性改变。如图 10-1 所示，在渠道转型驱动和外部资源支持下，传统零售企业在多渠道零售阶段根据消费者的多样化需求，将产品和服务拓展到独立电商渠道，通过渠道创新和多渠道组合零售，带来更大的市场空间和渠道便利性，实现渠道价值提升。在跨渠道零售阶段，围绕线下渠道主动与外部资源进行渠道互补，通过渠道整合与跨渠道合作，实现渠道价值交互。在全渠道零售阶段，不断进行适应性调整，打造系统化的渠道

---

[1] 李玉霞，庄贵军，卢亭宇. 传统零售企业从单渠道转型为全渠道的路径和机理——基于永辉超市的纵向案例研究[J]. 北京工商大学学报：社会科学版，2016，36(1): 27-36.

竞争优势，通过整合内外部资源，塑造平台化资源，构建全渠道产业链，实现全渠道价值共创以及与产业链利益相关者的共赢。

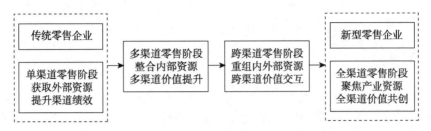

图 10-1　传统零售企业渠道转型演化路径示意

在这个过程中，从多渠道到全渠道的转变尤为重要，因为它们存在本质上的不同，传统零售企业可能以为自己建设了多渠道就是实施全渠道，但实际上这也是一个误区。以消费者为核心、物流体系建设和大数据技术为支持，传统零售企业从多渠道向全渠道转型的一条升级路径为"新渠道布局—全渠道基础上的 O2O 运营—以消费者为中心的全渠道数字化融合"。①在新渠道布局的过程中，逐步通过线上线下渠道协同运营、跨渠道融合的运营和全渠道集约化的运营来提升全渠道运营能力。借助数据流量资源和其他资源，通过大数据技术的应用提升信息收集、分析并转化为精准营销战略的全渠道数字化营销能力。随着渠道布局的展开，提升在各渠道间提供无缝隙、连贯性、线上线下一致服务的全渠道服务能力。

2. 网络零售企业

网络零售企业诞生于电子商务浪潮之中，熟悉现代信息技术和计算机网络，并利用这些技术进行各类商业活动，将传统的商务流程电子化、数字化。相比传统零售企业，网络零售企业基本已经掌握电商运营能力，并且通过平台获取和记录消费者的消费习惯及偏好，完成了一定的数据积累，在借助大数据分析技术来挖掘顾客需求、进行市场预测方面也有优势，这些能力和优势在线上零售商实施全渠道战略时依然有助益。网络零售企业主要从不断开拓新的线上渠道和开拓线下渠道两个方面实施全渠道战略。

一方面，网络零售企业不断开拓新的线上渠道，并利用线上渠道运营经验，能够较好协调不同渠道之间的关系。传统网络零售企业以发展电商平台为主，但随着技术的发展和新消费趋势的变化，新的线上渠道不断兴起，线上企业也不得不开拓新的线上渠道。网络零售企业越来越多地尝试直播带货、短视频、社交电商等多种运营方式，形成广泛的用户触达，并利用其线上运营经验和数字化能力，实现多个线上渠道之间的互联互通与数据协同。

另一方面，网络零售企业开始开拓线下渠道，并从一开始就注重不同渠道之间的协同。与传统零售企业不同，网络零售企业

案例 10-1　三只松鼠与元气森林

---

① 汪旭晖, 赵博, 刘志. 从多渠道到全渠道：互联网背景下传统零售企业转型升级路径——基于银泰百货和永辉超市的双案例研究[J]. 北京工商大学学报：社会科学版, 2018, 33(4): 22-32.

凭借强大的运营和数据处理能力可以高效管理产品的流通、库存和顾客信息，成熟的物流可让消费者购物更加方便快捷，从一开始就具有更强的协同不同渠道的意识以及线上线下一体化管理的能力。但需要注意的是，网络零售企业缺乏线下运营经验，在布局线下渠道时应避免陷入照搬线上模式的误区。

10.1.2 制造商

制造商逐渐成为实施全渠道战略的中坚力量。在全渠道背景下，它们必须在保持和管理良好的合作伙伴关系的同时，拓展直接面向消费者的渠道。这样做需要掌握必要的零售专业知识——特别是制造商选择建立自己的零售商店时。例如，为了建立顾客品牌意识并提供独特的顾客体验，制造商可能会设计并建立专门的实体商店，如专卖店或者体验店等，或者它们可能会在现有的零售点设立专门的店中店。

目前，越来越多的制造商正使用多种渠道来销售产品，或与消费者进行沟通。比如，苹果公司采用了经销商渠道、代理商渠道、自营渠道、线上渠道（如官方网站、手机App）；小米公司则采用了线上渠道和直营店两种类型的渠道。消费者可以很容易地访问品牌商或制造商的网站，甚至在他们去线下商店与产品互动、获得销售人员的推荐之前就找到详细的信息。但是这也带来一个问题，如果在顾客使用多种渠道时出现服务形象等某个方面或多个方面不一致的体验感，就无法令顾客满意，全渠道战略就是失败的。对于制造商来说，关键目标就是管理各渠道之间的冲突，促进渠道协调合作，以确保在不削弱零售合作伙伴价格优势的同时，仍然设计良好的全渠道战略，来满足客户的需求。

因此，制造商实现全渠道战略的关键就是进行跨渠道整合（cross-channel integration）。基于顾客视角，跨渠道整合被视为提升顾客购物体验的有效方式，能让顾客获得跨渠道无缝体验，进而提高满意度和价值。基于企业视角，跨渠道整合被视为协调多种交互形式的渠道管理方式，其目标是发挥多条渠道之间的协同作用，给消费者带来良好、一致的购物体验。通过跨渠道整合，制造企业可以实现渠道整体的协同效应，具体做法是保持不同渠道之间的传播信息一致、共享销售相关信息，以及围绕销售或服务进行协作。渠道管理人员要意识到，单纯地保持信息一致难以发挥整合效果，要更加重视上述措施的组合。另外，在选择跨渠道整合策略时，企业要注意结合渠道管理目标和企业发展需要。

10.2　全渠道战略的关键挑战

无论是零售商还是制造商，实施全渠道战略已成为现实选择。但是，企业可能对不同渠道的特征了解不足，使用多种渠道后对如何进行不同渠道之间的配合与分工缺乏头绪，同时信息系统、人力资源等后台支持达不到要求。总的来说，企业在实施全渠道过程中还面临着三大关键挑战：对新渠道的理解，不同渠道之间的合作与分工，以及必要的后台支持。

10.2.1 对新渠道的理解

全渠道意味着企业需要开拓新的渠道类型，但企业在发展之中通常聚焦于某一种渠道，对其他渠道类型知之甚少。因此，不论是对传统企业而言，还是对电商企业而言，其在开拓新渠道的过程中，都容易受到组织惯性的影响。换言之，由于在原有领域的成功，企业会将建立和管理原有渠道的经验带入新的渠道管理中，从而忽视了新渠道的独特性，最终未能有效实施全渠道战略。因此在实施全渠道战略中必须克服组织惯性和思维惰性，了解新渠道的特征。

1. 对不同渠道特征的了解

目前的渠道类型主要包括线下渠道、PC（个人计算机）渠道和移动渠道三大类，三类渠道各有不同特点。

其中，线下渠道是最为传统的渠道，是通过面对面的方法交易或传播产品、服务等的一个通道。线下渠道不依托网络，允许消费者看见、触摸和感受实实在在的商品和服务，可以满足消费者对产品品质和体验感的要求。在全渠道情境下，传统线下渠道具有提供顾客体验感的优势，对消费者来说，线下渠道通过与顾客的交流互动能够提供线上渠道难以拥有的温度感，也更容易建立品牌信任。但线下渠道也存在诸多缺点，如区域限制性，需要租金、人员等成本运营，渠道前后端信息传递效率较差等。

PC渠道随着计算机和互联网的发展而兴起，以电脑（包含台式、笔记本和平板等）为工具，以互联网为支撑。基于PC端的渠道分为以官方自建平台、第三方商务平台为代表的直接渠道和以平台提供商、网络商店及各种辅助服务提供商等为主要类型的间接渠道两种类型。①相比传统线下渠道，PC渠道具有如下特点：第一，PC渠道可以进行更丰富、及时的信息发布，企业的概况与产品的种类、规格、型号、质量、价格、使用条件等，都可以通过这一渠道快速传达用户。第二，PC渠道是销售产品、提供服务的快捷途径。PC渠道突破了空间和时间的限制，用户可以在自己方便的时间从PC端直接挑选和购买自己所需要的商品，并通过网络方便地支付款项。同时，这可以大大减少过去传统渠道中的流通环节，有效降低渠道成本，如库存成本、促销成本等。第三，企业既可以在PC渠道中洽谈业务，也可以对客户进行技术培训和售后服务。但是PC端设备可移动性差，受有线网络限制，内容多而杂，存在用户定位不精准的问题。

移动互联时代，人们更习惯碎片化和便捷化的消费方式，移动渠道应运而生。其主要有移动端网站、应用程序、小程序等形式。相比基于PC的渠道，移动渠道是一种更便捷的渠道，用户可随时随地搜索特定商品信息，获得商品评价等用户生成的信息和即时推送的促销信息，定位所需服务的位置，随时搜索优惠券和打折券，在竞争对手商店里进行比价等。移动渠道具体有以下特点：第一，移动渠道系统轻便、可移动和使用时间长。消费者能够通过移动设备立即接入互联网，而PC渠道通常在预先设定的环境中使用，如办公室或家里。第二，移动渠道通常被认为是私密的，因为消费者总是携带着移动设备并很少与别人分享。第三，移动渠道可能存在屏幕小、光标移动慢、泄露位置

---

① 庄贵军. 营销渠道管理[M]. 3版. 北京：北京大学出版社，2018: 317-321.

信息、需要数据流量等问题。

线上渠道的涌现对企业而言既是挑战也是机遇。一方面，线上渠道的多元化发展使得消费者与企业的接触点增加，从门店、传统广告拓展到信息流广告、短视频、直播等新的形式，用户更多地迁移到新触点。顾客消费路径也大大缩短，"初次接触+立即购买"成为可能。例如，短视频的出现让用户从传统的广告触达到更直观的视频触达，且将接触场景和成交场景合并，用户在触达页面即可直接完成交易行为。另一方面，新的变化对企业的协同管理能力提出了挑战。多渠道的使用和发展使企业在定价、库存和内容展示方面都需要重新考量，从而避免渠道冲突的产生。

2. 对顾客旅程的洞察

顾客旅程是指客户首次接触直至下单并享受产品或服务期间与企业互动的全过程，其被定义为顾客在购买过程中遇到并与之互动的一系列接触点，顾客体验则贯穿于顾客整个购买旅程，是由不同接触点创造的产物。全渠道零售背景下，渠道为顾客和企业间的沟通互动提供了各种接触点。技术的进步扩大了互动媒介范围，产生了新兴的接触点，为顾客提供更大灵活性的同时提升了顾客旅程以及企业渠道管理的复杂性。因此，菲利普·科特勒等在《零售时代4.0：数字时代的十大指导原则》一书中提出了顾客旅程从"4A"到"5A"的转变。①

数字化时代之前的4A模型（图10-2），包括认知（aware，即客户了解品牌或产品）、态度（attitude，即客户根据品位和需求对品牌和产品作出正面或负面判断）、行动（action，即如果客户表示认可，就决定购买其产品）和再次行动（act again，即如果客户感到满意，就会决定回购）四个阶段，客户购买路径呈现出典型的漏斗形状，从一个阶段到下一个阶段，客户数量逐渐减少。

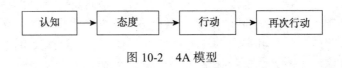

图10-2　4A模型

数字化时代的5A模型（图10-3）认为，一个品牌从用户知晓到成为忠诚客户会经历五个阶段：认知（aware，即消费者通过过往经验、营销传播或其他人的倡导等方式接受和了解品牌与产品信息）、吸引（appeal，即消费者被企业的价值主张所吸引，对品牌或其产品产生兴趣）、询问（ask，即消费者积极通过上网、与亲友交流或直接、间接从品牌处询问和搜寻信息）、行动（act，即消费者了解了足够的品牌和商品信息后作出购买的决策和行动，并实际地和商品产生更多和更频繁的互动）和倡导（advocate，即消费者初次购买以后又不断复购，并把该品牌推荐给身边人）。实际上它们并不遵循线性线路，通过线上线下渠道的交互，消费者的路径可能会跳步，甚至可能前后逆向。有时候这种路径甚至呈螺旋形，因为客户会返回到之前的某个阶段，从而形成一个反馈循环。

---

① KOTLER P, KARTAJAYA H, SETIAWAN I. Marketing 4.0: moving from traditional to digital[M]. Hoboken, NJ: John Wiley & Sons, 2017: 60-65.

图 10-3　5A 模型

上述转变表现了顾客购买路径的三个主要变化：其一，在过去，顾客独立决定对品牌的好恶；但在数字化时代，品牌对顾客的吸引力还受到其所在社群的影响，在此影响下形成了最后的态度。其二，在过去，顾客对品牌的忠诚度被视为愿意购买和再次购买的行为；但在数字化时代，顾客对产品的拥护（或倡导）代替购买行为体现了顾客对品牌的忠诚度。其三，为了更好地了解品牌，顾客会积极与他人进行互动，建立问询-拥护机制，而根据对话的偏向性，这种互动增强或削弱了品牌的吸引力。

案例 10-2　汽车购买

因此，在管理全渠道顾客旅程和创造整体顾客体验时，企业需要认识到这种转变，识别出不同阶段影响顾客体验的关键接触点，并制定各渠道的管理策略，这样有助于顾客在购物旅程中感知到无缝性，从而提升购物体验。

10.2.2　不同渠道之间的合作与分工

全渠道消费者经常发生跨渠道购买行为，如当多种购物渠道任由消费者选择时，一个消费者可能在一条渠道上搜索信息，在另一条渠道试用和体验，在第三条渠道下订单和购买，由此引发消费者购买时的渠道迁移现象和跨渠道"搭便车"行为（cross-channel free-riding）。因此，在全渠道背景下，企业必须协调好不同渠道之间的分工与合作，或主动或被动地进行跨渠道整合。①

整合（integration）一词最早出现在哲学领域，与差异化（differentiation）是一组相对应的概念。其本意是部分与整体趋向统一和完整，可进一步理解为系统中若干组成部分合成一个新的统一整体的过程。营销学者们把"整合"一词引入多渠道、跨渠道或全渠道的研究领域，用来描述企业不同渠道之间关联和协作的行为。跨渠道整合是指企业通过对不同渠道协调和管理，使不同渠道的功能有效衔接和相互赋能，发挥渠道协同效应，提升企业绩效和满足顾客需求。

1. 跨渠道整合的四个维度

在全渠道战略中，不同渠道活动或功能虽然不同，但都是围绕一致、共享、协作和互补四种方式进行跨渠道整合。因此，为了体现出跨渠道整合的核心，把这四种整合方式作为跨渠道整合的四个维度。

（1）一致性。跨渠道一致性是指不同渠道提供的销售信息、服务水平和企业形象等方面内容相似或一致的程度。在全渠道背景下，强调企业根据消费者的跨渠道购买习惯，提供多条购买渠道，并要确保所提供的多条渠道提供一致的购买体验。一致性购物

---

① 庄贵军，邓琪，卢亭宇. 跨渠道整合的研究述评：内涵、维度与理论框架[J]. 商业经济与管理，2019(12)：30-41.

体验是消费者对企业发出的一种可被察觉信息的主观感受,是跨渠道整合的重要展现方式,主要体现为销售信息和传播信息的一致。比如,当实体零售商发展线上渠道销售时,可以克服货架空间和商圈(商店只能吸引大部分近距离顾客)的限制,它们可以在线上提供更广泛的产品种类,并迎合更广泛的客户群,包括与其基于实体店的核心客户群体有很大区别的其他客户。扩大客户群对零售商来说具有明显的吸引力,但不同的商品分类、迎合不同的客户也可能创建一个完全不同类型的线上商店,这时零售商就需要考虑其形象是否可能与本身在传统的线下形象不匹配。

(2)共享性。跨渠道共享性是指企业的信息在不同渠道间收集并在多条渠道间共享的程度。信息共享是跨渠道整合的基础。一方面,企业需要将消费者在不同渠道内的碎片化信息汇集起来,形成完备的客户信息系统;另一方面,企业客户信息系统需要对不同渠道开放才能实现客户在跨渠道消费时的无缝对接。比如,一些网络零售商开设实体的线下商店时,必须将其整合到全渠道战略中。譬如当顾客在实体店试穿一件衣服时,网站会接收到信息并自动将其暂停销售,以确保同一商品不会同时卖给两个人;用户可以利用线上渠道查询线下商店的地址定位或询问在线下所购产品的常见问题等。

(3)协作性。跨渠道协作性是指各条渠道为服务用户而相互配合和协作的程度。在全渠道时代,消费者会在一次完整的购买过程中,使用多种分销渠道或是信息渠道和物流渠道的组合来完成购物,这使商家不仅要考虑使用哪些渠道,更要考虑这些渠道如何配合才能确保整个购物流程的顺畅。跨渠道协作性体现在咨询、订购、支付、服务等销售环节的配合上。比如,有的全渠道商家在任何渠道都可以提供其他渠道的地址、电话号码、营业时间等信息,线上渠道可以提供订购服务,商家根据顾客地址自动分配订单,提供线上线下多种支付方式,提供跨渠道联合服务等。

(4)互补性。跨渠道互补性是指不同渠道之间功能或优势互补的程度。在全渠道经营过程中,不同渠道的资源、功能等优势逐渐显现,要发挥不同渠道的优势取长补短,企业可能将自有渠道与其他合作渠道重构为一条功能完备的渠道,也可能与其他渠道合作以弥补自身渠道功能的不足。比如,提供线上和线下互补服务的商家,使消费者能在实体店自提线上购买的商品,并在实体店服务中心接受线上订购商品的退货、维修或更换服务等,既能够提升消费者对产品的体验,也能够提高售后服务水平,从而创造良好的消费体验。

2. 跨渠道整合的三个步骤[①]

实施全渠道战略需要各个组织和各个工作流程进行有效的匹配和调整,为实现各渠道之间的有效整合,可以按照以下三个步骤进行。

(1)顾客购买过程不同阶段之间的整合。全渠道过程中每个阶段都要进行有效的整合,从而给顾客提供顺畅的购买体验。例如,搜索阶段和支付阶段要进行流畅的衔接,防止出现顾客选择了心仪的商品但是无法选择合适支付方式的尴尬情况。并且只有良好的渠道间衔接才能允许顾客自由地进入下一个阶段(选择物流方式)或者返回到上一个

---

① SAGHIRI S, WILDING R, MENA C, et al. Toward a three-dimensional framework for omni-channel[J]. Journal of business research, 2017, 77: 53-67.

阶段（检索商品）。

（2）不同渠道之间的整合。它指的是不同类型的渠道（如在线、离线和移动渠道）之间的同步操作和决策，以方便消费者从一种渠道切换到另一种渠道。对于渠道类型的整合，要保证不同渠道之间的运营和决策是协同工作的。不同渠道之间要保持高度密切的沟通，甚至部分员工要协同工作，才能保证顾客在购买过程中自由切换到不同渠道，且感受到一致的购买体验。

（3）不同渠道成员之间的整合。消费者在购买的整个过程中会与多个渠道成员发生互动，包括制造商、实体或数字零售商、第三方（如物流公司、信息支持公司）等。对于渠道成员之间的整合，要确保不同的渠道成员传递给同一个消费者的产品、服务和信息是一致的，防止出现不同渠道提供的服务或者信息存在差别，引起顾客的困惑和不满。

10.2.3 后台支持

从长期来看，实施全渠道战略面临的挑战主要在信息系统搭建、组织结构调整、人力资源管理三个方面，企业要进行充分的投资，才能抓住全渠道发展的机会。

1. 信息系统搭建

信息技术是推动全渠道协同管理的基础，企业要想在移动互联网时代持续发展，信息化建设刻不容缓。但国内许多企业对信息化系统的认识才刚刚开始，在数据共享基础平台建设方面滞后，不利于各类渠道的平衡发展。其一，企业全渠道供应链中各成员间信息共享平台接入数据信息出现重叠现象。该现象造成有效数据资源的堆砌，从而降低商品数据的利用率。其二，在信息平台搭建过程中，因技术和数据传输方式的不同，平台成为多个小数据孤岛堆砌的大孤岛，数据信息得不到有效利用。其三，渠道成员因发展方向和市场定位不同，信息平台建设出发点存在较大差异。这种差异使企业在产品、客户等信息收集、管理、呈现方面出现阶梯化，不利于各成员主体的协调发展。

为构建全渠道管理信息的能力，企业需要从以下三个方面进行信息系统搭建。

（1）集成全渠道数据。实施全渠道战略的企业拥有并处理可能以结构化形式（如销售点数据）或非结构化形式（如顾客评论）提供的各种形式数据（如顾客、产品、位置、时间和渠道数据）。在同质数据库中检索、组合、整合和构建不同来源的异构数据的过程是全渠道组织的关键挑战。企业需要协同使用新兴技术、网络通信、智能物件与其他业务系统〔如CRM（客户关系管理）系统〕的数据连接与数据存储，保留对自己有价值的数据，剔除重复的或无价值的数据，对庞大的数据进行集成。

（2）分析全渠道数据。在全渠道零售环境中，使用创新信息技术和处理大量异构数据至关重要。一旦掌握全渠道数据集成，企业就需要适当的工具和技术来处理与分析大量数据。通过使用可视化、预测分析、数据挖掘、深度学习和人工智能等不同方法，企业可以对市场形成有意义的见解。因此，企业必须注意不要陷入典型的大数据分析陷阱，如对低质量不相关数据或虚假相关性的复杂分析。

（3）升级全渠道数据库。如果各渠道成员数据分开统计，各自形成数据库，则消费者的购买偏好、交易量、交易次数、浏览频次、浏览历史等消费活动数据就不能实现全渠道共享，不同数据库管理方式也会使数据集成困难重重。因此，需要充分建设和利用全渠道技术（如店内技术、交付技术、通信技术），对现有数据库统一进行升级、融合，提供包括实时信息访问（如订单的实时追踪）、智能自动化的互动（如根据数字日历信息来精准推荐）等技术和服务，帮助各渠道共享消费者信息，保障产品、价格协同和全渠道升级顺利实现。

2. 组织结构调整

全渠道业务转型不是某一个方面的转型，而是意味着很多方面都要转型升级，其中主要的三个挑战如下：其一，引进新的技术平台，提供业务支持和敏捷响应；其二，构建新的业务模型，促进线上线下业务协同；其三，引进新的管理架构，优化组织结构和部门分工。其中，组织结构和分工是首要与基础工作，完成这个工作面临以下两个问题。

（1）是否要变更部门或者部门角色。一些传统企业在只做线下经营时，可能并不会设置专门的 IT（信息技术）部门或者线上运营岗位，电商企业原本可能也并没有专门的线下管理部门。在进行线上线下一体化运营时，这些企业需要根据自己的实际情况，增设相应的信息管理部门、店长或者在核心业务部门增加线上运营、线下管理等角色。还有的企业会建立专门的团队管理渠道，这些渠道管理团队专门负责内部渠道组织的协调问题，并负责企业总体渠道策略的制定和执行。[①]例如，IBM 建立了渠道协调委员会，这个委员会包括每个渠道部门的代表。这些代表每星期开一次会，讨论促销和定价等相关事宜，尽可能避免对同一顾客群进行竞争。为了增强内部多重渠道组织之间的协调，IBM 和天空通讯根据最终消费者的需求对每个渠道进行划分，为每个渠道组织的角色、职责和目标市场的划分制定了详细的书面文件。这些文件对每个渠道管理组织部门都有约束力，避免了职责、区域划分不清带来的渠道冲突。

（2）是否要变更原有角色的工作内容。[②]有些企业的部门和角色都没有改变，但是工作内容却发生了变化。任何一个工作角色，都把自身的工作内容从面对单纯的线下或线上渠道调整到面对线上线下多渠道。一旦业务开始运营，任何一件工作任务的出发点都是线上线下兼顾，而不是只顾单一渠道。但是这种调整将带来新的挑战：现有团队所具备的运营基因能否匹配全渠道运营的要求？比如传统零售企业的员工，只具备线下运营能力，角色工作经验和运营能力都不符合线上运营要求，更别说是线上线下协同运营的业务。如果要做这样的转型升级，可能需要增加新员工、换掉或者重新培训这部分老员工，从而带来人力成本的增加。

另外，为了管理组织结构、促进组织内协作、减少内部冲突的产生，企业可以采取以下两种措施。

（1）使用高级组织目标。从企业内部来说，企业总体目标经常会被分解为每个渠道部门的职能目标，而职能目标可能会冲突。高级目标是"所有群体迫切期望的目标，这一目标的实现需要多个群体的资源和努力"。在企业内部，所有渠道管理组织都应以渠道整体绩效为高级目标，这可以避免为了自身组织的利益相互争夺和恶性竞争。实施高级

[①] 张闯. 营销渠道管理[M]. 2 版. 北京：清华大学出版社，2022: 87.
[②] 全渠道零售的组织架构和部门分工[EB/OL]. (2020-04-01). https://www.niutoushe.com/46315.

目标的具体措施之一是鼓励一个渠道向另一个渠道推荐业务。为了鼓励企业内部各渠道管理组织以渠道整体绩效为高级目标,企业必须根据整体绩效对各渠道组织进行激励。也就是说,如果网络渠道向传统渠道推荐顾客,网络渠道仍能因为整体绩效的提高而得到红利分配。越南航空公司为了避免电子订票和传统旅行社的利益冲突,重新设计了补偿机制。例如,如果顾客打电话给越南航空公司的驻外销售处,他会被指引去传统的旅行社购票。这种补偿机制使得渠道间的利润分配更加公平,能够避免内部多重渠道冲突。

(2)加强内部渠道管理组织间的沟通。企业应该针对每个渠道的角色、职责和市场范围进行沟通和传播,将其网络营销战略很好地传达给各渠道组织。在这种沟通下,传统渠道可以更加明确自身的目标顾客,了解企业的电子商务策略对整体渠道绩效的作用。例如,据调查,相当数量的消费者只是在网上购买传统渠道中很难买到的产品。企业应该把这种情况解释给传统渠道管理组织,避免认知的差异。企业还可以实施一些制度化的措施来加强内部渠道管理组织之间的沟通。轮岗制是增强组织间沟通的有效方式。应当将网络渠道的员工定期安排到传统渠道部门中。同样,传统渠道部门的员工也应当定期到网络渠道中工作。这样有助于员工理解不同渠道的运行管理机制,消除内部多重渠道组织间的误解。企业也应多组织一些共商共议活动,安排不同渠道管理部门的人参加董事会会议或专题讨论会等,鼓励他们在相关问题上提出意见和建议,形成良性互动,通过讨论和商谈找到使双方都能够接受的冲突解决方案。因此,企业通过内部沟通来收集和传播每个渠道组织的需求与目标的相关信息,通过矫正感知来提高渠道整体关系质量。

3. 人力资源管理

在全渠道背景下,零售商需要构建能够实施"跨渠道"管理的新型组织或部门,并为这些组织和部门配备能够开展全渠道营销与管理的人才队伍。企业所需的新型人才队伍不仅应胜任新渠道与传统渠道的管理,还应懂得如何根据顾客的购物行为将各种渠道在信息、商品和服务方面进行整合。为了实现以上目标,需要建设一个人力资源管理系统。

(1)建立招聘甄选体系。招聘是企业获取具有销售、客户服务、新零售、运营管理等方面人才的关键机会,因此,必须构建科学合理的招聘甄选体系。第一,制订招聘计划。编制招聘计划是建立在人力资源规划和职务分析两项基础工作之上的,人力资源规划决定了企业在未来一段时间内为达成全渠道战略目标所需的职位、部门、数量、时限等,职务分析则通过对各职位的责任、所需的资质进行分析来为招聘提供参考依据。然后根据需求来制订执行方案。第二,发布招聘信息。招聘信息需要对岗位进行准确、标准化、详细的描述,如需要互联网线上运营经验、直播带货能力等,同时也要注意发布信息的渠道,以便吸引到企业需要的人才。第三,进行资格审查。在审查时,需要注意材料的可信度,以往经历或能力与应聘的岗位之间的联系等。第四,进行测评与甄选。企业需要科学设计面试等甄选流程,通过情景式问答等多种方式对应聘者的能力进行评价。

(2)健全员工培训机制。全渠道环境下,人才建设几乎是所有企业面临的最大挑战。

纵向来看，企业需要提供从入门基本功到各岗位知识技能的知识和实践训练。例如，盒马超市在其培训体系中具有根据不同的职级、不同的岗位要求而研发的完善的培训系统。它通常不直接招聘门店经理或其他高级零售运营管理人员，往往宁愿选择应届的大学毕业生，无论其是否有新零售线上或者线下的专业背景或者兼职背景，因为这些人力资源就像盒马重新创建的一张空白纸。在不断吸收学习知识和进行实践训练的同时，员工主要接受"新零售入门基本功""从业人员专业知识和技能"与"岗位知识和技能"的培训和考核，然后才能晋升为中层管理人员，如楼层经理、区域经理、部门经理等。此外，由于全渠道涉及线上、线下的促销、购买、供应链管理、信息化平台等环节，因此，在职位上升的同时，需要增加水平面的知识和技能。例如，为每个部门的员工提供大量的可自由选择的学习和培训的机会，增加与扩大思维培训、各类常用外语培训、艺术兴趣类培训甚至出差参观交流等不同的培训主题和培训范围，使员工不只是可以满足岗位需求的人才，更成长为具备多方面能力的全方位人才。

（3）完善绩效管理体系。与多渠道营销不同的是，在全渠道设置中，交易过程是需要跨所有分销和传播渠道共同完成的。当顾客以不连续的方式进行购买时，就会面临到底将促成购买行为归功于哪些员工的问题。例如，顾客可能在实体店开始搜索过程，并且由于店内员工的积极推销而形成一个初始考虑集，然后在不久的将来的某个时候在线上渠道重新启动他们的搜索过程，咨询客服并最终进行购买。如果没有线下员工的积极工作很可能就无法引起消费者的兴趣，但是最终购买行为又是在线上完成，因此很难用业绩来评判线下门店员工的绩效。企业需要制定一套科学有效的绩效管理体系，以正确反映员工的贡献。

（4）制定员工激励制度。对于零售商来说，无论是线上还是线下，消费体验的质量直接影响消费者的满意度，进一步影响零售企业的品牌形象和商誉情况。因此，首先必须有效地激励一线员工，他们离消费者最近，是提供良好消费体验的重要护城河。在方法上，可采用薪酬激励、股权激励等物质激励方法，还可以采取授权激励、荣誉激励、成就激励等精神激励方法。特别是在全渠道零售过程中，与各类消费者的沟通频繁，消费者的需求各不相同，有时可能无法按照流程和服务标准为顾客提供服务，因此对员工信任和授权就显得十分必要。

10.3　全渠道战略的四大支柱

在强调有效的全渠道战略的好处和吸引力的同时，不是所有的企业都打算采用全渠道战略，也不是所有的消费者都想成为全渠道消费者。不使用智能手机的消费者永远不会在移动渠道购买，喜欢使用现金的人可能偶尔在网上购物，但并不是真正的全渠道消费者。虽然很多企业有意进行全渠道建设，但它们可能只是采用了多渠道战略而非真正的全渠道战略。例如，汽车制造商高度重视线下渠道与客户互动，开展线上运营主要是扩大品牌影响力或获取更多信息。此时，线上渠道和线下渠道是完全分割的，企业只是使用了多个渠道，并非实施全渠道战略。在另一个极端，那些被数字化趋势彻底改变的行业（如出版、音乐）已经将它们的大部分注意力转移到线上渠道，而将较少的注意力和资源投入传统线下渠道。

然而，对于那些了解其好处并积极追求无缝全渠道互动的企业和消费者来说，有必要整合零售、社交、移动和大众传播渠道，以优化所有渠道的客户体验和最大化品牌总销售额为目标。这一战略就像一个由四根支柱支撑的屋顶，如图10-4所示，这四根支柱分别是利用客户知识（customer knowledge）、利用技术、管理渠道关系和评估渠道绩效。[①]

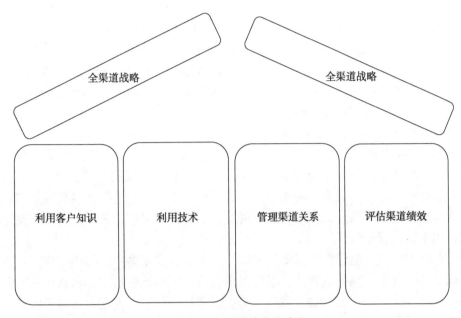

图 10-4　全渠道战略的支柱

10.3.1　利用客户知识

全渠道战略的第一个支柱是利用客户知识，或者说深层次的、由数据驱动的对客户的理解和尊重。全渠道环境具有丰富的数据，因此企业有手段和机会深入了解并利用消费者的需求、偏好和行为等信息。全渠道营销人员应该利用多个来源的数据，包括店内访问、客户服务电话、忠诚计划数据、网络和移动访问，以及社交媒体等，通过这些数据设计出最佳、最高效、个性化的客户体验。反过来，客户可以根据产品、服务和渠道的具体特点，以及自己的偏好和目标，在不同的渠道之间进行选择。

1. 客户知识及其内涵

客户知识被定义为客户与企业在交易及交流过程中需要、产生或拥有的一种经验、价值、情境信息和专家洞察力的动态组合。通过定义可以看出，客户知识蕴含在企业与客户接触的整个客户旅程之中，并且其产生是一个动态过程：企业通过各种可运用的手段获取客户数据，构成了客户信息的基础；通过对数据进行分析、加工、处理，形成了分散的、不联系的、具有完全转移性的客户信息；针对特定客户的需求和问题，对零散

---

① PALMATIER R W, SIVADAS E, STERN L W, et al. Marketing channel strategy: an omni-channel approach[M]. 9th ed. New York: Routledge, 2020: 349-359.

的客户信息进行提炼，专门进行整理分析，在内部形成共享后，转化成客户知识。它并非结构化的，而是需要企业日积月累地通过与客户交易和交流的经历积淀而成。企业在掌握一定客户知识的同时为客户提供一些产品和服务，而后又可以得到一些客户知识，在此交流和互动过程中，企业和客户不断磨合，最终达成一致。当然，市场中消费者的需求是不断变化和发展的，因此，知识流也在进行更新和扩展，形成了一个动态、循环、扩展的过程。

客户知识是企业的重要资产，是企业的知识体系的重要组成部分，也是企业实现"以客户为中心"理念的基础，创造和保持企业竞争优势的重要源泉。因此，需要对客户知识进行管理，最终提高客户忠诚度，使企业效益增加。在客户知识管理（CKM）中，客户知识主要包含四个维度的内涵：关于客户的知识（knowledge about customers）、用于客户的知识（knowledge for customers）、来自客户的知识（knowledge from customers）和共同创造的知识（knowledge co-creation）。[①]

关于客户的知识主要来自交易过程中产生的结构性数据。其不仅包括客户的基本数据（如姓名、联系电话等），还包括客户与企业的交易记录，使用产品、服务和渠道的记录，客户的个人爱好（如语言、沟通方式）等。这类知识是企业进行客户分析的重要基础，其能帮助企业准确地分析和定位客户资源，了解客户需求，并据此为客户制定相应的个性化或一对一营销策略。

用于客户的知识，也称客户需要的知识，是企业为满足客户的知识需要而提供给客户的知识。传统意义上其包括产品、服务、供应商、市场等信息、专家意见及由营销部门或 R&D（研究与开发）部门提供的建议等，全渠道环境下可能还包括需要营销人员宣传的跨渠道的服务等。这类知识由企业传递给客户，帮助客户更好地理解企业的产品和服务，从而使客户的需求与企业的产品有效地匹配。

来自客户的知识描述的是客户对于企业或竞争对手的产品和服务使用情况的反馈信息。客户与企业的互动经历、客户对企业的实际感知，都是企业重要的战略资源，企业应该持续地调查客户与企业互动的体验，这既包括愉悦的客户体验，也包括沮丧的客户体验。理解客户的反馈知识对企业持续提升产品和服务质量、更好地分割市场、建立成功的商业战略，并进行产品和服务的创新有重要意义。

共同创造的知识主要来自企业与客户之间的合作过程，企业将客户看作自己的合作伙伴，在互动的过程中达到知识创新的目的。这个方式将"以客户为核心"的理念发挥到极致，以客户需求为导向进行产品和服务的开发与更新，与客户沟通并获取很多宝贵的客户反馈信息。

上述四种客户知识中，可以发现，后三种都是企业在与客户进行互动过程中产生并获得的，大多为隐性知识，因此被称为交互客户知识，具有互动性、隐含性和动态性特征。

2. 客户知识的来源

全渠道零售是对众多可用渠道和客户接触点的协同管理，以优化所有渠道的客户体

---

① 孟健. 企业客户知识的获取路径与流程管理[J]. 企业改革与管理，2013(11): 30-32.

验和渠道绩效。根据以上内容，从企业自身角度来说，客户知识来源于接触点，即企业与客户进行交互的过程。因此，企业需要找准找全接触点、整合接触点信息，以获得全面的客户知识。

1）找准找全接触点

信息技术的迅速发展极大地增加了消费者在任何时间、任何地点与企业进行互动的接触点，从店铺内到店铺外、线下到线上、线上线下并存到线上线下接触点之间的跨越和融合，全渠道环境下接触点的数量及范围都大量增加与扩大。顾客在购买过程中可能选择不同渠道，发生不同购买阶段渠道的跨越与穿行，因此接触点也可能在线上、线下或者在二者之间穿行与跨越。此外，倾向于使用更多渠道的消费者往往更频繁地购物，提供更大的终身价值，并比只光顾单一渠道的消费者更有利于增加企业收入。因此，为了获取更加全面、准确的客户知识，企业需要找全、找准客户接触点，以便进行系统的分析与集成。根据对现有相关文献的整理，消费者全渠道选择的接触点如表 10-1 所示。[①]

表 10-1 消费者全渠道选择的接触点

类型	具体接触点
间接接触点（个人不可与品牌方面对面交流）	传统广告媒体
	无人店铺
	直接邮寄
	电子邮件
	电话
	商品目录
	网络平台
	社交媒体
	付费搜索
	移动平台
直接接触点（个人与品牌方面对面交流）	专业销售团队
	实体店铺
	数字聊天/会议
	会展
	实体店退货
	上门服务

2）整合接触点信息

由于客户使用企业的接触点越来越多、渠道使用能力越来越强，他们更喜欢能够基于他们的预期提供最高价值的接触点（如确定最佳信息、高效率地比价、准确评估产品、最便利地获得订单）以及那些最能适应他们特定购物体验要求的接触点（如移动购物、礼品购买等），集成接触点信息、提供"无界"体验就成为实现以上需求的关键。在现实

[①] 廖颖川，吕庆华. 消费者全渠道零售选择行为研究综述与展望[J]. 中国流通经济，2019, 33(8): 118-128.

中，由于客户和各种渠道间交互的碎片化，企业可能获得的有关消费者的数据更少，如果没有全面的洞察力，企业就无法以最优的方式吸引客户，也无法让他们了解企业全渠道的能力。

因此，当今全渠道营销人员的任务是找到整合来自多个接触点的客户数据的方法，获取客户知识，以确定有效的细分策略，使企业能够满足每个细分消费者群体的需求，而不要把资源浪费在没有价值或者消费者不愿消费的产品或服务上，并要识别未来与客户相关的挑战和机会。同时，全渠道系统需要多种支持因素满足接触点的要求，如宽带互联网可访问性、地理位置、良好的配送中心、高效和广泛的物流网络、跨渠道集成、客户分析、客户全渠道的可见性、产品数字化等。消费者了解品牌、进行互动和分享品牌信息的方式多样化，要求接触点实现信息统一，以推动品牌体验和品牌传播的统一。

3. 客户知识的获取

客户知识的获取是客户知识管理的起点，是客户知识整合和共享的基础，其效率和内容直接关系到企业客户知识管理的质量和结果，进而影响企业效益。客户知识的获取通常有两种途径：信息技术、与客户交流。

1）信息技术

关于客户的知识主要通过信息技术获取。正如前文所述，这类客户知识主要来自交易中的结构化数据。企业通过POS（销售点）系统、CRM系统等的客户数据、客户交易记录形成客户数据库，这些数据在日常的交易中都已经被存储，成为获取客户知识的数据源。而要使之成为对企业决策有帮助的关于客户的知识，还必须运用更多现代信息技术，从多个客户数据源提取数据、清洗数据和集成数据，对大量客户数据高效存储与维护；通过对客户数据的管理，使从不同渠道获得的数据形成统一的格式，并存储在数据仓库中；通过数据分析处理和数据挖掘技术对其进行知识的挖掘与发现，最终形成可用于决策的关于客户的知识。

信息和网络技术的运用在获取交互客户知识方面也发挥着不可或缺的作用。企业通过信息和网络技术，可以建立企业和客户的多媒体交互系统，使企业与客户之间的知识交互过程更主动和迅速。消费者既依赖实体店也依赖线上商店，但是每个消费者使用每个渠道的程度是不同的，强大的全渠道运营需要有效的线下零售、电子商务和营销能力，而这些能力与企业信息化、数字化、智能化水平息息相关。比如，如果一位需要基础医疗保健服务的客户在医院移动应用程序上找到心仪的医疗专业人士并与之视频聊天，获得诊断，在之后可以访问医疗记录、订购处方药品并上门取药、询问用药事宜，那么技术优势就扩展了企业全渠道与客户交互的可能性。

2）与客户交流

交互客户知识在企业与客户的对话沟通或个性化管理中产生并不断调整，根据其特点，可以将其获取分为三个阶段。第一阶段，客户知识显性化。交流过程中产生的往往是客户的体验、感受等隐性的知识，需要整理、分析、归纳、披露出来，获取关于产品和服务的基本信息、客户偏好（如颜色、尺寸、形状、质地、款式等）、竞争对手吸引客户的产品和能够吸引他们的属性（如客户对产品和服务的需求趋势）等显性知识。第二阶段，客户知识分类。为了帮助客户做决策，要对客户知识根据不同的方面进行调整和分类，如产品特征、功能属性、维修信息、质量记录等，通过分类可以更好地了解客户需求，给客户提供个性化的服务及制定一对一营销策略。第三阶段，客户知识共识化。这个阶段是企业员工和客户之间最频繁的信息交流阶段，其目标是企业提供的知识与客户的真正需求达成一致。

在企业与客户的交流过程中，一线营销人员的作用不可或缺。营销人员与客户的交流不仅发生在线上，也发生在线下。特别在未来，商店的规模可能会继续缩小，越来越多地发挥陈列和体验中心的作用，而不是配送中心的作用。网上顾客在线下购买时会建立与品牌更深的联系，而销售人员可以通过与顾客面对面的互动来更好地了解他们的需求。因此，一线营销人员在交流过程中面临着包括提供消费者服务，收集完整的客户信息，整理客户对企业产品或服务的意见、建议，乃至识别、理解并最小化消费者在跨渠道购物过程中任何潜在或感知到的障碍等方面的挑战。

4. 客户知识的使用

客户知识管理的目的，不仅是要掌握这些知识，同时是要利用这些知识与客户建立和保持长期的良好关系。企业在内部通过员工与员工、部门与部门之间交流分享，在外部与客户不断进行交互反馈，从客户知识中提炼客户偏好，用于改进流程和产品、服务设计。

具体来说，客户知识的使用应贯穿于企业研究开发、生产、销售、服务、辅助支持等环节，包括产品更新与迭代、营销活动设计、渠道设计与优化、改善客户服务几个方面的内容。在产品更新与迭代方面，企业将经营中获得的客户知识与调研得到的客户信息相结合，可以根据客户需求对产品作出调整和改进，避免闭门造车的行为。在营销活动设计方面，客户知识中包含客户对营销活动参与流程、奖励等方面的诉求，对其分析有助于企业设

案例 10-3 小米科技对客户知识的使用

计具有激励性、行为引导和促进顾客转化作用的营销活动。在渠道设计与优化方面，使用客户知识可以帮助企业理解消费者的服务产出需求（包括批量拆分、空间便利性、花色品种、等待或递送时间、客户服务和信息提供需求），从而进行渠道系统的设计与优化。最后，客户知识的使用可以促使企业进行精准推荐、个性化服务等方面的改进，进而改善客户服务。总之，客户知识的使用引导和促进了企业与客户的交流，为客户不断创造新的价值。同时，企业根据客户知识对自身的产品、流程和服务进行调整，在调整的过程中又得到新的客户知识，从而指导进一步的调整，这正是客户知识管理的封闭循环，客户知识得以深化，企业价值得以提升。

10.3.2 利用技术

数字技术是企业全渠道战略发展的重要基础，一切商品流、物流、信息流在数字技术的加持下都能够实现实时的整合与共享。因此，利用技术是全渠道战略的第二个支柱，促使全渠道时代的到来。

1. 利用技术的优势

（1）在采购和研发阶段，利用高新技术为企业快速完成市场预测和分析、充分整合产业链资源、高效实现逆向生产提供了有力支持。物联网技术（如顾客消费热点感知、移动终端定位、物流全程跟踪、资金安全支付等）将消费者偏好、行为等信息数据化，再借助云层面技术（云计算和大数据技术）进行数据处理和分析，帮助企业挖掘和分析消费者购物偏好等情况，从而帮助企业完成需求预测，进行采购和生产研发计划。阿里云就曾成功协助银泰集团搭建了云计算平台。①此前，银泰集团使用"银泰网"对企业顾客、资源等信息进行一体化管理，但不足以支撑企业日渐增长的业务量需求。在阿里云协助下，银泰从第一个迁上阿里云的会员体系开始，到核心交易系统、营销系统云化、数据库等底层核心系统迁云，至2019年，银泰百货100%云化，成为首家完全架构在云上的百货公司。应用云技术，银泰赋予数据决策的能力，落地精准营销、客户雷达、商品比价、四色预警、BI（商业智能）决策支持等数据产品。

（2）在销售和售后环节，企业应用数字技术和智能硬件对线下门店与物流体系进行智能化升级，构造更为丰富多样的新零售场景，做好售后服务保障并提升经营效率。人脸识别、商品识别等技术被应用于无人零售场景，智能客服、智能机器人等的出现提供了更多互动实现的方式，增强现实、虚拟现实等技术提升了顾客体验。依靠人工智能强大的学习能力与语言处理能力，可以实现销售环节的智能化。依靠智能终端与顾客进行实时、紧密的交流，可以帮助企业及时、有效率地完成售后服务、处理服务失败等事件。依靠大数据和云计算低价而稳定的计算环境，可以保证企业实现销售数据等基本数据的汇总分析，从而提升商家的经营效益。

（3）在仓储和配送管理方面，现有工具使企业能够执行具有成本效益的库存管理，同步更新不同渠道的库存，并建立店内提货或交货机制，以最短、最具成本效益的方式将产品送到消费者手中。现实情况下的一个例子是，对于店面较少的零售商而言，使用集中库存管理系统可能会更好，但是这样的设计是有风险的。例如，如果处于中心地理位置的店面遭遇恶劣天气或其他意外情况，它就不能以足够快的速度对其他位置的需求变化作出反

案例 10-4　构建全渠道医疗保健服务

应。因此，较大的业务往往采用中心辐射模式，以大型商店为中心，将订单发送给较小的商店和网上订购的顾客。在这种战略中，卖家需要一个复杂的订单管理系统来在集线器、辐条和配送中心之间同步库存，以找到最合算的方式将产品快速送到消费者手中，同时也避免供应链中的任何一环出现库存短缺的情况。从本质上说，技术可以满足顾客以他们愿意支付的价格、在他们选择的时间和地点为他们提供他们想要的产品的需求。现在，企业越来越依赖人工智能来实现这一目标。②

---

① 银泰新零售打造全球百货业中国样本[EB/OL]. (2020-01-10). https://www.hangzhou.gov.cn/art/2020/1/10/art_812262_41575129.html.
② PALMATIER R W, SIVADAS E, STERN L W, et al. Marketing channel strategy: an omni-channel approach[M]. 9th ed. New York: Routledge, 2020. 355.

对顾客来说，技术可以帮助他们作出更好、更明智的选择，促进跨渠道的无缝衔接。全渠道零售商建立的品牌社区允许企业与顾客之间、顾客与顾客之间进行积极的互动，帮助顾客更有效地获取品牌和商品信息，作出满意的决策。一些企业还促使消费者注册订阅服务和自动补货服务，通过先进的技术，为消费者推送可能感兴趣的新品或活动，或者在消费者的产品用完之前暖心提醒，对企业各种服务应该启动的时间进行预测分析，以满足消费者接下来的需求。还有的连锁企业将客户信息整合在一起，以便其在本企业所有的连锁店都得到一致的、满意的服务。店内技术的应用，如自助服务端、虚拟现实、增强现实等技术也大大丰富了顾客体验。最后，作为一种沟通工具，技术为客户提供详细的产品信息、产品比较工具或定制化服务，为企业传递和实现价值提供了桥梁。

2. 可利用的技术

在全渠道中，顾客可以在 PC 端、移动设备和实体商店之间自由移动，所有这些穿行和跨越都在单个交易流程中进行。无论使用何种渠道，顾客旅程都应该是平稳的，企业应该提供无缝的、统一的客户体验。这些变化将由新技术推动。

在顾客旅程的各个阶段，越来越多的新技术正被企业运用，以为顾客提供一致的体验。例如，IT 提供、降低成本和获取技术（如大数据和云计算）方面的升级与变化，使企业进行个性化服务和价格优化成为可能。智能移动设备（如智能手机和平板电脑）和相关软件（如应用程序、移动支付、电子代客服务、电子优惠券、数字传单、基于位置的服务）的应用，使移动客户可以随时随地访问信息和购买任何东西，通过多样化的方式进行信息获取、询问或者完成购买。除了顾客带来的移动设备外，店内还有新的技术，如虚拟屏幕和通道、虚拟镜子试衣间、数字标牌、智能自助服务站、自动售货机和动态菜单，以及二维码，这些技术为优化顾客的到店体验提供了诸多帮助。在客户端，越来越多的顾客使用社交媒体进行倡导和反馈，进而引起其他顾客的旅程开启或跳跃、中断。这些变化引起了零售商的反应，它们需要消除渠道内的障碍，并提供跨渠道的服务，如"点击提货""店内订货、送货到家""网上订货、退货""展厅"，以及其他在线零售活动和传统零售活动的结合等。

对于企业来说，技术的使用应涵盖顾客旅程的所有阶段和行为发生的所有地点，以便了解顾客的购买过程。以下介绍几种可利用的关键技术。

（1）移动技术。由于智能手机和平板电脑等移动设备的全球普及，传统的实体店和网络之间的障碍已经模糊不清，移动技术的重要性正在增强。全渠道企业必须确保它们的网站支持移动设备，使它们的品牌可以通过移动搜索找到。同时二维码和条形码扫描日益普及，为了顾客购买和支付的便利性，品牌必须支持移动在线访问和移动支付。例如，零售商可能会开发一个应用程序，使消费者在线上能够进行信息搜索和订购，在实体店可以接受移动支付来避免在结账时排队，或者为他们提供能够在实体店使用的电子优惠券等。移动渠道还可以用来帮助客户更新促销信息，向他们发送实时的、有针对性的促销信息，并让他们了解交付过程每个阶段的信息，如物流状态追踪。

（2）店内技术。尽管需要跨渠道移动的能力，但消费者仍然希望看到、触摸到和尝试产品以及感受实体店的氛围与服务，无论使用何种渠道，都有机会将商店作为提供个人体验的场所来吸引顾客。实体商店在吸引顾客方面的作用，将取决于产品特点和所提供的顾客体验的水平，而店内技术在提升顾客体验中发挥重要作用。一方面，其为顾客提供的技术，如Wi-Fi（无线网络通信技术）接入、互动屏幕、虚拟商品、增强现实和"魔镜"及其他更多人工智能技术等。例如，一家国际鞋履企业部署了创新型3D（三维）扫描技术，支持店员为每一位消费者定制鞋子。消费者可以在自助服务终端扫描和测量双脚，然后在定制应用中选择喜欢的颜色，根据自己的尺寸，设计出专属于自己的鞋子。而且，消费者可以在一周之内就拿到成品。另一方面，其为员工提供技术，如平板电脑、自助收银台等。所有这些技术都应该与顾客的体验充分互动而不仅仅是一个形式。除此之外，实体店内的布局也可能需要重新考虑，新的、更复杂的设备（如数字标牌、互动墙）在商店环境中的位置需要进一步调查，确保它们将完全融入商店中。

（3）社交媒体应用。移动革命加上社交媒体的增长，已经创造了这样一种情况：顾客把他们的整个社交网络"带到"了商家那里。顾客可以通过社交媒体查看商店评级、产品详情和他人的购后评价，可以联系自己的社交网络中某个人（或团体）进行意见参考，也可以实时分享想法、意见、视频和图片，以及对商店提供的产品或服务进行及时反馈、口碑宣传。因此，全渠道消费者希望可以从商店直接链接到他们的社交网络，以便他们实时分享和发表评论。为了做到这些，企业可以充分利用社交媒体技术，制定社交媒体策略，并通过社交媒体实现交互式消费者体验，允许消费者与公司接触，了解最新产品、各种产品的特点、功能、安装和故障排除。例如，企业可能会与社交软件合作，开发社交软件或将游戏纳入它们的全渠道战略。

（4）互联和追踪技术。无论使用何种渠道，消费者都希望得到一致的、无缝的、综合的服务和体验。因此，企业需要打通割裂的渠道、打破"数据孤岛"，利用互联和追踪技术全方位把控数据信息，形成统一的内容管理中心、强大的数据后台等。借助云平台、机器学习、数据分析和区块链等技术，企业可以利用通用的实时信息记录系统，收集、处理、追踪并分析库存信息、客户信息、物流信息等。例如，射频识别（RFID）电子标签技术可以实现智能管理、智能仓储物流管理、品牌防伪、智能销售、智能防盗、智能体验等方面的应用；社会化客户关系管理（SCRM）系统能做到起初的沟通—客户筛选分类—销售的过程—销售成功整个链路有效地记录、跟进、提醒；基于云技术的数据分析可能激发独特的产品或产品组合，其带来的结果也可能促使卖家根据消费者的实际购买路径和搜索习惯去更有效地设计产品线。

如上所述，全渠道企业可利用多种技术来整合不同渠道的信息，给消费者提供一致的体验。最后需要注意的是，企业在利用这些技术时不能忽略个性化服务与隐私保护之间的平衡。一方面，企业可以使用会员系统等技术收集客户的相关数据、跟踪客户行为，然后针对客户提供产品。利用技术提供个性化服务可以根据客户个人喜好调整内容和服务，并为客户定位创造了机会。另一方面，这可能会被视为对隐私的侵犯，客户可能担心这些数据会由零售商、第三方或作为在线渠道和客户之间的中介的大型组织（在线交易平台或搜索引擎）控制与利用。因此，企业需要掌握隐私保护的相关技术并告知消费者。

案例 10-5　中国工商银行：工小智

3. 选择合适的技术

尽管有许多技术供企业选择，实施全渠道有很多可能的配置（如商店购买、送货上门，线上购买、到点取货等），但并非所有技术都必须在企业的完全控制下，企业也不可能对所有的技术都运用娴熟。因此，企业应该考虑根据实际情况，如何选择合适的技术这一问题。总的来说，企业主要从自身和顾客两个角度进行考虑。

（1）考虑企业规模与业务特征。企业规模直接决定了企业对技术的投入强度，不论是自主研发、购买还是外包，规模更大、实力更强的企业将更能支持对技术引入的投入。同时，对于大多数小型企业来说，虽然抗风险能力比较低，但由于规模较小，对新技术引入的适应性和灵活性比较强，尝试整合和运用新技术就比较容易。另外，技术的选择应考虑企业的业务特征。例如，同时在线上渠道和线下渠道销售商品的企业，应该使用数据分析来确定限制哪些商品在特定的渠道销售，而不是让它们的线上渠道无限制地销售几乎所有的商品。只将实体商店作为展厅和体验场所的企业，应该充分利用店内技术展现产品特征，提供良好体验，以便将顾客吸引到品牌线上渠道完成购买。

（2）考虑顾客需求与偏好。不同的客户有不同的需求，这是显而易见的，然而这同时很容易被遗忘。并不是所有的客户都希望与技术的交互达到相同的水平。就顾客需求的异质性而言，"数字原住民"在网络环境中成长，移动技术、社交媒体、AI 技术等可能对他们来说十分必要；而年长的购物者可能仍然更喜欢与店员进行传统的面对面互动，店内的任何技术都应该扩展客户体验，而不是对不熟悉技术的这部分顾客造成新的障碍，因此销售人员的服务更加重要。企业应根据自己的顾客群体的需求来决定采用何种技术，让顾客选择心仪的与零售商互动的渠道、方式以及时间。就顾客需求的同质性而言，不同企业面对的顾客可能有相同的需求，同一企业面对的不同顾客也可能有相同的需求或者偏好。比如有些技术，如 Wi-Fi 接入，可能是所有顾客要求的标准服务，用于购物过程中免费上网；而另一些技术，如个性化服务，虽然顾客可以接受开放和有帮助的定制服务，但同时他们也会拒绝一个催促和误导的定制服务。

10.3.3 管理渠道关系

有效全渠道战略的第三个支柱是管理与渠道合作伙伴（批发商、零售商或特许经营合作伙伴）的关系，打破组织之间的界限，让不同的部门为了相同的目标协同工作，提供尽可能好的客户体验。在前面的章节中详细地讨论了这一支柱，并始终强调重点在于整体而不是各个部分的简单组合。

1. 全渠道战略对渠道关系的挑战

渠道关系是指在渠道组织中一家企业与其他参与者的合作状态，包括合作水平、冲突水平、互信程度、互依程度以及彼此承诺的水平等内容。基于企业视角的渠道关系主要聚焦于渠道关系中渠道协同与渠道冲突。[①]在全渠道战略中，渠道体系迎来了以多元化

[①] 庄贵军. 基于渠道组织形式的渠道治理策略选择：渠道治理的一个新视角[J]. 南开管理评论, 2012(6): 72-84.

趋势与协同性挑战并存为特征的全新时代,也迎来了更多挑战。

1)多元化趋势

渠道多元化(channel diversity)是指企业采用渠道种类的多寡程度。传统渠道的架构是各个层级的代理商到终端然后再抵达消费者,全渠道战略下的新渠道体系显示出扁平化、多样化、圈层化、社交化、平台化等多种特征,各种新零售业态相继出现。企业采用的渠道种类越多,渠道多元化越大;否则就越小。

但是,多元的渠道类型,带来的是多元的管理主体、成员配属、运营逻辑、绩效呈现和利益关联。观察的出发点和角度不同,可能会产生分歧,甚至相反的价值判断,从而引发渠道冲突。在全渠道情境下,供应商和零售商采用多渠道销售产品,会导致不同渠道在目标、领域和认知等方面存在差异,进而引发不同渠道的冲突。例如,企业通常认为采用多渠道销售产品,只是为了扩大市场、增加销售以及更好地满足顾客的不同需求,使那些无法从某一条渠道购买商品的顾客能买到商品,并不会损害其他渠道的利益。但是其他渠道的成员会有其他看法,他们会认为采用多渠道销售产品,是在对原本属于他们的生意进行抢夺,损害了他们的利益。就像当电子商务还是一个全新的领域时,店铺经理就经常抱怨他们的店铺销售额可能会被挤压,从而产生一种新的渠道冲突。

另外,对企业来说,驾驭渠道多元化可能并非轻松。一方面,不同的营销理论中关于渠道创新的各种思路、方法、架构层出不穷,关于渠道战略的全新设计和各种实践也风起云涌。对很多企业来说,是借鉴模仿还是开拓创新,是求助于专业人士还是自我革新和培育,都是需要考虑的问题,实施全渠道战略是现实需要,但又无从下手。另一方面,受制于企业的规模、战略素养和管理水平,真正把全渠道战略做到实处、收到实效的可能相当有限。一是由于组织惯性等因素的存在,渠道成员从传统模式中改变通常是滞后的;二是针对不同的渠道企业需要组建专业的团队,对管理人员、一线员工进行系统的培训,这同样需要成本和时间。

2)协同性挑战

相较于多渠道而言,全渠道零售的核心理念在于从系统性的视角设计企业的各种渠道,追求整个零售系统维度的决策最优化,从而避免多渠道模式下渠道间盲目竞争造成的运营效率降低。"协同"这一概念很好地反映了全渠道优于多渠道的核心特征。在有效的渠道关系中,两个或多个相互依赖的渠道成员需要以追求共同利益为目标协同运作。

在数据协同方面,正如前文所述,企业实施全渠道战略需要运用大量信息技术手段来实现数据和信息的收集、挖掘及渠道成员之间的共享。渠道成员希望企业能把网站、手机 App、线下商店所有的数据放在一起,但现实是,许多企业的数据都非常孤立,因为不同的部门负责不同部分的业务。如果要解决问题,企业要么被迫改变内部孤立的管理结构,要么掌握或购买核心的技术或算法。

在渠道协同维度上,全渠道实践中,企业不仅需要关注渠道与渠道之间的"横向协同"(horizontal integration),即促成商品品类、价格、品质、售后等要素在各种渠道间的一致性;同时由于零售活动与商品流通过程伴随着商流、物流、信息流和资金流的传递,以及"人–货–场"关系的互动,企业还需要关注渠道之间具体表现为商品管理、营销管理、履约管理三种零售活动在不同渠道之间配合、相互作用的"纵向协同"(vertical integration）。①在渠道协同过程中，还有来自营销归因的挑战，即顾客从多种渠道中完成了购买，企业需要给出合理的方案，以决定到底是哪部分在起作用，有多少转化可以归功于不同的接触点，如何判断每个渠道的贡献、激励体系，以及如何为每个渠道计算绩效等。

2. 全渠道战略对渠道结构和渠道管理的影响

全渠道战略要求增强不同渠道之间的协同和配合，这种协同和配合通常与传统的渠道管理方式相悖，这就要求企业重新审视渠道关系，并重新设计和分配渠道成员职责。

（1）全渠道战略对渠道结构的影响。企业实施全渠道战略时，多元化的渠道组合将直接影响渠道结构，渠道的长度、宽度、中间商类型都将发生改变，从而引发新的问题。例如，制造商可能自建一个平台、App 或入驻第三平台进行直销，这无疑使已有实体零售店产生担忧。处理这一新问题最好的办法就是企业对平台、实体店进行职责和任务的重新分配，并进行合理的归因。比如将线上渠道作为引流和订购平台，通过对门店管理和营销人员的培训，让他们了解到与电子商务渠道合作的潜在好处："线上购物、线下提货"服务有助于吸引更多消费者进入商店，取走他们已经订购的商品，同时也有可能购买商店向他们推广的其他商品；企业可以将在实体商店区域内发生的线上交易归功于实体商店，以保护这些管理者的利益。

案例 10-6　家电行业的全渠道变革

（2）全渠道战略对渠道管理的影响。在职责分配上，全渠道战略下的渠道成员的任务发生改变。企业通常通过某种方式设计渠道，让每个渠道服务于不同的客户细分市场，以便不同的渠道执行不同的任务，但渠道成员可能认为它们服务于相同的客户。当可口可乐公司开始在日本安装自动售货机时，它就面临着零售商的强烈反对。实际上，消费者是在完全不同的场景中使用自动售货机，且从自动售货机那里获得的价值与从零售商那里购买时完全不同。多渠道甚至可以通过建立对产品类别的主要需求来实现互帮互助，通过观察网络销售在某个地区达到一定水平，零售商将决定是否在该地区开设新店。实施全渠道的企业需要让各渠道成员找准自己的位置，以减少渠道之间的不必要竞争。

案例 10-7　轮胎行业的数字化

在绩效评估上，全渠道战略下对渠道成员贡献的认定也发生改变。当实体店更多发挥展厅的作用时，就不能将销售绩效作为该渠道的贡献认定；当销售目标模糊时，就很难决定销售代表的真实表现。在生活中，经常会出现这样一个问题，消费者通过线上应用订餐时，可以在餐厅取餐时"插队"，而那些没有使用线上应用的人发现队伍比他们预期的还要长，因为餐厅正在准备"看不见的"线上订餐，这可能引起顾客的不满，但并不是餐厅实体店的问题。

在渠道监督上，全渠道战略下可能产生过度监督。在上游，管理全渠道关系涉及的

---

① 刘向东，何明钦，米壮. 全渠道零售系统：基于中国的实践[J]. 北京工商大学学报（社会科学版），2021(3)：1-13.

另一个要素是渠道合作伙伴，如特许方，它们需要向特许经营权授予方提供有效迎合客户需求的工具和"专家力量"。特许方可能需要建立一个整体的 IT 基础设施和实时数据库，以便特许方提高运营效率、获取充分的客户知识。与此同时，这些系统使特许方能够监控受许方的表现并提供反馈。然而，签约经营"自己的"业务的受许方可能会对过度和令人窒息的监督感到不满，这可能会成为冲突的来源。

3. 全渠道背景下企业如何协调渠道关系

面对渠道体系中更大的挑战，企业必须通过有效的管理手段协调渠道关系，以促进全渠道战略的顺利实施。一方面，可以通过传统的渠道管理手段，如使用渠道权力来解决渠道冲突、协调渠道关系；另一方面，新兴数字化工具的使用可以帮助企业实现渠道的全链路连接，进行一体化经营与管理，避免渠道冲突的产生和渠道关系的恶化。

1）利用传统的渠道管理手段

首先是渠道权力。前面我们介绍了五种渠道权力，其中，强制、奖赏和法律合法权的应用会导致服从行为；认同与专长权力的应用会产生认同行为；而传统合法权的运用则会产生内化行为。在全渠道背景下，渠道之间的依赖性依然存在，因此渠道权力依然会产生。在发生渠道冲突或希望渠道伙伴采取自己满意的行为时，企业可以利用渠道权力使之服从。此外，因为全渠道情境中的不同渠道成员都试图协调自身的活动来为终端用户提供极佳体验，所以冲突是不可避免的。但是其中的大多数冲突都可能是功能性的，可能会激励渠道成员共同努力以处理各种问题和争论。

其次是第三方机制。调节和仲裁也是常用的解决渠道冲突的方式，这种方式需要将渠道之外的第三方主体引入渠道关系之中。[①]调解是通过第三方主体解决争端的过程，在调解中第三方劝说双方继续谈判或者劝说它们考虑接受由调解人提出的程序性或实质性建议。调解人通常会对当前形势提出新颖的看法，这可能促使双方认识到作为"局中人"所忽略的机会。调解人也可以帮助争议双方发现潜在的共识点，提出共赢的解决方案。因为解决方案已经被调解人所表明，所以方案会很容易被双方接受。调解的一个可替代机制是仲裁，在仲裁中是第三方主体真正做决定，并且双方都要提前声明它们将会遵守仲裁人作出的任何决策。对将争端提交给第三方主体进行解决的方式加以制度化的确可以预防冲突。由于它们知道外部干预的态度，争端各方会希望在内部处理分歧。如果内部无法解决，当冲突水平变得很高时，第三方主体便会为处理冲突提供一张安全网。第三方主体介入正在发生的冲突也有利于渠道关系的维持，因为第三方干预会促使渠道成员对它们从关系中获得的经济回报更加满意。

2）利用数字化工具

全渠道背景下，厂商与渠道商、代理商等合作伙伴存在一种紧密合作又相互制约的关系，二者需要高效沟通、信息更新及时、数据对接快速准确，才能优化关系实现共赢。传统的联络工具已经无法满足这一需求，数字化管理工具应运而生，通过科学高效管理渠道，助力渠道伙伴全方位赋能，形成和谐的渠道关系。

---

① PALMATIER R W, SIVADAS E, STERN L W, et al. Marketing channel strategy: an omni-channel approach [M]. 9th ed. New York: Routledge, 2020: 163-164.

利用数字化工具，企业可以实现渠道商的统一化管理、产品的统一化管理和终端用户的统一化管理。通过信息化平台和业务在线平台，更新产品的参数、价格、卖点及不同层级（经销商和客户）的价格体系、销售情况都能实时在线获取和呈现。目前，越来越多的消费者更喜欢利用移动和社交媒体渠道搜寻信息和购物，利用数字化手段更贴合其使用习惯，获取更可靠的顾客信息。

利用数字化工具，企业可以对渠道商的用户归属问题进行统一化管理，同时为企业营销赋能。利用数字化技术捕获顾客旅程中接触点的使用情况等信息，有利于企业应对全渠道战略中的营销归因挑战。搭建数字化后台，还可以以数据与技术为驱动力，实现客户全生命周期价值经营、全景数据实时采集和精准化智慧营销。

随着数字化智能化互联互通对企业全渠道模式的塑造，传统企业间的竞争慢慢被迭代创新所取代，企业管理者也需要随时切换管理模式，从之前的管理、监督和控制转变成为协助、赋能和成就。管理者不仅需要持续学习，还需要对员工进行培训并营造适应环境的学习氛围，激发每位员工个体的创新能力。

10.3.4 评估渠道绩效

有效的全渠道战略为消费者提供了一种贯穿整个渠道的内聚、无缝、统一的体验。根据全渠道的各种指标，图 10-5 提供了全渠道绩效评估的框架，作为支撑全渠道战略的第四根支柱。

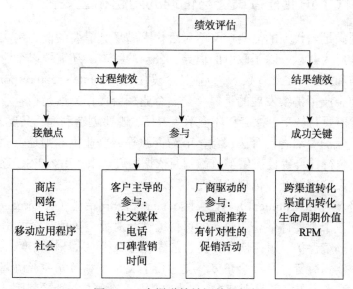

图 10-5　全渠道绩效评估的框架

根据框架内容，全渠道绩效评估主要包括两个方面：一是过程绩效，包含对触点表现过程和参与两个方面的评估；二是结果绩效，即是否促成了客户转化等。

1. 过程绩效评估

过程绩效评估的第一个方面是顾客使用的接触点的表现，包括商店、网站、电话、移动应用程序或者社交媒体上的接触点。企业需要一种有效的机制来评估每个渠道或接触点的相对利用率和交叉利用率，以及这些渠道和接触点之间的流量。例如，从社交媒体开始顾客旅程，然后访问商店的客户的比例。通过这些分析，可以确定企业全渠道存在的广度和深度。第二个方面为参与，参与是指客户参与情况，又区分为厂商（商店）驱动和客户主导两类。首先，厂商驱动的顾客参与是指代理商根据顾客购买和行为算法作出的推荐。例如，在全渠道环境下的店内销售人员应该根据顾客之前的购买习惯和偏好，向顾客提供个性化的建议。因此企业必须衡量销售人员能够在多大程度上轻松访问这些数据。其次，营销人员需要利用和分析能够反映客户主导的参与的数据和信息，包括顾客在社交媒体上的活动、口碑推荐、产品或商店评论，以及在企业网站或应用程序上花费的时间等。大多数企业试图评估这种类型的参与，但面临着信息难以完全捕捉导致的信息缺失和信息不完整的挑战。

2. 结果绩效评估

评估绩效需要量化客户转化率（即购买者与访问者的百分比），这包括内部的（例如，访问网站和从网站购买）和跨渠道的（例如，访问网站但从商店购买）。与此同时，企业应该根据顾客的生命周期价值和 RFM 分析来衡量顾客对商店的光顾程度。

10.4　全渠道战略的社会责任与伦理

10.4.1　新时代下企业社会责任与伦理的内涵和重要性

伴随着"既满足当代人的需要，又不对后代人满足其需要的能力构成危害"的可持续发展理念逐渐成为共识，除了政府的倡导、公众的呼声，还需以企业为重要主体的市场力量的参与和推动。在此背景下，企业社会责任（corporate social responsibility，CSR）与伦理逐渐成为企业可持续发展的重要议题。企业社会责任一般是指企业不仅要对股东利益负责，同时还要对员工、社会和环境承担责任，既要创造利润，又要遵守商业道德，维护生产安全，保护劳动者的合法权益，节约资源等。企业伦理则是企业内部的微观道德规范，为企业履行社会责任提供了道德判断依据。近年来，引入 ESG 逐渐成为企业履行社会责任、建设和遵循企业伦理的重要手段之一。

ESG 又称环境（environment）、社会（social）和公司治理（governance），从环境、社会和公司治理三个维度评估企业经营的可持续性与对社会价值观念的影响。[①]其要求企业在发展中注重环境保护、履行社会责任、完善公司治理：从环境角度，关注气候变化、资源消耗和废弃物污染等；从社会角度，关注员工关系、利益相关者协调、社区等；从公司治理角度，关注公司内部治理结构、治理规则等。新时代、新形势下，企业引入 ESG 既是客观需要，也是主观需求。

从客观上看，新形势下 ESG 是企业的"必做题"。一方面，新时代我国经济已由高速增长阶段转向高质量发展阶段，不断提出"双碳"目标、绿色发展战略等重要战略要求，国家层面的经济发展战略和导向，要求企业将自身作为一个分子融入未来我国经济

[①] 袁蓉丽，江纳，刘梦瑶. ESG 研究综述与展望[J]. 财会月刊，2022(17): 128-134.

的发展战略之中，承担企业应有的社会责任。另一方面，公众"责任消费""绿色消费"等意识的觉醒倒逼企业承担社会责任，新时代的消费者更偏好怀有道义的企业，更青睐承诺环境友好的产品。同时新时代的企业员工正实现从"工具人"到"目的人"的跨越式转变，他们需要的不单单是一份满意的报酬，还有自身受到企业的尊重、个人的基本权益在企业之中的保障、更多的学习机会、自身职业生涯的规划等。公众需求和偏好的改变要求企业将自身的发展与其他利益相关者（包括顾客、员工、社区、生态环境等）紧密关联起来，承担相应的社会责任。

从主观上看，做好 ESG 是企业实现长足发展的诉求。信息技术的高度赋能，使消费者之间不再"分散孤立"，而是"连接"；不再"孤陋寡闻"，而是"见多识广"；不再"消极被动"，而是"积极参与"，以企业视角从内往外的经营思维一去不复返，企业进入消费者主权时代。在消费者主权时代，消费者对商品的需求更加个性化、多元化和复杂化，其中一个重要趋势就是关注产品、品牌甚至企业是否能够带来更多新的机会和价值、让社会变得更加美好，比如越来越多的消费者更倾向于购买有机产品、支持热心公益的品牌。过去很多企业把履行社会责任当成一种成本和公关的方式，但如今，越来越多的企业开始把它当成一种价值观，从一出生就带着 ESG 的信念去做，这样得到的结果反而比不做 ESG 的企业更好，从根本上说是获得了消费者的青睐和忠诚。此外，大数据等技术促使企业社会责任信息数据充分共享和完整呈现，承担社会责任越来越被企业认为是建立企业文化和公司价值体系、提高员工忠诚度、创造良好投资商誉、促成友好合作关系以及应对商誉危机等情况的有效手段。

10.4.2　企业社会责任与伦理在全渠道情境下的作用

在全渠道情境下，企业以信息技术为依托开展经营活动，技术进步是可持续发展的重要推动力，企业在发展自身的同时也是在提升可持续发展水平，实现经济效益与社会效益、环境效益的多重发展。全渠道企业结合信息技术整合供应链，优化资源配置和物流体系，减少信息不对称现象，降低包装、仓储和运输成本，提升顾客体验，与 ESG 积极承担社会责任、加强公司治理的理念是契合的。实际上，企业社会责任行为不是独立活动，而是通过由多方利益相关者构成的社会网络，对其网络成员产生影响，如渠道关系、购买意愿、顾客满意、顾客忠诚、企业评价等。

企业社会责任行为能够减少渠道冲突，建立良好渠道关系。一方面，全渠道情境下，渠道成员之间存在着直接利益相关关系。供应商实施以履行应尽责任、遵守契约精神为驱动的商业实践社会责任行为直接识别和满足了分销商的需求，为分销商创造了更大的价值，从而有助于供应商与分销商的渠道关系。同时，实施以利他主义、善意为主要驱动力的企业慈善社会责任行为能够帮助企业增强组织顾客的认同，使企业更易获得利益相关者的认同。另一方面，研究表明，企业社会责任行为向外部市场传递出良性信号，彰显了企业实力，可以减少企业与利益相关者之间的信息不对称，慈善的企业社会责任行为还提供了人们在市场经济活动以外的更具表现意义的独特吸引力，对获取市场信息、产生规范性影响力（规范性影响是指组织成员在与组织交往过程中感受到的企业对其内在的要求，这些要求通常伴随着服从组织准则、规范等）起到正向作用。市场信息的利益使分销商更多出于自愿地减少渠道间的冲突,规范性影响通过准则的约束改变合作伙伴的行为或态度、迫使分销商遵从规范减少冲突。①通过直接与间接两个方面的作用,企业能够建立良好的渠道关系,更好地实施全渠道战略。

企业社会责任行为能够树立良好品牌形象,提高企业竞争力。在技术方面,企业履行社会责任可以化解潜在的安全威胁、应对信息安全问题。全渠道情境下企业通过收集和分析消费者行为信息进行精准营销并实时共享信息,以更快捷、更高效地进行线上线下联动。基于这一特性,各渠道之间、渠道内部之间的互联互通性逐步提高,实时性、开放性成为新要求,但这也带来了一定的风险,对企业数据的可靠性、安全性提出了更高的要求,能够在信息共享的同时保护客户隐私等信息、合理利用信息的企业更能赢得客户的信任。在销售方面,企业履行社会责任可以优化资源配置、提升顾客信任。在全渠道背景下,积极履行社会责任的企业依据市场预测按需按量生产满足顾客需求的产品,严格把控产品质量,优化库存与配送管理,降低企业成本的同时也在节约社会资源。在产品中对质量、环保效益的要求也能向消费者和社会表达企业的价值取向,树立良好的企业形象。例如,盒马鲜生与牧场、种植基地合作,提前将销售计划告知,并规定产品标准,对无公害水资源、土壤等提出要求,不仅提升了消费者对产品的信任感,减少了中间环节的损耗,提高了农牧产品的附加价值,同时也促进了其提升品牌声誉、提高在生鲜市场的企业竞争力。

10.4.3 在全渠道战略下履行企业社会责任与伦理

商业实践通常会遭遇道德困境,全渠道战略中也可能存在"灰色地带"。企业的某些商业实践显然是不道德或非法的,包括贿赂和窃取商业机密、虚假和欺骗性广告宣传、独家交易和搭售协议、质量或安全缺陷、虚假保障、不准确的标识内容、价格垄断或价格歧视,以及进入壁垒和掠夺性竞争。②在实践中,有的企业利用信息技术的便利对顾客信息进行不当收集和使用,侵犯了顾客隐私;有的企业做出"漂绿"(greenwashing,或称"洗绿")行为,即提供误导性的信息或给消费者一种错误印象,以为其产品或做法是环保的,而实际并未兑现承诺;还有的企业进行不规范的促销活动,如夸大、虚假的广告宣传等,都是常见的企业道德失范问题。

最令人钦佩的企业都遵守高标准商业准则和道德,它们要求企业不仅追求自身的利益,还服务于全人类的利益,因此,有效的全渠道战略必须与强烈的道德感、价值观和社会责任感相匹配。

(1)履行基于社区的企业社会责任。维持健康的、长期的增长需要营销者满足一系列广泛的要素和目标需求。在此前提下,一个重要的目标是为企业所在的社区创造价值。基于社区的企业社会责任通常发生在几个领域:改善工作场所,参与企业慈善事业,促进善因营销(cause-related marketing),以及参与社会营销(social marketing)。

---

① 张广玲,易澄,胡琴芳. 企业社会责任行为与渠道冲突:社会网络资源的中介作用[J]. 华东经济管理,2015(4): 1-9.
② 科特勒,凯勒,切尔内夫. 营销管理[M]. 陆雄文,蒋青云,赵伟韬,等译.16 版. 北京:中信出版集团,202: 618.

企业履行社会责任的一个重要方面就是创造一个环境，以确保员工得到符合社会规范的公平且合乎道德的待遇。全渠道背景下实体店越来越发挥着体验中心的作用，改善员工的工作环境和条件可以使其更好地服务顾客，并对企业产生更多认同感。具体来说，企业需要为员工提供符合行业标准并足以满足其基本生活需求的薪酬，确保员工有时间分配到他们生活的其他方面（如家庭、个人兴趣、社交和休闲活动），避免歧视、促进员工多样性。同时，为了与顾客进行友好、便捷的交互，企业需要为员工配置必要的设备，如智能工单系统、来访提示等，以提高服务质量、避免顾客对员工产生不满情绪。企业还需要提供安全和健康的工作环境，通过投入资源来培训和提升员工以促进其发展等。

企业慈善事业正在兴起，并对企业建立社会商誉和消费者忠诚产生积极影响。全渠道背景下的消费者更容易产生顾客旅程的跳跃、中断，培养顾客对品牌的忠诚度意义深远。研究表明，企业在社会责任方面的声誉往往会提高消费者的忠诚度，增加顾客的满意度并提升它们的品牌承诺。实施全渠道战略的企业，具有利用多个渠道，全方位、多角度地传达企业公益理念、彰显企业社会担当的能力。在线上渠道，企业可以利用官网、直播、短视频平台等多种渠道联合进行公益传播或发起公益活动，形成广泛的用户触达；在线下终端，企业也可以结合线上活动，设计主题展、互动游戏等多种活动参与慈善、公益事业。

此外，许多企业会将履行社会责任与营销活动结合在一起。企业可以在全渠道战略中设计善因营销和社会营销的内容。善因营销将企业对指定公益事业的贡献与客户直接或间接参与企业的创收交易联系在一起。例如，一家公司可以将每笔销售收入的一定比例捐赠给特定的慈善机构。成功的善因营销计划可以改善社会福利，创造差异化的品牌定位，建立强大的消费者纽带，提升企业的公众形象，蓄积商誉，提振内部士气，激励员工，推动销售，提升公司的市场价值。但必须注意保持企业的所有行为具有一致性，否则可能适得其反。社会营销与善因营销相似，两者的目标都是让企业所在的社区受益。但与善因营销将商业活动与公益事业结合起来的目的不同，社会营销是为了推动一项公益事业，如常见的抵制毒品、减少吸烟、预防艾滋、保护环境等，并且社会营销通常由非营利性组织或政府组织开展。企业参与社会营销的方式通常是对顾客和员工关心的社会问题表达一个旗帜鲜明的立场，从而引起相同立场顾客的好感。

（2）履行以可持续发展为核心的企业社会责任。消费者已经将他们真正关心的可持续发展问题付诸语言和行动，他们主要聚焦在绿色产品、承认各种各样的环境问题等方面。越来越多的消费者表示，他们倾向于购买对环境负责的公司的产品。随着技术的发展，消费者越来越多地通过数字设备来了解环境并分享他们的绿色经验，"绿色"文化的许多方面（从购买有机产品到循环使用）已经成为主流。在此趋势下，企业应将可持续发展理念融入全渠道战略中，在线下可以为顾客创造"绿色体验"，在线上可以打造企业"绿色符号"，推进企业的健康发展和树立良好的品牌形象。

①创造"绿色体验"。企业可以在实体店营造环保、绿色的氛围，提升顾客体验。比如星巴克的环保实验店"向绿工坊"，在店铺用材方面，约50%都为可在未来被循环利用、

升级改造或降解的建筑材料；在日常营运方面，店内的空调、用水、照明等均启用了系统性智能化的解决方案。同时，星巴克每年在世界地球日当天都会举办"自带杯，领咖啡"活动，只要顾客带着可反复使用的、可食品级接触的、干净的材质的杯子，就可免费领取一杯咖啡。这种方式给予消费者沉浸式的绿色消费体验，具有品牌特色且为品牌赢得了声誉。

②打造"绿色符号"。全渠道背景下，很多企业可以利用平台来履行社会责任。支付宝就是一个通过"蚂蚁森林"成功打造了"绿色符号"的品牌。蚂蚁森林结合自身产品的特点，通过浇水、种树、保护地巡护、发现神奇物种等公益项目将环保变成人人可参与的活动，降低了用户做环保的成本，同时建立用户与公益项目之间的互动，展现了品牌的绿色理念。

（3）发展合乎道德的商业沟通。正如前文所述，商业实践往往面临着道德困境，但"君子爱财，取之有道"，新时代下企业应该发展合乎道德的商业行为和沟通。

在营销沟通上，企业的促销策略应当合乎道德。例如，营销人员不应向消费者提供错误信息或误导他们购买产品，不得向采购代理或其他影响 B2B 销售的人行贿，对顾客的陈述必须与广告声明相符，并且不得通过贿赂或商业间谍活动获取或使用竞争对手的技术或商业机密，不得通过暗示不真实的信息来贬低竞争对手或其产品。随着手机、平板电脑、应用软件和社交网站的爆炸性增长，企业应当自觉保护不知情或缺乏戒备心的消费者和弱势群体，如儿童、少数族裔或其他特殊群体，在面向这类人群的线上线下营销中建立道德的边界。

在管理顾客信息上，企业需要防止隐私侵犯。在全渠道情境下，个体创造的大量数据，包括个人基本信息、购买习惯、财务问题、日常行踪等几乎可以被各种在线跟踪和定位公司收集、购买和出售。这种隐私透明使消费者产生担忧或遭受隐私侵犯。消费者隐私权益的倡导者很早以前就表达了他们的担忧，即数据代理商必须向公众披露它们收集了什么数据、如何收集这些数据、与谁分享这些数据，以及如何使用这些数据。虽然还不清楚该项立法能多快被通过，但企业加强消费者隐私的管理和保护是不可避免的。

企业只有重视社会责任的履行，关注利益相关者权益，增强责任意识，营造一个文明、健康、和谐、干净的全渠道环境，才能更好地促进未来可持续发展。

本章提要

全渠道时代来临，并在企业的探索实践中不断产生新的变化。趋势无法阻挡，制造商和零售商都必须成为全渠道战略的实施者。

全渠道战略包括跨渠道成功交付的无缝体验，包括同步每个渠道优势以支持所有渠道，从而实现优势共享，实施全渠道战略面临着来自多方面的关键挑战。对新渠道的了解不足，就无法充分运用各渠道的优势进行渠道协作。一个成功的全渠道战略也需要对消费者旅程，即消费者从信息搜索到购买的所有路径，进行深刻理解。为了提供无缝、一致的体验，需要不同渠道之间进行分工和合作，这就需要跨渠道整合的能力。此外，信息系统、组织结构和人力资源等后台支持也是企业面临的问题。

如果将全渠道战略想象成一个屋顶，那么营销人员应该努力建立四个强有力的支柱来支撑它：利用客户知识、利用技术、管理渠道关系和评估渠道绩效。对消费者洞察——包括认识到不是所有的消费者都是一样的，不同的消费者重视不同的东西——必须与对零售运营的深刻理解和掌握，以及新技术的先进应用相结合。全渠道战略需要重新管理渠道之间的关系，使各渠道为整体利益而工作，还需要从过程绩效评估和结果绩效评估两个方面设计能够体现全渠道体验的整体性与跨渠道性质的评估指标。

在新时代，企业社会责任和伦理受到了全社会的普遍重视。在实施全渠道战略中，企业应积极履行各项社会责任，如基于社区的企业社会责任、以可持续发展为核心的企业社会责任、合乎道德的商业沟通等。

拓展阅读

1. CUI T H, GHOSE A, HALABURDA H, et al. Informational challenges in omnichannel marketing: remedies and future research[J]. Journal of marketing, 2021, 85(1): 103-120.
2. SAGHIRI S, MIRZABEIKI V. Omni-channel integration: the matter of information and digital technology[J]. International journal of operations & production management, 2021, 40(11): 1660-1710.
3. 李飞. 全渠道客户旅程体验图——基于用户画像、客户体验图和客户旅程图的整合研究[J]. 技术经济，2019, 38(5): 46-56.

即测即练

自学自测 扫描此码

教师服务

感谢您选用清华大学出版社的教材！为了更好地服务教学，我们为授课教师提供本书的教学辅助资源，以及本学科重点教材信息。请您扫码获取。

▶▶ 教辅获取

本书教辅资源，授课教师扫码获取

▶▶ 样书赠送

市场营销类重点教材，教师扫码获取样书

 清华大学出版社

E-mail: tupfuwu@163.com
电话: 010-83470332 / 83470142
地址: 北京市海淀区双清路学研大厦 B 座 509

网址: https://www.tup.com.cn/
传真: 8610-83470107
邮编: 100084

中国高等院校市场学研究会官方推荐教材
新时代营销学系列新形态教材书目

书 名	主 编	书 名	主 编
市场营销学	符国群	促销基础	贺和平 朱翊敏
市场营销学（简明版）	符国群	营销实战模拟	孔 锐
消费者行为学	彭泗清	营销策划	费鸿萍
市场研究	景奉杰 曾伏娥	营销工程	沈俏蔚
国际市场营销	孙国辉	大数据营销	李 季
服务营销	王永贵	商业数据分析	姚 凯
组织营销	侯丽敏	旅游市场营销	白长虹
网络营销	龚艳萍	金融市场营销	王 毅
战略品牌管理	何佳讯	农产品市场营销	袁胜军 肖 艳
产品创新与管理	黄 静	医药市场营销学	官翠玲
定价策略	柯 丹	体育市场营销学	肖淑红
整合营销沟通	牛全保	电信市场营销学	吕 亮
营销渠道管理	张 闯	新媒体营销	戴 鑫
品牌管理	王海忠	绿色营销	王建明
零售管理	蒋青云	创业营销	金晓彤
销售管理	李先国	珠宝营销管理	郭 锐
客户关系管理	马宝龙